KB041997

풍자, 자유의 언어
웃음의 정치

풍자, 자유의 언어
웃음의 정치

전경옥 지음

풍자 이미지로 본 근대 유럽의 역사

책 세 상

차례

들어가며 : 근대를 바라보는 다른 시선 — 9

제1장 또 하나의 정치, 풍자 — 17

1. 근대와 대중사회 — 21
   대중사회의 등장 • 대중 참여 • 엘리트와 대중

2. 풍자와 민주주의 — 29
   참여로서의 풍자 • 만평 방식을 이용한 풍자의 확산 • 이상사회
   제시

3. 정치풍자, 그리고 풍자의 정치 — 40
   정치풍자만화의 등장 • 유머의 정치화

4. 풍자의 대상 — 47
   기득권에 대한 조소, 비판, 반감 • 세태와 도덕성 비판

5. 풍자만화의 보급과 검열 — 56
   풍자의 유행 • 검열

6. 풍자, 또 하나의 정치적 시선 — 75

제2장 당황하는 왕, 경계에 선 귀족 — 77

1. 봉건적 권력구조에서 중앙집권적 권력구조로 — 82
영국 • 프랑스 • 독일

2. 귀족의 권세와 좌절 — 104
대귀족 • 고위 성직자

3. 국왕과 귀족에 대한 반감 — 125

4. 소외되거나 비판받는 왕과 귀족 — 134
왕족의 도덕성 풍자 • 제3신분의 저항 • 신흥 엘리트의 도전

제3장 부도덕한 신 — 151

1. 종교개혁과 불관용의 정치 — 156
영국의 종교개혁 • 프랑스의 종교개혁 • 독일의 종교개혁 •
경쟁적 비방

2. 교회의 독단과 타락 — 192
종교재판 • 마법재판 • 부패한 성직자

3. 정치와 종교 — 208
혁명과 교회 • 30년전쟁

제4장 **불안한 대중, 해이한 대중** — 223

1. 대중의 사회적 지위 — 228
   농민과 도시 노동자 • 약자의 힘

2. 도시의 빈곤 — 246
   산업화와 불안한 노동 • 부조리와 저항

3. 정치적 인간이 되어가는 사람들 — 262
   빈곤의 정치화 • 빈곤은 범죄 • 참여하는 보통 사람들

4. 불안한 대중의 출구 — 281
   반란과 폭동 • 공포, 광기, 축제

5. 해이한 대중 — 289
   게으름과 허황된 꿈 • 소비와 방탕 • 탈선을 부르는 알코올

제5장 **근대적 엘리트**
   : 부르주아, 지식인, 신정치 엘리트 — 315

1. 신흥 중간계급 — 321
   영국 • 프랑스 • 독일

2. 지식 엘리트 — 342
   사회계약론자들 • 계몽주의자들 • 공리주의자들 • 마르크스와
   공상적 사회주의자들

3. 신정치 엘리트 — 363
   영국 • 프랑스 • 독일

제6장 왜곡된 여성 — 387

1. 운명의 여신 — 392

2. 차별 — 397

3. 이성을 위협하는 여성 — 403
   아리스토텔레스와 필리스 • 가부장적 권위를 훼손하는 여성

4. 국가 상징인 여성 이미지의 이중성 — 419
   프랑스의 마리안 • 영국의 브리타니아 • 독일의 게르마니아

5. 가부장적 패러다임 속 사회적 여성 — 431
   권력과 가까이 있는 여성 • 근대적 노동에서 여성 노동의 격리

6. 여성의 빈곤, 여성의 범죄 — 445
   여성의 빈곤 • 여성의 범죄

제7장 적과 동지 — 457

1. 유럽의 변화 — 461
   16세기 • 17세기 • 18세기 • 19세기

2. 영국과 프랑스 — 481
   이미지 경쟁 • 영국의 허세

3. 탐욕의 지도 : 전쟁과 식민지 제국주의 — 508
   전쟁, 식민지 경쟁 • 나폴레옹의 몰락

주 — 537   참고문헌 — 551   도판 목록 — 562   찾아보기 — 577

들어가며
근대를 바라보는 다른 시선

어느 시대나 당시를 살았던 사람들의 개인적인 또는 집단적인 경험에 따라 같은 사안에 대한 해석이나 의미 부여는 다를 것이다. 16세기 초에서 19세기 말에 이르는 근대에는 그 이전 시대와 비교하여 여러 가지 변화가 일어났지만 이 변화가 누구에게나 동일한 기대를 불러일으키거나 영향을 미친 것은 아니다. 변화를 주도한 사람들이 기대한 근대의 모습은 변화로 기득권이 축소될 수밖에 없는 사람들의 눈에 비친 것과 달랐다. 또 서민들에게는 근대적인 변화가 강렬하게 와 닿지 않았을 수도 있고, 변화를 의식했다 하더라도 그 변화의 의미를 제대로 알지 못했을 수도 있다.

저자는 역사의 기록과 이해가 통치자나 국가의 통치 행위 중심으로 이루어질 때 그 과정에서 은폐되거나 눈에 띄지 않았던 이면이 있을 텐데, 이를 체계적으로 숙고하게 만들기보다 단번에 관심을 끄는 방식인 만평이나 삽화에 관심을 가지면서 이 연구를 시작했다. 정사正史에 기록되지 않았거나 제도화되지 않은 것에서 다른 생각과 움직임을 발견하고 의미를 부여한다고 해서 반드시 역사 해석의 편견이나 오류를 수정하는 결과를 기대하는 것은 아니다. 역사를 이해하는 더 옳은 시각과 내용을 보장하는 것도 아니다. 다만 균형 있는 시각을 위해서 다른 측면을 보여주려는 것이다. 이는 역사적 사건이나 상황의 현재적 의미를 고찰할 때 놓쳐서는 안 되는 균형 감각을 강조하려는 것이다.

근대로 전환하면서 정치사상 연구는 오늘날 가장 중요한 가치로 평가받는 정치 규범과 철학을 제공했다. 무엇보다 절대 권력에 대한 견제와 시민 신분의 확대, 일반 시민의 참여를 궁극적인 정치의 본질 영역으로 가져오는 데 기여했다. 정치의 풍경을 바꾸어놓은 것은 교육의 확대, 학문의 세속화, 개인의 자유와 평등에 대한 요구, 국가권력에 대한 견제 체제 등 생활을 바꾸어놓은 사회적 진화 덕분이었다. 이러한 근대의 특징이 모두에게 가야 할 길로 여겨져 온 것 같지만 그 가치나 방식을 불편해하거나 그것들에 저항했던 상황은 쉽게 간과되었다. 이 책은 근대의 성과를 칭송하기 위한 것도 부정하기 위한 것도 아니다. 서양의 업적이라 뒤집어 보자는 동양의 자기 중심적 발상은 더욱 아니다.

이 책은 역사와 정치사상을 접목시켜 각 시대가 보여주거나 지향하는 정신을 관찰하고 시대가 요구한 것의 의미를 다양한 방향에서 들여다보려는 노력의 표현이다. 개별적인 사건을 설명하기보다는 그 사건의 맥락을 이해하고 그것이 제시하는 철학적 가치를 추려내고자 한 것이다. 역사 연구에서도 정치사상 연구에서도 이런 사고나 관점이 새로운 것은 아니다. 게다가 이 문제의식을 가지고 현재를 평가하거나 해석한다고 하면서도 은연중에 기존에 중요하다고 지목되어온 것들에 집중하게 된다. 이는 우리가 강자 중심주의에 익숙해져 있기 때문일 것이다. 시대와 공간을 넘어서 타당하다고 수용되는 보편적 원칙을 제시하려는 의도 속에는 이긴 편의 경험이 더 큰 자리를 차지하고, 사상을 지배하며, 접근 방법을 주도하고자 하는 의도가 담겨 있다. 하지만 그런 설명과 평가가 때로는 옳고 때로는 편협하다는 것을 인정해야 한다.

학문적 연구로서의 정치사상은 각 시대가 지향하는 정치의 목적에 관심을 가지고 그 시대의 인간성에 대한 견해, 국가의 본질과 목적에 대한 견해, 최선의 정부 형태, 정치권력의 특징과 분배, 법, 정의, 자유, 저항, 그리고 때로는 이상사회의 모델 제시까지 다룬다. 이런 내용은 대부분 전문적인 연구자의 글로 전달된다. 여기서는 만평과 같은 좀 더 직접적이고 간단한 방식으로 세태와 이에 대한 대안적 해석을 들여다보자는 데 목적이 있다. 차이와 다양성에 대한 이해가 모든 사람을 설득할 수 있는 건 아니다. 그래도 모든 사람에게 차이와 다양성을 눈여겨봐야 하는 타당성을 이해시키는 것은 중요하다.

이 책은 풍자를 매개로 근대의 변화를 이해하는 사람들의 다양한 시선을 보고자 기획했다. 풍자만화는 글을 읽지 못하는 사람들도 세상을 이해하고 의견을 소통할 수 있게 한다. 서양의 근대, 특히 인쇄술이 발달한 이래로 때로는 어떤 정치적 견해에 대해 지지를 얻고자 의도적으로 제작되어 배포되고, 때로는 정치적 비판을 확산시키기 위해 이용된 것이 풍자만화다. 이 연구는 정치와 문화를 하나로 엮는 의미와 더불어 이미지라는 문화적 형태와 풍자라는 문화적 행위가 어떻게 곧 정치적인 것이 되는지 보여주려는 시도다.

이 책은 유럽의 근대를 대중적 시선으로 재구성해본 것이다. 풍자만화 연구가 주제별로 다양하게 축적되어왔지만 근대성 자체에 비판의 초점을 맞추고 그 이해를 보여줄 수 있는 풍자만화들을 모아서 다른 의미의 근대성을 제시하는 것은 또 하나의 이해 방식으로 기여하는 바가 있으리라고 믿는다. 절대 권력, 신흥계급, 교회, 대중, 국제관계, 여성 또는 이 주제들의 주체들의 변화에 대한 반응이 풍자에는 어떤 이미지로 나타나는지 본 것이다. 이는 유럽의 근대에 대한 일반적 이해를 다른 각도에서 볼 수 있는 근거가 될 것이다.

중요한 것은 대중의 시각을 과장하지 않도록 경계해야 한다는 것이다. 물론 풍자가 전적으로 대중의 눈으로 보는 것이라고 말할 수는 없다. 하지만 대중을 이해시키기 위한 것이었다는 점에서 대중문화를 형성했기에 대중을 대신해서 판단하고 이해한 내용으로 보는 것이다. 이것은 모든 대중문화의 진정성에 대한 질문을 하게 한다. 사실 풍자는 자주 대중의 생산품이 아니라 문화 주도자인 엘리트가 대중에게 팔기 위해 만든 생산품이다. 때로는 설득하기 위해서, 때로는 선동하기 위해서, 또 때로는 그저 재미로 그려진 것들도 있다. 그러므로 일관된 비판 정신이나 저항 정신 또는 문제 해결이나 이상형 제시에서 가치를 부여하는 것이 과할 수 있다는 점을 경계해야 한다.

'아래로부터의 시선'이라고 표현한다면 무슨 의미인지 대체로 이해한다고 해도 구체적으로 '누구의?' 같은 모호한 질문이 이어질 수 있다. 오히려 '잘 알려지지 않은' 측면이라고 하는 게 적절할지 모른다. 잘 알려지지는 않았지만 의미를 완성하기 위해 필요하고 중요한 '다른' 시선에서 볼 때 드러나는 것들에 대한 것이라고 해야 할 것이다.

대중문화 연구는 역사가, 사회학자, 민속학자, 문학연구자, 인류학자, 예술사학자 등이 주로 수행해왔다. 대중문화 연구를 정치학의 연구 대상으로 삼는 것은 드문 일이다. 게다가 이 대중문화 연구를 정치사상의 발전 과정을 이해하는 도구로 만들어보고자 하는 시도는 흔하지 않은 일이다. 물론 근대 정치사상이 어떻게 형성되었는지 이해하는 도구로 풍자만화를 들여다본다는 것이 다른 대중문화 연구와 비교해서 뚜렷한 차별성을 제시하기는 어려울지도 모른다. 기존의 것들에서 크게 벗어나지 않는 내용으로 새로운 시각을 기대한다는 비판을 받을 위험도 있다. 근대 정치사상이 보편적이기 위해서는 그것이 담고 있는 '정치적 풍경'이 정직하게 드러나야 한다. 이것이 이 책이 조금 더 앞으로 나아간다는 취지를 내거는 근거다.

이 책은 우선, 또 하나의 정치로서 정치풍자를 다루기 때문에 직설적이고 이해하기 쉬운 이미지들을 활용한다. 영국, 프랑스, 독일의 사례가 주로 다루어지고 네덜란드, 스웨덴, 이탈리아 등이 주제의 이해를 돕는 수준에서 등장한다. 여기서 영국, 프랑스, 독일에 초점을 맞추는 것은 구체적 상황이 전혀 다르더라도 근대성을 구성하는 요소들을 공통적으로 가장 많이 볼 수 있기 때문이다. 물론 이 국가들조차도 근대나 근대성이라는 말을 붙이는 것이 같은 유형이나 같은 시기에 적용되는 것은 아니다. 어떤 순서대로 일어난 것도 같은 시기에 같은 속도로 진행된 것도 아니다. 자본주의, 임금노동의 확산, 경제 위기, 인플레이션, 도시 빈민 문제 등은 대체로 16세기에 발생했다. 그리고 종교개혁에 따른 변혁이 정치적 구조에 영향을 많이 주었다. 프로테스탄트와 가톨릭의 개혁 운동, 노동과 생산관계의 변화에 따른 사회구조적 변화 등은 정확히 16세기의 어느 시점에 일어난 것이 아니라 그 조짐이나 변화는 이전부터 있어왔다. 영국, 프랑스, 독일에 초점을 맞춘 것은, 유럽 국가들 중에서 풍자만화를 통한 사회 소통이 활발했던 국가들이라고 생각해서다.

이 책은 풍자의 정치성, 즉 풍자만화의 정치적 기능을 살펴보고 '근대성의 이면'이라는 주제로 여섯 영역으로 나누어 기술한다.

'당황하는 왕, 경계에 선 귀족'에서는 중세를 거쳐 근대에 들어와 끊임없이 도전받는 왕권 및 귀족들의 권력 독점과 몰락을 주로 다루었다.

'부도덕한 신'에서는 교회와 성직자에 대한 풍자에 집중했다. 근대에 교회와 성직자가 중세 시기와 같은 위세를 가지지는 못했지만 국교의 위상을 누린 건 사실이다. 교회가 항상 탐욕스럽기만 했던 것은 아니고 하층계급을 위한 지지와 희생도 주저하지 않았으나 귀족과 또 다른 지배계층이었음에 초점을 맞추었다.

'불안한 대중, 해이한 대중'은 대중의 속성에 관한 내용이다. 봉건 사회에서와는 다르나 여전히 평민은 가난과 세금에 시달리는 도구 같은 존재였다. 그러다 사회적 참여가 수월해져 시장이나 의사 결정 과정에 포함되는 일이 잦아지면서, 또 자본주의 경제 체제가 움직이기 시작하면서 대중은 도덕적 해이함을 드러낸다.

'근대적 엘리트'에서는 젠트리, 신흥 귀족 부르주아, 지식 엘리트 및 정치 엘리트에 초점을 맞춘다. 이들은 근대로 들어서면서 일어나는 여러 가지 변화의 중요한 추동력이다.

'왜곡된 여성'에서는 여성을 사치한 생활의 표본으로, 정치적 부패의 원인으로 다루는 부분을 소개한다. 동시에 여성이 등장하는 평화

메시지, 국가 상징 등에 대해 논의한다.

'적과 동지'는 국가 간 갈등과 충돌을 주요 내용으로 한다. 유럽의 근대에는 적이 동지로, 동지가 적으로 끊임없이 노선을 바꾸는 가운데 국제관계가 형성되어갔다. 그 관계는 매우 다양하고 일관성이 없었다.

이 책의 주된 자료들은 16세기부터 19세기에 이르는 근대 정치체계가 형성되는 시기에 유럽에서 대중을 대상으로 배포되었거나 정치 엘리트 사이에서 상호 비방과 선전에 사용되었던 만평, 포스터, 삽화 등이다. 이 그림들은 어떤 사건이나 의견을 널리 알리기 위한 것들이었으므로 일반 서민의 정서와 시각을 이해하기에 좋은 자료들이다. 물론 이 그림들을 사실상 엘리트 집단과 가까운 사람들이 그려서 배포했을 것이다. 그러나 대중의 관심 사안을 대변하거나 판단을 촉구하는 것이 목적이었기에 대중을 조종하려는 목적이 있을 수 있다는 점을 너무 크게 부각할 필요는 없다고 본다. 이 책에서는 신문에 게재된 만평, 책자에 수록된 삽화, 가게에서 팔린 시사·풍자 만화, 전단지, 포스터 등 만화적 형식으로 표현된 그림들을 망라하여 소개한다. 이 그림들을 매개로 16세기부터 19세기에 이르는 기간 중 정치적 격동기를 중심으로 대중의 반응과 대중에게 호소된 메시지를 다룰 것이다. 여기에는 혁명이나 전쟁 같은 대격변뿐만 아니라 근대국가의 형성, 시민사회의 대두, 자유주의 정신의 확산, 그리고 산업화의 영향을 수용하거나 거부하는 대중의 생각과 행동 등이 모두 포함된다.

항상 하나의 결실은 비판과 조언으로 영글지만 내가 좋아하는 것을 내 마음대로 할 수 있도록 오래 걸린 작업을 여유를 갖고 지켜봐

준 소중한 분들이 있었기에 이 책을 집필할 수 있었다. 이 책이 나오기까지 잊지 않고 기다려주고 자극을 준 가족과 동료들에게 고마움을 전하고 싶다. 그리고 이 책의 작업을 관심과 열정으로 함께해준 책세상 편집부에 감사드린다.

2015년 2월

전경옥

또 하나의 정치,
풍자

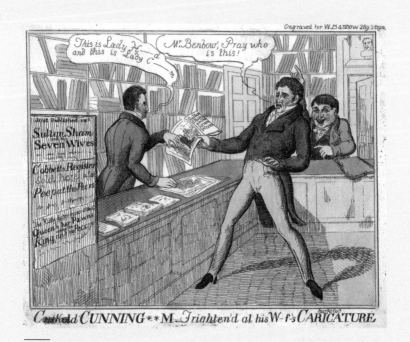

루이스 막스Lewis Marks, 〈커닝엄 경, 자기 부인에 대한 풍자만화를 보고 놀라다〉, 1820.

커닝엄 경이 자기 부인의 스캔들 기사를 보고 놀라서 달려왔다. 가게 주인은 머뭇거리며 당신 부인이라고 말하고 있고 뒤편에 있는 남성이 재미있다는 듯 웃고 있다.

우리는 신문, 방송, 잡지 등 매체를 통해 매일 정치적 사건이나 사회적 가치를 둘러싼 갈등을 알게 되고, 많은 경우 서로 다른 의견 속에서 어느 견해에 더 동조할지 판단하게 된다. 옳고 그름, 더 우월한 대안, 부조리에 대한 비판 혹은 반성, 특정 방향으로 유도하는 설득과 조작이 버무려진 현장에서 분명하게 판단하기란 쉬운 일이 아니다. 게다가 진실을 그럴듯하게 포장하거나 은폐하여 속이거나 아예 없던 것을 지어내는 경우도 허다하므로 사안에 따라서는 진실을 알기가 어려울 때도 있다.

사회 안에서 권력관계에 따라 해석되는 진실이란 불변의 진리의 성격을 띠기보다 정치적 소신이나 이해관계에 따라 비일비재하게 변경된다. 게다가 설사 의도하지 않았다 하더라도 보는 이의 관점에 따라 다양한 이해와 해석이 가능하기 때문에 항상 명확하게 진위나 가치의 우열을 가리기 어렵다. 때로는 사실을 그대로 보여준다 해도 사실에 대한 해석이 달라 동일한 이해가 따르지 않기도 한다.

어쩔 수 없이 다양한 관점이 생겨나거나 의도적으로 진실이 왜곡

당할 때, 어떤 사건이나 사안을 다른 각도에서 볼 수 있음을 세상에 알려야겠다는 의도가 있을 때 관심을 끌 수 있는 방법 중 하나가 풍자이다. 풍자는 감추어진 이면이나 같은 사안에 대한 기존의 해석과는 다른 관점을 보게끔 해주는 정치의 기술 중 하나이다.

사회 현상에는 대부분 양면성이 있다. 긍정적이고 밝은 것이 있으면 부정적이고 어두운 것이 있기 마련이다. 현상을 바라보는 사람들도 각각의 상황에 따라 서로 좋고 나쁜 영향을 주고받는다. 풍자는 편견, 악덕, 모순, 부조리, 어리석음 등을 비난하거나 이를 개선하려는 기대감을 갖는 빈정거림이며, 보이는 것에만 가치를 두는 것을 경계하는 대안이다. 즉, 풍자는 단지 하나의 해석에만 그치는 것이 아니라 그 풍자를 통해 정치의 새로운 국면을 만들어낸다.

정치풍자는 드러나지 않는 정치를 이해시키는 방법이 될 수 있다. 주도적인 것 혹은 지배적인 것에 저항하는 비판적 시각을 보여주고, 이상적인 정치 공동체의 모습을 제시하는 방식이기도 하다. 풍자의 이러한 관점을 대중에게 널리 알리기 위해 풍자는 대중을 대상으로 한 쉬운 방식을 생각해낸다. 글을 모르거나 정치적 현상을 잘 이해하지 못한다 할지라도 자기와 밀접한 문제를 함축적으로 보여줌으로써 현실을 이해하고, 좋고 싫음을 판단할 수 있게 한다. 또 이상적인 사회의 모습을 제시한다는 것 자체가 현실에 대한 풍자이다. 한마디로 풍자는 대중 담론을 형성하는 방법이며 대중민주주의의 장치다.

1. 근대와 대중사회

유럽의 근대는 16세기를 기점으로 많은 방면에서 역사의 흐름을 바꿔놓았다. 르네상스로 시작된 근대의 조짐은 16세기 종교개혁으로 본격화되며, 프랑스혁명을 기점으로 근대 초기가 끝이 났다. 그리고 18세기 말부터는 시민사회의 여러 특징이 형성되어갔다. 1492년 크리스토퍼 콜럼버스Christopher Columbus가 신대륙을 발견하면서 세계의 경계는 확장되었다. 인쇄술과 과학의 발달은 향후 일어난 여러 변화에서 중요한 역할을 했다.

프랑스혁명 이후 프랑스는 통치권의 경계를 넓히는 데 동참했고, 주변국들과 끊임없이 전쟁을 벌여야 했다. 여러 나라가 종교적 갈등에도 휩싸였다. 시민혁명과 산업혁명은 절대왕권과 봉건적 제도의 쇠락을 가져왔으며, 산업화와 더불어 시장과 도시가 새로운 조건으로 부각되면서 부르주아라는 새로운 정치 세력이 등장했다. 또한 교육이 보급되고 문자해득률이 높아지자 평범한 사람들의 발언권이 같이 커지면서 시민사회가 형성되어갔다.

대중사회의 등장

16세기와 17세기는 근대가 형성되는 시기로, 18세기와 19세기는 근대적 특징이 구체화되는 시기로 보는 견해가 일반적이다. 16, 17세기에는 거대 민족국가의 형성, 종교개혁, 제도화, 과학혁명을 특징으로 한 자본주의 발달, 산업화, 대중문화의 발달, 대중적인 정치 개념의 발전, 도시화 등이 나타난다. 17세기 중반까지는 아직 물질적인 생활의 변화 측면에서 근대화의 기미가 그리 크게 나타나지 않았다. 과학혁명이 일어났다고는 하지만 기술의 발전 수준이 일상적인 경제생활에 곧장 영향을 미칠 정도는 아니었다.

하지만 18, 19세기에는 중세와 구분되는 근대적인 여러 특성이 나타났다. 이런 변화는 사람들의 생활을 눈에 띄게 바꾸어놓았다. 정치는 점점 세속화하여 절대적 권력을 가진 기존 정치 엘리트의 성격이 변하고 그 권위가 낮아졌다. 1780년의 산업혁명과 산업화의 여러 가지 징후, 정치적 민주화의 현상, 특히 1789년과 1848년의 프랑스혁명 등은 근대 이전과 이후의 정치사회적인 변화의 경계가 된다. 한편, 인쇄술의 발달, 증기기관의 발달에 따른 교통망의 발달, 기계의 발명으로 생산과 소비가 대량화되었으며, 이는 곧 생활에도 변화를 가져왔다.

근대의 가장 큰 특징은 대중사회가 등장한 것이다.[1] 정치사상가들은 대중사회에서 다수의 횡포나 독재 가능성을 염려했다. 대중의 참여는 민주주의를 진화하게 한 반면에 다수의 변덕과 무지가 무질서와 혼란을 야기하기도 했다. 무엇보다도 대중의 등장과 역할은 대중의 의도나 책임, 능력 여부를 떠나 엘리트들이 모르는 보통 사람들의 이해를 그대로 표출하게 했다는 데에 역사적 가치가 있다. 때로는 민주주의 과정에서 대중 참여는 얻는 것보다 잃는 것이 더 많거나 이로써 별로 달라진 것이 없다는 사실을 받아들일 수밖에 없는 역사의 그늘을 짊어져왔다.

대중사회가 등장하면서 근대 초기부터 대중문화의 폭은 지속적으로 확장되어왔다. 이는 경제체계의 변화와 종교개혁에 따른 교회의 세속화와도 관련이 있다. 한편 엘리트문화 역시 대중에게서 아이디어를 어느 정도 수용할 수밖에 없었으므로 고급문화의 대중화 현상이 동시에 진행되었다. 특히 계몽주의의 확산과 함께 종교에서 권위에 대한 회의와 관용이 수용될 수 있었다. 예를 들어 대중의 일상생활이나 어떤 정치적 변화에 대한 반응이 그림으로 묘사될 경우, 즉흥적으로 대중이 만든 것이 대량생산되는 경우는 드물었다. 엘리트의 관점이 투영된 이런 그림들은 비판과 선전을 위해 각색되어 대중에게 배포되었다. 이것을 대중이 수용할 때 비로소 대중문화가 되는 셈이다.

18, 19세기에는 인쇄술이 발달하면서 사회적인 의사소통 수단이 발전했다는 사실에 특히 주목할 필요가 있다. 대중 속으로 파고든 인쇄 이미지는 정보의 유통과 대중의 정치화에 영향을 크게 미쳤다. 그 주제나 관점이 다양해지고 있었지만 이른바 엘리트문화와 대중문화가 섞이는 문화의 민주화 현상은 아직 나타나지 않았다고 할 수 있다. 대중문화는 혁명적이거나 급진적인 것에서부터 예술적이거나 일상적인 것까지를 망라했지만 정치, 경제, 사회, 심미적인 측면에서 엘리트문화와 혼합되었다고 볼 수는 없다. 즉 문화적 격차는 여전했다. 이는 자연스러운 현상으로, 엘리트가 대중을 계몽하려 하거나 특정 목적이나 가치로 유도하고자 의도했다고 보기에는 무리가 있다. 인쇄를 통한 의사소통은 정치적으로나 경제적으로 영향력이 있는 집단이 주도하기는 했다. 그러나 이는 다양한 의사소통 수단의 하나일 뿐, 의도적으로 대중을 개화하거나 정치화하기 위한 것은 아니었다.

18세기에 발달한 인쇄술은 정보의 보편화에 기여했다. 이탈리아 베네치아에서는 서류에 자기 이름을 제대로 서명할 수 있는 증인이

1450년에 61퍼센트에서 1650년에는 98퍼센트가 되었다.[2] 1570년 영국 더럼에서 인구의 20퍼센트가 문자해독 능력을 보였으나 1630년에는 47퍼센트로 증가했다.[3] 1650년에서 1800년 사이 프랑스에서도 문자해득률이 획기적으로 높아졌다. 문자해득이 되는 남자 인구가 1690년에 29퍼센트에서 1790년에는 47퍼센트로 증가했다.[4] 마찬가지로 영국에서도 글을 읽을 수 있는 사람이 1642년에 30퍼센트에서 18세기 중반에는 60퍼센트가 되었다.[5] 특히 인쇄된 책이 나오기 시작하면서 문맹률이 낮아졌다. 이처럼 인쇄술의 발달은 뉴스의 급속한 확산에 기여했고, 이로써 사람들은 스스로 판단하고 의견을 내기 시작했다.

유럽에서는 30년전쟁이 발발할 즈음에 정치적 태도를 드러낼 새로운 표현 수단인 신문이 소개되었다. 최초의 신문사는 네덜란드 암스테르담에 있었고 신문은 네덜란드어, 독일어, 프랑스어, 영어로 출간되었다.[6] 1618년에서 1648년 사이 서유럽에서는 정치에 대한 관심이 그 어느 때보다 높았다.[7] 인쇄술의 발달은 여성의 권리 향상에도 기여했다. 물론 규모는 크지 않았지만 인쇄술이 발달하기 이전에도 책, 편지, 팸플릿, 삽화 등은 여론 형성에 어느 정도 영향을 미쳤다. 그러나 이것들은 인쇄되어 출판된 책의 영향력에는 비할 바가 아니었다. 예컨대 16세기 당시 그렇게 달가워하는 분위기는 아니었지만 여성의 공적인 의사 표시가 허용되자, 여성 작가들은 종교개혁을 지지하는 책을 출판하여 성서의 논리를 통해 여성의 권리를 표현하고 연단에 서서 이 내용을 대중에게 연설했다. 이는 여성에게도 사회문제에 의견을 피력할 권리와 책임이 있음을 증명해주었다.[8]

대중 참여

근대는 정치적으로는 다수의 참정권이 전제된 민주정치가 구현되는 과정이라고 말할 수 있다. 민주정치가 실현되려면 개인의 권리가 신장되어야 하고, 각 개인이 공동체 구성원의 일원으로서 자신의 역할을 충실히 수행해야 한다. 1500년대에서 1800년대까지는 정치의식이 확산되는 시기였다.[9] 엄격하던 종교적 규범이 종교개혁으로 달라지면서 민중의 삶에 대한 생각도 점차 변화되었고 정치적 요구와 참여가 늘어갔다. 하지만 이러한 변화는 지역에 따라 매우 느리게 진행되기도 했다.

권력의 우위를 점한 집단의 필요와 욕구에 따라 제도가 만들어지기 때문에 사회가 그 집단의 관점에 영향을 받아 가치관이나 제도가 만들어지는 방향으로 변화하는 것은 당연한 일이다. 프랑스혁명 이후 부르주아지가 그들이 향후 지배할 세상에 적합한 법과 제도를 구체화하게 되는 것도 이와 같은 맥락이다. 부르주아지는 왕권과 귀족 계급의 기득권을 허물면서 그들이 장악한 경제적 영향력을 정치에도 미치려고 했다. 이 시기에 등장하기 시작하는 시민사회의 대중은 부르주아지와 혁명의 성과를 공유하고자 했으며, 시민으로서의 지위와 권리를 가지려고 했다.

대중은 부르주아지가 자신들과 함께 혁명을 했다고 생각했지만, 부르주아지는 대중을 혁명의 동료로서 인정하지 않았을 뿐 아니라 혁명의 성과를 독점하려는 엘리트주의적 태도를 드러냈다. 이처럼 각 집단과 계급은 프랑스혁명이라는 하나의 역사적 사건을 서로 다른 의미로 해석하고자 했다. 대중은 시민사회 구성원의 범위를 확장하려 했고, 엘리트는 그 자격의 범주를 넓히는 것에 반대하거나 주저했다. 같은 사건을 놓고도 그 의미와 성과에 대한 수용과 거부로 대중과 엘리트가 대립하는 것 역시 근대의 특징이라 할 수 있다.

근대에는 변화의 속도에 차이가 있음에도 사회 각 계층이 평등하기를 기대했고 어느 정도 성과를 보았다고 믿었다. 낡은 사회 체제를 무너뜨리고 피지배층이 속박으로부터 벗어나 자유로운 인간이 되는 평등사회를 꿈꾼 것이다. 세습적이고 폐쇄적인 권위주의가 거부되고 사상과 행동의 자유가 보장되는 쪽으로 발전해간 근대에 노동자나 여성도 정치적 영향력이나 발언권을 가지고 참여할 수 있는 보편적인 문화가 형성되지는 못했다. 여기서 자유와 평등을 함께 향유하고자 하는 욕구가 주의를 끌게 된다. 불평등한 사회적 관계를 바로잡을 수 있다는 믿음과 기대에서 행동하게 되고 거칠지만 다수의 힘으로 만들어가는 대중의 문화가 형성되기 시작하는 시점이다.

경제적으로 근대의 대중사회는 자본이 지배했다. 르네상스 시대 피렌체 등에서 이미 자본주의의 초기 유형을 볼 수 있다. 16세기 이후 산업 활동이 다양해지고 활발해지면서 누구나 자유로이 생산 활동에 참여할 수 있었으며 사회적으로는 풍부한 자본력과 전문적 경영 방식으로 생산력이 증대되었다. 하지만 이 시기 사회는 과도한 노동시간, 낮은 임금, 높은 식료품 가격, 적은 일자리 등의 문제가 쌓이면서 점차 확대되는 빈곤을 막지 못했다. 이때부터 임금노동자들은 불안한 삶을 살게 되었다. 농업에서 상업으로 전환해가는 이 시기부터 늘어난 도시 노동자들은 급격한 물가 상승 등으로 안정된 삶을 누리지 못했다. 사회 체제가 근대화되는 과정에서 감수해야 할 비용이 늘어났는데, 그 가장 큰 피해자는 서민들이었다. 18세기 후반에도 이런 현상은 바뀌지 않은 채 봉건적 구조가 계속되었다. 인구 증가, 도시화, 무역과 산업의 발달에도 여전히 농업은 필요했지만 자본주의 시장경제에 편입되는 부분을 제외하고는 침체되어 있었다.

엘리트와 대중

16세기부터 19세기까지의 사회구조는 엘리트 대 대중, 권력자 대 무권력자, 부자 대 빈자, 여성 대 남성, 정복자 대 피정복자, 성직자 대 평신도, 교회 대 국가권력, 왕 대 귀족 등으로 이분화된 형태였다. 그런데 이런 구조는 각각의 관점 차이나 이해관계에 따라 처지도 대비됨을 알 수 있다. 데이비드 안드레스David Andress는 역사가들이 같은 사건에 등장하는 다른 집단 사람들에게 이름을 공평하지 않게 붙이는 것에 대해 비판한다. 이는 역사를 공평하게 기술하지 않는 것이고 공과의 평가도 잘못되었다는 것을 의미한다.[10]

프랑스혁명에서 왕족을 비판하는 사람들은 도둑이나 강도 같은 폭도로 여겨졌지만, 이들은 사태에 대해 알고 있고 배경이 다양한 보통 사람들이었다. 안드레스는 이들의 폭력성을 눈에 띄게 부각하고 진실을 가리는 것을 비판했다. 예를 들어, 처형당한 왕비 마리 앙투아네트Marie Antoinette의 목숨을 가지고 희롱한 사람들을 잔혹한 폭도들이라고 하면서도 그들이 그녀에게 분노한 원인은 언급하지 않는다는 것이다.[11] 안드레스는 분노가 쌓여서 권력을 붕괴시키는 데 동참한 평민들에 대한 언급은 별로 하지 않고 죽은 권력자에 대해서만 길게 설명하는 것은 역사를 공평하지 않게 다루는 처사이고 역사를 잘못 일

러주는 것이라고 주장했다. 마리 앙투아네트가 옷을 사는 데 엄청난 액수의 돈을 낭비할 때 서민들은 하루 종일 힘들게 노동해서 번 돈의 대부분을 빵을 사는 데 써야만 했다는 사실에 분노를 표출한 이들의 행동을 폭력이라고 하는 것은 역사를 불공평하게 해석했다는 것이다. 즉 그는 이러한 지나친 불공평에 분노가 폭발하여 피의 복수를 한 것을 폭력이라고 해야 하는지를 묻는 것이다. 그래서 정치풍자의 목적은 드러나지 않은 '또 하나의 이야기'를 찾아내거나 그 이야기가 담고 있는 비판적 인식을 찾아내는 것이다.

근대 초부터 두드러지게 활동하기 시작한 부르주아 혹은 신흥 엘리트는 자신들을 대중으로부터 거리를 두고 싶어 했다. 좀 더 귀족 쪽으로 다가가고 싶었던 그들은 대중을 무시할 뿐만 아니라 대중의 감정적이고 즉흥적이고 미신적인 특징을 강조하면서 대중문화가 저항과 반박의 성격을 지니게 만드는 역할을 했다. 엘리트의 이러한 행태는 대중이 엘리트를 조롱하고 비판하고 도발하게 만들었다.[12] 자생적으로 등장하는 대중문화도 있지만 대중이 아닌 부자가 대중의 욕구를 조장하고 자극하기 위해 생산하거나, 대중을 개혁하겠다는 엘리트가 생산하는 문화도 대중문화라 할 수 있다. 문화와 정치의 구도에서 보면, 권력을 합리화하거나 권력 집단이 의도하는 사회개혁을 하기 위해 인위적인 교양문화를 만들고 보급하여 문화를 통속화하는 과정이 있었다.

대중에 대한 엘리트의 경계는 농촌 지역이 빈곤해지자 농민이 대거 도시로 이주해 도시 인구가 급격히 늘어나면서 발생한 도시화 문제에 대한 엘리트주의적 시각에서 드러났다. 도시화는 빈곤, 인구 이동에 따른 거지와 범법자 증가, 시끄러운 서민문화 등을 낳아, 안락하고 조용한 생활을 원하는 엘리트들에게 위협이 된 것이다. 엘리트 계층이 바라본 서민들의 자유분방한 자기표현과 회합은 걸러지지 않은 의견을 거리에 쏟아놓게 하고 자연스러운 질서를 무너뜨리는 것이었다.

2. 풍자와 민주주의

대중사회에 대한 이해는 엘리트와 대중이라는 사회적 구조를 내면화하면서 계층 간 혹은 같은 계층 안에서도 각자의 세계관을 토대로 상호 대립하거나 상호 고립되어 모든 사회적 관계에서 명시적 혹은 암묵적 힘의 관계로 자리 잡아갔다.

근대사회는 이전 사회들에서 부족하거나 부조리하다고 느낀 점을 개선한 결정판이었다. 볼테르Voltaire의《캉디드 Candide, ou l'Optimisme》(1759), 조너선 스위프트Jonathan Swift의《걸리버 여행기Gulliver's Travels》(1726), 미겔 데 세르반테스 사아베드라Miguel de Cervantes Saavedra의《라만차의 돈키호테Don Quixote de La Mancha》(전편은 1605년, 후편은 1615년에 출판), 토머스 모어Thomas More의《유토피아Utopia》(1516), 톰마소 캄파넬라Tommaso Campanella의《태양의 나라La città del Sole》(1602), 프랜시스 베이컨Francis Bacon의《신아틀란티스New Atlantis》(1627) 등의 문학작품은 사회 비판에 큰 몫을 담당했다. 이 작품들은 이상향을 묘사했고 때로는 당시나 후세에 이미지로 그려졌다. 풍자는 이상향에 대한 제시와 연결된다. 이 시기에 풍자는 중세까지의 권력체계에 대한 비판과 새로운 국가 형태에 대한 염원을 많이 표현했다. 그래서 풍자는 곧 비판인 동시에 이상적인 정치제도에 대한 기대를 담고 있다. 풍자는 민중의 희망과 두려움을 대변하며 그 당시 상황의 역사적 중요성을 담아낸다. 우리를 한 시대의 분위기와 민중의 반응을 이해할 수 있는 세계로 데려가 줄 그 어떤 수단도 없을 때 풍자는 이러한 능력을 가지고 있다.[13]

참여로서의 풍자

풍자하는 행위 자체가 공감대를 형성하기 위한 적극적 노력이다. 풍자는 문학작가, 미술가, 저널리스트 등이 자신의 이데올로기와 지배적 이데올로기가 모순되어 그 정치적 영향에서 벗어날 수 없을 때 자신의 생각을 비유적으로 표현하는 방법이다. 이들은 이런 비유적 방식을 통해 사람들에게 은밀한 미소와 통쾌함을 주려고 한다. 한 개인에 대한 풍자일 때는 그 개인의 사회적 비중에 따라 풍자의 영향이 다르다. 만약 국가 체제나 이념에 대한 풍자일 경우 그 파장은 매우 심각할 수도 있다. 그러나 여론을 조장할 수 있는 풍자만화가라 할지라도 개인의 영향력 정도는 풍자의 영향력과 별개 문제이긴 하다. 어떤 경우든 풍자는 비꼬기, 희화화하기 등을 통해 분노, 대안, 공평함, 공감 등을 추구하는 것이다.

풍자에는 정치와 경제 현상에 대한 사회적 풍자, 종교와 관습 혹은 학문에 대한 문화적 풍자, 그리고 인간 자체에 대한 풍자 등 여러 종류가 있다. 초기의 정치적 풍자는 왕권이나 귀족 혹은 역사적 사실을 풍자하는 형태로 많이 나오는데, 종교나 사회 현상, 개인의 도덕성에 대한 풍자에 비하면 특히 그 수가 적은 편이다. 이는 아마 정치가 서민들에게 익숙한 주제가 아닐뿐더러 쉽게 비판적인 견해를 드러내지 못했기 때문일 것이다. 정치적 풍자는 혁명, 선거와 관련하여 많이 등장했는데, 특히 왕이나 귀족에게 국한된 것이 많다. 공식적인 발표나 공직자들의 언행을 꼬집어 권위 밑에 감추어진 허위를 폭로하기 위한 것이었다. 정치적 결정이나 상황 자체에 대한 분석과 비판을 위한 풍자는 18세기에 와서야 활발해졌다. 사회적인 문제에 대한 풍자는 관습과 학문에 대한 풍자와 더불어 인간의 본성과 비도덕성을 비판하는 형태를 취했다. 엘리트에 대한 비판 못지않게 서민들의 해이함에 대한 비판도 풍자의 대상이 되었다.

풍자란 진실 혹은 진실이라고 믿는 것들을 다시 보게 하려는 목적을 가지고 있다. 사물이나 현상을 바꾸거나 뒤집어 볼 때는 지금 눈앞에 보이는 모습에 대해 단순히 '다른 시각'이 아니고 '부정'을 담은 시각을 부각하려 한다.[14] 추상적인 것을 주로 의인화하여 구체화하는 알레고리를 통해서 단순한 상징으로 표현하기보다는 역사적 배경을 등장시켜 이해를 돕거나 감춰진 선과 악, 인간의 본성, 진실 등을 표현하는 경우가 많다. 정치풍자적 알레고리는 교훈적 메시지를 전달하거나 진실을 알리려는 시도로 사용된다. 때로 이 알레고리는 어떤 시대에 일어난 사건에 대해 매번 동일한 이미지와 해석이 반복되지 않고 여러 시대와 장소를 거치면서 이것에 해석이 더 보태지거나 약화된다.[15] 예를 들어, 여성의 이미지를 나타낸 〈아리스토텔레스와 필리스〉는 이성과 사랑 혹은 욕망을 주제로 다루지만 지역에 따라서 또는 묘사하는 사람에 따라서 필리스Phyllis의 손에 채찍을 쥐게도 하고, 농촌이나 궁궐 안을 배경으로 하기도 한다. 독자에 맞추어 중간계급이나 서민을 대상으로 변형하기도 한다. 의미 부여에서도 욕망에 정복당한 이성을 그리기도 하고 불륜에 초점을 두는 해석을 담기도 한다. 여러 가지 의미 부여를 가능하게 하고, 그것을 노렸다는 점에서 모든 사람을 대상으로 그들이 참여하는 민주주의를 가능하게 만든다는 의미도 있다.[16] 이것이 통일되고 획일적인 메시지와는 달리 대안적인 상상과 이해 방식을 제공할 수 있기 때문이다.

고대 아테네에서 플라톤이 소크라테스의 장례식 조사를 하면서 스승을 사형시킨 우매한 아테네 시민들과 민주적 재판제도를 공격했지만 아테네 시민들은 크게 감동하지 않았을 수도 있다. 만약에 그들 중 누군가가 우매한 자들이 현명한 자를 죽음으로 몰았을 수도 있다고 생각하게 되어 민주주의를 지키기가 어렵다는 사실을 깨달았다면 그 또한 풍자의 역할이자 의미이다. 그러나 아무리 대중적인 성격의 풍자라 해도 직접적이고 급진적인 정치적 내용을 표현하는 데는 제한이 있었다. 교육적인 것, 조직의 성격을 알리는 것, 노동조건의 개선을 요구하는 풍자들이 대부분이었다. 정치적으로 심각한 내용을 다룬 작품의 수나 보급량이 적다는 사실은 정치 주제가 대중적인 인기를 얻지 못했다는 것을 증명해주기도 한다.

만평 방식을 이용한 풍자의 확산

풍자의 방식, 수준, 대중의 해석 등은 매개체에 따라 그 정도가 같을 수 없다. 작가의 의도나 대중의 수준이 당연히 중요한 변수가 된다. 매우 심각하고 진지한 논쟁적인 것부터 웃음을 위한 패러디, 뉴스레터나 신문·잡지 등의 만평, 캐리커처, 노래, 축제, 춤, 광대 행위, 시나 소설 등 문학 등에도 풍자는 등장한다. 어떤 때는 보여주려는 것이 현재 지배적인 가치로 제공되고, 수용된 것에 대해 비판하고 저항하는 의미에서 진지한 이념이나 정치적 진실을 담기도 한다. 하지만 어떤 때는 이것이 즉흥적이고 선정적일 수 있다. 정치적 반대 의견을 표현하는 전단지의 만화와 달리, 시장 같은 곳에서 펼쳐지는 광대 행위는 즉흥적이고 반응을 예측할 수 없다는 점에서 다르다. 눈으로 보고 사실이 무엇인지 생각하게 하는 것과 모여 있는 관중을 향해 웃음을 유발하는 가운데 무언가를 전달하고자 하는 것은 같을 수 없다. 특히 현대사회에서 대중문화의 놀라운 영향력은 대중의 판단 과정과 결과를 예측할 수 없게 만드는 요소가 많아 민주적 과정을 목격할 수도 있고 포퓰리즘의 위험에 놓일 수도 있다.

어느 시점에서는 고급문화와 대중문화의 구분이 희미해지기도 했지만 이것으로 사회계층 간의 의사소통이 원활해지고 상호 이해가 증진되었다고 보기는 어렵다. 문화 생산자인 엘리트가 대중을 상대로 정치적인 선전물이나 홍보물을 만들었다고 해서 엘리트와 대중 사이에 문화가 혼합되었다거나 민주적인 교류가 이루어졌다는 충분한 증거는 없다. 신문이나 잡지에 실린 한 컷 혹은 네 컷짜리 시사만화가 주로 이런 기능을 했지만 1500년대에서 1800년대 사이에는 이런 형태의 시사만화 외에 전단 형식으로 뉴스를 전달하거나 시사에 대한 선전 선동을 퍼뜨리기도 했다. 풍자만화는 글을 읽지 못하고 깊이 있는 판단이 어려운 사람들에게도 이해하기 쉬운 수단이었기 때문에 아예 한 페이지짜리 만화 잡지를 발행하여 판매하는 회사들이 있었다. 만화는 글을 매개로 한 것들보다 쉽게 사람들의 반응을 살필 수 있는 수단인 동시에 설득, 선동, 조작의 수단이 될 수도 있었다. 대중은 이런 방식으로 자기들 역시 정치의 중심으로 접근할 수 있음을 이해하게 되었지만 엘리트의 의견 조작에 빠져드는 위험에도 노출되었다. 엘리트가 풍자를 수단으로 대중을 교육하는 데 반해, 대중이 자발적이고 의식적으로 엘리트를 교화하려고 하긴 어렵다.

19세기에는 특히 그림 잡지류에 인쇄된 그림 이미지를 활용한 의사소통이 중요한 수단이 되었다. 이러한 발전은 잡지 시장이 커지고 독자층이 넓어졌음을 의미한다. 문맹률이 높았던 시절에 교육받지 못한 사람들도 다가갈 수 있는 인쇄된 이미지를 통한 대량 의사소통은 획기적인 것으로, 사회문화에도 중요한 영향을 미쳤다.

인쇄물의 상품화는 인쇄소와 인쇄물 전문 판매회사를 다수 등장시켰다. 인쇄물은 그것이 생산된 회사나 가게의 이름으로 많이 소개되었기 때문에 작가 미상의 작품들도 단지 발행해준 인쇄소나 출판사 덕분에 유명해지기도 했다. 인쇄와 유통 기술의 발전으로 대량생산되거나 상업적 목적으로 소비 대상을 고려하는 시대가 되면 대중적 인기가 많아지게 할 수도 있고 더 많은 사람에게 풍자 내용을 알릴 수도 있다. 하지만 다른 한편으로는 진지하지 못하거나 사실을 왜곡할 여지도 있다.

영국에서 싼값에 인쇄물을 구매할 수 있게 된 것은 1830년대 이후다. 그 이전에는 인쇄물을 사볼 수 있는 사람들이 제한되어 있었다. 하지만 점차 노동자의 수입이 많아지고 인쇄술이 발달하여 시장성도 변화하면서 술집, 카페, 개인영업 장소에 잡지 등에 실린 그림들이 걸리게 되었다. 처음엔 주로 일상생활과 관련된 삽화가 많았지만 갈수록 사회문제에 대한 묘사가 늘어났고, 범죄나 형벌에 대한 것들이 선호되었다. 종교 조직이나 주일 학교에서는 인쇄물이 종교적인 이미지를 보급하는 데 중심 역할을 했다.

독일의 경우 정치풍자화는 그리 일찍 나타나지 않았지만 1813년 10월 라이프치히 민중 학살 이후 나폴레옹 보나파르트Napoléon Bonaparte의 캐리커처가 독자적으로 등장했다. 라이프치히, 베를린, 뉘른베르크를 중심으로 한 독일의 캐리커처 활동은 거의 이름 없는 작가들에 의해 이루어졌다.

풍자는 프랑스혁명 같은 격변의 시기에 정보와 뉴스의 전달에 큰 역할을 한 것은 물론, 특정 메시지를 전하거나 대중을 선동하는 데 이용되었다. 종교개혁과 반종교개혁 선전, 도시 귀족들 간의 싸움에 대한 칭송과 비판, 경제적 부와 빈곤의 대조, 외국에 대한 영향력 확대와 침략에 대한 비판 등이 이런 수단을 거쳐 대중문화 속으로 스며들어 갔다. 이것은 도시의 힘으로 대중문화가 형성되어가는 모습이기도 했다.

이상사회 제시

중세의 봉건적 사회제도에서 벗어나면서 동경한 이상적인 정치 형태는 풍자를 다룬 여러 작품에 나타났다. 그중 헨리 8세Henri VIII에 의해 처형당한 모어가 쓴《유토피아》는 영국 정치·경제의 모순을 비판하고 풍자했다. 모어의 유토피아는 국왕과 계급이 없고, 건강한 사람이면 누구나 6시간 노동을 하며, 보석 같은 물질적인 것에 특별한 가치를 두지 않는 선행을 참다운 쾌락의 조건으로 삼는 나라다. 모어는 자본주의 또는 상업주의에 물든 영국을 풍자하는 내용으로 사유재산

부정, 계획적인 생산과 소유, 사회적 노동과 소비를 실현하는 사회를 그렸다.

이상사회는 바람직한 사회 모델을 제시하지만 그 본질은 현실 비판에 있다. 고대 도시국가가 제국적 질서로 넘어갈 때, 보편적 질서와 규범을 정당화할 때, 중세사회에서 르네상스가 대두하면서 차이를 강조하고 더 나은 사회를 기대하게 만들 때 모두 이상적인 국가의 모습을 제시했다. 이처럼 풍자만화에는 현실에 대한 철저한 이해와 비판을 바탕으로 기존의 세계관과 질서로부터 해방되는 것을 동경하는 뜻을 담았다.

캄파넬라의 《태양의 나라》는 1602년에 이탈리아어판이, 1623년에 라틴어판이 출간되었다. 이 책에서 캄파넬라는 신권정치를 모델로 하고, 농민이든 기술자든 예외 없이 모든 사람이 동등한 품격을 가진 것으로 인정하며, 더 많은 시간과 노동을 들이는 일을 하면 더 존경을 받는 것으로 그렸다.

영국의 변호사이자 정치가이며 철학자인 베이컨의 소설 《신아틀란티스》는 1624년에 라틴어판이, 1627년에 영어판이 출간되었다. 자연의 연구를 강력히 주장한 베이컨은 《신아틀란티스》에서 벤살렘 Bensalem 왕국을 그리스도교 사회로 묘사했다.

페루의 서쪽 태평양 어딘가에 표류한 선원들이 발견한 신비한 섬인 벤살렘에서는 모든 사람이 관대함, 지혜, 품격, 경건함, 공공심 등의 자질을 공유한다. 여러 면에서 기독교적인 가치관을 도입한 이 사회의 구성원들은 아주 높은 도덕적 기준을 가지고 있다. 벤살렘에서는 과학을 매우 중요시하여 국가가 지원하는 과학 대학 솔로몬 하우

토머스 모어의《유토피아》에 실린 삽화, 1518.

스Salomon's House를 통해 과학의 진보를 이루고 인간 사회에 기여할 것들을 연구하도록 지원한다. 지식은 도덕적 인간을 만드는 데도 중요하지만 남에게 힘을 행사하는 수단이 되기도 한다. 도덕적 존재이지만 한편으로는 부패할 수 있는 평범한 인간들을 통제 가능한 사회를 만들기 위해 끊임없는 연구를 중요하게 여긴 것이다. 모어나 캄파넬라의 이상사회가 공산주의사회를 닮아 있다면, 베이컨의 이상향 벤살렘은 금은보석 등을 존중하며 그리스도교적·가부장적 가족제도를 기초로 한 과학적 유토피아를 지향한다.

스위프트는《걸리버 여행기》에서 하늘을 나는 섬 '라퓨타'를 통해 무익한 연구와 논쟁에 집착하는 연구자들이나 정치인들을 풍자했다. 음악과 수학만이 중요한 분야로 인정되는 곳에서 자기 일에만 몰두하는 인간들이 풍자된다. 정치인들의 무익한 논쟁에 대해서도 서로 반대되는 생각을 하는 사람들의 뇌를 가르고 각각 합쳐놓아 쓸데없이 시간을 보내지 말고 중용과 조화의 정치를 해야 한다는 제안도 한다.

18세기 계몽주의를 대표하는 볼테르는《캉디드》에서 지독한 순진함 혹은 낙관주의를 비판하고, 비관적인 사고로 개선에 대한 기대가 없는 삶도 비판한다. 캉디드는 신이 세상을 최선의 것으로 창조했다는 스승 팡글로스의 말을 믿고 불행을 겪을 때마다 희망을 가지려 노력한다. 그러나 비관주의자 마르탱을 만나면서 자기가 계속해서 겪는 불행과 수난이 행복을 찾아가는 과정일지에 회의를 품게 된다. 두 의견 모두 인간을 이미 정해져 있는 것에 대한 믿음 혹은 체념으로 무기력하게 만든다. 볼테르는 불필요하게 논쟁하지 말고 성실하게 할 일을 하며 삶의 보람을 찾아야 한다고 말하는 것이다. 캉디드는 일

Tu peus me tuer encore, mais tu n'épouseras pas ma sœur de mon vivant.

Candide. Ch. XXIX.

앙투안 클로드 프랑수아 빌레이Antoine Claude François Villerey가 그린 《캉디드》속 삽화.

건물 앞에서 캉디드가 한 남자에게 따지고 있다. 한 여자가 그 남자에게 무언가 애원하는 듯하다.

하지 않고 축재하며 말로 권력을 행사하는 법관과 성직자들을 비판하는데, 이는 곧 실천은 하지 않고 말을 이용하여 특혜를 누리는 것을 비판한 것이다. 캉디드는 유용함과 즐거움을 만족시키는 삶을 '엘도라도'에서 찾아 정착한다. 이처럼 《캉디드》는 형식적인 것에 대한 비판과 개선을 시도하지 않는 게으름을 풍자한 작품이다.

3. 정치풍자, 그리고 풍자의 정치

풍자는 어떤 결론이 기정사실화되는 것에 저항하기도 하고, 풍자하는 과정에서 그 사실을 더욱 정당화하여 특정 견해로 정치화하기도 한다. 이해나 해석의 차이로 생기는 어떤 문제에 대해 끝까지 진실을 규명하려고 할 때 혹은 정치적 경쟁에서 승자가 지지하는 것일 때는 그것이 편파적이라고 해도 오랫동안 수용되게 마련이다. 하지만 한쪽으로 치우친 것을 비판하고 평가한다 하더라도 그 역시 일방적이거나 편파적이기 쉽다. 풍자는 어차피 한쪽의 시선이기 때문이다. 그렇지만 어떤 의견이 중요한데도 크게 다루어지지 않거나, 승자가 아닌 패자의 처지를 반영하는 것은 사실 이해의 균형을 위해 중요하고도 필요하다.

정치풍자만화의 등장
시사만화가가 처음 등장한 것은 기원전 1360년 이집트에서 클레오파트라에서부터 하급 정부관리에 이르기까지 인기 없었던 지도자들을 공격할 때였다고 한다.[17] 그리스의 도자기에 그려진 그림들 중에도 이런 성격의 것들이 있다. 로마제국에서는 정치적 불만을 벽에 그리기도 했고, 르네상스 시기에는 대량 소비를 겨냥한 포스터식으로 비정기적이고 산발적으로 나타난 낱장 풍자만화가 유행했다. 인쇄술이 발달하고 상업적 만화가 등장하면서 만화는 더욱 재미있고 손에 넣기 쉬우며 이해하기 편한 형태로 발달했다. 19세기에는 신문이나 잡지에 연재되면서 그 영향력이 커졌으며, 이는 더 많은 정보를 더 많은 사람에게 제공하여 그들을 선동하거나 적극적으로 정치적 판단을 하도록 유도하기도 했다.

정치풍자만화는 복잡한 사안에 대해 위트와 비난을 섞은 간단한 이미지로 역사적·사회적·문화적 내용을 담아낸다. 만화 한 컷에는 작가나 독자의 문화적 편견이 담기게 마련이고, 그러면서 정치적 바람을 표현하려 한다. 이는 풍자 자체의 목표이기도 한데, 풍자만화에는 하나의 사안에 대한 다양한 관점에 영향력을 발휘하여 여론을 형성하려는 목표가 강하게 들어 있다.

물론 시사만화는 정치 엘리트들에게 이용되기도 했다. 나폴레옹도 자기 정책을 칭송하는 만화를 그리게 했다고 한다. 전쟁을 할 때는 대개 적을 악마화해서 그리기도 하는데, 이는 비민주적인 국가에서만 있는 일이 아니다. 정치만화가 본격적으로 등장하기 이전인 종교개혁 시기에도 풍자화가 이용되기도 했다. 마르틴 루터Martin Luther도 포스터를 활용해 기독교와 반기독교를 비교했다.[18] 독일의 루터가 교회의 비리에 침묵할 수 없어 학자들 간의 토론을 유도하기 위해 1517년 10월 31일 비텐베르크 성 교회의 문 앞에 '95개 논제'를 내걸자 이것이 대량으로 인쇄되어 전 유럽에 퍼지게 되었다. 이처럼 인쇄술은 종교개혁에 엄청난 공헌을 하게 된다.

영국에서는 1780년에서 1820년에 이르는 시기가 만화를 통한 정치적 저항의 황금기였다. 영국에서는 다른 나라들보다 일찍이 자유로운 정치 토론, 정당 간의 경쟁, 제국적 팽창, 경제적 성장 등의 틀이 잡혔다. 여기에는 만화의 생산을 가능하게 한 인쇄술이 발달하고 만화 검열이 일찍 없어졌다는 점도 영향을 미쳤다. 가톨릭교회가 교리를 알리기 위해 취한 방법을 반기독교 저항 세력 역시 똑같이 사용했다. 대부분 문맹인 민중에게 진실을 알리겠다는 목적을 가진 그림과 만화는 효율적인 프로파간다 수단이었다. 반교황이나 반정치의 이미지를 적극 활용한 루터는 이러한 효과의 덕을 톡톡히 보았다.[19]

정치풍자는 유럽 전역에서 유행했다. 특히 정치적 인쇄물은 영국, 프랑스, 독일 등에서 성황을 이루었다.[20] 종교전쟁, 중앙집권화와 관료제는 16세기에서 18세기까지 중요한 비판의 대상이었다. 풍자는 유통이 용이한 만화를 통해 좀 더 효과적으로 이루어졌다. 산업혁명과 인쇄술의 발달은 더욱 이러한 풍자의 보편적 유통에 기여했다. 인쇄술과 상업주의가 발달하기 전에도 포스터나 삽화 등을 이용한 정치풍자는 있어왔다. 왕과 왕족의 무능, 귀족의 사치와 허영·독재, 교회와 성직자의 탐욕과 갈등, 신흥계급의 무식함과 나약함, 산업화의 다른 얼굴인 도시 빈곤, 가부장적 사회의 희생양 여성, 엘리트의 위선과 선동주의 등이 풍자의 대상이 되었다. 특히 1790년에서 1820년 사이의 풍자는 광고와 패러디 형태로 쏟아졌는데, 살인 재판, 섹스 스캔들, 언론의 자유, 명예훼손, 피 묻은 돈에 대한 판결, 정치인, 선거,

도덕적으로 해이한 대중 등 좀 더 대중적이고 일상적인 것들로까지 확대되었다.

유머의 정치화

풍자만화에서 정치적인 일들 혹은 정치적인 판단은 그 시대의 정치사회적인 제도나 환경의 변화뿐 아니라 일반 서민들의 생활에 미치는 정치적 영향 혹은 변화의 정치적 성격 등을 모두 포함한 것이다. 만화는 반가톨릭주의, 반귀족과 반지성주의를 풍자했고 이러한 정치개혁의 의지를 관철하기 위해 대중에게 의사를 전달하는 훌륭한 수단으로, 신문의 긴 사설보다 만화 한 컷이 상황의 중요한 진실을 반영할 수 있다.[21] 따라서 정치풍자만화는 정치교육의 중요한 도구가 되었다.

정치풍자의 대상은 선구적인 사람들, 권력자, 권력을 합리화하는 이론가들, 자본주의 발전의 공로자들, 시민의 모델, 빈곤하거나 소외된 사람들, 혁명적 사건, 권력관계를 만들어내고 파괴하는 사람들과 사건들이다. 정치적 풍자의 등장은 독자 혹은 청중으로서 대중의 존재와 관련이 깊다. 풍자는 사건의 이면을 보여주기 위한 것으로, 비판과 정의를 널리 퍼지게 한다. 진실이라고 믿는 것, 사실이라고 알고 있던 사건이 때로는 그 반대이거나 다르게 해석될 수 있다. 그러나 이를 알고 나서 수정했는지 또는 수정을 요구했는지는 분명하지 않다. 그리고 풍자가 항상 진실과 사실을 설득할 수 있는 것도 아니고 풍자로 새롭게 알아낸 진실과 사실이 의심스러워질 때도 있다. 정치풍자가 더 복잡한 것은 풍자 자체가 정치적 행동이며 풍자 작가들이 작품

《걸리버 여행기》의 삽화.

두 마리의 말 후이넘이 걸리버와 야후를 관찰하고 있다.

을 통해 '정치적으로 행동'하기 때문이다. 어차피 각자의 판단과 이해관계가 관점을 형성하고 거기에 맞추어 모든 것이 보이게 마련이다. 그래서 풍자는 권력과의 싸움이라고도 한다.

풍자는 우스꽝스러운 비유일 때도 있지만 웃음기 없이 신랄하게 정곡을 찌를 때도 많다. 정치풍자는 권력투쟁에 가담하는 개인, 집단, 조직을 폭로하거나 조롱한다. 때로는 적대적인 선전이나 홍보에도 사용된다. 만화가들은 풍자 대상의 공식적인 이미지가 자신들이 만든 상대적으로 부정적인 이미지와 다르다는 점으로 여론을 활성화할 수도 있다.[22] 정치풍자가 항상 옳거나 진실의 다른 면을 보여주거나 중대한 자극제 역할을 하려고 의도하지는 않는다. 때로는 그저 희화화하는 경우가 있는데, 여기에는 왜곡의 위험성도 있다. 풍자는 사실 매우 직설적이다. 특히 만평 한 장은 쉽고 빠르게 요점을 전달하므로 거기에서 오는 편견과 오류의 문제도 무시할 수 없다.

이렇게 정치적 유머는 단순히 웃음을 전달하는 것이 아니고, 어떤 현상이 지배문화에 의해 사회적·정치적으로 조건 지워지고 결정된 것이라는 사실을 보여주고 새로운 대안을 제시하기도 한다.[23] 스위프트의 《걸리버 여행기》에서 삶은 달걀의 어느 쪽을 깰 것인가 하는 논쟁은 잉글랜드와 아일랜드가 종교를 두고 싸우는 것을 빗댄 것이다. 여행 이야기가 아니라 정치 이야기라 할 수 있는 《걸리버 여행기》는 1726년 출판 당시에도 많은 사회적 문제의식을 자극했다. 저자는 걸리버가 여러 이상한 나라를 여행하면서 느끼게 되는 인간의 본질에 대해 솔직한 모습을 보여준다. 소인국의 나라, 거인국의 나라, 하늘에 떠 있는 섬나라 라퓨타, 인간(야후)이 아닌 말(후이넘)이 통치하는 후

자일스 그리나겐Giles Grinagain, 〈만화가의 사과〉, 1802.
풍자화가가 자기를 풍자했다고 화를 내는 사람에게 사죄하고 있다.

이념의 나라 등을 거치면서 걸리버가 본 것은 다양한 인간의 모습과
국가나 사회 현실에 대한 풍자거리다. 작가 스위프트는 지식층의 허
풍과 오류, 종교 지도자들과 정치권력층의 비리를 비판하는 글로써
세상을 풍자했다.

　정치풍자만화는 대부분 그림으로만 의미를 전달하지만 때로는 그
림에 언어를 포함하기도 한다. 문학작품, 신문기사의 슬로건이나 헤
드라인, 삐라 등 다양한 영역에서 삽화나 언어 자체에 풍자를 담고 있
는 것도 있다. 인쇄술의 영향으로 풍자만화가 인기를 끌던 시기에는

인쇄업자와 출판업자가 합작하여 상업적인 생산을 주도했다. 예컨대 윌리엄 혼William Hone과 조지 크룩섕크George Cruikshank는 유명한 콤비였다. 1815년과 1822년 사이에 혼이 출판한 정치풍자물은 대중적 급진주의의 절정을 반영하는 것이었다.[24] 만화는 긴 신문 사설보다 강한 여운을 남긴다. 만화가는 '예술적 재능을 지닌 정치적 암살자'라는 말이 어울릴 정도로 충격을 줄 수 있으며, 아울러 근저에 깔린 진실을 전달한다.[25] 그러나 풍자만화 중에는 설명이나 등장인물의 대사가 없으면 의미를 찾을 수 없는 것도 많다.[26]

4. 풍자의 대상

기득권에 대한 조소, 비판, 반감

풍자는 주로 사회 내 기득권 집단의 생각과 행동, 그리고 여러 가지 사회적 자산의 독점에 대한 비판이었다. 급진적인 풍자는 불손하고, 난해하고, 즐겁고, 추상적인 언어로 정치에 대해 논쟁을 펼 수도 있고, 법적인 언어를 사용하여 법을 전유물로 여기는 국가를 비판할 수도 있다.[27]

지배 권력에 대한 도전으로 지배가치 혹은 지배문화에 대항하는 내용의 정치풍자는 분명 부정적이고 공격적이고 과장적이다.[28] 때로는 정치풍자가 권력자들을 칭송하는 데 쓰이기도 한다.[29] 그런가 하면 반복적으로 잡지나 신문에 풍자 대상으로 등장하는 인물에 대해서는 동정심을 갖게 될 수도 있는데 가해자에게 연민이 생기는 일도 있었다.[30] 풍자가 반드시 남을 직간접적으로 겨냥하기만 하는 것이 아니라 자신을 풍자 대상으로 이용하여 사회나 경쟁자를 풍자하기도 한다.[31] 또한 풍자는 자신을 숨기기 위한 수단이 되기도 하지만 자신을 아는 사람들에게 딴전을 부리거나 자기 생각을 은유해서 나타내려 할 때 택하는 방식이기도 하다.

풍자가 항상 권력자를 비판하는 데만 쓰이는 것은 아니다. 권력자들을 우롱하는 동시에 그 권력자들에게 희생당한 자들의 무능을 비판하기도 한다.[32] 대중은 권력자에게 희생되고 선동가에게 쉽게 현혹당하기 때문이다. 그리고 제4장에 등장하듯이, 대중은 불안한 시대의 희생자이면서도 꼬임에 잘 넘어가고, 상황이 조금만 좋아지면 해이해지는 존재들이기도 하여 풍자의 대상이 된다.

정치풍자가 대중화되기 이전에는 종교풍자도 성행했다.[33] 가톨릭이나 프로테스탄트가 서로 상대방을 비방하거나 때로는 자신들의 교리를 알리기 위해서 풍자를 사용했다. 또한 성서를 패러디하는 것도 풍자 작가의 목적을 위해서는 주저 없이 사용된 방식이다. 풍자의 중요한 주제는 정치화한 교회이고 자주 등장하는 풍자 대상은 성직자와 교회 재산 등이었다.

여성운동이 풍자 대상이 될 때에는 여성을 세상의 흐름에 대해 판단력도 없고 관심도 없는 듯이 묘사했고, 눈에 띄는 활동을 하는 여성도 그 가치를 인정하지 않았다. 1800년대에 시작되어 2002년에 폐간된 시사잡지《펀치*Punch, or the London Charivari*》[34]는 사회풍자로 꽤 유명했는데도 여성에 대한 인식은 전혀 앞서지 않았다. 1840년대에 참정권 확대를 요구하는 차티스트운동이 한창일 때 여성이 참여했는데도 여

존 리치John Leech, 〈여성 의원〉, 1853.

작가는 그림 속 여성을 "가정의 주부이면서 의회의 멤버Mistress of the House and M. P."라고 했다. 일에 몰두하고 있는 부인 옆에서 남편은 흐뭇한 표정으로 아이를 안고 있고 여성 여럿이 국회의원인 그녀의 성공을 자랑스럽게 여기는 듯한 얼굴로 보고 있다. 영국에서는 1919년에야 첫 여성 하원의원이 배출되었다.

성과 정치의 연관성에는 관심을 보이지 않았다. 1853년에 나온 이슈에서는 여성의 사회 참여에 대해 '가족과 다른 사회생활을 제쳐놓고 중요하지 않은 것을 좇는다'는 식으로 묘사했다. 프랑스의 풍자화가 오노레 도미에Honoré Daumier의 그림도《펀치》와 유사한 방식으로 여성을 표현하고 있다.

풍자 방식 중에는 정치인의 탐욕, 공격성, 나약함, 위선 등을 표현하기 위해 사람을 동물로 묘사하거나 괴수를 창조해낸 것도 있었다.

작가 미상, 〈섭정〉, 1789.

왕세자 조지가 황소로 묘사된 아일랜드인 지지자들과 함께 식사하는 광경을 그린 그림이다. 그중 두 명은 왕관을 쓰고 있다. 이들은 병든 조지 3세 때문에 심란한 상황에서 왕자의 섭정을 논하고 있다.

제임스 길레이James Gillray는 휘그당원들을 동물 집단으로 묘사했는데, 이는 대상의 성격과 비판하는 이유를 드러내기 위해서다. 귀족, 성직자, 법관 같은 계층의 양면성이나 부정적인 이미지를 부각하려고 이들을 동물이나 악마의 모습과 대칭을 이루게 하기도 했다. 성직자들이 풍자 대상으로 많이 등장한 것은 특권을 누린 대표적 집단이었기 때문인데, 이들은 정치적 야심과 부패로 프랑스를 붕괴시키는 데 지대한 역할을 하기도 했다.

작가 미상, 〈왕과 왕비〉, 1791.
프랑스에서 출판된 것으로 루이 16세와 마리 앙투아네트 왕비가 머리가 두 개 달린
괴물로 묘사되었다. 이 둘은 서로 다른 방향을 향하고 있다. 왕은 부정한 아내의 남편
이란 뿔을 달고 있고, 왕비는 타조털을 쓴 메두사의 머리를 달고 있다.

    동물 우화를 활용하거나 사람을 동물로 대체하여 풍자하면 동물의
형상을 통해 여러 유형의 인간을 빗대어 비판하거나 풍자할 수 있어
부담이 덜 된다. 때로는 미화하기 위해 동물 형상을 사용할 수도 있
다. 이는 시나 소설에서도 활용하는 방법이다. 물론 은폐하기 위해서
가 아니라 비하하기 위한 목적일 때가 더 많다.

    영국의 존 불John Bull에 대한 묘사는 이와는 전혀 달랐다. 존 불은
영국 국민을 대표하는 상징으로, 영국의 평범한 중년 남자 이미지를

작가 미상, 〈새들의 공격을 받는 전하〉, 1899.

올리버 크롬웰Oliver Cromwell의 셋째 아들 리처드 크롬웰Richard Cromwell을 새들의 공격을 받고 있는, 어리석어 보이는 올빼미의 모습으로 묘사한 그림이다. 뛰어난 재능은커녕 존경을 받을 만한 요소가 전혀 없던 이 아들은 올리버 크롬웰의 뒤를 이었을 때 군대 경험의 부족과 어려운 재정 상태를 해결할 능력의 부재로 지도자로서의 역량에 대해 신뢰를 얻지 못했다. 군대가 권력을 장악하자 리처드 크롬웰은 의회를 해산하라는 군대의 요구를 들어주고, 체포되지는 않았지만 권좌에서 물러났다. 이 그림이 길거리에서 팔림으로써 리처드 크롬웰은 더욱 능력 없고 자격 없는 사람으로 부각되었다. 결국 그는 1년도 안 되는 짧은 통치를 끝냈다.

대변한다. 1712년에 처음 등장하여 영국 프린트 생산자들 사이에서 인기를 누린 존 불을 후에는 미국에서도 곧잘 사용했다. 잉글랜드인들은 이 시민의 대변자를 영국령 모두를 상징하는 인물로 사용했지만, 독립적으로 존재하고자 한 아일랜드와 스코틀랜드에서는 존 불을 영국 전체가 아닌 잉글랜드를 상징하는 것으로만 한정했다.

윌리엄 찰스William Charles, 〈존 불과 알렉산드리아 주민들〉, 1814.

1814년 8월 영국군이 미국의 수도에서 건물들을 불태운 지 며칠 후 버지니아 주 알렉산드리아에 들어왔던 모습을 묘사한 그림이다. 마을이나 자신들을 지키기 위해 무장할 능력이 없는 주민들은 영국군들이 값진 밀가루, 술, 담배 등을 옮기는 것을 무력하게 바라볼 뿐이다. 이 시기의 만화들은 대개 영국에 자비를 구하는 알렉산드리아 사람들의 위축된 모습을 비웃는 내용을 담았다.

세태와 도덕성 비판

풍자는 권력자를 직접 풍자하는 데만 유용한 것은 아니다. 사회적 통념에 대한 반박 혹은 그 반박에 대한 풍자로 권력관계를 드러내고, 그 관계가 변화하는 것에 대한 반응으로 권력관계를 읽을 수도 있다. 남성지배적 가부장제를 비판하는 분위기가 무르익을 때 가부장제에 대한 공격을 풍자하는 것도 많다. 어떻게 보면 풍자는 일회적으로 끝나지 않고 하나의 풍자에 대해 연속적인 비판과 대응을 보여준다.

인쇄술이 발달하고 정치 참여의 주요 통로로서 언론이 발달하면서 그 안에 대중이 보이기 시작했다. 풍자는 신문의 그림판이나 포스터를 통해 가장 활발하게 대중에게 정보를 주고 여론을 형성해나갔다.

세태 풍자에는 근대사회의 여러 가지 변화에 대한 인식이 부족하거나 변화에 무감각하다는 점이 드러날 때가 많다. 여성이 좀 더 당당하게 의견을 낼 때 '세상이 어떻게 되려고 이러는가' 하는 식의 반응을 드러낸 풍자들을 보면, 근대의 중요한 변화 중 하나가 향상된 여성의 위상임을 짐작하게 된다. 세태 풍자에는 기존의 사회적 가치관이 흔들리는 것에 대한 경계를 강하게 드러낸 것도 많다.

결혼은 자주 나타나는 풍자의 소재였다. 행복한 결혼과 불행한 결혼을 대비하기도 하고 결혼생활에서 남편의 무기력함을 보여주기도 했다. 불륜을 저지르고 있는 부인에게 주도권을 빼앗기는 남자, 즉 불행한 결혼생활을 담은 그림이 많이 떠돌았다. 이런 그림에서 남편은 유약하거나 부인의 애인에게서 돈을 받고 불륜을 눈감아주는 무기력한 사람으로 묘사되고 있다. 결혼에 대한 이런 유의 이미지는 계속해서 다른 버전으로 등장했다.

풍자는 단지 국내에서만 일어나는 현상을 대상으로 하지 않았다. 영국에서는 프랑스의 정치와 정치인을, 독일에서는 영국이나 프랑스 상황을 풍자 대상으로 하는 것은 흔한 일이었다. 특히 다른 나라가 자국과 관련된 일에 언짢은 감정을 나타낼 때는 이런 풍자가 더욱 심하게 행해졌다.

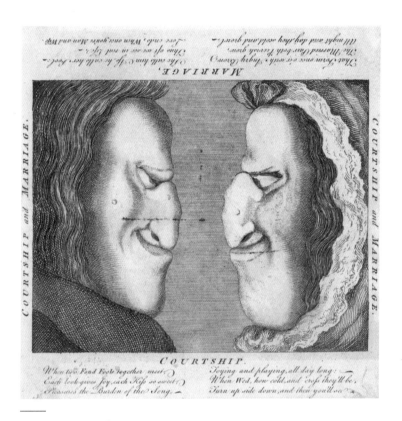

작가 미상, 〈연애와 결혼〉, 1770~1800.

서로 마주 보고 있는 모습을 담은 이 그림에서 남녀는 일견 '연애'라는 제목이 어울리는 다정한 표정을 짓고 있는 것처럼 보인다. 하지만 그림을 거꾸로 돌리면 '결혼'이라는 제목 아래 별로 호의적이지 않은 표정을 짓고 있는 것을 볼 수 있다.

작가 미상, 〈행복한 결혼과 불행한 결혼〉, 1690.

행복한 결혼생활을 하는 부부와 불행한 결혼생활을 하는 부부의 대조적인 모습을 그렸다.

5. 풍자만화의 보급과 검열

풍자의 유행

정치는 실천, 저항, 타협하는 과정의 연속이며, 정치풍자는 이 과정의 한 속성이라고 할 수 있다. 정치풍자는 정치를 정화하는 역할도 하는데, 이런 의미에서 정치풍자를 '권력의 다섯 번째 가지'라고 부르는 것도 이해할 만하다.[35] 이런 풍자는 문학, 음악, 연극, 영화 등 모든 장

르의 예술을 도구로 삼아왔다. 《캉디드》 같은 풍자소설이 출판되었고, 풍자 내용을 담은 노래들이 널리 불리기도 했으며, 문학작품이 연극으로 상연되기도 했다. 코믹만화나 창작극도 유포되었다. 현대사회에서는 풍자영화도 큰 몫을 하는 도구가 되었다.

이 책에서 다루는 만화들은 캐리커처나 카툰으로 분류될 수 있을 것이다. 캐리커처는 개인을 비꼰 표현이고 카툰은 이슈, 상황, 아이디어 등에 대해 다소 뒤틀린 표현이라고 보면 된다. 둘 다 풍자만화라고 할 수 있지만 전자에 비해 후자는 시사만화 혹은 시사풍자만화에 가깝다. 정치풍자의 날카로움이 덜해지는 과정은 패러디 혹은 코믹만화가 대중에게 쉽게 다가가 풍자를 대체하는 과정이기도 했고, 하층계급의 시각이나 입장을 표출해주는 매개가 줄고 중간계층에게로 관심이 옮겨가는 과정이기도 했다.

정치적으로 자유로운 분위기가 조성되어 있어야만 가능한 풍자만화는 17세기 네덜란드에서 시작되었다.[36] 당시 네덜란드에서는 인쇄술의 발명과 함께 우수한 예술가나 대중이 의사를 자유로이 표현할 수 있었다. 처음 풍자만화는 인물 묘사를 주로 했으나 점차 인물을 직접 공격하기보다는 상황이나 이슈로 주제를 옮기면서 좀 더 미묘하고 지적인 작업으로 진행되었다. 영국에서는 프랑스와 같은 혁명이 없었다. 그래서인지 무능하거나 인기 없던 왕을 대상으로 하는 풍자나 일상생활에서 볼 수 있는 여러 유형의 사람에 대한 사회풍자가 많았다. 18세기는 영국 정치만화의 황금기라고도 여겨진다.[37] 이는 영국에서 일찍이 검열제도를 없애고 17세기 말부터 대중이 시사적인 문제를 토론하는 장소로서 정기간행물이 비치된 커피하우스가 3,000여 개

조지 우드워드George Moutand Woodward, 〈호기심〉, 1806.
두 사람이 만홧가게에 붙은 자기들을 그린 그림을 보며 이야기를 나누는 모습이다.

있었기에 가능했다. 커피하우스는 여론을 형성하는 중요한 경로였
다. 이처럼 영국은 다른 나라들과 달리 이른 시기부터 자유로운 비판
에 관대했으며 소통을 하나의 문화라고 여겼다.

　풍자 포스터류로는 비싼 것들도 있었지만 길거리에서 싸게 팔리는
것들도 많았다. 〈평화에 대한 정보〉를 보면, 길거리에서 이것들을 파
는 사람들이나 사서 같이 돌려 보는 사람들이나 그리 좋은 형색은 아
닌 듯하다. 그러나 이런 풍자 포스터가 사람들에게 세태를 알게 해주

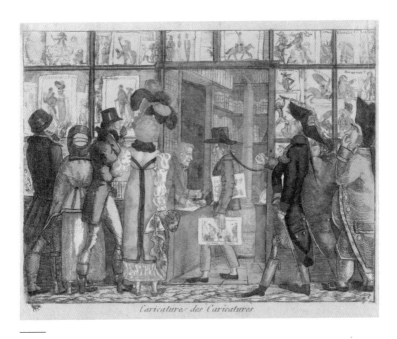

작가 미상, 〈프린트 숍〉, 1814.
행인들이 모여들어 만홧가게에 붙은 그림들을 흥미롭게 구경하고 있다.

는 좋은 수단이었던 것만은 분명하다.

거리의 샌드위치맨, 슬로건 포스터, 플래카드 등도 프린트 풍자의 다른 형태다. 팸플릿 풍자화는 작은 책자의 겉표지에 모든 것을 드러냄으로써 내용을 표현한다.

정부나 국가권력은 선전용으로 이미지를 이용했다. 따라서 1790년대 급진주의자들도 이런 광고의 효과를 알아차리기에 이르렀다. 그들에게도 신문과 팸플릿은 정치적 선전에 좋은 수단이 되었다.

작가 미상, 〈평화에 대한 정보〉, 1783.

가로등 관리자, 구두 수선공, 늙은 유대인 옷 장수, 제빵사, 굴뚝 청소부 등이 둘러서서 포스터를 살펴보며 종전에 대해 이야기하고 있는 광경이다. 여기 모인 사람들은 대부분 문맹이지만 포스터를 통해 정보를 얻을 수 있었다. 이 그림은 영국이 미국과의 전쟁을 끝내는 시기인 1783년에 그려졌다. 영국 의회와 식민지 미국 사이에서 벌어진 전쟁에 프랑스가 개입함으로써 영국이 패하고 식민지를 잃게 되었다.

작가 미상, 〈사기꾼 의사〉, 1685.

당시 대중에게 진실을 알리거나 반대파를 더욱 곤란에 빠뜨리기 위해 선전용으로 유포된 그림들 중 하나다. 이 그림은 제임스 2세의 즉위가 가톨릭의 음모Popish Plot라고 위증한 티투스 오츠Titus Oates에 대한 기사와 함께 실렸다. 오츠는 찰스 2세를 죽이려는 가톨릭의 음모를 지어낸 사람이다. 그는 4년간 투옥되어 있다가 빌럼과 메리가 즉위하자 사면되어 연금으로 편하게 살다 죽었다.

풍자에는 재미있는 그림풀이圖解 방식으로 정치적 사실을 알리는 것도 있었다. 영국에서는 게임카드에, 독일이나 프랑스에서는 게임판의 달팽이형 원 속에 그림을 그린 풍자화가 있었다. 때로는 왕이나 가문의 치적, 사악함 등과 관련해 이런 그림이 그려졌는데, 한 사건에 대해서 그린 것도 있고 매우 긴 역사적 시간을 다룬 것도 있다.

작가 미상, 〈스웨덴 구스타브 국왕의 업적 도판〉, 1632.

스웨덴을 강국으로 만들어서 '북방의 사자', '설(雪)
왕' 등으로 불린 구스타브 2세 아돌프Gustavus II
Adolphus(1611~1632)의 통제 아래 있는 도시와 요
새 및 다른 장소들을 그려놓은 그림판이다. 103개
의 도시를 묘사한 타원들이 원을 그리며 이어진 가
운데 국왕의 모습이 그려져 있다.

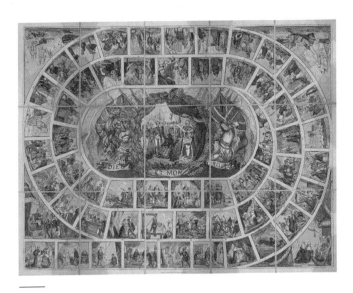

작가 미상, 〈영국 군주들을 그린 궁정 게임〉, 1833~1837.

55개의 장면으로 된 게임 보드인데 에그버트Egbert 왕에서 윌리엄 4세까지 영국 국왕들의 일생에 대한 내용을 담았다.

검열

정치풍자만화가 유행할 때 영국, 프랑스, 독일은 나름대로의 특징을 나타냈다.

영국에서 1841년에 창간한 《펀치》는 1840년대와 1850년대에 가장 영향력을 미쳤고 1940년대 이후 쇠퇴하여 1992년에 폐간했다. 1996년에 재발간했다가 2002년에 완전히 문을 닫았다. 초기의 《펀치》는 날카로운 정치적 풍자를 통해 부와 권력에서의 위계를 풍자했고, 다수의 만화가가 이 잡지에 작품을 게재했다.

E&G 골드 스미드E&G Goldsmid, 〈게임카드〉, 1886.

코먼웰스Commonweath를 풍자하는 게임카드 52장 중 일부분이다.

프랑스의 경우 혁명 전에는 주위를 끌 만한 풍자만화가 드러나지 않았다. 자크 칼로Jacques Callot(1592~1635)는 1618년부터 1648년까지 벌어진 30년전쟁 시기에 풍자만화가로서의 전환점을 맞는다. 그는 특히 전쟁에 참여한 군인들의 다양한 모습과 무고하게 희생된 민중의 참혹한 모습 등 전쟁을 고발하는 그림을 주로 그렸다.

전제정부 시대에는 이런 시도가 억압받기 마련이지만 나폴레옹의 등장을 전후로 하여 풍자만화가 많이 등장했다. 샤를 필리퐁Charles Philipon은 프랑스를 대표하는 풍자만화가이자 만화생산업자였다. 그

제임스 길레이, 〈브리타니아〉, 1791.

돌고래처럼 생긴 괴물에 올라탄 노파는 영국을 상징한다. 괴물의 벌린 입은 템스 강을 나타내고 둘로 갈라진 꼬리는 각각 땅 끝Lands End과 리자드 포인트Lizard Point라고 되어 있다.

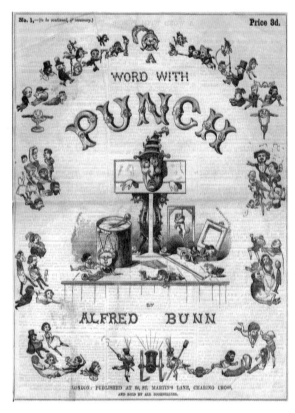

《펀치》의 표지.

는 왕을 가차 없이 비판하여 '코믹 저널리즘의 아버지'라고 불렸다. 샤를 10세Charle X와 루이 18세Louis XVIII, 루이 필리프Louis Philippe 등이 그의 풍자 소재가 됐다. 필리퐁은 그리 오래가진 못했지만《펀치Word with Punch》를 모델로 삼아 1831년에《라 카리카튀르La Caricature》를 발간하고 곧이어《르 샤리바리Le Charivari》를 발간했다.《르 샤리바리》는 1832년에서 1936년까지는 일간지였고 1937년에 주간지로 바뀌었다. 정부의 정치적 만화에 대한 억압이 심해진 1835년 이래로는 일상생활 풍자를 주로 다루었다. 필리퐁과 함께 도미에가 프랑스 작가로서 가장 많이 알려진 풍자만화가다. 그는 《라 카리카튀르》의 발간과 함께 기고가로 데뷔했고 1835년 판매금지 이후에는 사회풍자화로 전환했다. 그 뒤 《르 샤리바리》에서 활약했는데 서민의 일상생활을 코믹하게 또는 풍자적으로 그렸다. 도미에 역시 루이 필리프 왕정을 비판하여 투옥되기도 했다.

도미에는 자신들만의 행복과 즐거움을 추구하는 부르주아의 생활상을 코믹하게 풍자했을 뿐만 아니라, 권위적이고 교만한 얼굴, 거만하게 휘날리는 법관복 등을 통해 다양한 법관의 모습을 포착했다. 도미에의 정치와 사회에 대한 풍자화는 일상생활의 세부적인 것에 초점을 맞춰 사실적 관찰에 뿌리를 두고 있음을 알 수 있다.

1848년 혁명을 계기로 독일에서는 편집에서 제한과 구속을 받지 않는 정치적 논평이 담긴 풍자 인쇄물이 대부분 익명으로 발간되었다. 이 인쇄물들은 역사가들에게 혁명 당시의 분위기를 잘 전해주는 자료다. 독일에서는 종교개혁 당시 이미 논쟁적인 종교적 풍자가 등장했지만 정치적 풍자만화는 30년전쟁, 메테르니히Metternich 시대, 그리고 1848년 혁명을 거친 짧은 기간 동안 활발하게 등장했다.[38] 일찍이 종교개혁 당시 논쟁적인 풍자 그림이 등장했지만 이것을 이어가지는 못했고, 종교전쟁을 치르던 프랑스와 네덜란드, 영국 등을 거쳐 다시 독일로 들어온 것이다.[39]

풍자는 시대나 정치의 성격에 따라 수준과 형태가 다양하며 결코 항상 자유로웠던 것은 아니다. 근대 유럽에서도 풍자가 자유롭게 할

제이 제이 그랑빌J. J. Grandville, 〈검열의 부활〉, 1831.

예수의 부활을 패러디하여 검열을 풍자한 그림이다. 중앙의 남자는 커다란 가위를
가슴에 안고 있고, 남자가 나온 관 아래의 돌덩이에는 27, 28, 29라고 적혀 있다. 이
숫자는 7월혁명의 영광스러운 세 날을 뜻한다. 그 왼쪽에서 자고 있는 네 남자는 언
론을 풍자한 것이다. 그중 한 명은 '콩스티튀시오넬(Constitutionnel, 입헌당원)'이
라는 글자가 적힌 나이트캡을 쓰고 있다.

수 있는 것으로 인식되지는 않았다. 글이 검열의 대상이었던 것처럼 그림 역시 마찬가지였다. 1695년 프랑스에 검열이 존재했던 것과 달리 영국에서는 사전검열제가 폐지되었다. 따라서 18세기 영국에서는 출판에 의한 정치 비판이 더욱더 자유롭게 행해졌다.[40]

근대에는 아직 중세적인 요소들에 대한 저항이 깊게 깔려 있다는 것을 인정해야 한다. 왕의 권한은 이제 더는 절대적이지 않았다. 가톨릭교회의 권력이 컸던 시기에 왕권은 자연히 제한적이다 보니 풍자 대상이 되기 쉬웠다. 또 교회가 그 권력에 대해 반감을 경험할 즈음에는 당연히 교회에 대한 풍자가 풍미했다.

그러나 권력에 대한 저항이나 비판에 대해서는 당연히 엄격한 검열이 뒤따랐다. 권력에 대한 풍자는 검열로 통제되었고, 이는 또 다른 형태의 반발을 불러왔다. 이 와중에 희생도 있었으나 한편으로는 정치풍자가 찬성과 반대를 주고받는 소통 수단이 되어가고 있었다.

정치적 혼란과 갈등을 겪고 있던 프랑스에서는 정부 허가 없이 만화를 그리지 못하게 했다. 프랑수아 1세François I 재위 기간에는 만화로 왕을 조롱했다는 이유로 만화가, 인쇄공, 작가가 사형을 당할 정도였다.[41] 가톨릭과 프로테스탄트의 종교적이고 정치적인 싸움에 프랑스가 가세하면서 샤를 9세Charles IX는 풍자 언어에서부터 카드와 그림에 이르기까지 검열 수준을 강화했다.[42]

1598년 낭트칙령이 공표되어 종교전쟁이 종결되던 시기 프랑스에서는 왕의 개인적인 카리스마와 경제적 풍요로 정치풍자가 누그러지는 경향을 보였고 풍자 대상도 비정치적인 내용으로 교체되었다. 루이 13세Louis XIII와 루이 14세Louis XIV 재위 초에는 패션이나 외국에 대한 풍자가 많이 등장했다. 그러나 1685년 루이 14세가 낭트칙령을 폐지하고 주변 국가들을 침략하면서 정치풍자가 늘어나자 이에 대한 억압이 다시 강화되었다. 이때 모든 풍자만화는 정부의 허가를 받아야만 유통될 수 있었다.

불법적인 풍자만화는 왕과 고위 관료들을 비판했다. 이때 풍자의 만만한 대상은 루이 14세가 1715년에 죽은 후 루이 15세Louis XV 치하에서 1715년부터 1723년까지 섭정을 했던 오를레앙 공 필리프 2세Philippe d'Orléans와 1720년 재무를 관리한 존 로John Law 등이었다.[43] 그 어떤 정부도 풍자만화의 유통을 성공적으로 막을 수는 없었던 것 같다.

프랑스의 경우 풍자를 둘러싼 공방이 특히 심했다. 1830년 11월 29일 공표된 법에 따르면 왕의 권위와 인격, 왕위 계승, 입법기관의 권위 등에 반하는 편집인이나 작가는 최대 5년의 형과 6,000프랑의 벌금을 내게 되어 있다. 같은 해 12월 10일과 14일에 공표된 또 다른 법은 정부가 발행하지 않은 인쇄물은 사용하지 못하도록 했고, 심지어 장차 낼 벌금을 미리 예치하도록 규정했다. 이때는 글보다 그림이 더 위험하다고 경계하여 사전검열이 실시되었다가 취소되기를 반복하기도 했다.[44] 그러나 이런 일련의 조치들은 오히려 새 정부를 비판하는 빌미가 되었다.

상황이 이렇게 돌아가자《라 카리카튀르》의 발행인 필리퐁은 점점 더 정부에 반대하는 입장에 서게 되었다. 그는 1831년 4월에 정부에 맞서 발표의 자유를 억압하는 데 항의할 것을 천명했다. 1830년 7월 혁명부터 1848년 혁명까지 집권한 7월 왕정의 자유주의적 입헌군주 루이 필리프 왕은 보수적인 샤를 10세를 밀어내고 민중의 왕으로 옹

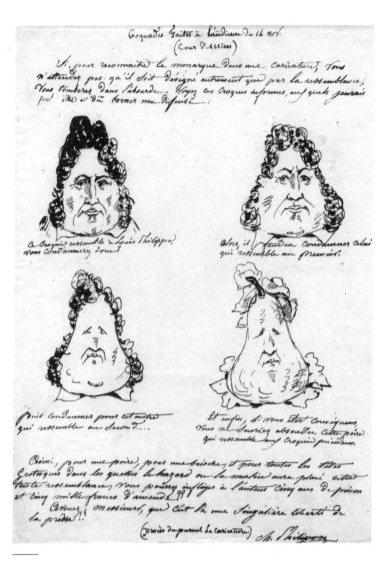

샤를 필리퐁, 〈배〉, 1831.

필리퐁이 왕을 모욕했다는 죄목으로 법정에 섰을 때 그린 그림으로 《라 카리카튀르》에 수록되었다.

작가 미상, 〈가르강튀아〉, 1792.

프랑수아 라블레François Rabelais의 작품에 나오는 거인국의 왕자인 가르강튀아에 비유하여 루이 16세의 탐욕스러움을 풍자한 그림이다.

립되었지만 얼마 지나지 않아 자신을 지지했던 인민과 거리를 두기 시작했다. 점점 보수적으로 변해가는 왕이 대다수 인민의 빈곤에 대해 제대로 알려고 하지도 않자, 필리퐁은 도미에 같은 재주 있는 풍자 만화가들을 고용하여 왕에 대한 비판적인 평가를 쏟아냈다.

필리퐁은 1830년에서 1848년 혁명까지의 루이 필리프 왕을 배에 빗대어 풍자에 등장시켰다. 이에 왕은 점점 더 검열을 강화했고, 필리퐁은 투옥당하고 벌금을 부과당하면서도 계속 언론의 자유를 주장하

Mⁿ GARGANTUA À SON GRAND COUVERT.

작가 미상, 〈마담 가르강튀아〉, 1805~1815.
커다란 테이블에 차려진 음식을 먹는 귀족 여성을 그렸다. 음식이 계속 들어오고 있
는 풍경을 통해 탐욕스러운 가르강튀아를 빗대어 풍자하고 있다.

며 정부에 대항했다.

1800년대 상업적 풍자화가 대량생산되기 시작하면서 검열이 심
해짐에 따라 풍자화 생산자와 풍자 대상 사이에 험한 관계가 형성되
었다. 검열에 대한 풍자는 작가들의 명성만큼이나 호소력이 짙었다.
1835년 정부가 이런 유의 풍자를 완전히 금지하기 전까지 도미에는
매우 날카로운 풍자만화를 그렸다.

독일에서도 풍자만화잡지 《플리겐드 블라터 *Fliegende Blätter*》가 1845년
부터 1944년까지 발간되어 많은 유명 만화작가들이 활동했다.

독일의 풍자만화잡지《플리겐드 블라터》 1459호의 표지.

6. 풍자, 또 하나의 정치적 시선

　우리는 정치풍자가 정치를 순화하는 기능을 하리라고 기대한다. 아래로부터의, 반대자들로부터의 대안적 이해와 설명이 편협함이나 불의를 바로잡는 데 기여했는지를 보고자 하는 것이다. 분명 정치풍자에는 순기능이 있지만 그것이 어느 정도 수준인지는 의문이다. 단지 자연스럽게 정반합의 과정 속에서 등장하는 반대급부의 대변으로서가 아니라 의도적이고 지속적인 정치 패러다임의 변환 방향을 정치풍자가 보여주는지를 보고자 한다. 근대는 정치의 기능과 운명을 때로는 순탄하게, 때로는 거칠게 보여주었다.

　풍자의 정치학이 갖는 문제의식은 역사와 역사 해석이 매우 정치적이라는 데 있다.[45] 국가나 권력집단이 과거를 선별하거나 해석의 초점을 옮겨 선전할 때 그것은 국가의 이미지가 되고 과거의 이미지가 된다. 알려진 역사는 권력의 관심과 이익, 그리고 기대가 투영된 것이므로 정치적이며 이념적이다. 보편적으로 이러한 역사의 정치성을 설명해주는 것들은 기념탑, 기념건물, 음악, 국경일, 미술관, 역사적 기념일 등이다. 역사 연구의 1차 자료조차도 국가와 그 권력 주변인들이 선별하기 쉽다.[46]

　풍자의 정치학은 역사와 문화, 정치와 문화, 역사와 정치의 관계에서 가려진 부분을 바로 보는 혹은 다른 시각으로 역사를 해석하는 정치학 연구의 도구다. 정치권력을 행사하고 정당화하고 교육한 정치사상은 역사 속에 존재한 일부분만을 보았으며 주류의 역사 해석 방식에 머무르기가 쉬웠을 것이다. 따라서 이 책은 풍자의 정치학을 통해 '뒤집어 보는 정치사상'을 제공하고자 한다.

　최근 다양한 행위자의 처지를 고려하거나 반영한 역사 연구가 많아지고 있다. 이는 역사에 대한 지식이 많아진 것이라기보다, 역시 정치성을 담고 있는 작업이라 할 수 있다. 그동안 역사 속에 드러나지 않았던 여성, 흑인 등 소수집단들이 등장하여 역사 해석의 새로운 방향을 제시하기도 한다. 이러한 움직임의 초기에는 급진적이라거나 소수 의견이라는 비판으로 조심스러웠지만 이제는 많은 사람이 이해하고 당연한 것으로 인식한다. 이 집단들의 시각은 교과서를 비롯하여 다양한 교육 자료에 반영되고 강조되기까지 한다. 물론 여전히 주류 혹은 정상이라는 단어로 이러한 대안적 역사 해석을 배제하려는 노력도 계속되고 있다. 이것은 모든 보이지 않았던 집단의 역사이자 저항의 정치와 밀접한 관련성을 드러내는 것이며, 역사의 전체적인 재조명을 요구하는 것이다.

　그러나 지나친 역사의 이면 들여다보기는 또 다른 역사의 왜곡을 낳을 수 있음을 간과해서는 안 된다. 역사적 사실의 발굴이나 재해석은 끊임없이 불안정한 이해의 연속이라고 할 수 있는 역사의 성격 때문이다. 그래서 역사 해석은 모든 시각, 모든 해석의 가능성에 열려 있을 필요가 있다.

당황하는 왕,
경계에 선 귀족

윌리엄 덴트William Dent, 〈지옥이 열리다 혹은 왕의 살해〉, 1793.

루이 16세가 처형되는 모습을 그렸다. 왕의 처형은 프랑스에 무정부 상태를 초래할
거라고 암시하는 악마들은 처형대인 단두대 주위와 공중을 날아다니고 있다.

중세에는 교회와 봉건귀족에게 속해 있던 권력이 근대로 넘어오면서 급속히 왕에게 집중되었다. 지역적이었던 경제 질서에서 벗어나 독점 상인들과 시장을 통해 이들의 이익을 비호하는 중앙정부가 국력 신장에 힘을 쏟게 된 것은 이렇게 높아진 왕의 위상 때문이기도 했다. 국력 신장은 무역을 통해 이루어졌는데, 상인과 토지귀족의 관계가 적대적으로 변한 반면 왕과 상인의 관계는 동맹자적 관계로 변화했다.

　근대에는 《유토피아》 같은 이상주의적 정치관과 《군주론_Il Principe_》 (1513년 저술, 1532년 출판) 같은 현실주의적 정치관이 공존하고 있었다. 분열된 이탈리아를 통일하기 위해 니콜로 마키아벨리_Niccoló Machiavelli_는 《군주론》과 《로마사 논고_Discorsi sopra la prima deca di Tito Livio_》(1531)를 통해 강력한 리더십이 필요하다는 주장을 폈다. 그는 저작에서 국가의 시작과 쇠퇴, 국가를 영구히 존속시킬 수 있는 통치자의 자질과 능력, 통치의 기술, 강한 국가의 조건과 파멸을 불러오는 실책에 대해 설명했다. 《로마사 논고》에서 마키아벨리는 강력한 통일국가를 세운 후에는 개인보다 공동체의 이익을 먼저 생각하는 시민의 덕을 고양함으로써 공화정을 유지하는 것이 최선이라고 주장했다. 법을 존중하고 공동체에 충성하는 시민들에게 책임 있는 정부의 역할을 기대하기에는 공화정이 적합하다는 것을 강조한 것이다. 공화정은 주권이 인민에게 있고 권력은 분립되어 상호 견제와 균형을 보장하기 때문이다. 물론 시민의 범주는 제한적이었지만 참여를 통한 자유의 실현을 강조함으로써 자유의 중요성을 주장했다.

중세에 교회와 권력을 나누어야 했던 국왕은 근대의 시작과 더불어 세속적인 국가의 중심에 놓이게 되었다. 16, 17세기에 유럽 국가는 대부분 중앙집중적인 정치체계를 목표로 했고, 봉건사회에서 분권적이었던 정치권력을 국왕을 중심으로 모으고자 노력했다. 영국의 명예혁명과 청교도혁명, 프랑스의 프롱드의 난 등은 국왕의 지위를 변화시키기도 했지만 여전히 국왕의 권력은 그를 향한 다른 권력집단들과의 갈등과 제휴 속에서 형태와 크기를 달리하면서도 필요한 존재였다. 국왕과 귀족은 같은 배를 타기도 했고, 때로는 사이가 벌어져 서로 자기 이익에 맞게 협력과 배신을 거듭했다. 이런 권력관계는 근대의 정치, 경제, 사회 변화의 배경이자 결과이기도 했다. 국가는 중앙집권적으로 변화를 꾀했고 통치의 핵심에는 궁정귀족들이 있었다. 이들은 지방 차원에서 봉건적인 영주들이 누린 '작은 왕'이 아니었다.

중앙행정에 참여하는 궁정귀족은 국왕 주변 권력의 중심에 있었다. 전통적으로 귀족은 출생으로 신분을 얻게 되었는데 16세기를 지나 17세기에 이르면서 지역의 귀족이나 상류층도 포함되었다. 이들은 공통적으로 토지를 소유하고 있었는데 이 토지를 이용하여 자기 영역을 만들고 여기에 속한 사람들을 통치했다. 또한 귀족은 전통적으로 전투 경험이 있는 것이 중요했다. 적어도 16세기까지 귀족은 전사여야 했고, 전쟁에서 세운 공으로 귀족 칭호를 부여받기도 했다. 그러나 16세기를 지나면서 국가는 국왕의 필요에 따라 증세를 하거나 정치적 후원을 얻기 위해 새로운 귀족층을 허용하는 것이 흔한 일이 되었다. 이는 구귀족들을 견제하고 왕권의 안정성을 유지하기 위한 수단으로 활용되었다.

근대국가의 성장 과정에서 특권 신분에 속한 사람들은 종전에 누렸던 지배력과 권위, 특혜를 포기하거나 조정해야만 했다. 중앙집권적 권력관계 속에서 왕을 중심으로 계급 간 혹은 계급 내에서의 갈등이 조정되기도 했고, 피지배 계급의 저항과 새로운 계급의 부상으로 점점 개인의 권리라는 개념이 중요해졌다. 이처럼 중세적 권력구조와 절대왕정 체제가 변화해갔지만 여전히 전통적인 국왕과 관료, 귀족은 유지되었다. 따라서 그들의 권력 독점과 무능력, 탐욕, 사치에 대한 노골적인 비판이 점증되면서 평민들은 정치화되기 시작했다. 처음에는 개인이나 집단을 풍자하면서 소박하게 시작되었지만 점차 시민혁명을 이끌어내었고 급기야 권력구조 전체에 새로운 패러다임을 조성하게 되었다.

2장에서는 근대 시민사회로 가는 과정에서 사람들이 요구했던 혹은 경멸하거나 동경했던 왕과 귀족의 이미지를 통해 16세기에서 19세기까지 권력이 어떤 특징을 지녔는지 밝혀볼 것이다. 절대왕정의 붕괴, 왕과 관료귀족의 관계, 봉건귀족의 정체성의 위기 등을 통해 정치 엘리트의 맨 윗자리를 차지했던 이들의 막강한 권력이 사라지는 과정을 볼 수 있다.

1. 봉건적 권력구조에서 중앙집권적 권력구조로

16세기에 들어서면서 유럽 국가들은 대부분 중세의 봉건적 사회에서 근대적 시민사회로 나아가는 전환기를 겪기 시작했다. 16, 17세기에 군사력, 법적 권위, 그리고 국가 수입의 장악과 배분은 국가권력의 특징을 설명해주는 요소들이 되었다. 중세가 지방분권적인 권력체계를 특징으로 했다면 근대는 권력이 한군데로 집중된 국가 정체성을 형성해가는 시기였다. 물론 이 과정에서 중앙집권적인 절대 권력을 행사하는 방식은 나라마다 달랐다.

이 시기에 국왕은 의회와 여러 집단, 특히 성직자, 관료, 지주와 같은 정치 엘리트들과 협력 및 긴장 관계를 동시에 유지해야 했다. 국왕은 때때로 다른 정치 엘리트 집단들 간의 불화를 이용해 국왕 중심적인 정치체계에서 벗어나지 못하게 관리하기도 하고, 도전 세력의 등장을 저지하기 위해 다양한 정치 엘리트 집단과 이해관계를 같이하기도 하면서 권력이 자신을 중심으로 집결되도록 국가를 운영해나갔다.[1] 중앙집권적인 군주제는 국왕이 중심에 있으면서 대토지 소유자와 신흥 상공업자의 지지를 바탕으로 다른 정치 엘리트 집단들을 견제하는 효과를 볼 수도 있었다. 나라마다 정치 엘리트를 견제하는 형태가 다르긴 했지만 국왕들은 공통적으로 상비군을 두어 귀족들의 군사력을 약화시켜 군사적 중앙집권화를 꾀했고, 관료기구를 통해 봉건귀족 세력을 견제하거나 약화시켜 행정적 중앙집권화를 꾀했다. 또한 세금제도를 통해 귀족, 성직자, 관료들에게는 면세를 해주는 대신 다른 사람들에 대한 과세권을 확보했다.

영국

16세기 영국은 1485년 헨리 튜더Henry Tudor(헨리 7세Henry VII)가 리처드 왕의 왕위를 계승하면서 시작된 튜더 왕조의 시대다. 헨리 튜더의 뒤를 이어 즉위한 헨리 8세의 결혼은 16세기 영국의 비운이 시작되는 사건이었다. 그는 첫 번째 부인인 아라곤의 캐서린Katharine of Aragon과 이혼한 후에 두 번째 부인이 된 앤 불린Anne Boleyn과 혼인하는 과정에서 교황청과 갈등을 빚게 되어 결국 성공회를 세운다. 처음부터 스캔들로 시작된 이들의 관계에서 딸이 태어나지만 왕은 이를 외면하고 왕비인 앤을 처형하기에 이른다. 이후 헨리 8세는 여성 네 명과 더 결혼하게 된다.

헨리 8세가 첫 번째 부인 캐서린과의 사이에서 낳은 메리 공주는 1558년 프랑스 왕자 프랑수아와 결혼하고 이듬해인 1559년 그가 프랑수아 2세François II 왕이 되자 프랑스 왕비가 되었다. 그러나 1560년 프랑수아 2세가 죽자 스코틀랜드로 돌아오지만 가톨릭 신자였던 메리는 이미 프로테스탄트가 지배적인 스코틀랜드에서 많은 종교적 갈등에 둘러싸였고, 이는 후에 그녀가 배다른 자매인 엘리자베스 1세 Elizabeth I에게 처형당하는 표면적인 이유가 된다.

앤 불린의 딸 엘리자베스 1세의 통치 시기는 영국 절대왕정의 전성기라고 할 수 있다. 그녀는 주변 나라의 왕족들이 결혼을 통해 영국 왕이 되려는 야심을 가지고 있다는 것을 알았기에 결혼을 하지 않기로 했지만 이 결정은 적을 만들거나 없애는 결과를 가져왔다. 영국은 17세기 혁명 전에도 프랑스와 달리 강력한 중앙집권적인 통치 체제를 가지고 있지는 않았다.[2] 엘리자베스 1세 치세에 가신단의 해체, 수도원령 몰수, 구빈법The Poor Law 제정 등으로 국내 정치를 정비하는 한편 중상주의 정책을 표방하여 식민 사업을 추진하고 스페인 함대를 물리치는 등 절대왕정을 확립했다. 그러나 영국에서 절대적인 권력은 엘리자베스 1세를 정점으로 기울기 시작한다.

　상공업과 무역의 발달은 기존의 계급구조에 저항하는 시민계급의 성장을 자극했고, 이것이 청교도혁명과 명예혁명을 가능하게 했다. 국가권력의 토대가 인민에게 있으며 따라서 최고권력은 의회에 속한다고 주장하는 토머스 홉스Thomas Hobbes나 존 로크John Locke 같은 정치사상가들의 논리는 입헌군주제의 사상적 토대가 되었다. 그러나 현실 속의 입헌군주제에서 국왕은 의회의 권위를 제대로 따르지 않았다. 제임스 1세James I와 찰스 1세Charles I는 왕권신수설을 내세워 절대적인 왕권을 놓지 않으려고 했기 때문에 의회와 빈번하게 충돌했다. 이 왕들은 급기야 의회를 해산하거나 열지 못하게 저지하기도 했다. 나아가 국교를 더욱 강화하고 의회의 동의 없이 전쟁에 필요한 과세를 자유롭게 했다. 대헌장Magna Carta 이후 의회의 동의 없이 과세할 수 없도록 되어 있었지만 이 권한을 놓고 국왕과 의회의 대립은 계속되었다.

　영국이 자랑하는 명예혁명은 피를 묻히지 않고 왕을 내쫓았다는 의미에서 붙여진 이름이다. 로마 가톨릭에 대한 저항으로 가톨릭 왕을 몰아낸 무혈혁명이라고 하지만 잉글랜드를 제외한 아일랜드나 스코틀랜드에서는 수차례 종교적인 충돌을 겪었다. 의회와 네덜란드의 빌럼 오라네Willem Orange 공이 손을 잡고 제임스 2세James II(1633~1701, 재위 1685~1688)를 물러나게 하자 윌리엄 3세가 즉위했다.

제임스 2세는 찰스 1세의 둘째 아들로 청교도혁명 중 프랑스로 망명했다가 1660년 왕정이 복고되자 돌아왔다. 그는 형 찰스 2세Charles II가 죽자 제임스 2세로 왕위에 올라 전제정치를 했다. 제임스 2세가 성공회 태동 이후 탄압받던 로마 가톨릭교회 신앙의 회복에 노력을 기울이자 종교개혁의 전통을 강조하는 프로테스탄트(성공회) 의원들이 대부분인 의회와의 대립이 심해졌고, 급기야 1688년 명예혁명이 일어나면서 그는 프랑스로 망명했다. 그 후 제임스 2세는 루이 14세의 원조를 받아 아일랜드에 상륙하여 왕위 탈환을 기도했으나 참패하고 프랑스에서 죽었다. 이처럼 영국의 절대왕정은 청교도혁명과 명예혁명으로 빛을 잃었다.

제임스 2세는 영국 성공회 이외의 비국교도들과 연합하여 양심의 자유 선언을 발표하는 등 가톨릭과 프로테스탄트의 대립을 종교적 관용을 내세워 풀어보려 했지만 성공하지 못했다. 의회와의 대립에서 의회의 동의를 구하지 않고 영국의 모든 교회에서 양심의 자유 선언을 낭독하라고 했지만 의회의 강한 저항에 부딪혔고 결국 왕의 패배로 끝났다.

영국에는 카드게임을 위해 만들어진 풍자 그림들이 있다. 제임스 2세와 그의 망명 전후 상황에 관한 내용을 담은 것이다. 카드 52장 중 하트 13장은 주로 제임스 2세의 망명에 대한 것이다.

1760년부터 1820년까지 영국과 아일랜드를 통치한 왕은 조지 3세 George III(1738~1820)였다. 그는 집권 초기의 불안정을 극복하고 점차 영국이 열강으로 가는 기반을 닦았다. 조지 3세는 재위 기간에 수상을 여러 명 거치면서 때로는 대립하기도 하고, 때로는 불가분의 관계

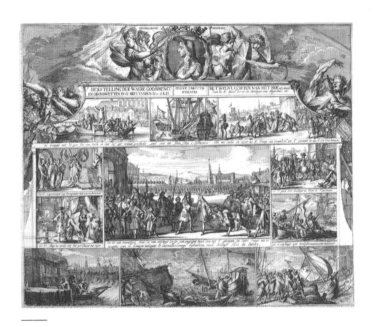

작가 미상, 〈영국에서 진정한 종교의 회복〉, 1688.

제임스 2세의 망명을 그린 네덜란드의 그림으로, 11장면으로 구성되어 있다. 왕과 왕자Prince of Wales를 안고 있는 메리Mary of Modena 왕비를 중심으로 프랑스로 떠나는 제임스 2세의 망명길을 묘사하고 있다. 상단 왼쪽 그림은 왕비가 바지선을 타고 궁을 떠나는 모습을 그린 것이다. 상단 중앙 그림에는 바지선에서 프랑스 배로 옮겨 타는 장면이 묘사되어 있다. 상단 오른쪽 그림은 왕비가 1689년 1월 프랑스 칼레에 도착하는 모습을 담았다. 하단 오른쪽에는 폭풍에 배가 밀려나고 배 위에서 어부에게 모욕을 당하는 왕이 그려져 있다. 어부 중 한 명이 왕의 가발을 벗기고 있다. 중앙의 큰 그림은 루이 14세의 환영을 받는 제임스 2세를 그린 것이다.

그림의 맨 위 중앙에는 월계관을 쓴 윌리엄 3세가 그려져 있고, 양옆에는 쫓겨나는 제임스 2세와 그의 군대, 그리고 눈을 가린 남자들이 추방되는 모습이 묘사되어 있다. 그중 한 명은 당나귀 귀를 하고 묵주와 십자가를 떨어뜨리고 있다. 가톨릭 왕을 내쫓고No Monarchy 교권을 물리친다는No Popery 의미를 담은 이 작품을 비롯하여 제임스 2세의 망명을 그린 풍자화 중 많은 작품이 왕을 독선적인 인물로 그리고 있고 그의 망명을 치욕스럽게 묘사하고 있다.

작가 미상, 〈제임스 2세의 망명〉.

1688년 혁명의 과정을 설명하는 그림으로, 제임스 2세가 런던을 떠나는 것부터 그려진 52장 중 47장인 게임카드에서 나온 하트 13장이다.

를 맺으며 깊이 의존하기도 했다. 물론 수상을 여러 명 거친 것은 조지 3세가 판단력이 없거나 강인하지 못했기 때문이 아니었다. 상황에 따라서는 수상이나 정적들의 손아귀에 놀아날 수밖에 없었지만, 긴 재위 기간 내내 영국이 열강으로서의 위치를 유지했다는 사실로 보아 그의 정치력은 무시할 수 없는 것이었음을 짐작할 수 있다.

열두 살에 왕위에 오른 조지 3세는 감성과 이성 사이에 균형을 잘 못 잡았고 정신적으로 불안한 왕으로 평가되고 있다. 조지 3세는 왕관과 왕에 대한 풍자 전통을 물려받았다고 할 정도로 그에 대한 풍자가 영국 풍자의 큰 부분을 차지한다.[3] 그가 왕이 되었을 때 영국 정치는 윌리엄 피트William Pitt(1759~1806, 조지 2세George II 때 수상을 했던 피트)와 펠럼 홀리스Pelham-Holles의 영향력 아래 있었다. 이에 반감을 가진 조지 3세는 1761년 스페인과의 전쟁 문제로 이들이 사임하자 존 스튜어트John Stuart(제3대 뷰트 백작3rd Earl of Bute)를 수상으로 하는 새 내각을 구성했다. 그러나 스튜어트 역시 1763년 총리직을 사임했고 왕은 1770년 새 수상으로 프레더릭 노스Frederick North를 발굴하여 행정부의 권한을 과다하게 확장하지 않겠다는 정책으로 지방 의원들을 설득하는 데 성공했다. 영국은 이렇게 불안한 10년을 끝내고 이후 12년간 안정기에 들어섰지만 노스 행정부는 처음부터 식민지를 둘러싸고 갈등이 많았다. 국왕과 수상은 안위를 지켜준 대가와 7년전쟁의 비용을 식민지 미국 스스로가 부담해야 한다고 확신했다. 그러나 미국은 독립적인 태도를 보였고 이를 못마땅하게 생각한 영국은 1775년 4월에 전쟁을 선포하기에 이르렀다. 식민지 미국과의 전쟁은 이미 1778년부터 개입한 프랑스와 가톨릭 아일랜드와의 관계에 절대적으로 영향을 미치는 것이었기 때문에 패배해서는 안 되는 매우 중요한 전쟁이었다. 이 전쟁을 잘 치러냈는데도 조지 3세는 1760년에서 1770년까지 수상을 일곱 명이나 갈아치울 정도로 정책의 일관성을 유지하지 못했다.

국왕은 노스 내각이 붕괴된 이후 하원 내 소수파에 불과한 소小 피

제임스 길레이, 〈국가의 땜장이〉, 1780.

세 남자가 금이 가고 땜질 자국이 있는 큰 그릇을 망가뜨리고 있다. 그릇 안쪽을 끌로 쪼는 노스를 보고 왕은 놀라는 듯한 제스처를 취하고 있다. 왕의 권위에 대한 위협에 당황하는 것이다. 왕의 터번 위에 왕관이 놓여 있는 것은 조지 3세가 동양의 폭군처럼 행동한다는 점을 암시한다.[4]

트William Pitt the Younger(윌리엄 피트의 아들)를 총리로 영입하고 휘그당 찰스 폭스Charles James Fox의 영향력에 맞서 나아갔다. 피트 내각은 7년전쟁에서 프랑스에 승리하여 1763년에 강화조약을 맺고 캐나다와 미시시피 동쪽을 차지하여 제국의 시대를 열었다. 국왕은 점차 노스와 폭스의 지원을 받게 되었고 1793년 프랑스와의 전쟁을 계기로 휘그당의 협조를 받기에 이르렀다. 조지 3세는 이 전쟁으로 가톨릭에 대한 압박을 그만두고 아일랜드를 해방시켜야 한다는 정치적 결정을 요구받았지만 결국 피트를 해임했고, 1804년에 헨리 애딩턴Henry Addington을 잠시 총리 자리에 두었으나 이후 다시 피트를 복직시켰다.

왕궁의 빚이 늘어난 것은 사치 때문이기도 했지만 전쟁이 가장 큰

제임스 길레이, 〈국가의 빚을 청산하는 새로운 방식〉, 1786.

왕이 국가의 재산을 빼내어 자신의 빚을 갚고 있다는 것을 풍
자했다. 조지 3세와 샬럿 왕비는 왕족의 빚을 갚으라고 건네
준 돈주머니를 들고 있는데, 그 주머니들엔 돈이 넘치고 있
다. 돈이 쌓인 손수레에서 돈주머니를 집어서 왕에게 건네고
있는 사람은 윌리엄 피트다. 이와 대조적으로 그림 하단 왼쪽
에는 빈 모자를 의족 앞에 놓고 앉아 있는 사람이 보인다.

작가 미상, 〈부차적인 조약 혹은 사자가 당나귀로 변하다〉, 1787.

한 남자가 사자 머리를 한 당나귀를 채찍으로 몰고 가고 있다. 돈자루를 당나귀 등에 얹고 독일의 헤센 성을 가리키고 있는 리버티 캡(자유를 상징하는 프리지아인 모자)을 지나가는 중이다. 남자가 "투덜대지 마라. 증원되는 군대가 자유를 돌봐줄 거야"라고 하자, 당나귀는 "대단치 않은 독일의 힘을 강화하기 위해 짐을 진 가축이 되느니 나 스스로 나를 지키는 게 낫겠다"라고 대꾸한다.

원인이었다. 조지 3세는 프랑스 등 유럽에서뿐만 아니라 아프리카, 미국, 아시아에서의 전쟁에도 가담했다. 집권 초기 프랑스와 벌인 7년전쟁에서 승리했지만 이후 미국과의 전쟁에서 식민지를 잃고 미국 독립을 지켜보는 등 많은 타격을 받았다. 그는 전쟁 때마다 매번 조세권을 가진 의회와 대립했다.

제임스 길레이, 〈공화주의자들의 공격〉, 1795.

피트가 몰고 있는 왕의 마차가 폭스와 그의 추종자들이 공격을 하는데
도 별탈이 없다.

빛과 전쟁으로 조지 3세가 점점 인기 없는 왕이 되어가자 그를 암
살하려는 시도가 여러 차례 있었다. 그중 가장 성공적인 시도는 1800
년 5월 15일 극장의 로열박스에 앉아 있는 왕을 향해 총알이 두 발 날
아든 사건이다. 총알은 아슬아슬하게 빗나갔는데 왕은 이에 개의치
않고 연극을 끝까지 보았고 막간에는 잠까지 들었다고 전해진다.

영국 역사상 가장 긴 재임 기간을 기록한 조지 3세는 간혹 광기의
왕으로 묘사되기도 했지만 그리 인기가 없는 왕은 아니었다. 그는 독
립전쟁에서 패하여 식민지 미국을 잃기도 했으나 프랑스와의 7년전

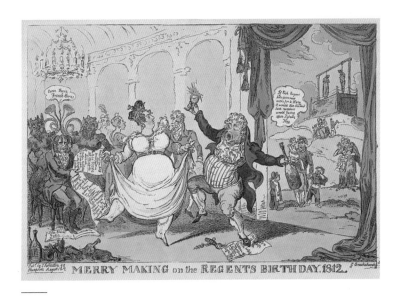

조지 크룩섕크, 〈떠들썩한 섭정의 시작〉, 1812.

조지 4세가 떠들썩하게 섭정을 시작하는 것을 풍자한 그림이다. 국왕은 낙담한 얼굴로 앉아 있는 남자의 부인과 춤추고 마시면서 파티를 즐기고 있다. 남자는 '조찬-유게이트에서 두 명 교수형', '만찬-빵, 치즈, 키스, 밤새 춤추기'라고 적힌 종이를 들고 있고, 그의 뒤에는 프렌치 호른을 연주하는 악마가 둘 있다. 왕은 '블랙 조크'라는 악보를 밟고 있다. 궁 밖으로는 교수대 앞에서 구원을 바라는 사람들이 보인다.

쟁에서 승리한 결과 영국을 유럽의 강대국으로 부상시킨 당사자다. 그는 자신의 집권 기간 중 많은 수상의 정치력을 빌려 통치력을 발휘하면서 크게 부족하지 않은 왕으로서의 능력을 드러내었다.

부친인 조지 3세를 대신하여 섭정을 하다 왕위를 계승받은 조지 4세George IV는 바람기가 가득하고 부인과도 원수처럼 지냈다. 그는 왕세자 시절 23세 연상의 가톨릭 신자와 비밀리에 결혼했지만 왕의 허

존 마셜 주니어John Marshall Junior, 〈극장에서 공연 중인 새 작품의 극중 인물들〉, 1820.

캐롤라인 왕비의 재판을 묘사한 그림인데, 조지 4세가 자기 부인과 이혼하기 위해 부인이 다른 남자와 바람을 피웠다는 증거를 16개의 장면으로 묘사하게 한 것이다.

With oil and Treacle
– I anoint thee,
And King of jolly dogs
– appoint thee.

The Coronation of King PUNCH !!!

루이스 마크스Lewis Marks,
〈조지 4세〉, 1821.

커다란 펀치 볼 앞에 앉아
있는 조지 4세의 모습을 그
렸다. 한 대주교가 왕의 머
리에 변기를 씌우고 다른
이는 왕의 머리에 진한 액
체를 붓는다. 이들은 왕을
기름과 당밀로 세례하며 흥
겨운 개들의 왕으로 임명한
다고 말한다.

가 없는 결혼으로 왕위 계승권을 박탈당할까 염려하여 이를 숨기려
했다. 그가 방탕한 생활로 많은 빚을 지게 되자 의회와 아버지 조지
3세는 그의 빚을 대신 갚아주는 조건으로 승인받는 결혼을 요구했다.
그러나 결혼한 부인인 사촌 캐롤라인Caroline도 그에 못지않게 방탕해
서 둘의 관계는 시작부터 험악했다.

봉건적 질서가 점점 중앙집권적인 정치질서로 대체되어가는 과정
에서 영국의 왕들은 한편으로는 의회와의 대립, 다른 한편으로는 봉
건적 위계 안에서 왕족이나 대영주, 외국으로부터의 지원 등을 여전

히 조율하면서 영향력을 유지하고 있었다. 그러나 점점 의회 엘리트들의 위협에 반응하지 않을 수 없었다.

프랑스

백년전쟁 후 전형적인 절대주의 체제를 수립한 프랑스는 루이 14세의 통치가 시작되면서 정치적 안정을 꾀하고 중상주의 정책으로 국부와 국력을 신장해 유럽 대륙에서 중심적인 역할을 하게 되었다.

프랑스의 절대왕정은 앙리 4세Henri IV(재위 1589~1610)의 부르봉 왕가에서 시작되었다. 프로테스탄트로 키워진 앙리 4세는 가톨릭 세력과 타협하기 위해 1593년 개종했지만 1598년 낭트칙령을 통해 프로테스탄트의 관리 임용, 취업 보장, 예배의 권리, 유언의 합법성, 목사회의 구성을 인정하는 등 프로테스탄트들에게 가톨릭교도와 동일한 권리를 부여했다. 흉작으로 인한 식량 위기와 흑사병 때문에 전 유럽이 피폐화되어갈 무렵 그는 한 구교도 정신병자에게 살해되었다. 절대적 권력을 가졌던 앙리 4세는 통치 기간 중 귀족들의 각종 특혜와 관습으로 힘들어했지만 프랑스 역사에서 오랜 내란을 극복하고 국민적 통합을 이루어낸 훌륭한 군주로 기억되고 있다.

프랑스에서는 1562년부터 1598년까지 40년 가까운 종교전쟁으로 다른 나라들보다 조금 늦게 절대왕정이 시작되었다. 영국 의회처럼 강력하지 못했던 삼부회가 1614년부터 1789년까지 소집되지 않은 채 중앙집권적 권력구조는 강화되어갔다. 프랑스도 예외 없이 외부와의 전쟁 자금을 동원하기 위한 조세 부담이 날로 커져가자 왕들은 편법까지 불사하면서 돈을 거둬들여야 했다. 전쟁 비용과 궁정의 사치를 위해 늘어만 가는 세금, 돈을 대는 지방귀족들과 부호들의 위세 등은 국왕에 대한 저항과 갈등을 야기했고, 결과적으로 근대 프랑스에 혼란스러운 자취를 많이 남겼다. 특히 관직 매매로 위계가 허물어지고 외채 이자를 공채 발행으로 해결하는 등 국가 재정도 갈수록 문란해질 수밖에 없었다. 프랑스는 1516년에 볼로냐에서 교황 레오 10세 Leo X와 정교협약을 맺고 국왕이 교회의 고위직을 자유롭게 임명할 수 있는 권한을 얻었다. 그 결과 120개 주교직과 1,200개 수도원장직이 국왕 재량에 맡겨졌다. 이처럼 왕들은 점차 권한을 이용하여 자율적인 국정 운영을 막고 중앙에 모든 힘을 집중시켰다. 삼부회는 1484년에서 1560년 사이에 소집되지 않았고 인사나 재정에서도 국왕의 권한이 막강했기 때문에 이따금 돌발적인 저항이 일어나기도 했다.

17세기의 프랑스는 국내외적으로 격동의 시기였다고 할 수 있다. 대외적으로는 두 혁명이 영국을 흔들었고, 네덜란드는 강성해졌으며, 30년전쟁으로 독일은 피폐해졌다. 국내적으로는 종교적 내분과 그로 인한 후유증, 정치적 음모, 민중 봉기, 스페인과의 전쟁 등으로 매우 혼란한 시기였다. 앙리 4세가 죽은 뒤 프랑스에서는 루이 13세 Louis XIII(즉위 당시 8세 6개월, 재위 1601~1643)의 어머니 마리 드 메디시스Marie de Médicis의 섭정이 시작된다. 그녀는 앙리 4세의 신하들을 멀리하고 아르망 장 뒤 플레시 리슐리외Armand Jean du Plessis Richelieu 추기경을 고문관으로 발탁했으며 이후 권력을 둘러싸고 아들과 끊임없이 충돌했다. 이런 과정에서 프랑스의 정책은 점차 친가톨릭적이고 친스페인적인 방향으로 나아갔다.

리슐리외 추기경의 활약으로 많은 변화가 일어났다.[5] 국왕참사회는 대영주들이 사라지고 법관들로 채워졌다. 삼부회는 더 이상 소집되지 않았고 지방 삼부회는 불규칙하게 열렸다. 국왕은 지방 총독들을 면밀하게 통제하기 위해 지사를 파견했는데 이들은 할당된 위임관들로서 리슐리외에게서 광범위한 권한을 위임받았다. 위임관은 지방적인 수준에서 국왕 명령의 실시, 군역 대신 내는 타유세 할당, 사법, 군대의 기율 등에 대한 감독, 음모의 진압 등을 수행했다.[6] 1617년 4월에 루이 13세는 모후 세력에 대한 쿠데타를 감행했지만 여전히 리슐리외에게 의존하지 않을 수 없는 나약한 왕이었다.

프랑스는 30년전쟁에 개입하여 합스부르크Habsburg가와의 싸움에 필요한 막대한 재정을 국가 개혁을 포기하거나 편법을 써서 충당했다. 즉 군대 유지를 위한 특별세를 징수하고 타유세와 소금세를 늘렸다. 또한 공채를 증가시켜 국고에서 평가절하된 화폐로 상환할 수 있도록 하는 등의 정책을 취했다.

프랑스 절대왕정은 왕권신수설을 내세워 국방, 외교, 입법, 행정, 사법에서 무제한적인 권력을 장악했다. 태양왕 루이 14세는 강한 권력을 가진 재상은 국민의 저항을 불러일으킨다는 점을 명심하고 자신이 직접 정치를 했다. 프랑스의 관료제와 상비군제도는 루이 14세에게 큰 힘이 되었다. 그는 1667년 7만 2,000명 규모의 육군을 1703년 40만 명 수준으로 확대해 유럽 최강의 육군을 만들었고, 지방귀족들을 무력화하는 강한 왕권과 중상주의 정책을 목표로 했다. 물론 재임 당시 재무총감이었던 장 바티스트 콜베르Jean-Baptiste Colbert도 그를 강한 왕으로 만드는 데 크게 기여했다. 결과적으로 프랑스 절대왕정은 루이 14세가 완성한 셈이었다.

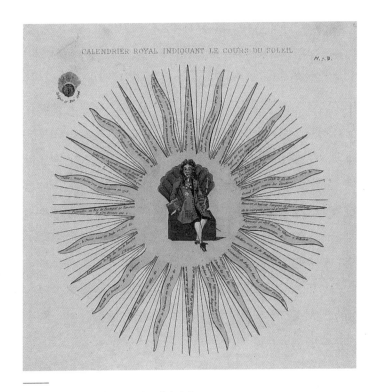

작가 미상, 〈태양의 운행을 가리키는 왕의 달력〉, 1706.

루이 14세가 태양을 상징하는 박스 안에 앉아 있다. 태양에서 광선이 많이 나오고 있는데, 그 선 위에는 1667년과 1705년 사이에 그가 행한 일들을 모독하는 글귀가 쓰여 있다. 예를 들면 여성 편력, 몽테스팡Montespan 후작부인과의 관계, 부패, 신성모독, 1706년 라미예전투에서 영국에 패배한 것 등이다.

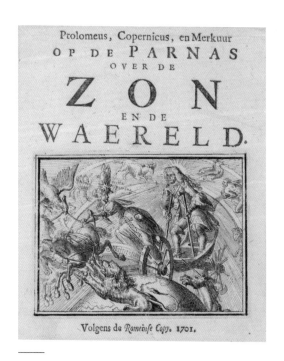

작가 미상, 〈태양과 세상에 대해 이야기하는 프톨레마이오스, 코페르니쿠스, 머큐리〉, 1701.

늙고 허약해진 루이 14세가 맹트농Maintenon 부인이 끄는 전차를 타고 가는 모습을 그려, 태양왕의 시대가 끝나고 있음을 보여주는 정치풍자이다. 네덜란드판 '유럽의 이솝Esopus in Europa'의 표지에 그려진 것으로, 목발을 짚은 루이 14세가 맹트농 부인이 모는 전차에 서 있다. 전차는 부서진 바퀴로 지구 위를 달리고 있어 불안한 느낌을 자아낸다. 루이 14세가 스페인 왕위계승전쟁에 끼어든 것을 풍자한 그림이다.

 프랑스에서는 네덜란드에서와 같은 금융업이 발달할 수 없었다. 관직을 매매한 결과 부자들은 제조업, 상업, 은행업을 하지 않았기 때문이다. 이는 결과적으로 프랑스 경제의 침체를 초래했다.[7] 관직 매매와 세금 징수의 대가로 관직의 상속이 허락되었고 이는 일종의 시민적 봉건제를 이루는 결과를 가져왔다.

루이 14세 시기에는 국부가 증가했음에도 잦은 전쟁, 궁정의 사치와 낭비로 재정이 더욱 어려워졌다. 부족한 재정은 국민세나 10퍼센트세와 같은 새로운 세금 징수, 관직 매매와 채권 발행 등으로 메웠다. 결과적으로 루이 14세가 사망할 때 국가는 파탄 직전이었다. 30년전쟁(1618~1648)과 스페인 왕위계승전쟁(1702~1714) 등 수많은 대외전쟁을 치른 루이 14세는 종교적인 목적보다는 합스부르크 왕가를 견제하고 약화시키기 위한 목적에서 전쟁에 개입했다.

루이 14세 사후 그의 증손자인 아이가 루이 15세(재위 1715~1774)가 되었다. 루이 14세가 준비한 섭정에서 조카인 오를레앙의 필리프 공작의 전횡을 견제하기 위해 섭정참사회Conseil de régence를 두었지만 필리프는 전권을 얻기 위해 선왕의 유언을 고등법원의 도움으로 파기했다. 이후 점차 권한이 강화된 고등법원과 귀족집단은 방탕과 스캔들로 점철된 시대를 만들어나갔다. 어쨌든 루이 14세 치하의 엄숙한 궁정 이미지는 방탕한 이미지로 변해갔다. 무도회와 축제가 연일 열렸고 당연히 재정 상태는 파탄 지경이 되었다. 루이 15세는 성인이 되자 수석대신을 통해 주요 개혁을 단행하는 등 정치를 제 위치에 돌려놓으려 애쓰기도 했지만 예민한 감각의 소유자로서 여러 연애사건을 일으키는 등 절대왕정의 이미지를 일그러뜨렸다. 1726년부터 일했던 수석대신 플뢰리Fleury 추기경이 1743년에 죽자 당시 서른세 살이었던 루이 15세는 직접 통치를 선언했다. 그러나 문제가 계속 터져나왔고 왕실의 권위는 쇠퇴해갔다. 1770년에 들어서면서 루이 15세는 때늦은 개혁을 실행하고 군주제를 바로 세우려 했으나 천연두에 걸려 1774년 5월 10일에 갑자기 죽었다.

어려서 왕위에 오른 루이 15세는 1715년부터 1723년까지 섭정기를 거쳤는데 그가 집권한 동안 왕권은 점차 약화되어갔다. 귀족들은 부자가 되어갔지만 영국과의 경쟁에서 문제를 떠안게 된 국가 재정은 형편없어졌다. 당시의 조세제도는 국가에 필요한 돈을 빌려주는 귀족들과 성직자들을 특권층으로 만들어갔다. 토지대장이 없는 상황에서 농민들은 타유세를 내면서 귀족들이 피해 간 직접세에 짓눌렸다. 또한 우유부단한 왕에 맞선 고등법원들은 오만해져갔다.

성년이 된 루이 15세가 플뢰리에게 모든 정치를 맡기자 그는 즉각 오라녜 공을 제거하고 콜베르주의를 채택해 경제를 부흥시켰다. 루이 15세가 뒤늦게 시도한 일련의 개혁 덕분에 재정 상태가 부분적으로 회복되어 경제도 성장했고 인구 증가로 도시 발달이 촉진되기도 했다. 혁명 직전 파리는 세계적으로 인구 규모가 큰 도시 중 하나였다. 그러나 루이 15세는 오스트리아 왕위계승전쟁(1740~1748)에 말려들면서 국민의 신임을 잃었다. 패전으로 여론이 나빠졌고 '5퍼센트세'를 신설하려 하자 저항에 부딪힌데다 고등법원이 반대하여 실패했다. 이 전쟁과 이후 7년전쟁을 계기로 프랑스는 해외 식민지 전쟁에서의 우위를 차지하지 못하고 완전히 영국에 밀려나게 되었다.

루이 16세Louis XVI는 선대왕의 통치 시절부터 점차 권력이 커진 고등법원의 잇단 공격으로 약화된 군주제를 물려받게 되었다. 루이 16세의 왕비 마리 앙투아네트, 국왕의 아우인 프로방스Provence 백작과 아르투아Artois 백작 등의 좋지 못한 평판과 경박한 생활은 국왕의 명성에 결코 도움이 되지 못했다. 우유부단했던 루이 16세는 정책에 일관성이 없었고, 정치적 난관을 헤쳐 나가기에는 무력했다. 그는 귀족을 견제하기 위해 새로운 귀족인 법복귀족, 신흥 부르주아와 손을 잡기도 했지만 권력이 커진 고등법원은 사사건건 왕과 부딪쳤고 점차 조직적으로 왕에게 저항했다. 여기에 제3신분과 전통귀족까지 합세하여 절대왕정의 특권 축소 내지는 폐지에 목소리를 높였다.

삼부회의 승인 없이 어떤 조세도 징수할 수 없다는 주장과 제3신분의 수를 두 배로 늘려야 한다는 주장이 제기되어 삼부회를 소집하지 않을 수 없게 되었다. 귀족들이 거부한 과세 문제가 삼부회로 넘어가면서 혁명의 기운이 감돌기 시작했다. 군중은 왕비와 폴리냐크Polignac 부인의 마네킹을 하수구로 끌고 다니면서 조롱했다.

프랑스 왕을 중심으로 한 '궁정문화'가 유럽 각국에 영향을 미치면서 사치와 허영의 상징처럼 되기도 했다. 18세기부터는 중산층 문화가 퍼지면서 궁정문화로 대표되던 문화는 세속화되었다.

독일

근대 초기인 1500년대에 독일은 신성로마제국으로서 광대한 영토와 인구를 가지고 있었다. 신성로마제국의 황제는 대내적인 분권 상황에서 황제권을 강화하기 위해 교황과 결탁하여 교회를 권력의 토대로 삼았고 프로테스탄트 영방을 제재했다. 또한 교황의 요청으로 이탈리아의 자치 공국들을 침략하기도 했다.

독일에서는 종교개혁과 독일을 무대로 벌어진 30년전쟁이 끝난 후 중앙집권적인 권력체계가 확립되지 못하고 300여 개 영방국가 중심의 지방분권적인 정치체계가 굳어지고 있었다. 각 영방국가들이 각자의 종교를 가지고 주권을 확보하는 데 힘을 기울였기 때문에 통일된 독일에 대한 꿈은 오랫동안 이루지 못했다.

1356년에 선제후를 7인으로 하면서 황제권을 쇠퇴하게 만든 금인칙서Goldene Bulle를 계기로 영방체계가 굳어졌는데, 각 영방을 잇는 역할을 한 것이 제국의회였다. 황제가 제후들의 동의를 얻어 소집한 제국의회에는 하층계급을 제외한 성직자, 제후, 백작, 자유도시 대표들만이 참석할 수 있었다. 영방의 제후들은 의회에서 황제의 권한을 견제하는 동시에 하급 귀족들의 참여도 방해하면서 자신들의 영향력을 강화해갔다. 30년전쟁 이후 점차적으로 제후들은 참석하지 않고 대리인을 보내 사절회의를 하게 되었으며 실제적 기능을 상실했다.

독일 북부에서는 호엔촐레른Hohenzollern가의 세력이 확장되면서 강력한 프로이센이, 독일 남부에서는 합스부르크가의 오스트리아가 강대국으로 자리 잡았다. 프로이센은 군국주의적 성격이 강한 절대주의 체제를 확립하고 19세기 독일의 주도권을 장악한 뒤 통일의 핵심 역할을 했다. 1806년 나폴레옹법전을 앞세운 나폴레옹 1세의 침략으로 신성로마제국은 해체되었다. 그 후 1871년 빌헬름 1세Wilhelm I와 수상 오토 폰 비스마르크Otto Eduard Leopold von Bismarck가 프로이센을 중심으로 통일된 독일제국을 세웠다.

2. 귀족의 권세와 좌절

하급 지주계층인 젠트리가 성장하여 엘리트로서의 입지를 굳히기

작가 미상, 〈제임스 2세를 둘러싼 혐의와 소문을 내용으로 한 게임카드〉, 1688.

카드 52장 중 이 11장은 주로 왕족과 궁정귀족들이 다른 나라에 자신의 입지를 호소하거나 보호를 청탁하는 내용을 담고 있다. 1번 카드는 프랑스 측이 영국의 찰스 2세에게 의회에서 자기편 의석을 유지하는 데 필요한 50만 파운드를 건네는 장면이다. 3번 카드는 제임스 2세의 왕비가 자기 아들의 안위를 위해 금을 건네는 장면이다. 잭 knave 카드는 아일랜드 군대가 프로테스탄트의 피가 묻은 손들을 닦는 장면이다.

전에는 세습귀족과 고위 성직자가 왕의 측근에서 범접할 수 없는 권세를 누렸다. 영국은 스튜어트 왕조 시대인 17세기 초부터 18세기 초까지 중앙집권적인 정치체계를 확립해가면서 의회 귀족이 왕의 권력을 보조하거나 견제했고, 젠트리의 영향력과 국교에 저항하는 청교도 등으로 몇 차례 내전을 겪기도 했다. 여전히 세습귀족이기도 한 소수의 대영주는 고위직을 차지하고 있었지만 부상하던 젠트리가 의회에 진출하는 등 세습권력을 대체해가는 변화가 생겼다.

대귀족

수많은 봉건영주는 중앙집권적인 정치체계가 작동할 때에도 여전히 대규모 토지를 소유하면서 지대를 챙기고 부를 누렸으며 전쟁 참여, 각종 세금, 부역 등에서 면제 혜택을 받으며 살고 있었다.

자기들의 안위에 걱정이 많았던 왕족들이 개인적인 목적을 위해 다른 나라에 금전적인 뇌물을 제공하거나 용병을 불러들여 도움을 청했다는 내용이 105쪽의 게임카드와 같은 그림을 통해 유포되었다. 제임스 2세를 퇴위시키고 그의 딸 메리와 그녀의 남편 네덜란드의 빌럼 오라녜 공에게 공동 왕위를 물려주려는 계획이 있었다. 빌럼은 네덜란드 총독으로 프랑스와 전쟁을 준비하고 있던 차였다. 그는 영국 국민에게 종교적 관용 정책을 중단해야 한다고 공개적으로 촉구하며 왕권에 도전장을 냈다. 영국을 침공한 빌럼은 자신의 군대로 하여금 제임스 2세를 호위하여 런던 밖으로 내보내게 하고 자신이 입성했다. 그리고 제임스 2세가 원하면 국외 망명을 허락한다고 하여 제임스 2세를 프랑스로 가게 만들었다.

국가의 정치 엘리트인 궁정관료, 성직자, 지주 등은 국왕과의 관계에 따라 권력의 크기나 영향력이 다르다. 국왕을 둘러싼 이 집단들의 충성 경쟁이나 권력 갈등을 잘 활용하지 못하거나 통제하지 못하면 국왕의 절대 권력에도 균열이 생기므로 이들과의 관계 형태가 중요했다.[8] 이 정치 엘리트 집단들은 재정적·행정적·군사적 헤게모니의 공동 수혜자이기 때문에 농민 봉기 같은 기득권에 대한 도전이 있을 경우에는 국왕을 중심으로 응집할 수밖에 없었다. 한편 이들은 끊임없이 권력의 우위를 장악하려고 했기 때문에 왕은 절대 권력을 확보하려면 이 집단들과 공조하거나 개별 집단들의 성장을 저지해야 했다. 이처럼 왕의 절대 권력을 유지하는 방법은 왕에게 그들의 능력과 충성을 집중시키는 것이었다.

그러나 국왕의 중앙집중적인 권력은 이처럼 왕과의 관계를 제외한 각 집단 간 권력관계도 포착해야만 유지될 수 있는 것이었다. 지방 귀족과 농민의 제휴, 신흥 부르주아나 지방귀족의 제휴, 젠트리와 농민 혹은 하급 사제와의 제휴 등이 기득권을 위협하는 변혁의 시기에는 이러한 역학관계를 파악하는 것이 중요했다.[9] 특히 왕과 그 주변 관료귀족들은 절대 권력을 유지하기 위해 서로 상부상조하는 관계였다. 그들이 새로운 사회 변화를 수용하지 못하고 권력관계의 변화를 파악하지 못하면 함께 몰락했다.

귀족이라고 해서 누구나 부를 누리는 것은 아니었다. 16, 17세기 영국 귀족의 영향력은 왕권의 약화와 함께 쇠약해진 측면도 있지만 오히려 증가한 측면도 있다.[10] 귀족은 고관대작 후보로서 정치적·경제적·법적 특권을 지녔다. 귀족은 영지를 수입원으로 하는 통상적인 영지 경영 이외에 광산 개발처럼 왕에게서 하사받은 특허나 독점권으로 경제적 이익을 얻었지만, 상인 집단에 비해 부의 규모가 작았고 중앙집권적인 구조를 갖지 못한 영국에서는 왕에게서 받을 특권이나 관직은 제한적이었다.[11] 게다가 귀족은 궁정에서의 비용, 왕의 방문, 자녀들 결혼 등에 신분에 걸맞은 소비를 하느라 부채가 많았고 토지 임대료 수입은 일정하지 못했다.

로런스 스톤Lawrence Stone의 연구에 따르면 16, 17세기 영국의 귀족은 수와 권한이 줄었지만 그럼에도 젠트리를 배제하는 집단이었다고 한다. 귀족은 상층과 하층 귀족으로 나뉘었고, 엘리자베스 여왕 시기에는 귀족을 확충하지 못했다. 반면 제임스 왕 시대에는 작위를 너무 많이 남발하여 작위가 매매되기에 이르렀다.[12] 왕은 귀족들이 독자적인 힘을 갖는 것을 경계하여 그들의 성채 건축이나 과도한 무기 비축을 제한했다.

연회와 의상, 호화스러운 장례에까지 이어진 귀족들의 과도한 소비는 많은 빚을 지게 했고 이들의 위신을 떨어뜨리는 원인이 되기도 했다. 16세기 후반 교육혁명이 일어났을 때 그 주역은 귀족이 아니라 대젠트리, 소젠트리, 그리고 전문직 종사자였다. 귀족의 재산은 상대적으로 젠트리에 비해 감소되었고, 무자격자에 대한 작위의 매매와 남발로 귀족의 위신은 떨어지게 되었다. 귀족들은 지방에서의 부유한 생활보다는 런던에서의 호화로운 생활을 택했으며 소작인들을 지대 납부자로 전락시켰다. 이러한 상황에서 사회적으로는 점차 개인주의가 확산되고 신분의 위계에 대한 관념이 변화되면서 16세기에서 17세기의 영국 귀족은 위기에 처하게 되었다.[13] 그러나 이러한 분석에 대해 귀족은 단일 집단이 아니었으며 각 계층에 따라 성격이 달랐기 때문에 영국에서 귀족제가 변질되었다거나 위기였다고 보는 것은 정확하지 않다는 비판을 불러왔다.[14]

17세기는 정치적으로 영국인에게 격동의 시기였다. 1649년 찰스 1세의 처형, 올리버 크롬웰의 통치, 청교도혁명, 찰스 2세의 동생 제임스 2세를 몰아낸 명예혁명, 네덜란드의 빌럼 오라네 공과 메리 공주가 각각 윌리엄 3세와 메리 2세로 영국의 공동 통치자 즉위처럼 국왕의 처형, 종교적 갈등, 외국인의 왕위 계승, 혁명 등으로 불안했던 시기였다. 엘리자베스 1세 치하에서 새로 서임한 귀족이 18명이었는데 1603년에서 1641년 사이에는 103명이 되는 등 귀족 매매가 남발되었다.[15] 이즈음 권세 있는 귀족들은 지방의 젠트리나 소농들을 사치스러운 생활을 위한 돈줄로 이용하여 품위가 떨어지고 당연히 권위도 떨어졌다. 힘 있는 귀족들은 이런 현상과 거리를 두고자 더욱 국왕 주변에 모여들어 궁정생활로 들어가길 원했고, 한편으로 결혼을 통해 가세를 확장하는 데에도 공을 들였다.[16] 결혼을 통해 정치적·경제적 동맹을 돈독히 하는 것도 한몫했다.

1630년대 영국은 다수 귀족과 극소수 궁정 젠트리가 택한 문화와 다수 젠트리와 소수 지방귀족이 택한 문화로 나뉘었다. 즉, 부와 특권을 많이 가진 사람들과 덜 가진 사람들로 각각 무리지어 자기들끼리 공감대를 형성해갔다는 의미다.[17] 이런 신흥 귀족들은 자본주의적 발전의 주역들로, 점점 그 역할이 필요한 구귀족들과 특권을 나누려고 애썼다. 구귀족들은 그것을 참아야 했다.

지방의 귀족들은 사병을 가지고 있었는데, 사병은 국왕과 사이가 좋을 때는 국왕이 군대를 보강하는 역할을 했지만 그렇지 않을 때는 반기를 들 수 있는 무기였다. 게다가 지방귀족들이 폭력을 독점하는 것이라 이 군사들의 횡포가 심해져서 국왕에게 어려움을 호소하는 일들이 일어났다. 외국과 전쟁을 할 때 이들은 국가의 군대로 싸우기도 했지만 기본적으로 지방귀족에게 속했다. 국왕은 이들을 국가의 군대로 흡수하려 했지만 17세기 초까지는 여전히 봉건적인 체제 속에 남아 있었다. 영국의 헨리 8세나 프랑스의 루이 14세 집권 시에도 군대는 이렇듯 봉건적 형태였다.[18] 1700년대에야 비로소 국가가 군대를 장악할 수 있었다.[19]

16세기만 해도 상업에 종사하는 귀족들을 무시하려 드는 풍조가 있었지만 17세기에 들어서면서 영국이나 프랑스 등에서 상업에 종사한다고 해서 귀족의 품위를 떨어뜨리는 것이 아니라는 인식이 일반화되었다.[20] 물론 출생이 아니라 부나 지식을 바탕으로 국왕에게서 귀족 칭호를 사들인 이들은 더욱 전통적인 귀족의 자격이나 품위 개념에 도전했다. 모직물 공업 같은 산업에 투자하거나 직접 운영하고 교역에 참여하는 귀족들도 늘어났다. 그러나 여전히 그들의 부의 원천은 토지였다. 자본주의가 발달해가는 과정에 놓인 시기라 이들은 토지를 이용해 모직물을 발달시키거나 교역의 발판으로 삼았다. 당연히 농민들은 소작할 땅을 잃음으로써 새로운 빈곤을 경험하게 되었다. 동시에 가난한 귀족들은 여전히 가난했다.

비록 상공업에 종사하는 귀족들이 늘어나도 이들 사이에 지위의 차이나 경계가 없어진 것은 아니었다. 축적한 부를 이용하여 토지를 매입하고 지방의 실세가 될 수 있는 사람들은 늘어났다. 그들에는 신

작가 미상, 〈국왕의 거대한 칼갈이〉, 1794.

조지 3세가 칼 가는 돌을 굴리는 바퀴 안쪽에서 바퀴를 굴리자 피트가 칼을 가는 모습이다. 자유를 지키려는 사람들에게 겨눌 칼을 가는데, 왕은 바퀴를 숨차게 돌리고 있다.

홍 귀족인 부르주아도 포함되는데 이들은 전통적인 귀족이라기보다는 상류층이라는 개념에 더 어울리게 수가 늘어가고 지위가 향상되었다. 상공업으로 성공한 부르주아와는 구분되는 이들은 귀족 작위는 없었지만 경제적·교육적 측면에서 새로운 지배계층으로 부상했다. 그러자 이러한 지방귀족들과 다른 소수의 특권 집단이었던 기존의 귀족들은 부와 지식을 갖춘 젠트리들을 배제하려고 했다. 반면에 지방의 귀족들은 많은 특권을 나누어 가져야 했던 젠트리들과 필요에 따라 제휴하기도 했다.

    국왕 주변의 소수 귀족을 제외하고는 왕과 귀족의 사이는 점점 벌어졌다. 내전에서 귀족들이 국왕파와 의회파로 갈라진 것도 이러한 현상을 드러낸 것이다. 게다가 귀족들은 부와 교육을 겸비한 젠트리와 많은 특권과 지위를 공유해야만 했다. 구체제의 귀족들이 선택된 사람들이었다면 절대왕권의 주변에 있던 귀족들은 시민혁명이 자주 일어나는 변화의 시기를 거치면서 입지가 불안해졌다. 구체제의 엘

윌리엄 덴트, 〈의회 혹은 세 신분의 회합〉, 1790.

영국 의회 귀족원의 풍경이다. 몇몇 주요 인물은 인간 얼굴이지만 나머지는 동물로 익살스럽게 표현했다. 맨 오른쪽 쿠션 위에 앉아 있는 사자는 조지 3세다. 계단처럼 높이 쌓은 그 쿠션을 쥐가 뜯고 있다. 왕관은 커튼 꼭대기에 얹혀 있다. 왼쪽에는 귀족원 소속인 귀족과 민의원인 평민을 가르는 칸막이가 세워져 있다. 몸에 별을 붙이고 몸을 틀고 있는 말은 왕세자에, 왕좌에 등을 돌리고 서 있는 곰은 토리당의 에드워드 서로Edward Thurlow에 해당한다. 그 외에도 여러 사람이 그들의 개성, 야심, 역할 등을 상징하는 포즈와 동물들의 몸을 하고 있다. 벽에 걸린 첫 번째 그림에는 왕, 귀족, 평민이 손을 잡고 있지만 그것은 과거의 일이고 현재는 왕이 지켜보는 가운데 귀족이 평민의 머리를 누르고 있다. 세 번째 그림에서는 자유의 여신이 왕, 귀족, 국민이 하나여야 한다는 것을 표현했다.

리트인 귀족은 출생으로 얻은 신분, 국가의 정치적 권력과 경제적 지배권을 누린다는 점에서 국가권력의 정점인 왕과 밀착되어 있는 동시에 경제적 지배권에서는 왕과 경쟁관계에 있었다.[21] 그들 중 왕에게 전권을 위임받은 재상, 수상 등 관료는 왕의 절대 권력을 확고하게 만들어주고 재정적 필요를 충족해주는 것으로 보답했다.

　왕과 신임이 두터운 신하의 관계는 권력의 두 얼굴을 보여주는 예

제임스 길레이, 〈유럽을 분할하는 윌리엄 피트와 나폴레옹〉, 1805.
자두 푸딩을 썰고 있는 피트와 나폴레옹의 모습을 통해 영국과 프랑스가 세계 영토
를 자기들 마음대로 나눠 먹는 것을 풍자했다.

이기도 했다. 영국의 조지 3세와 윌리엄 피트, 프랑스의 쥘 마자랭Jules
Mazarin 등은 상대를 강하게 만들어줌으로써 서로의 야망을 실현시켰
다. 국왕은 이들에게 많은 권한을 주어 왕권을 지켜주는 파수꾼으로
만들었고, 이들은 왕의 신임을 얻으면서 자신 또한 막강한 정치적 권
력을 향유했다. 이들의 관계는 시종일관하기도 했지만 때로는 상대
의 희생양으로 혹은 배신자로 변하기도 했다.

의회정치는 휘그당과 토리당을 중심으로 정치권력을 차지하려고
경쟁했고 집권당이 어디냐에 따라 국왕과의 관계 양상도 달라졌다.

그런데 국교를 둘러싼 종교 문제가 남아 있어서 국교의 위상도 불안했고 가톨릭과 청교도 등 반대파 세력도 막강한 채 왕권과 고위 귀족의 위상을 위협하고 있었다. 국왕의 종교에 따라 종교들의 위상도 달라졌다.

국왕과의 관계에서 많이 회자된 이들 중 단연 피트를 빼놓을 수 없다. 피트는 1783년 나이 스물넷에 영국의 수상(당시에 수상이라는 직책이 있었던 것은 아니다)이 되었으나 1801년 수상직에서 물러났고, 1804년 다시 복귀하여 사망할 때까지 수상직을 맡았다. 조지 3세 재위 기간 동안 수상과 재무장관을 겸직한 피트는 토리당의 영수로 활약했다. 이 시기에는 프랑스혁명, 나폴레옹전쟁과 같은 큰 사건들이 있었고, 조지 3세는 영국 왕들 중 가장 많이 대중에게 회자되었다. 프랑스혁명이 일어나고 프랑스 왕정이 무너지자 영국의 귀족은 걱정이 많아졌다. 1793년 프랑스는 영국을 상대로 전쟁을 선포했다. 왕은 피트에게 전쟁을 위한 세금을 거두고 군대를 조직하며 법원 출두를 미룰 수 있는 권리를 중지시키는 권한 등을 주었다. 영국은 거의 20년 가까이 나폴레옹의 프랑스와 혁명 세력들과 싸워 1815년에 나폴레옹을 상대로 승리를 거뒀다. 1801년 피트가 왕과의 갈등으로 떠나자 이후 임명된 애딩턴에 대해서 프랑스와 전쟁을 할 만한 지도자가 못 된다는 여론이 일어났다. 이에 왕이 다시 불러들인 피트는 1806년 왕이 죽을 때까지 권력의 중심에 있었다. 정신분열증을 앓고 있던 조지 3세는 나아졌다 나빠졌다를 반복하다가 급기야 1810년에 왕자(후에 조지 4세가 됨)의 섭정이 시작되었다. 1820년 조지 3세가 죽고 조지 4세가 즉위했다.

당시 영국 의회는 왕, 귀족원House of Lords, 민의원House of Commons으로 이루어졌는데, 귀족원은 700명 이상으로 성직귀족Lords Spiritual과 세속귀족Lords Temporal으로 구성되었다. 성직귀족은 26명 이하의 국교회 (성공회) 주교와 대주교로 구성되었고, 세속귀족은 세습귀족과 세습되지 않는 종신귀족, 법귀족Lords of Appeals in ordinary으로 구성되었다. 프랑스의 신분의회에서와 달리 영국에서는 귀족원의 영향력이 컸고 평민은 결코 그들과 어깨를 나란히 할 수 없었다. 이런 상황에서는 일반 국민의 자유가 보호받을 것이란 기대가 약할 수밖에 없다.

이 시기에는 영국이 프랑스의 도전을 받고 있었을 뿐만 아니라 지지받는 내각을 구성하는 데 계속 실패하는 바람에 왕의 체면이 떨어진 상태였다. 소 피트가 수상이 되어 겨우 내각이 조금 안정되는 듯했다. 그러나 프랑스가 1793년 영국과 네덜란드에 전쟁을 선포하자 프랑스와의 관계는 불안정해졌다.

〈죽음과 의사들 사이의 브리타니아〉는 1804년 정치에 복귀한 피트를 풍자한 길레이의 그림이다. 애딩턴이 나폴레옹에게 패배할 수밖에 없는 정책을 펼치자 피트가 복권하여 휘그당의 애딩턴과 폭스를 지지하는 의원들을 내몰고 국가의 힘을 되찾겠다는 각오를 묘사한 것이다.

〈묵은 술을 따다〉 역시 길레이의 대표적인 정치만화다. 소 피트가 두 번째 수상으로서 임기를 시작한 1805년에 그려진 작품이다. 리처드 셰리든Richard Sheridan은 애딩턴이 프랑스와의 대결에서 뾰족한 공을 세우지 못하는데도 그 편에서 말로만 떠들어댄다고 비판받은 사람이다. 피트는 셰리든을 야유함으로써 휘그당의 실책을 이끈 당사자들

제임스 길레이, 〈죽음과 의사들 사이의 브리타니아〉, 1804.
브리타니아가 침대 위에서 기절한 채 앉아 있는 가운데, 피트는 애딩턴을 걷어차며
폭스를 밟고 있다. 커튼 뒤에서는 나폴레옹 머리를 가진 주검이 큰 걸음을 내딛고
있다.

을 비난한다. 이 그림은 극작가이기도 한 셰리든의 상상력과 우아함
을 칭송하는 피트가 병마개를 열자 거품이 뿜어져 나오는 모습을 셰
리든의 지나친 말치레가 뿜어져 나오는 것에 빗대어 비꼬고 있다. 병
의 거품에는 '이기주의', '독설', '훔쳐온 익살', '드라마틱한 헛소리',
'실망의 신음소리', '저주스러운 거짓말' 등의 말이 쓰여 있다. 폭스를
지지했던 셰리든은 극작가의 말솜씨로 허세를 떨었던 것 같다.
　　영국에서 피트가 그랬던 것처럼 프랑스에도 역시 전권을 휘두르는
관료 귀족들이 있었다. 1648년에서 1653년 사이에 프롱드의 난이 일

제임스 길레이, 〈묵은 술을 따다〉,
1805.

피트가 하원에서 폭스 등 반대
파 지도자들의 얼굴이 담긴 술
병들을 마주하고 있다. 피트의
발아래에는 전 수상인 애딩턴
의 머리가 든 병이 뒹굴고 있
다. 의사의 아들인 애딩턴의 병
에는 '약용 와인'이라는 이름표
가 달려 있다. 피트가 애딩턴과
폭스파 셰리든의 머리가 담긴
병을 열자 그를 묘사하는 온갖
내용이 넘쳐 뿜어져 나온다.

어났는데 이 난은 인기 없는 정부에 대한 행정혁명이었다. 당시 섭정
을 한 안 도트리슈Anne d'Autriche 왕비의 수석관료였던 마자랭은 1651년
추방당한다.

　프랑스 역대 재무대신들은 국왕의 소비를 메우고 전쟁 빚을 청산
하기 위해 온갖 노력을 다했지만 밑 빠진 독에 물 붓기였다. 국가 소
득의 가장 큰 부분인 인두세를 면제받는 귀족들은 자신들의 특권을
내려놓을 생각이 없었다. 재무총감 브리엔Brienne이 국가의 재정 적자
를 메우기 위해 루이 16세에게 전국 신분회(삼부회)를 소집하도록 종
용하여 1789년 5월 5일 신분회가 개최되지만 재정 파탄의 책임을 왕
과 귀족들에게 물었던 대중은 7월 14일 바스티유를 점령했고 국왕은

제임스 길레이, 〈혼수상태의 브리타니아〉, 1803.

애딩턴과 혹스베리Hawkesbury가 부축하고 셰리든이 보호하고 있는 브리타니아가 겁에 질려 기절한 듯 땅바닥에 앉아 있다. 건너편 도버 해협에는 나폴레옹이 앞장선 프랑스 군함이 몰려오고 있다. 셰리든은 "모두 오라고 해라. 내가 한주먹에 40명을 날려버릴 테니……"라고 말하고 있다.

권위를 잃게 된다. 그리고 왕의 권력은 이제 신이 아니라 국민으로부터 나오며 법의 권위는 왕에게 있는 것이 아니라 헌법에 의존한다는 내용의 '인간과 시민의 권리선언'이 1789년 8월 26일 천명된다.

16세기와 17세기에 유럽에는 국민국가들이 등장하고 있었다. 그러나 독일은 신성로마제국이 쇠퇴하고 있었고 영방국가들로 이루어진 연방제 형태로 가고 있었다. 18세기에는 프로이센과 오스트리아

윌리엄 덴트, 〈세금에 대해 영국 노예가 제기한 질문〉, 1790.

과세의 부당함과 여전히 억압적인 사회제도를 풍자했다. 특정 수입 물품에 대해 과세를 주장한 피트와 조지 로즈George Rose가 등장하는데, '과세의 확대'라고 쓴 영국을 상징하는 요람을 이들이 흔들어주고 있는 모습이다. 긴 가발을 쓰고 법복을 입은 법률가는 토리당 정치가인 서로이고 창과 방패를 들고 있는 사람은 윌리엄 매인워링William Mainwaring으로 추정된다. 오른편 아래쪽에는 영국 사자가 눈을 가린 채 사슬에 묶여 있고, 그 위로 프랑스의 바스티유 감옥이 파괴된 모습이 보인다. 이 그림은 프랑스혁명으로 해방된 프랑스 국민과 여전히 부패한 채로 있는 영국의 절대왕정을 암시한다.

가 가장 강력한 영방이었고, 19세기에 결국 프로이센이 독일을 통일했다. 30년전쟁이 끝나고 수백 개 영방국가로 쪼개진 17세기 독일사회는 귀족, 성직자, 그리고 도시민으로 구성되어 있었다. 자본주의 가치관을 거부하고 혈통과 그에 따른 사회적 지위가 더 중요하다는 생각을 부활시키려는 귀족들의 움직임도 있었다. 그러나 이미 영방국

리처드 뉴턴Richard Newton, 〈반역〉, 1798.

피트를 앞세운 조지 3세의 전제정치에 대한 영국인의 불만을 보여준다. 피트가 자신을 꾸짖는 동안 존 불이 조지 3세에게 방귀를 뿜는다.

가에 급속히 확산된 행정 조직의 관료화는 중산층 출신의 전문인들을 중앙으로 진출시켰다. 그들은 영방 제후의 세력 강화에도 기여했다. 전통적 귀족들이 제후들의 세력을 견제하고자 했으나 변화하는 행정조직을 채울 능력을 키우지 못했다.[22]

정치와 달리 경제에서 독일은 유럽 자본시장의 중심으로 떠올랐다. 귀족과 도시 부르주아만이 발전하는 경제의 실질적인 혜택을 누릴 수 있었다. 16세기 독일에서 귀족들의 사회적 위상은 유지되었다. 그러나 영국이나 프랑스에서처럼 독일에서도 실질적인 중심 세력은 부르주아였다. 그들이 정치·경제·문화의 중심이었다.

Epouventail de la NATION.

작가 미상, 〈국가의 허수아비〉, 1792.

라파예트La Fayette 후작의 모습을 한 허수아비가 국경 근처에서 두려
워하며 도망가려는 반혁명 세력과 외국 군주들에게 칼을 높이 쳐들고
풀밭 한가운데 서 있다. 라파예트는 미국 혁명전쟁 당시 조지 워싱턴
George Washigton 장군 휘하에서 싸운 인물로, 프랑스혁명과 미국혁명
사이에서 중요한 연결 통로 역할을 했다. 그는 미국혁명에서 얻은 교훈
을 강조하며 헌법주의에 열렬한 지지를 보냈다.

고위 성직자

영국에서는 16세기에 헨리 8세가 가톨릭으로부터 분리된 개신교
성공회를 만들었다. 성공회의 최고위직은 캔터베리 대주교이며 14
개 주교 구역을 관장하는 대주교와 런던, 더럼 등을 관장하는 주교가
24명 있었다. 국왕이 임명하는 이들은 영국 의회에서 상원의원을 겸
했다. 영국의 정치사를 통해서 가톨릭, 성공회, 루터파 등 개신교들의

종교적 갈등과 그 배후의 정치권력 쟁탈 야심으로 인한 갈등과 분열을 볼 수 있다.

유럽 어느 나라에서나 볼 수 있었던 고위 성직자의 모습은 특권층의 모습과 같았다. 농촌에서는 성직 자체가 고위 행정직을 겸하거나 지방의 유지 역할을 했다. 위계에서 상층으로 갈수록 교회가 획득한 영토를 교회령으로 만들어 부를 누렸다. 종종 그 자신이 고위 성직자이기도 한 대귀족들은 교회령까지 손에 넣기도 했다. 봉토를 차지하기 위해 성직자가 되고 성직을 매매하기까지 해서, 개혁적인 성향의 성직자들은 청빈해야 함을 주장했지만 설득에 성공하지는 못했다. 대주교, 주교, 추기경 같은 고위 성직자들은 또한 왕의 측근으로 발탁되어 절대 권력을 누렸다.

프랑스에서도 영국에서와 마찬가지로 고위 성직자는 대귀족과 함께 국왕의 측근에서 절대 권력을 확고하게 만들어주며 존재를 드러냈다. 앙리 4세가 죽은 후 12년간 프랑스는 나약했던 리더십의 대가를 견뎌야 했다. 모후의 자문 역할을 했던 리슐리외 추기경은 국왕 참사회에 입각한 이후 국가와 민중에 성실함을 인정받아 국왕의 신임을 얻어 권력을 잡게 된다. 그를 질투하던 대영주들을 비롯한 귀족들은 처형되었고 음모의 잠재 세력을 없앤다는 명분으로 많은 중세의 성이 해체되었다. 리슐리외는 반스페인을 선택하고 급기야 1635년 5월 19일 선전포고를 했다. 그는 권력을 유지하기 위해 대영주들이나 농민층 혹은 도시민들의 봉기를 가혹하게 다루어 그들의 반감을 사기도 했다. 민중 소요는 정치적 의지로 일어났다기보다 재정적 압박에 폭발한 것이었다.

리슐리외가 죽은 다음 해인 1643년에 루이 13세가 사망한다. 왕위 계승 당시 다섯 살이었던 루이 14세(1643~1715)의 실질적인 업무 대행자는 마자랭이었다. 마자랭 역시 전임자의 정책을 계승하여 왕권 강화에 힘을 쏟았다. 이 두 추기경을 거치면서 강해진 프랑스는 17세기 후반에 유럽에서 우월권을 행사한다. 1661년 마자랭이 죽은 후 루이 14세는 모든 통치권을 장악했다. 많은 왕의 심복들이 그러했던 것처럼 루이 14세의 심복인 콜베르는 국왕의 재정을 정비하려고 애썼다. 그는 영국이나 네덜란드에서와 같이 중상주의를 표방하면서 해상교역 회사를 다섯 개 설립하고 리슐리외처럼 독점권을 부여했다. 그러나 1664년 동인도회사를 제외한 다른 회사들은 실패했다. 콜베르의 야심과 달리 부르주아들은 초기에는 대교역에 투자하기를 망설였지만 결과적으로 프랑스의 해외 진출은 점점 증대했다. 1648년 30년전쟁 종결을 위한 베스트팔렌조약을 체결한 후 프랑스는 유럽에서 절대적인 지위를 얻게 된다. 프랑스가 1552년부터 점령해온 세 주교구의 소유를 공식화했고 알자스 지방도 대부분 양도받게 되었다. 또한 오스트리아 합스부르크 왕가의 정치적 야심에서도 자유로워지는 등 안정을 얻게 되었다.

루이 14세를 대신해 섭정했던 안 도트리슈는 오스트리아 사람이었고 마자랭은 이탈리아 소귀족이었다. 따라서 이들은 업적을 많이 남겼음에도 다른 나라 사람이 국정을 휘두른다는 생각 때문에 프랑스 국민들에게 미움을 사게 되었다.

독일은 루터 종교개혁의 본거지였다는 점에서 볼 수 있듯이 가톨릭 성직자들의 부패가 심각했다. 1513년 교황이 된 레오 10세는 로마

교회의 재건에 필요한 자금을 면죄부 판매로 충당하려고 했다. 이에 수도승들은 면죄부 판매원으로 전국을 돌아다녔다. 알브레히트 폰 브란덴부르크Albrecht von Brandenburg는 선제후의 한 사람으로, 면죄부 판매를 관장한 강력한 인물이었다. 그는 마인츠 대주교이면서 마크데부르크 대주교이자 다른 곳에서는 행정관이기도 했는데, 이런 겸직은 불법으로 행해진 것이었다. 그는 또 면죄부 판매 대금을 착복하기도 했으니 루터에게서 강하게 비판받은 것은 당연했다.

30년전쟁은 가톨릭, 루터파, 칼뱅파가 종교적인 것을 넘어서 정치적인 갈등을 일으킬 때 일어났다. 영방국가들마다 종교를 정할 수 있었던 상황에서 종교적 갈등은 당연히 영방국가 간의 정치적 갈등과 같은 것이었다. 30년전쟁의 결과 독일은 수백 개 영방으로 쪼개져 통일에서 멀어진 것은 물론, 근대화가 늦어지고 분열과 긴장의 시기를 맞이하게 되었다. 18세기에도 성직자들은 여전히 특권층이었다. 가톨릭 선제후나 제후 주교들은 대개 귀족이거나 제국 기사들이었다.

3. 국왕과 귀족에 대한 반감

영국의 몬머스 반란The Monmouth Rebellion은 같은 계급 내에서 일어난 권력 싸움이었다. 이 반란은 찰스 2세가 죽은 후 그의 서자인 몬머스 공작이 왕위에 오른 제임스 2세를 죽이고 자기가 왕위를 계승해야 한다고 주장하면서 일으켰다. 제임스 2세는 인기가 없었다. 전제정치 때문이기도 했지만 그가 가톨릭 신자라는 이유도 작용했다. 체포된 몬머스는 가톨릭으로 개종하겠다고 자비를 구했지만 1685년에 처형되었다. 뒤이어 몬머스를 지지했던 사람들이 잇따라 처형되었다. 320명이 처형되고 800여 명이 서인도 제도로 유배당했다. 제임스 2세는 이 사건을 자신의 권력을 강화하는 구실로 삼았다.

〈몬머스 반란 카드〉에 없는 다른 카드에는 제임스 2세의 악행과 그의 도주, 웨일스 왕자의 출생, 그리고 오라녜 공의 도착이 그려져 있다. 찰스 2세와 제임스 2세가 비국교도들에게 어느 정도의 종교적 자유를 허락한 신교 자유령Declaration of Indulgence을 가톨릭 신자들에게 강요하는 내용도 있다. 이 신교 자유령을 받아들이지 않은 주교들이 런던 타워로 보내지는 장면도 있다. 카드 몇 장에는 왕자의 출생이 증인을 초대한 가운데 공개되지 않아 왕자가 제임스 2세의 아들이 아닐 것이라는 스캔들을 담기도 했다. 쫓겨나게 된 왕이 자신을 프랑스로 호위하는 군대조차 믿을 수 없었던 상황을 묘사한 그림들도 있다.

미국혁명이 성공했다는 소식이 살롱과 언론을 통해 퍼지면서 구체제의 정치적 타락과 경제적 실책에 불만이 컸던 제3신분 사이에서 동요가 일기 시작했다.[23] 그들의 눈에는 왕권의 절대적 권력과 그에 따른 부패가 보이기 시작했고 모든 것을 움켜쥔 귀족들이 거슬리기 시작했다.

프랑스의 역사에 남는 일들과 관련 있는 귀족들은 법복귀족noblesse de robe과 대검귀족noblesse d'épée으로 나뉜다. 법복귀족은 부유한 부르주아 출신으로 법관이 많았다. 샤를 루이 조제프 드 스콩다 몽테스키외 Charles Louis Joseph de Secondat Montesquieu, 말제르브Malesherbes 등이 여기에 속했다. 대검귀족은 대토지 소유자로서 지대를 받고 연금을 받으며 대

작가 미상, 〈몬머스 반란 카드〉, 1685.

몬머스 반란을 풍자한 것으로, 총 52장인 게임카드의 일부이며 각 카드 아래에 제목이 붙어 있다. 카드 풍자화는 영국에서 인기가 있었다. 이 그림에는 다이아몬드 카드들이 나오는데 붙잡히는 장면, 처형당하는 장면, 연루된 유명 인사들, 그들을 숨겨준 죄목으로 처형당하는 사람의 모습 등이 그려져 있다.

찰스 로버트 레슬리Charles Robert Leslie, 〈부르주아 장티옴〉, 1864.

빗자루를 든 하녀와 우스꽝스러운 가발을 쓴 주인 주르댕Jourdain이 펜싱을 하는 듯
한 동작을 취하는 가운데, 그의 부인이 못마땅해하며 서 있다.

검을 차는 등 형식적인 명예를 누렸다. 17세기 프랑스에서는 법복귀
족이 신흥 귀족의 절반 이상을 차지했다. 루이 14세가 관직 매매로
귀족의 수를 늘리기 전부터도 귀족이란 그 구분이 모호했다.

또한 프랑스에서는 혈통을 근거로 귀족임을 강조하는 장티옴gen-
tilhomme이 있었다. 순수 혈통 귀족임을 내세운 이들은 종속적 신분에

속한 적이 없고 관직 매매나 특허장 같은 것으로 귀족이 된 사람들하고는 달랐다. 이들은 자신들의 순수함을 내세워 여러 가지 경로를 통해 귀족이 된 신흥 귀족들을 업신여기려 했다.

프랑스에서 1648년에서 1653년에 걸쳐 일어난 프롱드의 난은 국왕과 각료에 대한 반감을 표현한 사건들 중 하나다. 1642년 국왕의 절대 권력을 공고화하는 데 기여했던 리슐리외가 사망하자 절대주의는 흔들렸다. 어린 왕 루이 14세는 어머니 안 도트리슈가 섭정하기 위해 기용한 재무총감 마자랭에게 의존할 수밖에 없었다. 모후는 자신의 섭정에 완전한 권리를 부여하지 않은 선왕의 유언을 폐기해달라고 법원에 도움을 청했다. 법관들은 이 부탁을 들어줌으로써 모후와 가까워지리라 생각했지만 모후는 자기처럼 외국인인 마자랭을 전적으로 신뢰했다.

1648년에서 1649년 사이에 1차 프롱드의 난, 1649년부터 1653년까지 2차 프롱드의 난이 일어났다. 첫 번째는 고등법원의 프롱드의 난이라고 불렸으며, 두 번째는 왕족들 간의 싸움에서 비롯되었다. 1차 프롱드의 난은 불만이 쌓인 고등법원 법관들과 시민들이 왕의 섭정과 마자랭에 저항한 사건이었다. 법관의 권리가 계속 무시당하자 갈등은 표면화되었고 마자랭의 집에 돌을 던진 것이 발단이 되어(프롱드fronde는 돌을 던지는 투석기投石器를 뜻한다) 파리 시민들이 난을 일으켰다. 1648년 파리고등법원은 개혁안을 작성하여 군주제에 대한 고등법원의 후견권 행사를 보장받았다.

왕이 평소에 각료들에게 휘둘리는 것은 주변 귀족들에게도 불만이었다. 관직 매매의 증가는 기존 귀족들을 불안하게 했다. 프롱드의 난에 방계 왕족과 대귀족이 가담한 것은 부와 권력을 쟁취하기 위해서라기보다는 이미 소수 귀족들만 왕의 측근으로서 여전히 화려함을 누렸지만 과거 누렸던 화려함에서 멀어지게 된 것에 대한 반감이 작용했기 때문이다.[24] 서로 신뢰하지 못하는 분위기에서 여러 집단이 참여한 프롱드의 난은 성공하기 어려웠다. 1차 프롱드의 난을 진압한 루이 드 콩데Louis de Bourbon Duc d'Enghien Condé 공은 자신의 공적을 알아주지 않는 데 불만을 품고 재상의 교체를 요구했다. 콩데 공은 고등법원 인사들과 사이가 나빴고 스페인과 손잡고 전쟁을 벌여 시민들의 자존심을 건드렸다. 사태가 역전되어 콩데 공은 스페인으로 도망갔다. 파리에 집결한 고등법원 법관, 구귀족, 성직자 등과 이들과 합세한 민중은 일체감을 갖기에는 출신이 너무 다양했고 각자 얻어내려한 것도 달랐다. 이들은 결국 분열되어, 왕권이 다시 강화될 수 있는 기회를 주었다. 이를 계기로 루이 14세는 무력한 왕실의 문제를 절감하고 후에 절대적인 왕권의 필요성을 인식했다.

마자랭이 사망하자 루이 14세는 재상이 권력을 강하게 쥐었을 때의 문제점을 인식하고 귀족들을 엄격하게 왕에게 종속시켰다. 귀족들을 궁정 안으로 끌어들여 다른 생각을 하지 못하게 했고 모든 권위가 왕에게서 나온다는 것을 각인시켰다. 이로써 궁정의 사치와 향락을 극에 달하게 만들었다. 또한 루이 14세는 재위 기간 54년 중 무려 37년 동안 전쟁을 치뤘는데, 이것이 프랑스가 전 유럽의 적이 된 이유였다. 잇따른 전쟁이 국가의 재정을 고갈시키자 세금이 늘어났고 국가는 위기에 처했다.

루이 16세는 1774년에서 1788년까지 빚더미에 앉아 군주에 대한

작가 미상, 〈루이 16세의 처형〉, 1793.

루이 16세의 목을 베려는 장면으로 마리 앙투아네트가 왕의 뒤에서 울면서 어떻게
이럴 수 있냐며 자비를 청하고 있다.

원망이 폭발 직전에 이른 프랑스를 떠맡은 셈이었다. 그는 프랑스혁
명이 일어나자 1792년부터 1793년까지 감옥에 갇혀 있다가 처형되
었다.

　루이 16세는 자신이 갇혀 있던 튈르리 궁에서 빠져나오다 1791년
6월에 붙잡혀서 궁으로 되돌아왔다. 1792년 11월 이 궁에 폭도들이
침입함으로써 은둔처를 발각당한 왕은 더욱 처참해졌고 이듬해 처형
당했다. 영국에서도 마찬가지이지만 국왕을 처형하는 것은 매우 드
문 일이고 심각한 후폭풍을 초래할 수도 있는 일이었다.

la brûlure

Les citoyens du palais Royal apres avoir tenu Conseil Sur Ce que Lon devait faire à L'egard du Pape délibererent que Lon Ferdoit un mannequin d'oser
Semblable au J. père de la tête L'ornerent d'une tiare à Son Co une Croix une main tenant . il peignoit du L'autre Des Bulles Et que apres L'avor Deposité De Ses ornemens
Pontificaux il Seroit Jetté Dans un Bucher Elevé pour Cet effet, dans le Jardin du fait De Caffe Ce Joy ainsi L'arret Des Citoyens Je L'execute Et il Fut porté De La Sorte
Lon arracha la Croix Son mains Les Croix qui Estoie age Ses peinteilles Les boles qui tenoit un citoyen les Longtem Dans Sa Ville pendu De 23dont Le un Chevalier De S. Louis
fut Chercher Lau même On Les Jettoit au Jeu Pendant Cette planoie Execution un homme Xlanca à Xeros la foule en Secriant Citoyens mes vachers
Lon les comprendent La Victime De L'ambition des papes ainsi L'ennemis mois De me Xenger De même visant à Lau administre Des Coups De Bâton Cette Ceremonie
Des Coups Des Colas vermines par L'incendre Du Simulacre De feu au Bruit Des applandissemens D Des trois De tous Les Citoyens réunis Dans Le Palais Royal

De Enfanos   ...

작가 미상, 〈화상〉, 1791.

'성직자의 공민헌장'에 선서한 성직자들을 파문한 교황 비오 6세Pius VI를 풍자한 그
림이다. 사람들이 교황의 상을 불로 가져가고 있는 광경인데, 한 남자가 교황의 교서
를 불에 던지기 전에 진흙이 담긴 그릇에 담그고 있다. 그림 왼쪽의 남자는 자기 가
족이 교황의 야망 때문에 고통을 받았던 것을 복수하는 듯 교황의 상을 막대기로 때
리고 있다.

　　프랑스혁명은 신분사회인 구체제의 모순을 해결하고 개인의 권리
를 확보하기 위한 저항이었다. 귀족혁명, 부르주아혁명, 평민혁명의
성격을 모두 가진 프랑스혁명은 그만큼 모든 계급에서 구체제의 모
순을 극복하려는 요구가 커져 있던 상황에서 일어났다. 제1신분인 성
직자와 제2신분인 귀족은 전체 인구 중 4퍼센트 정도였는데 국토의

3분의 1을 소유하고 지대를 받으면서 여러 가지 면세 특권을 누리고 있었다.

혁명은 성직자들의 교회 재산을 국유화한 데 이어, 더는 교황이 성직자를 서임하지 않으며 성직자 서임은 국가가 한다고 선언했다. 1790년 7월 12일 성직자의 공민헌장Constitution civile du clergé을 발표하고 성직자들에게 선서를 요구했다. 공민헌장에 대한 충성을 맹세해야 하는 처지가 된 성직자들은 선서파와 선서거부파로 나뉘었고, 선서를 하겠다고 나중에 번복한 성직자들이나 선서거부파에 속했던 성직자들은 반혁명주의자로 낙인찍혔다.

전체 인구의 96퍼센트가 제3신분에 속했고 이들 중 대다수는 농민으로 전체 인구의 4분의 3을 차지했다. 제3신분 중 가장 중요한 계급은 시민계급이었다. 이들은 평민이므로 귀족 아래에 있었고 정치권력으로부터도 소외되어 있었다. 금융업자, 상공업자, 법률가, 의사 등 자영업자들이 여기에 속했다. 이 시민계급이 계몽사상의 영향으로 현실을 분석하는 눈을 키웠고 미국 독립혁명에서 자극을 받았다.

재정상의 어려움을 해결하고자 세금을 더 걷으려는 정부에 대해 법복귀족들이 삼부회 소집을 요구하고 나섰다. 소집된 삼부회에서 제3신분 대표들은 하급 성직자들의 지원을 얻어 국민의회를 선포했다. 그리고 봉건제 폐지를 선언하고 '인간과 시민의 권리선언'을 채택했다.

다른 나라들이 국민국가로 설 때 독일은 여전히 신성로마제국 황제의 지배하에 있었다. 1848년 3월혁명은 언론 및 집회의 자유, 각 연방의 군대 조직 및 의회 수립의 자유와 권리를 주장하는 집회와 시위로 시작되었다. 1848년 5월 전 독일연방이 집결한 프랑크푸르트 독일의회는 600여 명의 대표가 참가한 가운데 5월 18일에 프랑크푸르트 암 마인에서 첫 번째 회합을 했다. 그 구성원은 중간계급 이상의 대학 교육을 받은 교수, 교사, 관료, 법조인, 시장, 공무원, 사업가, 작가, 귀족 등과, 농부 출신 대표 한 명 및 중하층계급 사람 15명이었다. 이들은 새 헌법을 통해 독일 민족의 주권에 권위를 부여하고 하나의 독일이 이루어지기를 기대했다.

4. 소외되거나 비판받는 왕과 귀족

유럽에서는 중간계급의 수가 점차 늘어났고 전문직을 수행하는 능력을 지닌 이들이 정치·경제·문화 영역에서 핵심적인 역할을 하게 되었다. 프랑스 루이 14세의 재상 콜베르는 신흥 부르주아지 출신이었다. 국왕참사회 구성원이나 각료 중 다수를 부르주아지로부터 기용했던 왕은 사실상 신흥계급의 지지를 바탕으로 절대왕권을 지켰다고 할 수 있다. 따라서 18세기에 들어오면서 불만이 많아진 전통귀족들 때문에 부르주아지로 상승하기가 어려워진 이들은 전통귀족에게 다시 자리를 내주게 되는데, 이런 좌절은 혁명적 사고에 영향을 주게 되었다. 상업 부르주아, 지식 엘리트, 신정치 엘리트의 구질서에 대한 도전은 혁명과 반란의 형태로 유럽 국가들을 흔들게 되었다.

A VOLUPTUARY under the horrors of Digestion.

제임스 길레이, 〈포식으로 힘겨운 남자〉, 1792.

왕세자 시절의 조지 4세가 퇴폐적인 표정으로 늘어져 있다. 시민들 대다수가 빈곤과 굶주림에 시달렸던 반면에 그는 왕세자 시절에 오래 머물렀던 칼턴하우스의 화려한 방에서 포식을 하고 있다. 주위에는 음식과 술이 널려 있고 그는 안락의자에 옷이 터질 듯한 모습으로 기대어 있다. 이 그림 역시 조지 4세의 방탕한 생활을 풍자한 것들 중 하나로, 익히 알려진 바대로 국왕 자격이 없음을 다시 한 번 확인해준다.

작가 미상, 〈미래 전망〉, 1796.

왕세자 시절의 조지 4세가 원하는 결혼을 하지 못했다며 난동을 부리는 모습을 그렸다. 테이블을 걷어차면서 "결혼은 나에게 어떤 구속도 할 수 없어"라고 말하며 행패를 부리는 그의 손에는 '전제정치에 대한 생각'이라고 쓰인 문서가 들려 있다. 이런 와중에도 왕세자비는 아기를 안은 채 눈을 내리깔고 앉아 있다. 문 뒤쪽에서는 저지 Jersy 경이 묘한 자세로 소파에 누워 있는 자기 부인을 가리키며 왕세자를 불러내고 있다.

왕족의 도덕성 풍자

왕이나 왕족을 소재로 상류계급의 도덕성을 풍자하는 일은 그 시대의 많은 것을 말해준다. 궁정문화에서 드러나는 사치와 허영은 왕을 비롯한 정치 엘리트에 대한 비판적 시각을 대변한다. 이른바 에티켓과 매너라는 것에 가려진 당시 상류층 문화는 해이함과 문란함의 상징이었다. 개혁 요구가 높았던 1770년대에는 다수 대중이 빈곤에 허

작가 미상, 〈새벽 다섯 시의 상류 생활〉, 1769.

새벽 다섯 시에 술에 취해서 집으로 돌아온 공작이 자신의 침대에서 부인과 함께 있던 남자가 황급히 달아나는 모습을 보고 경악하는 모습을 그렸다.

덕이고 있었고 심지어 일부 귀족들도 지위를 유지하기 힘든 상황이었다. 하지만 왕이나 귀족들은 사치와 향락으로 돈을 낭비하고 있었다.

왕족을 비롯해서 사회 전반에 걸쳐 있는 음란문화에 대해 조지 3세는 '1787년 선언'을 통해 사회의 악을 줄이고 덕을 증가시켜야 한다는 개혁 의지를 보였다. 그러나 이 선언의 영향으로 귀족들의 사치를 대중에게 알리게 되어 그들의 사치를 지나치게 강조했다는 이유로 작가들은 경고를 받았다.[25] 이런 그림들은 귀족들에 대한 반감을 키우고 오히려 지나친 음주나 향락을 부추길 수 있어 개혁을 실천하려는 의지를 무색하게 하고 개혁의 성과를 의심하게 만든다는 것이었다.

제3신분의 저항

혁명이 일어나기 전 18세기 프랑스 사회에서는 여러 문제가 표면화되기 시작했다. 경제적 변동과 사회적 모순, 통치 체계의 모순, 그리고 계몽사상의 전파가 그 원인이었다. 이 중 계몽사상은 혁명의 중심사상으로 볼테르, 몽테스키외, 장 자크 루소Jean Jacques Rousseau 등이 널리 보급했는데, 프랑스혁명의 결정적 원인이 되었다고 할 수 있다. 조르주 당통Georges Jacques Danton, 막시밀리앙 드 로베스피에르Maximilien François Marie Isidore de Robespierre, 장 폴 마라Jean Paul Marat, 루이 앙투안 드 생쥐스트Louis Antoine Léon de Saint-Just, 자크 에베르Jacques René Hébert 등 프랑스혁명에서 자코뱅당을 대표하는 대다수 혁명가는 계몽사상의 영향을 받았다. 이들은 1792년 8월 10일 파리 시민의 봉기를 기화로 사회혁명을 목표로 하는 강령을 수립하고 급진적이고 확실한 혁명 완수를 위해 노력했다.

귀족은 영업을 하거나 전문직을 갖는 것이 금지되기도 했지만 산업화와 자본주의적 경쟁에서 무력했기에 경제적으로 어려운 처지에 놓이게 되었다. 국왕은 지지 기반을 신흥계급 부르주아에게로 옮겨 갔고 부르주아는 그들의 동지로 왕이나 대중을 선택했다. 그러나 귀족들은 18세기까지도 특권계급으로서 관직을 더 많이 독점했다. 군대의 장교, 주교, 지방장관직 등 기술적으로 유능한 중산층이 할 수 있는 일조차도 귀족들의 손아귀에 그대로 있었다. 이들에 대한 반감은 농민이나 도시 상공인들뿐 아니라 지방의 귀족들 사이에서도 커

REVEIL DU TIERS ETAT.

...te, il éloit tems que je me réveillasse, car l'oprefsion de mes fers me donnions le cochemar un peu trop fort.

작가 미상, 〈제3신분의 깨어남〉, 1789.

제3신분의 사람이 깨어나 사슬을 끊고 총을 잡는 모습을 보고 귀족과 성직자가 놀라고 있다. 그 뒤로는 파괴된 바스티유 감옥 앞에서 처형당한 자들의 머리를 꽂은 꼬챙이를 든 시민들과 군인들의 무리가 보인다.

작가 미상, 〈황소 발목 잡기— 세 가지를 해야 합니다〉, 1789.

세 계급에 속한 사람들이 '황소 발목 잡기Je tient mon pied de bœuf'라고 쓴 기둥 위에 손을 모으자 제3신분의 농민이 귀족과 성직자의 손을 눌러 움직이지 못하게 한다. 이 게임은 손을 포갰다가 맨 아래 손을 빼내면서 다른 손을 잡는 놀이인데 함께하는 것의 중요성을 말해준다. 그림 아래에는 모두 함께해야 하는 세 가지 사항이 쓰여 있다. 첫째 돈보다 서로를 더 사랑해야 한다, 둘째 자기한테 생기길 원하지 않는 일은 다른 사람(신분)에게도 시키지 말아야 한다, 셋째 국가에 이익이 되는 일은 어떤 어려운 일이라도 견뎌야 한다는 내용이다.

PRISE DE LA BASTILLE

작가 미상, 〈바스티유 습격〉·〈이리하여 우리는 배신자들을 처벌한다〉, 1789.

첫 번째 그림은 1369년에 짓기 시작하여 1382년에 완공한 요새 같은 건물 바스티유 감옥 앞에서 총과 창을 들고 모여 있는 파리 시민들의 모습을 그렸다. 두 번째 그림은 시민들이 바스티유 감옥 앞에서 막대에 끼운 배신자들의 머리를 들고 있는 모습을 그렸다.

졌다.

앙리 4세 이후 소집된 적이 없는 삼부회가 1789년에 소집되었다. 삼부회의 제3신분은 자본가적 부르주아지의 비중이 크지 않았고 주로 법조계 인사나 자유직 종사자로 구성되었다. 이들은 자신들의 고객인 재정가, 금융가, 대상인 들과 밀접한 관계를 맺고 있어서 그들의 대변자 노릇을 했다. 삼부회는 8월 26일 봉건제 폐지안을 통과시켜 귀족의 특권을 폐지하기에 이른다. 따라서 1791년 헌법에는 귀족의 신분과 특권이 없어지고 재산세를 중심으로 하는 부의 체제가 만들어지면서 제3신분이 정치적 목소리를 낼 수 있는 제한선거가 도입되었다.

작가 미상, 〈굿바이 바스티유〉, 1789.

제3신분이 군주를 상징하는 순한 사자 옆에서 백파이프를 연주하면서 다리에는 귀
족과 성직자의 모습을 한 꼭두각시가 춤추도록 조종하는 끈을 달고 있다. 뒤쪽으로
무너지고 있는 바스티유 감옥이 보인다.

　　당시 프랑스에서는 제3신분이 나머지 두 계급에 비해 큰 짐을 지
고 있음을 상징하는 그림들이 많이 그려졌다. 프랑스 사회에서 제3신
분이 겪는 고통과 계급 차이를 나타낸 이 그림들은 제3신분들이 점
차 회유와 협상의 대상이 되고 있다는 사실과 이들의 정치세력화가
가져올 사회적 변화를 암시하는 내용을 담았다. 특히 많은 그림에서
제3신분은 다른 두 계급 사이를 중재하는 역할을 한다는 견해가 강
하게 드러났다.

작가 미상, 〈혁명 혹은 프랑스에 온 존 불〉, 1789.

영국을 상징하는 존 불이 마리 앙투아네트를 뿔로 받아 공중에 던지는 모습을 루이 16세가 무릎을 꿇고 앉은 채 바라보며 놀라는 모습이다. 뒤에는 머리에 맥주 거품을 얹고 'Libertas'라고 쓴 조끼를 입은 병사들이 정렬해 있다.

혁명 분위기가 고조되었어도 직접적인 계기가 있어야만 실제 혁명이 일어날 수 있는 것처럼 1789년 7월 20일에서 8월 5일 사이에 일어난 대공포la Grande Peur는 프랑스혁명의 시작이라고 할 수 있다. 농민들의 수확이 감소해서 힘든 시기에 이 수확물을 감시하는 군대에 대한 두려움과 분노가 농촌에서 봉기를 일으키게 만들었다. 외국 군대가 곡식을 불태우고 도적들이 건물을 불태운다는 등 근거 없는 소문이 나돌자 겁에 질린 농민들은 자체 무장을 하고 영지를 공격하기도 했다.

작가 미상, 〈외줄 타는 귀족〉, 1790.

외줄 타기를 하는 모리Jean-Sifrein Maury 추기경을 그렸다. 한쪽에서는 귀족들
이 부추기고 다른 쪽에서는 제3신분을 대표하는 남녀가 그의 진행을 방해하
고 있다.

이처럼 농민들의 혁명적인 행동을 본 국민의회는 역으로 농민반란을
염려하여 8월 4일 밤 봉건주의를 해체하자는 결정을 내리게 된다.

근대사회가 전개될수록 귀족으로 대표되는 특권층이 붕괴되어갔
지만 사회적 위계가 그리 쉽게 무너지지는 않았다. 귀족들의 저항은
사회 변화를 지연시킨 큰 이유였다. 지롱드파는 대외전쟁으로 혁명
을 전파하고 국내에서 혁명을 더욱 공고히 할 수 있을 것으로 기대했
지만 루이 16세는 외국의 군주들이 이 혁명파들을 이겨주기를 바랄
정도였다.

eh bien, J...F..., dira-tu encore vive la Nobleſſe?

작가 미상,〈조제프 풀롱, 또 '귀족 만세'라고 말할 건가요?〉, 1790.

루이 16세 치하에서 재상을 지낸 조제프 풀롱Joseph-François Foul-lon으로 추정되는 남자가 칼을 찬 제3신분 여성을 등에 태운 채 엎드린 모습이다. 그의 칼은 옆에 놓여 있다.

작가 미상, 〈황금 당나귀〉, 1590.

독일에서 그려진 이 그림은 황금 당나귀 모티브를 통해 계급을 막론한 인간의 탐욕
을 풍자했다. 회당 한가운데에서 싱싱한 꽃과 물을 먹는 당나귀는 황금 동전을 배설
하기 때문에 이런 호사를 누리고 있다. 당나귀 주변에는 황금 동전을 얻기 위해 온
갖 계급의 사람들이 모여들었다. 왕은 가장 큰 바구니를, 교황은 교황관을, 학자들
은 손잡이가 긴 프라이팬을, 기사는 사다리와 주머니를 들이대고 있다. 그림 왼편에
는 많은 사람이 말이나 양 또는 마차를 타고 황금을 얻기 위해 달려오는 모습이 그
려져 있다.

귀족의 사치와 허영 혹은 돈을 가지고 국외로 도망치는 귀족의 모
습은 풍자의 대상이 되었다. 왕족과 귀족을 다룬 풍자화의 목적은 권
력을 가진 자를 조소하거나 권위를 우습게 만드는 데 있다.

당시의 풍자화들은 권력과 돈에 대한 부도덕한 집착이 어느 국가나
계급을 막론하고 흔하다는 것을 보여준다. 특히 풍자화가 그리 발달
하지 않았던 독일의 풍자화들은 때로는 다른 나라들에서보다 더 적나
라한 묘사를 하고 있다.

왕의 실책이나 귀족사회의 허상은 개인의 일생을 망쳐놓기도 했다.

작가 미상, 〈기뻐하며 떠나는 사람〉·〈절뚝거리며 돌아온 사람〉, 1632.

국가에 대한 충성심에서 국가의 부름을 받고 기쁘게 전장으로 갔던 한 남자가 부상 당한 몸을 한 채 집으로 돌아오는 모습을 대조시킨 독일의 그림이다. 사람들은 황제에게 순수한 충성심을 바쳤지만 개인에게 돌아온 것은 불행뿐이었다.

〈기뻐하며 떠나는 사람〉과 〈절뚝거리며 돌아온 사람〉은 특정 시기에 국가에 대한 충성으로 망가지는 개인이나 가정을 묘사한 것이다.

신흥 엘리트의 도전

유럽의 근대는 그 이전에 비해 어느 면에서는 인간 중심의 시대로 변해가고 있었지만 전염병, 폭력적 봉기, 그리고 빈곤과 같은 스트레스가 만연해 있는 시대여서 생활환경이나 계급구조 같은 사회구조는 불안할 수밖에 없었다. 여전히 대부분의 사람들이 소속감을 가진 공간은 지역 커뮤니티였다. 사람들은 이 안에서 추상적인 국가에 대한 의식보다는 지역적 연대감을 가지고 커뮤니티가 제시하는 규범에 따라 살아갔고 못마땅한 이웃에게 적대감을 표출한 마녀사냥이나 과도한 과세에 대한 봉기 등은 커뮤니티라는 소규모 연대감 속에서 나타났다.[26] 이러한 커뮤니티에 대한 충성심은 때로는 과도한 수용과 거부 사이에서 과격한 선택을 하게 했다. 가계, 계급, 심지어 개인 간의 사소한 갈등이 세대를 거치면서 명예를 건 싸움으로 확대되는 일도 비일비재했다. 이런 커뮤니티는 산업화시대로 접어들면서 다른 양상으로 변하지만 여전히 경제활동의 기본 단위였으며 중앙집권적인 왕권도 이 커뮤니티의 정치적 가치를 이용하는 것이 보통이었다.

17세기 말에 이르면 산업화와 국가가 만들어낸 출생 귀족이 아닌 새로운 엘리트의 등장과 소작할 땅도 잃게 되는 농민들에게 부과된 과세 부담과 빈곤의 심화로 하나의 연대체는 붕괴되어갔다. 여전히 세금과 군대를 제공하는 커뮤니티는 국가에 중요했다. 동시에 커뮤니티에서 힘을 가진 세력들은 국가의 중앙집권적 통치에 위협이 되었다. 이처럼 근대사회는 농촌의 변화, 시장의 발달, 중상주의, 기술혁명, 보편적 교육 등으로 야기된 필연적인 관계를 형성해갔다.

왕과 고위 관료, 지주, 성직자 등 정치 엘리트 집단들은 자율적이고 독립적인 자기 정체성을 잃지 않고 왕과 수평적 관계를 맺을 수도 있었던 반면에, 기득권 체제를 붕괴시키거나 변경하려는 도전에 맞서 왕을 중심으로 응집하는 수직적 관계에 자발적으로 들어갔다.[27] 두 경우 모두 독자적인 존재보다는 중앙집권적이고 강한 정치권력의 힘이 더 중요했다. 이들이 다른 집단에 대해 우호적이고 연대감을 가지는 것은 오직 자신들의 이해관계를 지키고자 할 때뿐이었다.

신흥계급인 부르주아는 왕권을 지지하여 귀족들의 세력을 꺾으려는 기대로 왕과 공감대를 이룰 수 있었다. 왕의 권력은 각 엘리트 집단과 맺는 관계에 따라 달라졌다. 농민들이 봉건적 착취에 저항할 때 전통귀족은 지방 토지귀족인 젠트리가 중앙에 진출하는 것을 저지하는 방법으로 왕과 이해를 같이했다. 또한 왕 주변에서 관직을 맡은 귀족들은 내부 균열과 파당에도 자신들의 권력에 도전하는 지방 토지 귀족과 신흥 부르주아지를 저지하기 위해 왕을 중심으로 강한 중앙집권적 통치 체제를 형성하려고 했다.

국왕이 권력을 중앙집중적으로 관리하여 귀족들이 국사에 영향을 미치지 못하게 하려고 노력하는 동안, 지방에서 자기 관할권을 가진 지방귀족들은 세를 키워나가는 데 열중했다. 이들은 단순히 지역을 다스린다는 차원을 넘어서 권력과 의뢰인 관계를 더욱 돈독히 하면서 국왕 못지않은 힘을 발휘하기까지 했다. 물질적 이해관계나 안전의 보호를 내세워 가문이나 거주 지역을 넘어서 이해관계로 맺어지는 수평적 관계를 확대하여 힘을 키울 수 있었다. 이들 간에는 중앙에 기댈 필요가 없는 연대를 형성할 수 있었다. 물론 이들은 중앙의 통치에 도움이 되었다. 자기들의 네트워크를 이용해 중앙정부의 정책 수립이나 행정에 도움을 주었고 이는 국가 차원의 연대에까지 기여했다. 이러한 중앙과의 연대는 때로는 뇌물 수수, 이권 개입 등 부정적인 측면을 키우기도 했고, 중앙 귀족들과 마찰을 일으키기도 했다. 한 예로 1701년 영국에서 국왕에게 직속된 자만이 의회에 진출할 수 있다고 의회가 정하자 지방귀족들은 이에 반발했다.[28]

이 지방귀족들은 봉건시대를 대표하는 지배층이었다. 지역 커뮤니티에 대한 충성심은 이들에 의해 외부 세상으로 확대되었다. 국가에 세금을 걷어주거나 군대를 제공하는 가교 역할을 한 이들은 각자의 지역에서는 주로 토지귀족이었는데, 산업화의 와중에도 중요한 역할을 했다. 이들은 통상 귀족계급nobility으로 불리지만 특히 지주를 지칭했다. 또한 이들은 온정주의와 개인주의에 익숙하고 상업적 외교정책을 펼쳤기 때문에 과격한 변화를 겪지 않았다는 평가도 받았다.[29]

새로운 귀족 신분이 된 젠트리는 농업자본주의의 성장으로 부를 축적하고 국가의 지배층이 되었다. 영국에서는 특이하게도 이 지주 계층이 근대 시민사회로 변화하는 데 중요한 역할을 했다.[30] 16세기에 시작된 경제 질서의 변화는 이들의 수입과 사회적 지위를 떨어뜨리기도 했다. 그래서 이들은 더욱 출생과 신분의 특권을 이용해서 권력을 향해 나아갔다.[31]

상업과 도시가 발달하면서 철옹성 안에서 권력과 호사를 누리던 왕족에게 자유와 평등을 향한 요구들이 도전해왔다. 프랑스 계몽주의가 강조하는 개인주의적 이성은 세습되는 권력을 더 이상 정당화하기 어렵게 만들었다. 개방적인 신분 상승 기회를 얻은 새로운 엘리트들은 특권과 정체를 자유롭게 비판했다. 살롱에서 자유로운 토론이 오가고 개인의 이성이 최우선 가치로 떠오를 때 왕족은 궁 안에서 머물렀다. 프랑스에서는 혈통귀족 외에 대검귀족과 법관귀족을 비롯하여 귀족의 수가 많이 늘었다. 이제 귀족에게는 혈통보다 귀족다운 미덕을 갖추는 것이 더욱 중요해졌다.

부도덕한 신

자크 칼로Jacques Callot, 〈교수형〉('전쟁의 불행과 불운' 연작 중 11번째 작품), 1633.

30년전쟁 당시 종교적 신념에 따르다가 억울하게 학살당한 사람들이 불어나던 상황을 그린 그림이다.

아우렐리우스 아우구스티누스*Aurelius Augustinus*는《신국*De Civitate Dei*》에서 영적인 나라와 지상의 나라는 같을 수 없다고 했다. 지상의 나라는 현실에 급급하고 나름대로 최선의 법을 가지지만 영적인 나라의 보편적인 정의를 지향해나갈 책임도 가지고 있다. 어느새 영적인 나라의 우월성과 그것을 설파해온 교황의 절대적 권위와 권력이 동일시되면서 교리가 아닌 교회가 지상의 나라에 대한 지배를 합리화해왔다. 이처럼 인간이 아닌 신이 중심이었던 1,000년은 신이 아닌 신을 빙자한 인간의 탐욕이 바로 그 중심에 있었던 시대라고 할 수 있다.

중세 후반에 교회와 국가는 권력구조에서 우위를 점하는 문제를 놓고 첨예하게 대립했다. 정치화한 교회는 영적 세계에서의 역할에서 벗어나 정치적인 것뿐 아니라 사회 전반의 모든 결정과 기준 설정에 절대적 권위를 갖고 있었다. 그러나 12세기부터 종교의 정치성에 대한 대안으로 개인의 가치와 국가의 자율, 독립성에 관심을 갖는 인문주의가 발흥했다. 근대 유럽에서 성직자와 교회의 권위는 여전히 유지되고 있었지만 종교개혁이라는 역사적 진통을 겪으면서 교회나 종교는 국가의 일부로만 존재하는 시대에 다가가게 되었다.

중세와 종교개혁 전후에 교권과 왕권이 대립하는 상황을 보면 교회와 국가가 갈등의 중심이었을 것 같지만 특히 16세기에 들어서면서 교회(가톨릭)와 국가는 추구하는 가치가 일치했다. 교회는 대중을 기독교화하는 데 힘을 기울였고 국가는 대중을 국가에 통합된 하나의 통일체가 되게 하려고 했다. 여기에서 교회와 국가의 이해가 일치한 것이다. 근대국가의 특징인 절대왕정을 확립하려는 국가와 이교주의를 퇴치하려는 교회는 엄격성을 더욱 강조했고, 이는 당연히 대중 통제와 억압으로 나타났다. 교회와 국가의 대립은 주로 종교개혁 이후에 신교를 배타적으로 보면서 나타난 것이었다. 프롱드의 난과 같은 반란들은 강력한 왕권의 탄압을 받았다. 가톨릭 내의 종교개혁, 30년전쟁과 같은 종교전쟁, 프롱드의 난에다 각종 폭동들로 종교와 국가는 때로는 연합하고 때로는 대립하면서 16, 17세기를 통과했다.

마르실리우스Marsilius of Padua, Marsiglio나 윌리엄 오컴William of Ockham 같은 중세 말 사상가들은 교회와 정치는 분리되어야 한다고 주장했다. 교회 내 분열로 교황권이 약화되고 중앙집권적 통일국가에 대한 갈망이 일어나던 차에 15세기로 접어들면서 이들은 교회가 세속 정부의 일에 간섭하지 말아야 하며 교회와 왕권은 분리되어야 한다고 요구한 것이다. 이처럼 15세기에는 본격적으로 교권을 제한해서 왕권에 초점을 맞추어야 한다는 인식이 확산되었다. 이런 변화의 분위기가 르네상스의 영향을 받은 것인지 반대로 르네상스가 이런 상황의 영향을 받은 것인지는 알 수 없다. 아무튼 15세기에는 인문주의와 함께 인민이 정치사상의 중심으로 등장했다. 또한 이 시기에는 교황의 절대 권력이 주교들에게 분산되어야 하고, 신도집단을 대표하는 공의회가 교황보다 우위여야 한다고 공공연히 주장하는 지식인들도 점차 등장하기 시작했다.

루터와 동시대인이었던 마키아벨리는, 교회는 국가의 일부로서 사람들을 도덕적으로 만들고 국가에 겸허히 복종하는 태도를 가르치는 역할을 해야 한다고 주장했다. 그는 종교개혁 역시 사회를 혼란스럽게 만들기는 마찬가지라고 비판한 것 때문에 교회로부터 이단시되었다. 당시 분열된 이탈리아를 통일하고 중앙집권적인 국가를 건설해야 한다고 생각한 마키아벨리가 보기에, 교회가 국가와 대등한 권력을 행사하면서 군림해서는 안 되는 것이었다. 그러나 그는 세속적이고 탐욕적인 교회를 비판한 것이었지 성직자나 교회를 없애야 한다고 주장한 것은 아니었다. 진정한 종교는 고대 종교가 그랬던 것처럼 국가를 선하고 단결된 상태로 유지하는 규제 장치 역할을 해야 한다고 마키아벨리는 설명했다.[1] 그는 오히려 종교가 사람들을 "선량하게 만들고 사악한 자들을 부끄럽게 만들고…… 좋은 법을 가져왔고……", 국가에 대한 존중을 가능하게 해주었다고 생각했다.[2]

종교개혁이 유럽 전체에 퍼져 나갈 수 있었던 것은 그만큼 교회의 영향력이 컸고 그 힘은 인간의 영적 생활을 지도하는 역할에서 많이 벗어났을 뿐 아니라 신을 이용하여 많은 살상과 억압을 자행함으로써 신을 부도덕한 권력으로 느끼게 만들었기 때문이다.

종교와 정치의 관계는 16세기 종교개혁으로 한차례 전환점을 맞이했고, 그 후 18세기에 계몽주의로 또 다른 전환점을 맞이했다. 종교와 관련하여 유럽을 가장 거세게 흔들었던 것은 종교개혁과 30년 전쟁이었을 것이다. 독일에서 시작되어 유럽의 정치 판도를 휘저었던 이 사건들은 기득권에 대한 가톨릭의 저항에서 비롯했다. 그러나 종교 때문이라는 표면적인 이유를 내세운 30년전쟁은 연루된 국가들 간의 패권 싸움이었다고 할 수 있다. 이 시기 종교는 국제관계에서도 정치적 영향력을 발휘해 종교의 의미가 정치화하는 것을 적나라하게 보여주었다.

1. 종교개혁과 불관용의 정치

당시 여러 사회계층에서 불만이 고조되고 있었기 때문에 종교개혁은 교회뿐만 아니라 지배 체제 전반에 개혁이 필요하다는 의식을 확산시켰다. 또한 이 시기에는 크고 작은 봉기와 전쟁, 그리고 혁명이라고 불리는 사건들도 빈번하게 일어났다. 중세 이래 활발했던 공동생활 형제단과 같은 신도들의 자발적 종교 모임은 교회의 제도적 의식에서 벗어나 수입의 공동 관리, 교육과 자선의 실천 등을 규율로 한 결합이었다. 이런 평신도, 지식인, 성직자, 상인계급 등이 모여서 교황권의 쇠퇴와 교회의 분열에 대처했다.

종교개혁과 반종교개혁의 역학 속에서 엘리트와 대중 모두 종교적 열정과 고집 혹은 편협함에서는 똑같았다. 그러나 그들은 같은 방향을 보지는 않았다. 왕과 귀족과 더불어 지배계급의 핵심에 있었던 사제는 물론 평범한 신도까지도 각자 다른 방식으로 종교에 집착했고 서로 배타적이었다. 국가와 교회의 관계는 세속권과 교권의 대립으로, 나아가 국제관계는 신교 국가와 구교 국가 간의 대립으로 분열되는 양상이 되었다. 종교의 편협성은 역사에서 가장 잔혹하고 변명의 여지가 없는 것으로 드러났고, 아집과 합리화에 둘러싸여 공평하게 합의될 수 없는 부조리 그 자체였다. 이런 상황에서 종교개혁도 정치화했다. 이교도들을 물리친 기독교가 바라던 안정을 얻고 평화를 누릴 수 있었던 것은 아니다. 내부에서의 갈등은 또 다른 피를 불렀고 교파 간의 정치적 분쟁은 세상을 어지럽혔다. 구교와 신교 간은 물론 각각의 내부에서도 신학적 해석을 둘러싼 종파 간의 분열과 싸움은 졸렬하게 이어졌다.

영국의 종교개혁

헨리 8세의 이혼을 합법화하기 위해 영국을 로마교회로부터 분리하는 안건이 의회를 쉽게 통과할 수 있었던 배경에는 종교개혁의 영향이 있다. 대륙에서 이미 신교의 종교개혁이 성공해가고 있었고 영국 의회는 이에 대해 어느 정도 호의적이었다. 이러한 상황에서 국교회의 수립, 즉 로마 교황권으로부터의 이탈이 쉽게 받아들여진 것이지 이혼이라는 세속적인 이유만으로 그런 일이 쉽게 진행된 것은 아니었다. 왕의 이혼에 주저하거나 반대한 토머스 울지Thomas Wolsey나 모어는 사임했으며 이후 등장한 토머스 크롬웰Thomas Cromwell은 중앙집권적인 국가 체제를 정비하는 데 주력했다. 크롬웰은 왕으로부터 독립된 추밀원을 만들어 왕도 법에 의존해야 하는 구조를 만드는 등 국정을 정비했다. 그렇다고 해서 왕의 권위가 사라지거나 약해진 것은 아니었다. 헨리 8세의 치세는 폭정 그 자체였다. 그는 왕비 앤에게서 더는 아들을 기대할 수 없게 되자 1536년에 그녀를 간통죄로 처형했으며 캐서린과 이혼한 후에도 네 번이나 더 이혼과 재혼을 반복했다. 게다가 헨리 8세의 재위 말기에 시작된 인플레이션은 이후 거의 1세기 동안 지속되었다.

1558년 메리 여왕의 뒤를 이은 엘리자베스 1세는 가톨릭으로 바뀐 나라를 다시 성공회로 돌려놓았다. 국민의 존경을 받는 군주로서 사람들이 가톨릭 교황을 거부하면서도 가톨릭 의식에는 미련이 있다는 것을 파악하고 가톨릭식 주교와 교회 조직을 그대로 두는 등 1559년 최종적으로 국교회의 기본을 결정했다.[3] 가톨릭교회를 연상시키는 모든 의식과 성서 해석을 없애고자 한 청교도들의 요구는 받아들여지지 않았다.

영국이 가톨릭과 결별하고 성공회를 국교로 정하는 과정에서 아무런 갈등이 없을 수는 없었다. 역사상 많은 종교가 타 종교에 대해 그랬던 것처럼 성공회 역시 편협함을 보였다. 성공회를 따르지 않는 가톨릭 수사들은 죽임을 당했고, 공직을 얻고자 하는 사람은 우선 개종을 해야 했다. 그러나 이때 성공회에 굴복한 성직자들은 훗날 종교재판에 다시 불려 나가야만 했다.

17세기는 계몽주의가 인간의 이성을 종교의 교리 위에 두면서 도전해오는 와중에, 종교가 교파 간 종교적 불관용으로 비판받은 시기였다. 종교적 불관용은 13세기 십자군 원정에서 대량 학살을 서슴지 않았던 것처럼 이단에 대한 절대적인 심판을 앞세울 때 가장 잔인해지고 광기에 가까워진다. 그래서 자유주의가 시작될 때 종교적 관용이 자유의 개념을 구성했던 것이다. 케임브리지의 성직자들과 학자들은 교파 간 분쟁에서 드러난 신앙에 대한 위선적 태도에 대해 비판

THE MARTYRDOM OF THE CARTHUSIAN MONKS.

작가 미상, 〈카르투지오회 수사들의 순교〉, 1860.

1535년 런던에서 있었던 수사들의 처형 광경이다. 헨리 8세 치하에서 가톨릭 카르투지오회Carthusian Order 수사 18명이 처형되는 장면인데, 처형을 기다리는 사람들과 사지가 절단된 사람들의 모습이 묘사되었다. 카르투지오회는 가톨릭 수도회 중에서도 가장 엄격한 수도회로, 1086년에 성 부르노St. Bruno of Cologne(1030~1101)가 설립했다.

의 목소리를 냈다. 이런 종교적 불관용에 대한 비판을 주도한 합리주의적 신학은 캔터베리 대주교 존 틸롯슨John Tillotson 같은 이들의 지원으로 확산되어갔다. 명예혁명으로 가톨릭 신자였던 제임스 2세를 폐위하고 교회를 국가의 관리 아래 두고자 했던 이유도 교회를 둘러싼 성직자 간의 싸움을 통제할 필요가 있어서였다.

18세기 영국 의회에는 주교 26명이 상원에 의석을 가지고 있었다. 전통적인 교회가 그 무게감으로 사람들을 주눅 들게 했다면 이런 속세적인 것에 빠진 경솔함은 성직을 너무 가볍게 만들었다. 당연히 보통 사람들과 성직자는 가까워졌고 많은 성직자가 재산을 모으고 명예를 얻는 것에 매달려 출셋길을 찾아다녔다. 심지어 마치 부재지주와 같이 가난한 목사보가 자기 교구에 나타나지도 않는 성직자를 대신하여 설교하기 위해 이 교회 저 교회에 겸직 목사로 고용될 지경이었다. 이런 상황이니 영국 교회라고 해서 종교개혁을 피해갈 수는 없었다.

영국에서는 공직에 나가기 원하는 사람은 성공회로 개종하도록 되어 있었다. 이에 대한 부조리를 지적하는 소리가 있었지만 성공하지 못했다.

혁명과 같은 격동기가 아니더라도 교파 간의 대립은 관용 선언에도 끝없는 음모와 관련된 사건과 누명으로 희생을 낳았다. 영국 성공회가 프로테스탄트와 가톨릭을 심하게 박해하자 이에 대한 저항 운동이 일어났다. 1605년 영국 가톨릭 소속 군인들은 제임스 1세를 죽이고 그의 딸 엘리자베스를 왕위에 올리기 위해 의회를 폭파하려는 화약 음모Gunpowder Plot를 꾸몄다. 그러나 이는 사전에 발각되어 가이 포크스Guy Fawkes를 비롯한 가담자 여덟 명이 1606년 1월 27일에 처형당했다.

영국에서 이 음모자들이 체포된 날을 기념하는 11월 5일 '가이 포크스의 날'에는 아이들이 길에서 구걸한 돈으로 화약을 사서 포크스의 허수아비를 태우며 놀기도 한다. 1968년에 나온 풍자 포스터에서

윌리엄 홀랜드William Holland, 〈개선된 노아의 방주 혹은 살을 에는 바람 속에서의 상륙 시도〉,
1790.

찰스 스탠호프Charles Stanhope 경의 1789년 관용법Toleration Bill에 반대하는 자들
을 풍자한 그림이다. 이 관용법은 공직에 나가려면 국교인 성공회로 개종해야 한다
는 의무를 없애고자 한 법이었지만 성직자들은 이 법의 통과에 반대했다. 스탠호프
와 형사법이 담긴 가방 세 개를 실은 방주가 해안에 상륙하지 못하도록 주교 두 명이
방해하는 모습이다.

는 '의회에 좋은 의도를 가지고 들어선 유일한 사람인 포크스를 위해
표를 던지자'라는 문구를 볼 수 있다.

　화약 음모와 같은 사건들은 영국 내 가톨릭교도들의 입지를 어렵
게 만들었다. 영국 내 반가톨릭 정서는 작은 일에도 예민해지는 병적
인 반응을 키워나갔다.

작가 미상, 〈화약 음모와 포크스의 처형〉, 1606.

포크스가 주동한 화약 음모를 그린 것으로 독일에서 출판되었으며 가
담자에 대한 잔인한 처형을 묘사하고 있다.

오츠는 한때 영국 국교회 신부였다가 이후 가톨릭과 침례교로 계
속 개종했다. 그는 일생 동안 위증으로 사람을 고발하거나 학력을 속
이는 등 이런저런 불미스러운 일에 자주 얽혔다. 오츠는 찰스 2세를
죽이려는 가톨릭의 음모가 있다고 허위 증언하여 22명을 죽게 만들
었다. 자기가 다른 동조자와 함께 제수이트 모임에 갔는데, 그 자리는
왕을 죽이려는 음모를 계획하는 자리였다고 증언하면서 가톨릭교회
의 중요 인사들을 무더기로 고발한 것이다. 그의 거짓 증언으로 개신
교의 강력한 지지자였던 에드먼드 고드프리Edmund Berry Godfrey 의원이

작가 미상, 〈가톨릭의 음모 두 번째 부분〉, 1682.

오츠가 꾸민 가톨릭의 음모는 1678년부터 1681년 사이에 잉글랜드와 스코틀랜드
를 반가톨릭 히스테리에 빠지게 했다.

처형되었다. 그러자 오츠는 그것이 가톨릭의 소행이라고 우겼고 가톨릭을 불편해하던 영국인들은 그의 거짓말을 믿었다. 1678년 11월 오츠는 왕비가 왕의 담당 의사와 왕을 독살할 음모를 계획하고 있다고 주장했다. 오츠의 거짓말과 증언으로 처형당한 사람들은 한결같이 자신은 죄가 없다고 호소했다. 대중은 런던 외의 지역에서 죽음을 당한 사람들이 주로 덕망 있고 인기 있는 사제들이었다는 점을 이상하게 여겼다. 그래서 주교들은 왕에게 청원을 올려 종교적 관용을 내세우는 가운데 벌어지는 어처구니없는 희생을 다시 검토하도록 청했다. 그 결과 오츠가 거짓말한 것이 탄로 났고, 오츠는 투옥되었다.

이 사건은 종교적 관용을 표방하는 가운데 끊임없이 이어진 종교적 불관용과 피해에 대한 병적인 긴장의 문제점을 보여주었다. 음모를 알고 있는 가톨릭 사제를 찾아내겠다고 불러들여 고통을 주었고 1687년 10월에는 재산을 가진 사람이나 상인이 아니면 모든 가톨릭교도는 런던과 웨스트민스터를 떠날 것을 요구받았다. 19세기 초가 되어서야 '로마 가톨릭 구제법'에 의해서 반가톨릭 법안들이 모두 제거되었다.

프랑스의 종교개혁

16세기 프랑스는 다른 유럽 국가들과 마찬가지로 종교적 불관용으로 수천 명을 학살하고 종교개혁을 요구받고 있었다. 특히 로마 가톨릭교도와 칼뱅주의자 프로테스탄트(위그노)들의 갈등이 첨예하게 드러났다. 가톨릭교회는 신교의 공세를 막아내기 위해 자기 개혁의 움직임을 보이면서도 신교를 심하게 박해했다. 프랑스에서 이런 와중에 일어난 여덟 차례 내전(1562~1563, 1567~1568, 1568~1570, 1572~1573, 1574~1576, 1577, 1579~1580, 1585~1593)은 나라를 분열시켰다. 30년 동안 지속된 종교전쟁으로 인해 사람들은 불안과 공포에 시달렸다. 싸움이 전국적으로 벌어진 것은 아니었지만 일부 지방에서 일어난 습격과 정면 대결은 학살을 불러왔고, 외국에 지원 세력을 구하는 등 왕국은 분열되었다.

신앙의 자유와 관용을 말하면서도 가톨릭과 프로테스탄트 두 종파의 분열은 참혹하기 그지없었다. 국내에서 벌어지는 종교분쟁에 대해 미셸 드 몽테뉴Michel Eyquem de Montaigne는 혐오스러운 감정을 나타내기도 했다.[4] 프랑스의 많은 도시에서 루터파나 다른 프로테스탄트 종파를 공식 지지했고 거대한 성당들을 접수하여 활용했다. 종교의 자유가 허용되는 곳은 황제 직할령인 도시나 마을뿐이었고 황제령 밖의 주민들은 개종할 수 없었다. 프로테스탄트도 루터파, 칼뱅파, 츠빙글리파로 분열되어 있었다. 프랑스에서는 루터파보다 위그노들인 칼뱅주의가 더 많은 영향을 미쳤다. 이 위그노들이 절대 권력에 맞서 공화주의적인 색채를 드러내자 프랑수아 1세는 그들을 탄압하기 시작했다. 가톨릭은 법적으로 혹은 군사적으로 타 종교를 억압했으며 가톨릭의 강요에 저항하는 반란군과 대결하기도 했다.

장 칼뱅Jean Calvin에게서 영감을 받은 개신교도인 위그노들은 잉글랜드, 덴마크, 스웨덴, 스위스, 스코틀랜드 등으로 교세를 확장해갔다. 가톨릭을 비판하는 프로테스탄트의 이런 움직임은 가톨릭 국가인 프랑스와 다른 주변국들에는 위협으로 보였다. 1562년에는 프랑스의 가톨릭교도가 1,600만 명이었는데 위그노는 200만 명에 달했

리처드 버스테간Richard Verstegan, 〈프랑스에서 위그노들이 행한 만행〉, 1587.

1562년부터 1598년까지 가톨릭과 위그노 사이에 여덟 차례 충돌이 있었고 그때마다 위그노의 가톨릭 왕권에 대한 신뢰는 사라졌다. 위그노의 교세가 절정일 때는 요새 도시 60개를 관리했는데 이것이 가톨릭 왕권에는 심각한 위협으로 받아들여졌다.

다. 이때 정부는 계속해서 관용을 강조했지만 실제로는 위그노들의 만행을 선전하는 데 열을 올렸다. 가톨릭교회와 국가는 칼뱅파를 붕괴시키려고 애썼는데 특히 프로테스탄트의 종교개혁에 반대하는 가톨릭교회는 위그노의 힘을 약화시키는 데 힘을 기울였다.

가톨릭에 저항하는 프로테스탄트가 정치세력화하면서 프랑스 최초의 신·구교 간 정치적 갈등인 위그노전쟁(1562~1598)을 초래하게 되었다. 1572년에는 성 바르톨로메오 학살사건이 일어났다. 이 사건은 샤를 9세의 모후이자 열 살 된 아들의 섭정인인 카트린 드 메디시스Catherine de Médicis가 왕이 자신의 뜻을 어기고 프로테스탄트인 가스파르 드 콜리니Gaspard de Coligny와 대스페인 전쟁을 모의하자 1572년 성 바르톨로메오 축일 밤에 수만 명의 신교도를 학살한 종교전쟁이었다. 이 사건은 프랑스 궁정 내부의 정치적이고 종교적인 알력을 그 배경으로 한다. 후에 여왕 마고La Reine Margot로 더 잘 알려진 카트린 드 메디시스의 딸 마르그리트 드 발루아Marguerite de Valois 공주와 위그노인 나바르의 엔리케Enrique(후에 프랑스의 앙리 4세)의 결혼식을 축하하기 위해 많은 귀족이 파리로 왔다. 왕의 어머니는 아들이 의지하는 위그노의 지도자 콜리니 장군의 영향력이 더욱 커질 것을 염려해 그를 암살하려는 계획을 묵인해주었지만 실패로 돌아가자 위그노들의 분노를 잠재우고 자신이 연루된 사실을 숨기기 위해 당시 파리에 와 있던 위그노 지도자들을 살해했다. 또 그렇게 8,000명의 위그노가 인근 도시에서 살해당했다. 그 결과 위그노들의 상점과 집이 약탈당하고 3,000여 명에 달하는 사람이 죽임을 당했다. 그 후로 위그노들은 칼뱅의 교리를 버리고 반란 세력과 폭군을 살해할 수 있다는 견해를 갖

작가 미상, 〈파리의 위그노 학살〉, 1670.
벨기에의 안트베르펜에서 출판된 이 그림은 한 남자가 불타는 건물 창문에서 떨어지고 있는 등 무차별 폭력과 살육이 자행되는 광경을 담고 있다.

게 되었다.

대학살은 신교의 주요 리더들이 모두 파리로 모인 날을 기해 자행되었다. 많은 위그노교도가 학살을 당했는데도 프랑스 왕은 이단자를 살육한 것에 감사하는 미사를 올렸고 교황청은 이를 기쁘게 받아들였다. 교황 그레고리우스 13세Gregorius XIII는 조폐소에 명령을 내려 위그노 대학살을 축하하는 기념 동전을 만들었는데, 칼과 십자가를 든 천사 앞에서 겁에 질려 있는 위그노교도의 모습이 새겨져 있다.

마치 종교의식처럼 자행된 성 바르톨로메오 축일의 대학살은 가톨릭과 프로테스탄트 사이에서 벌어진 종교 폭력의 역사에서 최악의

그레고리우스 13세가 주조를 명하여 1572년 발행된, 성 바르톨로메오 축일의 대학 살을 기념하는 동메달.

사건이었다. 3일간 2,000명 내지 3,000명의 파리 시민이 죽임을 당했을 뿐만 아니라 8월에서 10월 사이에 지방에서도 이와 유사한 학살이 벌어졌다. 이후 위그노들은 남부 지방에서 신교 공화국을 조직하는 등 급진적인 움직임을 보였는데 이는 왕권을 더욱 교란하고 괴롭힌 셈이 되었다. 조세 징수율이 크게 낮아지면서 공채의 액수가 늘어나고 귀족 작위나 관직의 매매가 성행하는 등 국가행정도 크게 문란해졌다. 결과적으로 종교를 둘러싼 갈등은 왕의 권위를 실추시켰고 무정부 상태에 가까운 상황에서 관리들을 비롯해 여러 세력이 여기저기서 분열을 조장했다.

당시 신교도로서 왕위에 오른 앙리 4세는 가톨릭으로 개종한 후에도 1598년 낭트칙령을 공포해 위그노에게 공직에 진출할 권리를 주고 일정 지역에서 자유롭게 예배를 볼 수 있게 하는 등 신교도들이 가톨릭교도들과 마찬가지로 시민적 권리를 누리는 것을 허용했다.

작가 미상, 〈용 전도사〉, 17세기.

'장화를 신은 선교사'인 용기병이 '무적의 이성'이라는
총과 '통찰력 있는 이성'이라는 칼로 무장하고 한 위
그노에게 개종을 위한 서명을 강요하고 있다. 무장한
용기병을 이용한 신교도 박해는 가히 폭력적이다. 그
림 하단의 네모 칸 세 개에는 '용-선교사', '북-복음주
의', '이교도는 개종에 서약한다'고 적혀 있다. 군인 옆
에는 '나에게 저항할 수 있는 자는 더 강한 자이다'라
는 말이, 신교도 옆에는 '힘이 이성을 능가한다'라는
말이 적혀 있다.

가톨릭이 지방에서 지배적이었던 삼부회를 설득하여 칙령을 등록하는 데 2년이 더 필요했지만 마침내 1598년 종교적인 화해가 이루어진 왕국에는 평화의 시기가 찾아왔다. 이렇게 하여 앙리 4세의 프랑스에서는 가톨릭이 재건되었다. 신교가 더는 확대되지 못했고 대신 전국에 매우 많은 수도원이 세워졌다. 위그노인 쉴리 공작 막시밀리앙 드 베튄Maximilien de Bethune은 금리를 내리고 화폐개혁을 단행하는 등 국고의 질서를 되찾는 데 일조했다.

루이 13세 치하에서도 신교의 위협은 계속되었으며, 이 위협은 결국 1620년에 낭트칙령을 다시 한 번 확인하는 계기가 되었다. 끊임없는 신교의 위협에도 가톨릭은 개혁하려는 노력을 게을리하지 않았다. 이로 말미암아 가톨릭의 열기가 이어져 많은 신교도가 가톨릭으로 되돌아가기도 했다. 그러나 이러한 약진은 가톨릭교도들 간의 신학 논쟁으로 점차 동력을 잃어갔다. 이들은 또다시 신의 은총이라는 문제를 놓고 논쟁을 벌이고 편을 갈랐다.

프로테스탄트들은 1629년 이래 군주에게 완벽한 충성을 보였고 엘리트층을 이루고 있었기 때문에 경제적으로나 문화적으로 그들의 비중은 상당했다. 그러나 루이 14세가 집권한 프랑스에서는 다시 프로테스탄트에 대한 박해가 심해졌다. 교황의 영향력을 약화시키려는 노력으로 교황청과 대립한 프랑스 교회는 당시의 관용을 무시하는 여론과 측근들 때문에 프로테스탄트와 다툼이 늘어났다. 관용을 부여한 칙령은 점점 좁게 해석되었고 급기야 1685년 10월 18일 루이 14세는 낭트칙령을 폐지하게 되었다. 그러자 17만 명에서 20만 명의 부유한 위그노가 위험을 무릅쓰고 망명했다. 이들의 이동은 프랑스

의 경제와 문화에 큰 영향을 미쳤다.[5]

위그노들은 네덜란드, 영국, 스위스 등 유럽을 비롯해 북미 대륙으로도 이주하기 시작했다. 위그노 상인들은 이제 국제적으로 주로 가족관계를 통한 연대로 상업적 발전을 이루기 시작했는데, 이는 프로테스탄트의 국제적 서클을 형성했다.[6] 상인들의 이런 연대는 무역과 결혼으로 묶인 친척관계를 형성하며 더욱 안전하게 번영을 누렸다.[7] 또 이런 관계는 다른 어느 집단의 연대보다 강하고 오래 지속될 수 있었다.

프랑스에서도 종교가 연루된 음모론은 있었다. 프랑스에서 18세기 초에 시작된 프리메이슨단은 기독교적이고 평등주의적인 단어를 사용했지만 기독교와는 불편한 관계가 아니었다. 그러나 반교권주의를 지지했기에 가톨릭과는 좋은 관계를 가질 수 없었다. 프랑스혁명 때 일부 자코뱅 당원이 이 단체에 속해 있어 프랑스혁명을 둘러싼 음모론에 오르내리기도 했다. 이들의 영향력이 권력 핵심부에까지 미치자 경계와 의혹은 정치적 경쟁에 영향을 미쳤다.[8] 마리 앙투아네트의 주도 아래 혁명에 가담한 사람들을 제거하려는 음모가 있다는 소문이 돌았다. 혁명은 3년 전에 이미 프리메이슨 집회에서 결정된 것이라는 내용이었다. 그러나 일부 자코뱅 당원이 단원이었다고 해서 그들이 혁명에 어떤 영향력을 행사했다는 것은 있을 수 없다는 반론과 그에 대한 증언도 나왔다. 혁명이 일어나는 격동기에는 음모론의 진실 여부를 떠나 다른 나라에서도 크고 작은 음모론이 있었으며, 이것이 점차 박해, 타 종교 억압, 보복 등 정치적으로 이용되기도 했다.

18세기 가톨릭은 예수회와 얀센주의자들의 오랜 신학적 논쟁에 따른 내부 분열로 심각한 타격을 입었다. 여기에 계몽사상가들의 공격이 더해져 침체기를 맞이하게 되었다. 로크는 《관용에 관한 편지*A letter Concerning Toleration*》에서 종교적 자유를 통해 인간의 자유를 말하고 있는데, 이는 그대로 자유주의 사상의 개인의 자유 개념으로 받아들여졌다.[9] 이를 두고 그의 종교적 관용론이 자유주의의 관용론으로 해석되어온 것이 타당한 것인가, 비유럽·비기독교 지역에서도 같은 것을 적용해서 말할 수 있는가, 로크의 관용론은 신학인가 정치 이론인가 등의 논의가 있을 수 있다. 18세기에 들어와 사람들은 종교에 무관심해졌고 성직자 수는 크게 줄었으며 종교는 점차 세속화되었다. 어쩌면 종교개혁은 왕에게는 기회일 수 있었다. 교황청과 늘 갈등을 빚었던 왕은 권력을 중앙집권화해 왕권을 강화하는 동시에 교회와 수도원의 재산을 손에 넣을 기회를 잡으려 했다. 왕은 가톨릭을 약화시키는 데 유용하다고 판단하여 종교개혁을 지지하기도 했다.

독일의 종교개혁

영국과 프랑스에 비해 독일은 황제의 통치 기반을 강화하기 위해 여전히 교회의 도움이 필요했다. 따라서 교회와 국가의 결속이 다른 나라들보다 강하게 오래 지속되었다. 그러나 가톨릭교회의 부패와 성직자의 타락을 비판하고 성서의 정신에 따라 교회를 개혁해야 한다는 소리가 높아지기 시작했다. 그 무렵 교회 내의 분열로 교황권이 위축되었고 통일국가에 대한 열망이 커지면서 개혁을 위한 정치적 조건도 어느 정도 무르익고 있었다. 특히 300여 개 영방으로 분열되어 있던 독일은 교황의 간섭에서 벗어나고 싶은 열망이 컸던 차라 종교개혁이 다른 나라들보다 일찍 일어났다.

루터의 종교개혁이 독일에서 일어난 것은 교황의 착취가 통일되지 못한 독일에 집중되었기 때문이다. 아우크스부르크화의(1555)에서는 영방제후들에게 종교 선택권을 주고 프로테스탄트를 정식으로 인정했다. 그러자 통일을 하지 못한 독일에서 영방군주들은 종교를 선택하거나 충성을 바치는 데 교황이나 황제 혹은 모두의 눈치를 봐야만 하는 애매한 상황이 되었다. 많은 제후가 종교개혁을 지지한 것은 교황의 과세권과 사법권을 제한하고 교회 재산을 세속화하려는 정치·경제적인 이유도 있었다.

독일 교회는 재산의 축적과 곡물 거래 같은 상업 활동에도 관여하는 등 경제적 이익을 챙기는 일에도 적극적이었다. 교황 레오 10세가 성베드로 성당을 증축하기 위해 자행한 면죄부 판매는 그야말로 비리의 절정이라 할 수 있다. 이에 반박성명을 발표한 루터에게 교황과 황제는 모두 이를 철회하라고 종용했다. 그러나 많은 제후와 인민의 지지를 받고 있던 그가 주장을 굽히지 않자 이 갈등은 루터파와 황제파의 싸움으로 비화되었다.

유럽 각국은 종교개혁을 요구받는 상황에서 신·구교의 대립으로 내부적인 갈등과 충돌을 겪었는데 때로는 이것이 국제적 환경과 연결되어 복잡한 양상을 띠게 되었다.

가톨릭교회의 탐욕과 부패, 그리고 권력 남용을 대변하는 사람은 직업적으로 면죄부를 판매하는 이들이었다. 이 면죄부 판매자들의 역할은 기부금을 모으거나 지옥에서 구해준다는 허황된 장담까지 할 정도로 다양했다. 십자군전쟁 때 가톨릭 왕족의 권한이었던 면죄부

작가 미상, 〈루터교와 가톨릭교〉, 1617.

첫 번째 루터교 희년을 발표하는 포스터다. 루터교는 밝은 쪽(삶)에, 가톨릭은 어두운 쪽(죽음)에 배치했다.

판매에 직업적인 상인이 등장할 정도로 가톨릭교회가 부패한 것이다.

루터가 제시한 종교개혁의 필연성은 로마 가톨릭교회의 부패가 최고조에 달하면서 더 커졌다. 재산을 소유하고 신도와 하나님을 연결해주는 교회의 역할은 세속적 왕권과 자주 충돌하게 되었다. 신앙은 부와 신분에 따라 다르게 평가되었다. 하층민은 신앙심이 깊었지만 부자나 귀족들은 속죄하기 위해 가난한 사람들에게 돈을 주고 대신 고행을 시키기도 하는 등 신앙심이 그리 깊지만은 않았다. 1517년 루터가 로마교회의 면죄부 판매에 대한 반박문 95개조를 내걸면서 종교개혁은 본격적으로 시작되었다. 당시 가톨릭교회는 점점 거세지는 왕권의 도전 때문에 전처럼 위세를 부리기가 쉽지 않았다. 교황 레오

루카스 크라나흐Lucas Cranach the
Elder, 〈면죄부에 서명하고 판매하는
적그리스도 교황〉, 1521.

루터의 팸플릿 〈순교자 그리스
도와 적그리스도Passional Christi
und Antichristi〉(1521)에 실린,
그의 절친한 친구였던 크라나흐
의 그림이다.

10세는 성베드로 성당 건축으로 재정이 어려워지자 왕권이 그나마
약했던 독일 지역에서 대대적으로 면죄부를 팔도록 했다. 루터는 인
간이 신과 직접적으로 마주할 수 없게 만든 로마교회의 복잡한 단계
를 공격했고, 성모와 성인 숭배를 미신적인 행위라고까지 했다.

종교개혁은 사회의 다양한 계급에 영향을 끼쳤다. 사회적으로 억
압받는 계층은 개혁이라는 명분으로 자신들의 불만을 분출하기에 이

르렀다. 독일에서도 기사계급과 노동자, 농민 등이 억압받는 계층에 속했다. 이들은 사회구조의 변화 과정에서 제후들과 중산층에 불만을 품고 있었다.

억압받는 이들 중 대표적인 집단은 농민들이었고 이들의 생존투쟁은 곧 농민전쟁(1524~1525)으로 나타났다. 다른 나라와 마찬가지로 독일의 농민전쟁도 어느 날 갑자기 일어난 것이 아니라 이미 100여 년 전부터 계속되어왔던 농민들의 불만이 농축된 대규모 민중 봉기였다.

독일에서는 농민전쟁 이전에 '기사들의 항거'가 있었다. 기사들이 인문주의자였던 울리히 폰 후텐Ulrich von Hutten과 프란츠 폰 지킹겐Franz von Sickingen을 지도자로 하여 트리에르 대주교의 영지를 공격했으나 실패했고 1523년 4월 지킹겐은 살해되었다. 위대한 인문학자이면서 신성로마제국 군대의 지도자였던 후텐은 루터를 지지했지만 루터와 달리 군대의 힘으로 로마 가톨릭과 맞서기 위해 기사단 항거를 일으켰다. 그러나 이 시도가 실패하고 나서 그는 로테르담의 데시데리우스 에라스무스Desiderius Erasmus를 자기편으로 만들기 위해 설득했지만 실패했다. 이후 후텐은 스위스로 도피했고 바로 그해에 세상을 떠났다.

'기사들의 항거'보다 더욱 거센 사회적 요구가 농민들의 전쟁을 통해 분출되었다. 농민전쟁 배후에는 중세기 봉건제도 밑에서 모든 권리를 박탈당한 채 신음하던 일반 농민들의 원한과 불만이 뿌리 깊이 박혀 있었다. 특히 독일 남부 농민들의 상황은 더욱 심각했는데, 이들은 중과세에 시달리다 결국 혁명을 요구할 수밖에 없었다. 1524년에서 1526년에 걸쳐 독일 남서부에서 북동부에 이르는 지역에서 농민

작가 미상, 〈기사를 둘러싼 반란 농군〉, 1539.
종교개혁 시기에 사람들은 자기들 계층과 대립되는 계층의 사람들을 적대시했다.
한 기사가 화난 농민들에게 둘러싸여 있다.

들과 도시 평민들이 봉기했다. 농민전쟁 혹은 평민혁명이라고 불리
는 이 봉기는 1525년 슈바벤에서 본격적으로 시작되어 도나우 강을
따라 프랑켄, 튀링겐, 작센으로 확대되었다. 당시 독일 인구가 1,600
만 명이었던 것을 감안하면 대규모라 할 수 있는 약 30만 명에 달하
는 농민이 무장했다. 이 무장봉기에는 성직자, 도시 하층민, 수공업
장인들도 합세했다. 물론 봉기에 참여한 이들 중에는 가난에 찌든 농
민들도 있었지만 부유했던 농민들도 있었다. 따라서 농민전쟁은 복
합적인 정치적·경제적 불만이 쌓이고 폭발하여 시작된 것이었다.[10]
　구태의연한 교회의 행위를 개혁하라는 주장 중에는 교회가 빈민을

어떤 태도로 대했는지 알 수 있는 내용도 있다. 자선이 교회의 중요한 사회적 역할인데도 박애를 권위보다 앞에 두지 않은 것이 종교개혁을 불러오게 한 원인이었다. 부자 교회의 재산이 왕, 귀족, 젠트리에게 흘러들어 갔지만 그 어디에서도 빈민들에게 전해졌다는 증거는 찾기 어려웠다.[11]

농민 봉기를 불러온 이유는 인구 증가로 인한 토지의 결핍, 농민 공동체 내부의 균열, 지대와 봉건적 부과금을 인상하려는 영주, 농민 공동체의 자치권에 대한 영주의 간섭 등으로 다양했다. 1525년 3월 메밍겐 시의 농민 총회에서 채택한 슈바벤 농민들의 '12대 강령'은 종교개혁의 영향을 받았음을 보여준다. 농민들이 자신들의 공동체 내에서 성직자를 직접 선출하겠다고 요구하고, 모든 것은 성서에 따라 엄격하게 집행되어야 한다고 결론지은 사실만 봐도 이를 알 수 있다.[12] 그러나 이 혁명은 성공하지 못했다.

농민들은 루터의 복음주의적 설교와 교황청에 대한 비판이 자기들의 혁명을 지원하는 것이라고 생각해서 처음에는 루터를 환영하는 편이었다. 그러나 루터는 혁명을 지지하지 않았고, 12대 강령에 서명하는 것을 거부하는 대신에 〈평화에로의 권면 : 슈바벤 농민들이 채택한 12대 강령에 대한 대답〉(1525)이라는 권고문을 발표했다. 루터는 이 권고문에서 교회 영주들의 학정을 비난하고 농민들의 정당한 요구를 받아들이도록 강력히 촉구했다. 루터는 농민들이 봉기하기를 기대한 것이 아니었고 농민들의 봉기를 선동한 것은 더더욱 아니었다. 그러나 농민들은 루터의 교회 비판이 성직자나 지주들에게 노예같이 지배당하는 자신들이 현실에 저항할 수 있도록 가르침을 주는

것이라고 믿었다.[13]

그러나 루터는 결코 자기 신학이 농민전쟁의 원인이 될 수 없다고 잘라 말했고 제후들에게 농민들을 잘 다스리라고 권고했다. 그는 권고문 전반부에서 귀족들의 학정을 비판하고 폭정 끝에 일어난 농민 봉기는 하나님의 심판이라고 말했고, 후반부에서는 농민들을 향하여 주님의 이름을 망령되게 사용하지 말라고 경고했다. 그리고 로마서 13장에 기초하여 국가 혹은 세속권력은 하나님이 그의 섭리를 위해서 제정한 신적 기관이라는 점을 강조함으로써 국가권력에 대한 항거는 곧 하나님의 권위에 항거하는 것이라고 했다. 루터는 통치자가 아무리 악해도 이것이 혁명을 일으키는 원인이 될 수 없다는 보수주의적 태도를 취한 것이다. 그는 하나님이 주신 세속통치권을 박탈하려는 농민들도 강도요, 농민들을 수탈하고 착취하는 국가의 관료들도 강도라고 했다. 또한 농민전쟁이 복음의 진수와 너무 거리가 멀다는 점을 지적했다.

1525년 2월 27일부터 3월 1일 사이에 제시된 '12대 강령'이 담은 요구 조건은 당시 상황을 이해하는 데 상당한 도움이 된다.

1조, 교회의 목사 청빙권은 교구민에게 주어져야 한다.

2조, 곡물의 10분의 1세는 바쳐야 하지만 각종 세금제도(십일조)는 폐지되어야 한다.

3조, 그리스도의 복음은 인간의 자유를 전제하고 있으므로 농노는 폐지되어야 한다.

4조, 사냥과 고기잡이는 허용되어야 한다.

작가 미상, 〈'12대 강령'의 표지〉, 1525.

5조, 산림山林은 공동으로 사용할 수 있도록 허용되어야 한다.

6조, 강제 노동은 제한되어야 한다.

7조, 농민들에 대한 과중한 부역은 피해야 하며 농민들을 부역에 동원할 때는 농민들의 생활에 지장이 없도록 해야 한다.

8조, 집세 혹은 토지세는 공정해야 하고 노동의 정당한 대가를 지불해야 한다.

9조, 재판은 성문법에 의거해야 하며 사형死刑은 폐지되어야 한다.

10조, 불의하게 점유한 토지는 반환되어야 한다.

11조, 유산을 물려받을 과부나 고아가 사망했을 경우 저들의 유산을 사망세death due란 이름으로 빼앗아 가서는 안 된다.

12조, 이상의 조항 중 하나님의 말씀에 위배되는 내용이 있으면 즉시 철회될 것이다.

루터는 평화에의 권고가 무시되고 농민들의 태도가 더 과격해지자 농민들을 신랄히 비판하고 1525년 5월에 〈강도와 살인을 일삼는 농민에 반대하여〉라는 글을 발표했다. 이 글에서 루터는 제후들의 학정을 비판하면서도 악을 제거하기 위해 하나님이 세우신 정치질서를 파괴하는 폭동은 용납할 수 없다며 칼로써 폭도(농민)들을 진압할 것을 촉구했다. 기초적인 훈련을 거치지 않은 채 싸웠던 농민들의 봉기는 도처에서 영주군에 의해 진압될 수밖에 없었다. 1525년 5월 15일 프랑켄하우젠에서는 1만 명에 달하는 농민 무리가 헤세, 작센, 부룬스빅 연합군(국가 측)에 진압되었다. 이 과정에서 5,000명 정도가 들판과 거리에서 죽었고, 300명은 법정에서 참수형을 당했다. 반란의 도시 뮐하우젠은 1525년 5월 19일에 함락되었다. 이렇게 농민전쟁에서 희생된 사람은 10만 명에 달했다.

농민전쟁은 루터에게 많은 손실과 오해를 안겨주었다. 농민전쟁에 대한 루터의 소극적인 태도와 농민들에 대한 탄압 권고는 많은 지지세력을 상실하는 이유가 되었다. 상당수 지지자가 제세례파로 떨어져 나갔고 급진주의자들은 루터가 소극적이며 세속적 국가 권위에 의존하는 개혁자라고 비난했다.

농민전쟁이 거의 끝나갈 무렵인 1525년 6월 13일 루터는 카타리네 폰 보라Katharine von Bora라는 여성과 결혼했다. 이 결혼은 당시 많은 사람의 비난거리가 되기도 했다. 에라스무스는 "비극으로 시작된 개혁운동이 희극으로 끝났다"라고까지 비판했고 가톨릭의 비난은 이보다 더욱 심했다.

농민전쟁은 루터의 개혁운동사에서 일대 전환점이 되었다. 무엇보다도 큰 변화는 농민들의 투쟁을 종식시키기 위한 루터와 지방 영주들과의 동맹이 결국 프로테스탄트적 영방교회Landes Kirchen를 형성하게 한 것인데, 이는 교회가 제도적으로 국가교회로 변화한 것을 의미한다. 황제 카를 5세Karl V가 해외에 세력을 확대하는 데 주력하는 동안 국내에서는 루터의 사상이 전 독일로 확산되어 가톨릭교회와 교황의 영향력이 서서히 약화되었다. 독일 종교개혁의 영향은 대중문화 속으로 스며들었다.[14] 그러나 독일영방의 제후들은 루터파와 가톨릭파로 분열되었고 루터파 내부에서도 서로 갈등했다. 제후들은 루터가 죽은 후 구심점을 잃었고 황제는 신교 세력을 탄압하려 했지만 그 저항이 만만치 않았다.

1546년 루터가 죽은 뒤 그가 활동했던 '독일 영지들'은 대부분 프로테스탄트로 남아 있었지만 주요 영토들 중 특히 바이에른과 오스트리아는 16세기 말경 로마 가톨릭교회의 신앙을 회복했다. 그러나 이미 독일은 30년전쟁을 치르고 나서 교회와 황제의 권위가 모두 약화되어 유럽의 정치질서에서 중요한 역할을 하지 못했다.

경쟁적 비방

종교적이거나 정치적인 선전은 종교개혁 이전에도 있었지만 종교개혁 시기인 16세기에 특히 가톨릭과 루터교는 경쟁적으로 자신들의 주장을 선전하는 데 프린트를 이용했다. 미사 예식의 형식화와 이벤트화를 풍자하는 것에서 가톨릭교회의 공동화空洞化를 엿볼 수 있었다. 가톨릭교회가 벌이는 대축제들은 화려하고 장엄했지만 외관에 불과했고, 안으로는 종교개혁과 교회 분열, 황제와의 갈등 등으로 정

작가 미상, 〈촛불은 밝혀졌고 우리는 이것을 끌 수 없다〉, 1640~1719.

루터가 개혁자들에 둘러싸인 채 앉아 있다. 앞쪽으로는 주교, 악마, 교황 및 수사들이 둘러앉아 테이블 중앙에 놓인 프로테스탄티즘의 촛불을 끄고자 애쓰고 있다.

작가 미상, 〈루터를 백파이프로 연주하는 악마〉, 1535.

교황 레오 10세는 루터를 악마에 연결시키고자 했다.

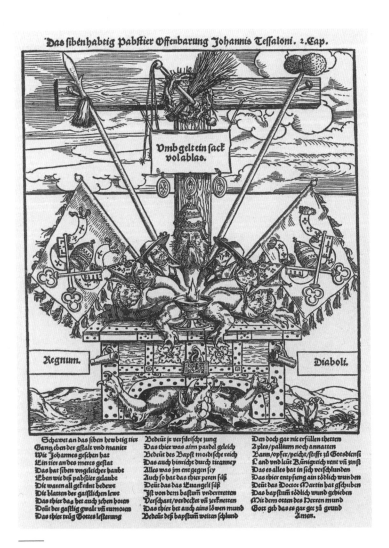

작가 미상, 〈머리 일곱 달린 교황권〉, 1530.

머리 일곱 달린 루터에 대응하려는 의도로 그려진 그림이다. 십자가에는 면죄부가 꽂혀 있고 그 아래에 놓인 악마의 왕국을 의미하는 면죄부 함 위에 교황, 주교, 수도자 등 교황청을 대변하는 인물들의 머리가 붙어 있다.

치적으로나 종교적으로나 껍데기뿐이라는 인상을 많이 주었다.

　루터의 종교개혁에 대한 가톨릭의 반박 역시 매우 적극적이어서, 반종교개혁은 교황청이 루터를 비방하는 것으로 나타났다. 루터는 다양한 팸플릿을 만들어 그림으로 교권을 폭로하고 비판하는 메시지를 유포했다. 루터 지지자들 역시 가톨릭 못지않은 기세로 가톨릭을 비판하고 교황권의 폐해를 선전했다.

　종교개혁은 가톨릭 교황을 비판하고 악마로 표현하는 방식으로 사람들에게 공감을 호소했다. 1523년 루터는 가톨릭교회의 중심인 교황이 괴물로 변한 상징적 그림을 목판화로 찍어 팸플릿을 만들었고 이를 통해 심판의 날이 다가왔음을 알리는 것이라고 소개했다.

　유사한 상황이 대륙의 다른 나라들에서도 나타났다. 16세기에는 칼뱅과 루터에 의해, 17세기에는 블레즈 파스칼Blaise Pascal에 의해 부활된 성 아우구스티누스의 엄격한 가르침은 세속적인 압력에 자리를 양보하기에 이른다. 로마 가톨릭교회가 지배하는 유럽 국가들에서도 이러한 변화는 어쩔 수 없었다. 철학, 연극, 시 등이 사랑받고 사교적 정신이 충만한 프랑스에서 교회는 부유해지고 세속화되었다. 18세기 초 예수회는 권력자의 고해를 받는 성직자 집단으로서 영향력이 커졌다. 예수회는 그들의 전성시대가 지나갔는데도 여전히 권력에 대한 탐욕을 비판받았다. 비단 예수회뿐 아니라 성직자의 고급화나 세속적으로 변해가는 종교와 교회의 태도는 심각했다. 합리주의적인 신앙은 죄와 지옥을 들먹여 겁주는 것이 아니라 오히려 천국에 갈 가능성이 크다는 것을 강조하면서 사람들을 편안하게 하는 것이었다.

　종교개혁 시기에 프랑스에서는 가톨릭교회의 느슨함에 대한 개혁

필리프 멜란히톤Philip Melanchthon, 〈교황-당나귀〉, 1523.

가톨릭교회의 힘을 상징하는 교황의 오른발을 코끼리 발로 그려서 가톨릭교회가 코끼리 발처럼 모든 것을 밟아 뭉갠다고 묘사했다. 사람의 손은 교회를 지지하는 속세의 지배자들, 소의 발은 교회의 이름으로 억압을 행사하는 교회의 종들을 나타낸다. 교황은 여성의 몸으로 그렸는데 세속적인 흥청거림에 빠진 교황 자신이나 주교, 사제, 신학생 등을 나타낸 것이다.[15]

작가 미상, 〈괴물 송아지〉, 1522~1523.

신부들이 행하는 고해성사를 비난하는 그림이다.

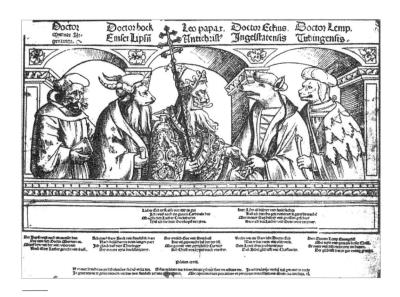

작가 미상, 〈희화화한 루터의 적대자들〉, 1520~1530.

루터의 리더십을 적대시하는 반대자들을 개, 돼지, 염소, 악마로 그렸다.

의식이 있었다. 트리엔트공의회(1545~1563)는 성직자들의 교육을 강조하며 신학원들을 설립하여 사제들을 교육했고 이들은 다시 평신도들을 가르쳤다. 우선 가톨릭교회에 남아 있는 민중종교적 성격을 고쳐나갔다. 민중종교들은 전 유럽이 종교화(기독교화)될 때 거부반응을 최소화하기 위해 흡수되기도 했고 박해로 사라지기도 했다. 이 현상은 종교개혁 시기에 이러한 관습을 완전히 타파해야겠다는 문제의식에서 부각된 것이기도 하다. 이교적이고 미신적인 지나친 성인숭배 역시 경계의 대상이었다.

근대가 형성되는 데 가장 중요한 사건이었던 종교개혁 역시 정치

《악마가 내세운 로마 교황에 대항하다》의 표지.

루터가 죽기 1년 전인 1545년에 발표한 책의 표지 그림으로, 지옥의 입 한가운데 앉아 있는 교황의 모습을 담았다. 당나귀 귀를 가진 교황을 자기들의 왕으로 세우기 위해 왕관을 씌우려고 악마들이 둘러싸고 있다.

작가 미상, 〈로마의 바보(교황)에 대한 악마의 승리〉, 1680.

교황과 악마를 그린 또 다른 그림으로 체인에 묶인 채 지옥의 입을 향해 걸어가는 교황의 모습을 담았다. 교황 뒤로는 승려, 주교 등이 모여 있고 그림의 아래 글귀에는 다양한 인물이 자기들과 악마의 관계를 공표하고 있다.

화하는 운명을 면치 못했다. 반가톨릭 동맹이 분열되어 신학적 불일치를 해소하지 못하는 상황에서 황제 카를 5세는 이의 해결에 적극적으로 나서면서 루터에게 로마 교회로 복귀하라는 제의만을 반복했다. 루터파가 슈말칼덴 동맹을 맺어 정치적으로 결집하자 1538년 가톨릭은 뉘른베르크 동맹을 결성하여 이에 맞섬으로써 슈말칼덴전쟁이 일어났다.

2. 교회의 독단과 타락

교회의 부패가 감지되고 이를 척결하는 개혁의 필요성이 제기된 지는 오래되었다. 교회는 민생을 구제하거나 영혼을 책임지는 역할에 무능력했음에도 교황은 개혁 의지를 갖지 않았으며 사회가 상업적인 경제구조로 변화해가는 과정에서 개혁은 수용되기 어려웠다. 이때는 이미 교회의 중심은 신도들이라는 것을 확고히 하기 위해 공의회가 열리고 있었다. 그러나 공의회는 역할을 제대로 하지 못했고 일부 성직자의 빈번한 이단 행위도 문제가 되었다. 프로테스탄트 종교개혁이 일어나서야 비로소 문제의 심각성을 인지하고 진지하게 대응했다.

종교재판

종교재판은 이단을 심문하기 위한 것으로 중세부터 이어져 내려왔다. 교회는 모든 질서의 원리를 제공했으므로 이 질서를 어기는 이단은 용납될 수 없었기 때문이다. 가톨릭교회의 자체 개혁운동은 11세기부터 13세기까지 교회권력의 과도한 세력화, 성직자들의 타락, 십자군전쟁의 폐해 등으로 반감 세력이 등장하는 등 자성이 필요하다는 문제의식에서 나왔다. 이런 배경을 가진 종교재판은 중세 이후 가톨릭 정통 신앙에 반하는 가르침을 전파하는 사람에게 이단 혐의를 두고 심문·처벌하는 제도였다. 온갖 미신적 종교들과 민간신앙이 반교회적 분위기를 조성하는 것은 교회뿐 아니라 국가에도 위협이 되었다. 기독교가 로마 콘스탄티누스 1세Constantinus I 에 의해 공인된 후 정통 신앙과 다른 것은 체제를 위협하는 것으로 간주되었다. 당시는 가톨릭교회가 유럽 사회의 보편적 원리처럼 되어 있었기 때문에 교회의 지침을 어기는 것은 사회질서를 문란하게 하는 행위였던 것이다.

1200년대에 이단 심문으로 처음 시작된 종교재판은 다양한 방식으로 1834년까지 계속되었다. 종교재판이 공식적으로 시행되기 전에도 이단에 대한 화형은 존재했다고 한다. 또한 이단을 척결하기 위해 가톨릭 신앙을 버린 마을 전체를 없애기도 했다.

종교개혁은 가톨릭의 기득권에 대한 저항이었지만 종교개혁을 명분으로 한 마녀사냥 같은 비인간적인 행위는 프로테스탄트 국가에서도 성행했고 그 방식은 가톨릭이 행하던 것과 같았다. 즉, 이단 색출이라는 목표 아래 잔인한 심문과 처형이 자행되었다.

가톨릭과 프로테스탄트의 갈등이 악화되면서 특히 가톨릭 내에서는 가톨릭의 반(대응)종교개혁운동이 1545년 트리엔트공의회(1545~1563)에서 시작하여 30년전쟁이 끝나가는 1648년까지 지속되었다. 종교개혁으로 프로테스탄트 세력이 커지자 가톨릭교회 내부에서는 자체 정화운동이 일어났다. 이 가톨릭개혁은 교황 바오로 3세 Paulus III가 시작한 트리엔트공의회를 통해 교리를 정립하고, 무능하거나 부패한 성직자를 추방하거나 재교육하는 것이었다. 이외에도 성직자의 겸직 금지, 주교의 교구 내 거주 등으로 교회를 제대로 운영하도록 규율을 잡았다. 이러한 움직임은 가톨릭 스스로 개혁의 필요성을 깨닫고 나선 것이라 가톨릭교회사에서 중요한 사건이라고 할 수 있었다.

그러나 개혁 과정에서 교리를 정비하고 신앙을 강화하는 방안으로 도입된 종교재판은 도덕적으로 많은 논쟁을 낳았다. 1542년 종교재판소를 설치했는데 이단을 다스리는 방법이 매우 잔인하고 불합리했다. 질서를 바로잡기보다는 오히려 교회가 국가와 개인의 모든 것을 통제하려는 중세적인 성격으로 돌아가는 듯했다.

1542년 6월 21일 교황 바오로 3세는 종교재판을 담당하는 위원회를 설치하고 추기경 조반니 카라파Giovanni Carafa를 최고재판장으로 임명했다. 이후 1555년에는 교황 바오로 4세Paulus IV가 최고재판장이 되어 이탈리아와 스페인에서 종교재판의 힘을 키워갔다. 1559년 바오로 4세가 죽은 후 몇 년간 종교재판은 중단되었다가 다시 이어졌다. 재개된 교황의 종교재판은 특히 이탈리아에서 성공하여 16세기 말까지는 초기 프로테스탄트의 자취가 거의 사라졌다.

종교재판의 기록 중에는 고문과 화형에 대한 것이 많다. 교황 비오 5세Pius V(1566~1572) 때에는 다시 고문이 종교재판의 무기가 되어 참수와 화형이 일상이 되었다. 널리 알려진 화형의 희생자 중 한 명은 아마도 '오를레앙의 소녀' 잔다르크Jeanne d'Arc일 것이다. 그녀는 프랑스 종교재판에서 마술 사용과 이단의 혐의로 재판을 받고 1431년에 화형에 처해졌다. 그러나 1456년 교황 칼릭투스 3세Calixtus III에 의해 재판 결과가 번복되었고 이후 1920년 교황 베네딕투스 15세Benedictus XV는 잔다르크를 성녀로 올려놓았다.

재개된 교황의 종교재판에서 희생된 가장 유명한 희생자는 17세기 이탈리아의 물리학자이자 천문학자 갈릴레오 갈릴레이Galileo Galilei였다. 그는 1633년 2월에 지구 공전에 대한 니콜라우스 코페르니쿠스Nicolaus Copernicus의 견해를 지지하는 출판물로 종교재판에 부쳐졌다. 당시 재판 결과 그는 종신 투옥형을 선고받았지만 후에 교황에 의해 양형이 가택연금으로 완화되었다. 물론 갈릴레이도 잔다르크처럼 종교재판의 혐의와 판결이 나중에 번복되었지만 이는 1992년 10월 교황 요한 바오로 2세Joannes Paulus II에 의해 너무 늦게 이루어졌다.

그런데 종교재판은 가톨릭에서만 한 것은 아니었다. 칼뱅교를 비롯한 프로테스탄트 교파들 역시 종교재판을 벌였다. 16세기 종교개혁은 가톨릭뿐 아니라 모든 종파에 영향을 미쳤다. 따라서 전쟁이나 사회불안 등이 악화될 때 서로의 종교와 신도를 단속할 필요가 있었다.

마법재판

마법재판은 종교재판의 형식을 그대로 따른 듯하지만 이단과는 다른 범주다. 즉 마법재판에 끌려 나오는 사람들은 그리스도교의 가르침이나 로마 가톨릭의 정통 신앙을 잘못 해석하는 사람들이 아니었다. 처음부터 그리스도를 믿지 않는 사람들이 마법재판의 대상이었다. 이 마법재판이 종교재판의 형식 안에서 과도하게 특정 계층을 겨냥하여 행해진 것을 간과할 수는 없다.

독일 바바리아의 아우크스부르크에서는 67세의 아나 에벨러Anna Ebeler라는 여성이 갓난아이들과 산모들에게 마법을 걸었다는 죄목으로 처형당했다. 이 여성은 악마의 집회에서 춤을 추고 아이들을 꾀었다고 자신의 죄를 자백했다. 그 결과 그녀는 여러 단계를 거쳐 죽임을 당하는 형벌에 처해졌다. 화형을 당하기 전에 참수를 당하는 것이 오히려 그녀에게는 운이 좋은 것이라고 할 정도였다. 그 이야기를 그린 〈마녀 아나 에벨러〉에서 A는 에벨러가 13, 14년 전 마귀와 접촉하는 장면이며 E는 이 사실을 인정하는 장면이다. B, C, D는 마녀 행각을 하는 장면이며, G와 H는 처형 장면이다. 이런 여성의 몸에서 악마를 내쫓으려면 불에 태우거나 물에 빠뜨려 죽이는 것이 좋은 방법이라고 여겨졌기 때문이다. 이 그림에는 이 일련의 과정이 '영예로운' 법정에서 이루어졌다고 되어 있는데 이는 이 죄목에 대한 사람들의 의혹을 없애려는 것이었다.[16]

마법은 전염병, 영아 사망, 기근, 흉작 등으로 민생이 고달플 때 속죄양을 찾는 의식처럼 퍼졌고 교회나 국가는 이 광기를 이용해 민심을 잡으려 했다.

1487년 두 신학자가 만든 종교재판 매뉴얼에는 불합리한 내용이 많다. 상당히 여성 혐오적이며 특정 계층에 대한 편견도 드러난다. 예컨대 나이가 많은 독신 여성이 우선적인 의심 대상이었고 선별 방법도 그리 합리적이지 않았다.

《마녀의 망치Malleus Maleficarum》는 역사상 가장 악명 높은 책이라고 한다. 1487년경 처음 출판된 것으로 추정되는 이 책을 쾰른대학교에 제출한 사람은 야코부스 스프렝거Jacobus Sprenger와 하인리히 크라머Heinrich Kramer였다. 300년 동안 영국에서 마녀사냥의 매뉴얼로 사용된 이 책의 저자들은 가톨릭의 종교재판관이었다. 이 책의 출판 목적은 마법이 존재하지 않는다는 주장을 뒤엎고 마녀 색출과 처벌을 위한 수사관과 재판관을 교육하는 것이었다. 물론 마법을 행하는 자는 남자보다 여자가 더 많다는 내용도 포함되어 있다. 이런 종류의 책들 중에서 《마녀의 망치》가 가장 권위 있었던 이유는 우선 저자의 명성이 높았고, 교황 인노켄티우스 8세Innocentius VIII가 발행한 교서를 담은 매우 상세한 내용 때문이었다. 재판에서 심리를 펼치는 방법도 자세히

작가 미상, 〈마녀 아나 에벨러〉, 1669.

마녀로 몰린 한 여성이 마귀와 접촉하고부터 1669년 3월 23일 처형당하기까지 생긴 일들을 그린 것이다.

설명해놓았다.[18]

기독교가 교세를 확장하거나 교세 약화를 경계할 때 이런 식으로 희생양을 만드는 것은 흔한 일이었다. 이 책도 마녀에 대한 민담이나 민속신앙을 신학적 내용과 접목하여 법적인 절차로 만든 결과물이다. 마녀로 지목된 사람들은 대개 종교가 없고 비사회적이며 독설가이거나 공격적인 사람들이었다. 악마 숭배를 막겠다는 교회 지도자들과 마법에 당할까 봐 두려운 보통 사람들이 공존하는 분위기에서 지배와 억압을 정당화하기 위한 희생양은 매우 유용했다.

《마녀의 망치》는 35개 질문에 대해 자세히 답변하는 문답식으로 되어 있다. 첫 질문[19]은 마녀의 존재를 믿는지 알아내는 것이다. 그런 존재를 믿는 것은 가톨릭 신앙에서는 있을 수 없는 일이기 때문이다. 마술을 부려 존재를 더 나아지거나 더 나빠지도록 해서 다른 존재로 바꿀 수 있다고 보는 것은 창조주의 뜻을 어기는 것으로, 이단보다도 더 나쁘다고 여겼다. 모든 질문에 대한 답변은 교회법과 신학적 이론을 근거로 하고 있다.

작가 미상, 〈마녀 처벌〉, 1508.

마녀를 대상으로 한 다양한 형벌 방식을 보여준다.

작가 미상, 〈트리어의 마녀들의 댄스장〉, 1594.

1594년에 출간된 〈나는 팸플릿Flugbatt〉에는 독일의 트리어에서 있었던 대규모 마녀재판 광경이 그려져 있다. 1581년부터 1593년까지 1,000여 명이 죽임을 당했다.

작가 미상, 〈마녀의 발견〉, 1647.

악명 높은 마녀 사냥꾼으로, 1645년에서 1647년까지 200여 명을 죽음에 이르게 한 매슈 홉킨스Matthew Hopkins가 마법을 부리기 위해 동물을 가둔 마녀들을 찾아낸 모습을 담은 그림이다.[20]

마녀사냥은 악마가 주재한다는 마녀들의 야간 집회를 가장 크게 주목했다.[21] '마녀들은 야간에 빗자루를 타고 다닌다, 어린아이들을 잡아먹는다, 인간과 악마가 성교를 한다, 집회가 끝난 후 집단 난교를 한다, 춤은 그들 의식의 중요한 부분이다' 등의 말이 떠돈 야간 집회는 민생을 어지럽히는 마녀들의 행태를 고발하기에 적합한 대상이었다. 고발된 이들은 대부분 여성이었고 절반 이상은 화형되었다. 악마에 대한 숭배를 연회를 통해 보여주는 것은 근친상간과 집단 성교 등 문란함을 강조하는 데 활용되었다.

1581년부터 1593년까지 독일에서 벌어진 마녀재판은 유럽 역사에서 규모가 가장 큰 마법재판으로 여겨진다. 독일 남서부의 도시 트리어에서만 368명이 처형되었는데 이는 평화로운 시기의 유럽에서 일어난, 규모가 가장 큰 대량 학살로 꼽힌다. 트리어에서 마녀재판을 주도하도록 임명된 요한 폰 쉐넨버그Johann von Schönenberg 주교는 이 교구에서 제거해야 할 집단으로 개신교도, 유대인, 그리고 마녀를 지목했다.

특히 나이 많은 독신 여성들이 목표가 되었는데, 그 이유는 이들이 살아온 경험을 바탕으로 민간요법을 행하고 서민들의 존경을 받았기 때문이다. 이는 교회가 이단적이라고 지적한 내용들에 포함되었기에 더욱 탄압의 대상이 되었다. 마법재판에서 특히 여성이 많이 희생된 것은 여성이 유혹에 잘 넘어가고 사악한 영향을 끼치기 쉽다는 편견을 가지고 있던 시대적 상황과도 맞아떨어졌기 때문이다.

나이 많은 독신 여성들이 좀 더 체계적으로 억압을 받은 이유는 단순히 개인적으로 민간요법을 행했기 때문이 아니라 그들의 능력과 그들이 행하는 환상적인 의식 때문이었다. 마법에 대한 불만은 그것이 호색적인 서민적 생활 태도를 조장한다는 혐의가 짙어지면서 고조되었다.

이런 억압은 농촌생활에서 자연스럽게 혹은 위기감 속에서 위안을 주기 위해 나타난 민간신앙을 억압하여 절대국가의 안정을 확실히 하는 데 이용된 면이 크다. 민간신앙이 된 마법을 처벌하는 것은 교회의 부패를 합리화하는 동시에 국가의 중앙집권적 권위를 굳건히 하기 위해 무지한 대중을 성공적으로 위협하기 위해서도 필요했다.[22]

부패한 성직자

종교개혁이 시작되기 훨씬 전부터 성직자의 부패는 이미 알려져 있었다. 종교개혁 이후 교권과 황제권은 어느 정도 거리를 두게 되었고, 교회가 세속 정부를 간섭하기가 쉽지 않게 되었다. 그럼에도 성직자는 제2신분 귀족으로서 온갖 특권과 특혜를 누렸다. 영국 역사에서 민주적 혁명이라는 평가를 받는 명예혁명이 있었던 시기에도 상원에 가톨릭 주교가 26명 포함되어 있었고, 성직자는 프랑스 제2계급으로서 프랑스혁명 이후에도 계속 권력을 누렸다.

사제는 대부분 마을에서 유일하게 교육을 받은 사람으로서 국가의 규율과 요구를 주민들에게 설명해주는 역할을 했기 때문에 신앙적인 측면에서만 아니라 농민들의 일상사에서도 가까운 이웃 같았다.[23] 대도시의 사제들 같지는 않지만 지방의 사제들은 때로 지주이기도 했으므로 주민들에게서 십일조를 받았다. 이들 수입의 원천은 교회에서 받는 성금, 사제로서의 수고료(결혼식 진행 등), 지대나 소작세 등

작가 미상, 〈더 이상 소리가 나지 않으므로 죽어야 한다〉, 1789.

성직자 가운을 입은 돼지 앞에서 제3신분의 사람이 한 손에는 끈이 달린 종 모양의 물건을, 다른 손에는 긴 막대기를 들고 서 있다. 왼쪽에는 귀족 여성이 'Voila vôtre contract'(여기에 당신의 계약서가 있어요)라고 쓴 종이를 들고 실망스러운 얼굴로 앉아 있다.

이었다. 17세기 농민들은 이런 지역교회에서 사제에게 건네는 세금에는 불평이 없었지만 국세에 대해서는 저항이 컸다. 그러다 18세기 후반에 가서는 농촌 교회의 세금 부과에도 분개했다.

　권력의 흥망이나 혁명에서 귀족들은 두 얼굴을 내보였다. 귀족이나 성직자, 법관과 같은 계급의 양면성을 표현하거나 부정적인 이미지를 부각하려 한 풍자화에서는 대개 동물이나 악마 모습으로 대칭

작가 미상, 〈혁명을 저주하는 귀족/반혁명을 믿는 귀족〉, 1790.

혁명에 반대한 성직자의 모습을 인간과 돼지의 모습으로 그린 그림이다. 그림을 바로 보면 성직자의 모습을 한 인간이, 거꾸로 보면 성직자의 모습을 한 돼지가 보인다. 하나는 혁명을 저주하는 찡그린 성직자 얼굴이고 다른 하나는 돼지 얼굴이다. 이처럼 성직자를 비꼬는 캐리커처는 1789년과 1790년 사이에 폭발적으로 많이 등장한다. 이 그림은 대중에게 반혁명 세력의 위험성을 경고하는 것이기도 하다.

을 이루게 묘사했다. 성직자가 풍자 대상으로 많이 등장한 것은 이들이 귀족계급의 대표적인 구성원이었기 때문이다. 신앙심보다 정치적인 야심이 더 앞섰던 부패한 성직자들은 프랑스를 붕괴시킨 대표적인 세력이었다.

성직자들은 정치적 분쟁에 말려들기도 했다. 교황은 가톨릭이 행사해온 성직자 임명 권한을 되돌려 받고 싶어 했지만 프랑스의 왕들은 이에 강력히 반대했다.

프랑스 사제들이 귀족적 배경을 가진 것은 잘 알려져 있다. 고생하며 일하는 교구 사제들과 달리 대부분 귀족 태생인 궁정 사제들은 성직자로서의 의무 같은 것엔 관심 없이 호화로운 궁정생활을 즐겼다. 그들은 하나님을 믿는지조차도 의심스러운 자들이었다. 1785년 툴루즈의 대사교였던 로메니 드 브리엔Loménie de Brienne을 파리의 대사교

OM ME RAZE AUJOURD'HUI JE ME MARIE DEMAIN &cc. A. P. 1790

작가 미상, 〈오늘은 면도하고 내일은 결혼할 거야〉, 1790.

교회의 탈선을 나타낸 그림이다. 한 수사가 의자에 앉아서 면도를 기다리고 있고 그의 옆에는 프랑스 군인이 수사가 가발을 쓰면 어떤 모습이 될지 손가락으로 뿔 모양을 만들어 보이고 있다. 왼쪽에는 가슴을 드러낸 수녀가 화려한 모자로 바꿔 쓰려는 중이다.

로 승진시키려고 했던 루이 16세조차도 "파리의 대사제만이라도 하나님을 믿는 사람이어야 한다"라고 했을 정도였다. 이들이 모두 스캔들을 일으켰던 것은 아니지만 비판과 풍자의 대상이 되기에는 충분했다.

궁정 사제들과 대조적으로 특히 농촌 교구에 있는 신부들의 상황은 민중과 다를 바 없었다. 이들은 민중계급 출신으로, 교육 수준이나 수련이 충분하지 않았다. 가톨릭교회는 종교개혁운동이 필요하다고

작가 미상, 〈1789년 8월 11일의 십일조 및 여러 봉건 조세에 대한 개혁〉, 1789.
노동자계급 혹은 제3신분 출신 남자가 돈이 든 주머니를 사제에게 건네고 있다. 사
제는 오른손으로는 거절하고 등 뒤로는 왼손으로 그 주머니를 받고 있다.

여겼을 때 우선 민중들과 함께 생활하는 이들을 교육하고 개혁하는
것이 급선무라고 여겼다.

　성직자의 탈선과 타락이 도를 넘어선 가운데, 가톨릭의 개혁 내용
에는 성직자들의 수양과 기본 교리 학습, 선교 활동 등이 포함되었다.
한 예로 성직자들에게 첩을 내보내라고 명령하고 축첩을 엄하게 다
스렸다. 이에 대해 성직자들이 불평할 정도였으니 당시에 성직자들
의 축첩이 얼마나 일반적이었는지 알 수 있다.

La Coupe des Bois.

Quel Besogne, Grand Dieu ni moi ni mes petits enfants ne la finirons jamais
nous avons beau en couper, ce maudit Bois pousse encore plus vite que le Chien - dent,
et par malheur mon pauvre Pere en a été bien incommode?

작가 미상, 〈벌목〉, 1790.

제3신분인 듯한 여자가 넘어진 수사 위에 올라타서 그의 뿔을 자르고 있다.

3. 정치와 종교

근대국가의 등장과 그 성취를 강조하려는 의도가 있기도 했지만 정치와 종교가 분리되게 되었다는 해석을 내리는 시점은 명확하지 않다. 정치에서 종교의 영향력을 최소화하려는 움직임은 종교개혁의 중심이었던 독일(신성로마제국)을 벗어난 유럽 다른 국가들에서, 특히 사회계약을 정치권력의 기원으로 보는 것이 정치의 진보라는 인식을 강조하려는 유럽 초기 자유주의자들에 의해 더욱 활발히 일어났다.

혁명과 교회

프랑스혁명은 교회에도 변화를 가져왔다. 1789년 5월 삼부회가 소집되었을 때 성직자들이 큰 도움을 주었다. 또한 1789년 6월 23일 제3신분만으로 국민의회를 구성했을 때도 주교 4명과 주임신부 149명이 제3신분인 하층계급의 편을 들었다. 프랑스혁명은 귀족과 성직자 타도를 목표로 했는데도 그 계급들의 도움 없이 일어난 것은 아니었다.

1789년 11월 교회 재산 몰수령이 내려지면서 교회를 국가에 예속시키려는 조치가 강행되었다. 교회 재산 국유화 법률이 공포되고 1790년 7월 12일 '성직자의 공민헌장'이 의회에서 통과된다. 헌장의 주요 내용은 선거권이 있는 시민들이 주교와 교구 사제들을 선출하고 국가가 성직자의 임금을 지불하도록 한다는 것 등이다. 공민헌장에 충성을 서약해야 한다는 규정은 교회로서는 매우 굴욕이었기 때문에 이에 반대한 사제들은 살해되거나 처형되기도 했다. 1790년 11월

작가 미상, 〈1791년 교황의 교서〉,
1791.

제3신분으로 보이는 남자가 '쥐녜
서기Le Clerc de Juigné'라는 글씨
가 보이는 종이에 배변을 한 후 교
황의 교서를 휴지로 쓰고 있다. 안
경을 쓴 로유Royou 신부와 라 로
슈푸코 당빌La Rochefoucauld d'
Enville 공작이 이를 지켜보고 있
다. 뒤편에서는 교황 비오 6세의
인형이 화형을 당하자 군인, 빈자,
성직자 등의 머리 위로 연기가 솟
고 그 속에 새와 교황을 뜻하는 VI
자가 쓰여 있다.

모든 성직자가 충성 서약을 요구받자 이에 서명한 성직자와 이를 반
대하는 성직자로 분열이 되었다. 찬성 사제들은 혁명이 자기들의 의
무와 같은 것이라고 혁명 취지에 찬동하는 서약을 했지만 계몽주의
가 유대인, 신교도, 프리메이슨에 조종되는 것이라고 생각해 혁명에
가담하거나 혁명 취지에 찬동하기를 거부한 사제들도 있었다.[24] 선서
한 성직자들은 국가로부터 보호를 받았지만 조소의 대상이 되었고,
서명을 거부한 성직자들은 고통을 받았다. 이 때문에 많은 가톨릭 신
자가 혁명에 등을 돌렸다.

　1791년 4월과 5월에 교황 비오 6세는 프랑스 혁명정부가 내놓은
'성직자의 공민헌장'과 혁명 자체를 비난하는 칙령을 여러 개 발표했
다. 이를 풍자한 그림이 〈프랑스혁명/교황 화형〉이다. 1791년 4월 화

형을 당하는 교황 인형의 입에서 헌장에 서명한 주교들과 사제들의 비난이 쏟아져 나오는 광경을 그렸다. 이를 보고 종교를 상징하는 노파가 무릎을 꿇은 채 슬퍼하는 모습이다. 연기에 나부끼는 종이에는 방탕하고 탐욕스러운 교황을 비판하는 말과 함께 종교는 로마의 통제를 받지 않으며, 이는 국가의 문제라는 말이 쓰여 있다.

프랑스혁명 후 "혁명정부는 교회의 토지는 국가에서 관리하고 성직자는 국가로부터 명예보수를 받으며 주교와 사제는 공직자처럼 선출되도록" 교회를 엄격히 관리했다. "이런 정책의 목적은 봉건귀족과 밀접한 동맹을 형성하고 있던 성직자의 권력을 제한하는 데" 있었고, 구체제 지지자들과 혁명 세력 간의 갈등이 심화되면서 반성직주의反聖職主義 조치는 강도가 더욱 세졌다.[25] 자코뱅 정부는 성직자 탄압을 본격화하여 교회를 폐쇄하고 노트르담 성당에 아예 여신을 안치하기에 이른다.[26] 무신론 그룹인 앙라제Enragés(반기독교 운동을 벌인 과격파로, '분노한 자들'이란 뜻이다)는 종교적인 농민을 혁명 세력으로부터 멀어지게 하는 등 사회 혼란의 원인이었다.

지방에서는 과거에 교회와 친하지 않았던 인사들이 선출되어 교회에 적대감을 드러냈다. 교회는 그들이 전제정치를 한다고 규탄했고,[27] 이에 국민 대다수는 교회의 편을 들었다. 그러나 혁명정부에 반대하는 사람들은 성직자이든 양민이든 학살되었다. 급기야 성직자 300여 명, 평신도 900여 명이 학살된 '9월 대학살'이 일어났다. 혁명정부가 프랑스의 오랜 신앙의 뿌리를 침해한 것이었다. 이로부터 시작된 공포정치는 1794년 7월 27일까지 지속되었고, 로베스피에르는 1794년 7월 28일 단두대에서 죽었다.

작가 미상, 〈프랑스혁명/교황 화형〉, 1791.

성직자의 공민헌장과 프랑스혁명을 비판하는 교서를 발표한 교황 비오 6세를 풍자했다. 종교를 대변하는 늙은 여인은 화형을 당하는 교황 인형 앞에 꿇어앉아 교황을 애도하고 있다. 교황을 타락한 욕심쟁이로 비난하면서 종교는 국가가 관여할 영역이지 로마가 간섭할 영역이 아님을 말하는 그림이다.

30년전쟁

영방의 가톨릭 제후들은 황제의 비대해진 권력을 두려워한 나머지 프랑스와 협력하여 황제의 기세를 꺾었다. 1555년 아우크스부르크 화의는 '지배자의 신앙이 지배지의 신앙'이라는 원칙에 입각하여 각 영방의 신민들은 제후가 선택한 종교를 따라야 한다는 결정을 내렸다. 이는 제후의 권력을 강화한 것으로 독일을 하나의 국민국가로 나아가게 하는 데 절대적인 저해 요인이 되었다. 화의 이후 3차에 걸쳐 1570년까지 벌어진 종교전쟁은 독일, 프랑스, 스위스 등지에서 제후들의 권력 싸움으로 발전했다.

아우크스부르크화의 이후 약 60년간 유지되던 평화는 프로테스탄트가 확대된 독일 북부와 다르게 가톨릭화를 바라는 오스트리아와 대립하면서 깨지고 있었다. 제후로서 강화된 자치권을 바라는 바이에른공국이 가톨릭으로 복귀했고, 프로테스탄트 제후들은 동맹을 결성하여 가톨릭 제후들과 경쟁했다. 이런 상황으로 말미암아 제국의 정체성을 중요하게 여기는 황제, 자치를 요구하는 영방국가, 자치를 굳이 하고자 하는 생각 없이 황제권에 속한 하나의 통일된 제국에 속해 있는 편을 택한 영방국가 등으로 분열 양상을 띠고 있었다. 이것이 30년전쟁이 일어나게 된 배경이었다.

신성로마제국은 중세에서 근대에 이르는 962년부터 1806년까지 영방 군주들과 교회 권력 사이를 오가면서 중부 유럽의 패권을 유지해왔다. 때로는 황제의 권력에 대항하는 제후들을 제압하기 위해 교회에 갖가지 특혜를 주거나 왕족 자제나 가신들을 고급 성직에 취임시켜 정치와 종교를 결합했다. 또 로마 교황청의 보호자를 자처하면서 교황청 편에서 이탈리아공국들의 독립을 방해하기도 했다.

16세기 초부터 분 종교개혁의 바람은 여러모로 국가 간 갈등의 씨앗이 되어, 서로 악마의 종교라고 헐뜯고 살상을 저질렀다. 신성로마제국 황제가 가톨릭을 중심으로 한 위계를 내세워 신교 지역을 탄압하기에 이르자 신교를 믿는 지방 제후들은 그들의 종교를 지킨다는 명목을 내세워 종교전쟁에 끼어들었다. 1555년의 아우크스부르크화의는 신성로마제국의 황제와 프로테스탄트 영방 제후들 사이에 팽배한 가톨릭과 루터파 개신교 간의 갈등을 해결하고자 한 것으로, 각 제후가 종교를 선택할 권리가 있음을 인정했다. 이로써 루터파 개신교가 인정받았지만 종교적 자유가 허용되었다기보다는 개신교 지방 영주들이 정치적으로 성공한 것이라 볼 수 있다. 그러나 이 화의가 담고 있는 내용은 끊임없는 분쟁거리가 되었고 결국 30년전쟁의 원인이 되었다.

30년전쟁은 종교적인 동기가 있었다 해도 정치권력 간의 싸움이었다고 보아야 할 것이다. 통치권을 장악하는 편이 모든 것을 평정하게 되는데, 이를 위해서는 정당한 동기가 필요하고 종교는 그 수단이 된다. 한 국가 내 교파들 간의 싸움도 결국 지배권력을 차지하여 정치의 패러다임을 움직이려는 시도가 크게 작용한 것이다. 종교를 둘러싼 국가 간의 갈등 역시 헤게모니를 장악하기 위해 내건 슬로건에 지나지 않는 예가 많다. 30년전쟁은 그 대표적인 사례였다.

1618년 신성로마제국의 황제가 된 페르디난트 2세Ferdinand II는 강력한 종교적인 동기를 가지고 반종교개혁을 밀고 나갔다. 그런데 민중의 반종교개혁에 대한 저항 역시 강력했다. 개신교 의회는 프리드리히 5세Friedrich V를 국왕으로 선출하여 황제에 맞섰다. 보헤미아에서는 프로테스탄트들이 예배당 건립 문제를 두고 가톨릭교도들과 충돌했다. 마침내 1618년 독일과 체코의 귀족들이 황제궁에서 격론을 벌이는 가운데 독일 귀족 세 명을 창문으로 던져버린 사건이 발생했다. 이 보헤미아의 소요 사태가 1618년에서 1648년에 걸쳐 벌어진 30년전쟁의 시초가 된다. 전쟁 초기에는 가톨릭 측이 압승했다. 합스부르크제국의 내전으로 시작한 30년전쟁은 영국, 덴마크, 스웨덴, 프랑스 등이 개입하면서 프로테스탄트가 완전히 패배하고 국제전으로 확대되었다.

프로테스탄트 진영에서 덴마크가 전쟁에 가세했으나 패배하고 황제와 화약을 맺었다. 이로써 힘을 얻게 된 페르디난트 2세는 아우크스부르크화의 이전 상태로 돌아간다고 선언하기에 이르렀다. 이는 단순히 가톨릭의 재건을 의미하는 것이 아니고 황제의 권력 강화를 뜻하는 것이기 때문에 구교 제후들조차도 이 선언에 제동을 걸었다.

1630년 궁지에 몰린 프로테스탄트들을 구원하기 위해 스웨덴의 구스타브 2세가 가세했다. 그러나 왕이 죽고 전세가 기울자 다시 스페인이 지원했지만 결국 스웨덴군은 패했다. 스웨덴이 철수하고 황제는 화약 이전 상태로 또다시 환원하려는 의도를 보였지만 신·구교 양쪽의 반발을 샀다. 1635년 구교의 종주국인 프랑스가 비밀리에 신교파를 돕고 있다가 전쟁의 전면에 나섰다. 프랑스는 스페인과 오스트리아를 지배하고 있던 합스부르크가에 포위된 지정학적 불리함을 극복하고자 자국의 종교적 정체성에 맞지 않지만 독일의 프로테스탄트를 지원하게 된 것이다.

신성로마제국과 보헤미아 사이의 종교 갈등으로 시작된 30년전쟁은 1630년 이후로 유럽 국가들의 이권 싸움이 되었다. 가톨릭을 지지하는 국가들과 프로테스탄트를 지지하는 국가들이 각 종교 지지자들을 돕는다는 구실로 전쟁에 끼어들어 점점 유럽 전체가 싸우게 된 것이다. 종교적 연대를 넘어선 주변 국가들의 개입에는 왕조 간의 유대, 종교적 형제애, 정치적·경제적 이해관계가 얽혀 있었다.[28] 이 전쟁은 1648년 독일을 여러 개 영방으로 분할하는 베스트팔렌조약으로 끝이 났다. 종교 갈등을 배경으로 일어난 이런 전쟁들은 결국 정치적 헤

한스 그림멜스하우젠Hans Jakob Christof-
fel von Grimmelshausen의 소설《심플리
키우스 혹은 짐플리치시무스》(1669)의 초
판 속표지.

게모니 다툼이 된다. 각국은 서로 자기들의 연관성을 앞세워 개입했
고, 전쟁에 참여한 국가들은 영토를 전리품으로 얻어갔다.

《심플리키우스 혹은 짐플리치시무스 *Simplicius Simplicissimus*》는 슈페사
르트로부터 온 침략군에 의해 마을에서 쫓겨난 소년이 30년전쟁 기
간에 신성로마제국의 타락한 환경에서 자라나 군대에 가서 겪은 이
야기를 소재로 한 소설이다. 군대에 간 소년은 상황에 따라 적군과 아
군 모두에 속해가면서 전쟁을 치르게 된다. 글을 모르는 농부 가정에
서 태어난 소년은 약탈꾼에게 끌려 나와 숲 속의 수행자와 2년을 지

내기도 한다. 이 수행자가 세상을 떠나자 소년은 군대, 약탈꾼, 매춘, 질병, 러시아 여행 등을 겪으며 모험을 하게 된다. 저자는 1632년부터 1645년 사이에 겪는 모험담을 통해 세상을 날카롭게 풍자했다.

1648년 신·구교로 갈라져 벌인 30년전쟁을 끝내는 회의가 독일 베스트팔렌 주 오스나브뤼크에서 열렸다. 30년전쟁에는 유럽 국가 대부분이 참여했지만 전투는 주로 독일 땅에서 벌어졌다. 역사상 가장 참혹한 전쟁은 아닐지라도 1618년 신성로마제국 황제가 신교를 탄압한 데 불만을 품은 보헤미아 신교도들이 가톨릭 섭정위원들을 창밖으로 던진 사건이 발단이었다. 명목상의 종교전쟁은 사실상 영토전쟁으로 확산되었다. 프랑스는 알자스 지방을, 스웨덴은 포메라니아 서쪽을 합병했다. 또한 오스트리아의 세력을 약화시키려고 스위스와 네덜란드를 독립국으로 인정했다. 그러나 이러한 분할과 독립의 결과 독일은 200여 년 후 프로이센이 통일할 때까지 수많은 소국으로 분할되어 끊임없이 크고 작은 싸움을 하게 되었다.

종교가 지배를 꿈꾸는 일을 중단한 적은 없었고 어떤 형태로든 항상 장악하고자 했다. 가치를 장악하고 질서의 주도 세력이 되고자 했으며 세상을 바꾸어야 한다는 은밀한 혹은 노골적인 욕망을 드러냈다. 근대의 국제 질서가 종교적인 갈등으로 혼란스러워지는 국면도 있지만 가톨릭교회의 강력한 권력 집중 질서로부터 새로운 패러다임을 위한 계기도 마련했다.[29] 여기서 베스트팔렌조약의 중요한 정치적 의미는 종교개혁이 로마 교황청을 중심으로 한 강력한 위계질서를 깨뜨렸다는 점이다. 베스트팔렌조약은 교황권에 예속되어 있던 국가가 종교 대신 왕을 중심으로 한 법과 제도를 더욱 강화하는 계기가

작가 미상, 〈평화를 기대하다〉, 1650.

30년전쟁과 관련된 나라들과 전장의 모습을 통해 평화에 대한 열망을 나타내는 그림이다. 여성으로 모습으로 표현된 평화는 자고 있는데, 무릎 위에는 독수리가, 발밑에는 사자가 앉아 있다. 그녀의 주변에 서 있는 다섯 사람은 스페인, 네덜란드, 영국 등 유럽 국가들을 나타낸다. 배경에는 전쟁의 세 가지 모습이 그려져 있다.

마테우스 메리안Matthäus Merian the El-der, 〈1618년 프라하에서 창밖으로 던지다〉, 1635~1662.

1618년 프라하에서 신교도들이 가톨릭 왕의 섭정의원 셋을 프라하 성 창밖으로 던진 사건을 그린 것인데, 이 사건이 바로 30년 전쟁의 발단이 되었다. 종교개혁 이후 신교와 구교의 갈등은 계속되었다. 여러 가지로 혼란이 심했던 유럽의 17세기에 종교 갈등의 강도 역시 한층 높아졌다.[30] 30년전쟁은 신교와 구교가 자신들의 종교적 신념이나 신앙 때문에 싸운 것이 아니라 가톨릭 군대 안에서 프로테스탄트가, 프로테스탄트 군대 안에서 가톨릭이 싸운 정치적 전쟁이었다.

res plusieurs degast par les soldats commis   Les guettent à l'escart et par vne surprise   Et se vengent ainsi contre ces Malheureux
la fin les Paisans, quils ont pour ennemis   Les ayant mis à mort les mettent en chemise,   Des pertes de leurs biens, qui ne viennent que

자크 칼로, 〈농부들의 복수〉('전쟁의 불행과 불운' 연작 중 17번째 작품), 1633.

농부들이 군인들을 공격하는 모습을 그린 그림이다. 군인들이 사람들을 죽이고 식
량을 약탈하는 등 농부들을 괴롭혔기 때문이다. 게다가 외국 군대가 끼어들면서 종
교전쟁이 더욱 정치적 성격을 띠게 되자 이런 일이 빈번해졌다.

되었다. 그러나 이 대규모 종교전쟁의 결과, 종교적으로는 얻은 게 없
었다. 정치적으로도 각 영방이 독립적인 국가가 되어 개별 주권국가
가 되었다거나 교권으로부터 독립하고자 하는 열망이 커졌다고 하기
에는 충분치 않다.[31] 베스트팔렌조약 이후에도 유럽 국가들은 교황의
영향 아래서 다분히 중세적이었다.

각 종교가 믿는 신 혹은 각 종교 안에서 교파들이 서로 신을 가장
잘 대변한다는 주장으로부터 정치의 편협함이 비롯됨으로써 크고 작
은 충돌이 일어나 수많은 희생을 초래했다. 가톨릭의 보편 종교로서

의 위상은 정치권력 자체였다. 교회는 국가를 통해서 권력을 행사했고, 국가는 교회를 통해서 지배의 정당성을 부여받았다. 중세 후반에는 교권과 왕권이 대립하면서 교회는 정치권력 싸움의 한 주체가 되어 세속권과 싸우게 되었다. 점점 교회가 국가처럼 통치에 직접 영향력을 발휘하는 것을 저지하는 움직임이 생겨났고, 이는 교회의 탈선과 독단에 대한 개혁운동으로 이어졌다. 세속의 정치는 국가의 영역으로, 개인의 영적 생활을 지도하고 궁극적으로 국가의 도덕적 결함을 정당화해주는 임무는 교회의 영역으로 역할이 분담되어갔다.

그러나 특히 종교개혁으로 신교에 대한 관용이 대세가 되자 다양한 신교가 가톨릭의 자리를 대신하려 또 다른 불관용의 시대를 열었다. 교회의 타락은 가톨릭 우위의 시대부터 계속된 타 종교에 대한 박해와 수많은 민간신앙을 희생양으로 삼았다. 여기에는 종교적 동기 못지않게 정치적 동기가 크게 작용했다. 정치권력과 연대하여 헤게모니를 장악하고자 지배 종교가 되려고 한 것이다. 비인간적이고 부도덕한 독단과 전횡을 겪으면서 하나의 종교의 보편성이 초래하는 배타적인 폭력에 회의가 생겼고, 17세기를 거치면서 개인의 자유에 대한 욕구가 등장하기 시작했다.

불안한 대중, 해이한 대중

윌리엄 히스William Heath, 〈큰 범죄엔 큰 자비, 작은 범죄엔 작은 자비〉, 1831.

반역죄로 기소된 폴낙Pollgnac의 재판과 시골 사람들의 기계 파괴, 방화 등에 관한
재판을 그렸다. 폴낙은 반역죄와 살인을 저질렀지만 법정을 빠져나가고 있는데, 그
바닥에는 7월혁명 3일간 죽임을 당한 평민들과 어린아이의 시체가 널려 있다. 왼쪽
그림의 상단에는 "법은 빈자에게나 부자에게나 같은가?", "아니요"라는 글이 쓰여
있다. 오른쪽 그림에서 재판관은 모자를 집어 들고는 "너는 기계를 부쉈다. 너의 어
려움을 이해할 순 있지만 그래도 질서를 바로잡기 위해서 사형에 처한다"라며 사형
을 선고하고 있다. 자비를 베풀어달라고 호소하는 남자가 옆에 서 있고, 문지기가 기
절한 여성을 데리고 나가는 모습이다.

유럽의 인구는 1500년에 8,000만 명에서 1800년에 1억 9,000만 명으로 늘었다. 인구가 늘면서 식량이 부족해졌고, 산업화의 영향으로 곡식을 경작할 땅을 잃은 농민들은 일자리를 찾아 도시로 몰렸다. 이렇게 경제의 중심이 농촌에서 산업화된 도시로 이동하면서 대도시들이 생겨났다. 이는 상업의 번성과 맞물려 일어난 현상이기도 하다. 한편으로는 도시의 발달을 촉진해 사회개혁, 농업개혁, 도시의 성장 등 긍정적 효과를 내고 노동력이 많아져 활기를 주는 효과를 가져왔다. 그러나 도시로 모여든 사람들은 일자리를 구하지 못해 빈곤층이 되어가면서 사회의 위험 요소로 취급받았다. 19세기 영국의 경제학자 토머스 맬서스Thomas Robert Malthus는 인구가 늘면 식량난과 기아를 유발해 사회가 위험에 처하게 된다고 경고했다. 인구의 증가, 상업의 발달, 그리고 도시 빈곤은 식민지 개척을 자극했고 또 다른 형태의 국제적 경쟁과 갈등의 역사를 초래했다.

근대 초기의 유럽 사람들은 전염병, 기근, 전쟁 등으로 지금과 비교하면 평균 수명이 절대적으로 짧았다. 영국의 경우 1575년에서

1674년 사이의 평균 기대 수명은 32세였다.[1] 영국에서 출생한 전체 아이의 3분의 2만이 10세까지 살 수 있었고, 북프랑스에서 이 생존율은 절반에 지나지 않았다. 출산에 따른 위험이 커서 여성 사망자 가운데 5분의 1은 25세에서 34세 사이에 사망했다.[2] 전쟁이 드문 시기조차도 전염병이 원인이 되어 인구가 상당히 감소했다. 1563년이나 1603년, 1625년과 1665년 대재앙 때까지 런던에서는 20만 명이 사망했다.[3] 물론 하층계급이 피해를 더 많이 당했지만 부자들도 예외는 아니었다. 18세기까지도 전염병으로 인한 인명 피해는 계속되었다.

전염병과 기근은 수많은 사람을 죽음으로 몰았다. 전염병, 전쟁 등과 더불어 가뭄이나 홍수 등 기후 요인으로 인해 수확이 줄어듦으로써 가난한 사람들은 더욱 불행해졌다. 각국은 빈민을 구호하기 위해 여러 가지 제도를 마련했다. 영국은 1597년 구빈법을 만들어 빈곤을 해소하려고 노력했다. 프랑스를 비롯한 여러 국가가 빈곤 해결을 위한 정책적 지원을 마련하려고 절대 권력의 등장을 묵인하거나 합리화한 것도 이 시기다. 루이 14세가 등장한 프랑스에서는 왕이 백성들을 위해 곡식과 빵을 매일 나누어 주었다고 선전했다.[4]

근대에는 식량이나 왕권, 종교가 원인이 되어 크고 작은 갈등이 끊이지 않았다. 기독교를 전파한다는 이유로 전쟁을 벌여 기록적인 희생자를 냈으며, 식민지에 대한 인종차별적인 침략 또한 합리화했다. 전쟁은 육지에서뿐 아니라 바다에서도 영역 확보를 목표로 치러졌다. 전쟁에 참여한 군대에서의 전염병 확산, 식량난, 학살 등으로 민간인이 많이 희생되었다. 종교 갈등으로 초래된 대규모 학살 역시 인구 감소에 한몫했다.

여러 가지 희생을 감수해야 했던 사람들은 대부분 역사의 중심을 뚫고 지나가던 이들이 아니었다. 이들은 근대의 다양한 변화를 주도하거나 그 중심에 있던 계층이 아니었다. 구조적인 혜택을 받지 못한 수동적인 다수는 변화에 끌려다니거나 변화의 본질조차 이해하지 못한 사람들이었다. 이들은 대부분 사회적 책임감이나 욕구와는 거리가 멀었다. 또한 수적으로는 가장 많았지만 애초부터 지식이나 재산이 거의 없었고 상대적으로 사회적 재화를 덜 소유한 계층이었다.

이들 대중은 피지배층에서 신민, 그리고 시민으로 사회적 위상이 바뀌었다. 대중은 사회의 변화 과정에서 부조리를 떠맡았지만 자기 상황에 대한 구체적인 이해나 집단의식은 없는 불특정 다수였다. 농민과 도시 노동자는 지주에게 혹은 고용주에게 후원자-고객 같은 보호 관계 속에 있어왔다. 18세기 영국에서 이들의 특징과 기존 사회의 기득권자들과의 관계를 파악할 수 있다. 왕과 귀족에게, 교회의 권위에 또는 점점 멀어지는 젠트리와 부르주아 엘리트 집단에 수동적으로 끌려다니던 대중의 성격을 변화시킨 것은 상업주의, 도시화, 산업화와 더불어 더욱 확고하게 그리고 더 깊이 빈곤 속으로 빠져드는 자신들의 처지에 대한 도전과 저항이었다. 대량생산으로 상업이 계속 발달하고, 귀족의 봉건적 특권이 쇠락의 길을 걷고, 왕이 신흥 부르주아 계급과 결탁하면서, 또한 종교적 이유로 시작된 자유에 대한 요구와 실천이 진전되면서 사회적 관계의 변화가 가능하다는 의식이 대중에게 조금씩 생기기 시작했다.

대중사회는 시민의 범위가 확장되어 정치, 경제, 사회, 문화에 일반 대중의 참여가 늘어나기 시작하면서 전통적인 지배-복종 혹은 후원자-고객의 의존관계를 깨고 나오는 서민 대중이 정치에 접근하는 사회다. 젠트리나 도시 사업장의 부르주아는 그들이 후원자-고객 관계에서 행사하던 주도권을 점점 놓아야 하는 변화를 맞게 되었다. 근대의 대중은 넓은 세상으로 나오기 전에는 권력자나 부자에게 종속될 수밖에 없었지만 시대적 변화에 따라 정치적 인간이 되어가는 과정에 놓이게 되었다.

1. 대중의 사회적 지위

근대사회의 질곡을 대개 수동적으로 수용하도록 강요받았던 대중은 사회적으로 금지된 것들에 반감을 표출하고 외부의 압력에 불만을 표하며 연대감을 형성하기도 했다.[5] 앞서 커뮤니티를 중심으로 한 규범의 형성과 복종으로 미루어볼 때 이 대중은 사회의 규범과 질서를 형성하는 자율적인 불특정 다수이기도 했다.

봉건사회가 무너질 때 고통을 가장 많이 겪은 농민, 산업화로 도시에 몰려든 노동자들, 혁명에서 권력의 확보보다 생계의 다급함 때문에 모여든 무리, 그리고 혁명의 결실이 제대로 분배되지 못했을 때 불신과 분노로 다시 뭉친 사람들이 바로 대중이다. 대중 중에는 자본주의의 발달로 중간계층을 형성한 이들도 있었지만 대개는 이 과정에서 더 빈곤해졌다. 대중은 정치권력과 대면하는 과정에서 자신들 또한 다른 권력적인 존재로서 정치화되어 그 역할과 특성이 바뀌어가는 모습을 보여주었다.

농민과 도시 노동자

인류가 출현한 이후 수렵과 유목을 거쳐 정착하게 된 것은 농경을 시작하면서부터라고 할 수 있다. 농촌은 하나의 사회적 관계의 단위였고, 자연발생적으로 형성된 정치 공동체였다. 아직 통치기구가 없었던 개인들은 스스로 공포와 무기력을 해결해야만 했다. 개인 간의 관계가 복잡해지면서 질서가 필요해졌으며 질서를 잡는 역할을 맡기고 그렇게 할 권위를 부여할 제도와 구조가 생겨났다. 이러는 가운데 더 많이 가진 사람이나 더 능력 있는 사람 혹은 배려가 더 많이 필요한 사람들이 생겨났다. 이처럼 사람들의 관계가 복잡해질수록 약자와 강자가 생기고, 강자의 시각에서 제도가 만들어짐으로써 그 둘의 사이는 더욱 벌어졌다. 물론 날이 갈수록 조건이 같은 사람들 사이에서도 평등해지는 것이 어려워졌다.

17세기를 거쳐 지속되어온 봉건제도의 영향으로 농민들의 사회적 위상이 후퇴했다. 농산물 생산량은 늘어났으나 농민의 신분은 농노처럼 되어갔다. 인구의 증가와 무역의 발달로 농산물 수요가 급증하자 농촌에서는 토지 소유자인 영주의 권한이 더 커졌다. 계급이 낮은 귀족은 더욱 가난해졌고 소수의 부농 귀족이 많은 부를 누리게 되었다. 전쟁, 기근, 새로운 세금의 증가 등은 착취자의 영향력은 강해지게 했지만 피착취자인 농민들은 더욱 허약하게 만들었다. 이런 문제들은 지주, 중산층, 국가, 귀족 등이 모두 농민을 착취하도록 만든 요인이었다. 한편, 이렇게 모인 자본을 제대로 투자하지 못하자 돌파구를 식민지에서 찾았다. 식민지에서 필요한 원료를 들여와 생산한 제품을 다시 현지에 파는 과정이 계속되었다. 그러나 농노 노동과 같은

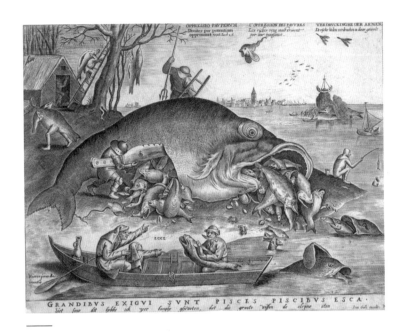

피테르 브뤼헐, 〈큰 물고기가 작은 물고기를 먹는다〉, 1557.

강하고 큰 것이 약하고 작은 것들을 잡아먹는다는 속담에 빗대어 사회적 불평등을 묘사한 피테르 브뤼헐Pieter Bruegel의 작품이다. 배에 앉아 있는 아버지가 아들에게 큰 것이 작은 것을 잡아먹는다는 걸 말해주고 있다. 아들이 큰 물고기의 배에서 작은 물고기를 빼내는 사람을 가리키는 모습으로 보아 그 뜻을 이해하는 것처럼 보인다.[6]

방식으로 이루어지는 식민지의 수출입도 효율성이 떨어져 이것마저도 오래갈 수는 없었다. 이렇게 구식경제는 그 효력을 상실해갔고 자연히 새로운 경제 시스템이 발달하게 되었다.

부의 불평등은 기본 생활비, 임금, 기본 생활비 외 소비 비중 등에 대한 계층별 차이로 이해할 수 있다. 1500년에서 1815년 사이 유럽의 주요 식품의 가격을 보면, 1500년에서 1640년대 사이에 물가가 올랐고 1640년대부터 1740년대까지는 떨어졌다. 그러다가 1740년대부터 1815년까지는 다시 올랐는데 이러한 현상에서 부의 불평등을 읽을 수 있다.[7] 주요 식품의 가격이 내려갔다고 해서 서민들의 가계가 편해지지는 않았다. 식품을 생산하는 노동자와 농민의 임금이 같이 내려갔기 때문이다. 그렇다고 식품의 가격이 오를 때 임금이 올라가는 것도 아니었다. 생필품 가격이 오르고 사치품 생산량이 증가하면서 사치품의 가격은 당연히 내려갔다. 영국과 프랑스 등에서 나타난 이런 현상은 사치품과 별 상관이 없는 가난한 사람들의 삶을 더욱 어렵게 만들었다. 가난한 사람들의 적은 임금에서 식품에 지출하는 비용이 큰 비중을 차지하는 반면에 부자들은 하인, 사치품, 의상 등에 지출하는 비용이 더 컸다. 농지를 잃어 비싼 소작료를 내야 하는 소작농과 농업이나 산업을 위해 토지를 빌려주고 수입을 더 많이 올린 지주들 간의 수입 격차는 당시 사회적 불평등의 주요 원인이었다.

근대 유럽에서 상대적으로 초기에 발달한 도시들에서는 소수에게만 부가 집중되었고 농민들은 토지를 빼앗기는 등 다수의 빈곤화가 진행되었다. 15, 16세기 영국에서 인구 증가는 경제적 생산력을 떨어뜨려 급증하는 수요를 따라가지 못한 공급 부족으로 인플레이션을 초래했다. 영국 사회는 이러한 일련의 과정을 겪으면서 빈곤층이 양산된 셈이었다. 농촌의 변화는 인클로저enclosure운동에서 나타나기 시작했다. 인클로저란 농업 생산을 하던 경작지에 수익성이 높은 양과 같은 가축을 방목하기 위해 울타리를 치고 소규모 경작자를 추방한 것을 말한다. 경작할 토지를 빼앗긴 농민들이 계속 농사를 지으려면 임대료를 많이 내야만 했기 때문에 그들의 생활고는 말이 아니었다. 16세기에 들어서면서 농촌의 붕괴와 일자리 감소에 따른 빈곤화의 원인을 인클로저 탓으로 돌리는 인식이 확산되어갔다. 한편으로는 특정 작물을 재배하고 가축을 사육하기 위한 인클로저는 생산의 효율성을 높여준 측면도 있지만 토지 부족으로 고통받는 농민을 배려하지 않는 것으로 여겨져 대토지 소유주들은 공동체의 이익을 해치는 자들로 인식되었다.[8]

인클로저로 지주들은 상대적으로 보다 적은 노동력으로도 돈을 더 많이 벌 수 있었다. 그러나 소작할 땅조차 잃어버린 농업 노동자들은 손에 쥔 것이 없었다. 헨리 7세 때 인클로저 금지령을 내렸지만 젠트리들은 말을 듣지 않았다. 1516년 모어도《유토피아》에서 인클로저를 비판했다. 16세기 영국에서 인클로저로 농지를 잃고 착취 노동에 시달리던 농민들은 국왕에게 이를 시정해달라는 청원을 올리고 반란을 일으켰다. 1549년 영국 노리치Norwich에서 농민들이 부유한 지주들의 울타리를 부수는 반란이 일어났다. 공격 대상인 부유한 지주 중한 사람인 케트Kett가 저항하지 않고 오히려 농민들의 요구가 정당하다며 동조하고 앞장서겠다고 나섰다. 이것이 케트의 반란Kett's Rebellion인데 지도자가 된 케트는 국왕 에드워드 6세Edward VI에게 인클로저를 금지하고 지주가 지대를 받지 못하게 해달라고 요청했다. 또한 그는 사제가 토지를 소유하지 못하게 하고 이미 소유한 토지는 세속인이 경작하도록 해줄 것을 호소했다. 이 반란은 실패로 끝났지만 그 후로 같은 문제를 원인으로 한 사회적 동요가 계속되었다. 그러나 그 후로도 오랫동안 이 문제는 해결되지 못해 부랑자와 걸인은 늘어만 갔다.

영국 농민들의 세금이나 물건 가격에 대한 반발은 기록에 많이 남아 있다. 시장경제가 활성화됨으로써 생긴 세금, 이윤, 빈부 격차, 발전과 정치적인 결정, 임금, 산업화와 관련된 이슈들, 노동자의 복지 등의 문제는 하층계급의 저항을 불러왔다. 경제가 활성화될수록 더 많은 문제가 생겨났고 부의 불평등에 대한 문제의식은 깊어졌다.

시장 사회가 초래한 불만은 다양한 지역 수준에서 일어난 반란의 원인이 되었다. 그 한 예가 1749년 브리스틀 지역에서 고속도로 통행세에 대해 대중이 저항한 봉기다.[9] 통행세를 부과함으로써 국가는 수입을 올릴 수 있었지만 대중은 길을 통과하는 데 세금을 낸다는 개념에 저항했다. 18세기 이전에는 왕의 신민이면 길을 통과하는 것은 누구에게나 있는 권리이며 그 길을 다닐 필요가 있는 모든 사람들의 공동 재산과 같았다. 사람들은 길을 부수거나 도시를 향해 행진하는 방식으로 통행세에 저항을 표시했다. 이들이 톨게이트를 무너뜨리면 정부는 다시 세우고 이들이 다시 무너뜨리면 다시 세우기를 반복하면서 서로 대결했다. 지방 행정관들은 반란자 고발에 대한 보상으로 높은 상금을 내걸었지만 제보자가 없어서 나중에는 보초를 세우는 방법을 택했다. 이러한 조치에 대한 저항의 표시로 농민들은 버터를 지방 행정관에게 던지거나 체포된 사람들을 위해 북을 치고 소리를 지르면서 게이트를 부수는 장비들을 동원했다. 이 과정에서 감옥에 갇힌 사람들에 대한 동정과 연대감이 확산되었다.

산업혁명 혹은 산업화를 떠올릴 때 커다란 공장이 상상된다면 그것은 18세기 끝 무렵의 광경일 것이다. 16세기에 시작된 초기 제조업이 주로 작은 가게 안에서 개인적으로 이루어졌다면 그 획기적인 전환을 맞이하게 된 때는 1700년대 말엽이라고 할 수 있다. 이 시기는 자본주의 시장경제가 자리를 잡아가는 때이기도 했다. 이전 선대 제도 때에는 자본가가 생산량을 늘리고 이익을 높이기 위해 독립된 각각의 소생산자에게 원료나 도구 등을 제공하여 이들을 자본가의 역량에 종속시켰다. 그러나 점차 이들을 한군데로 모아 임금을 주고 노동하게 하는 공장제 수공업으로 바뀌면서 길드 역시 해체되었다. 물론 이러한 변화의 선두주자는 영국이었다. 인클로저로 경작할 토지를 잃은 농민들이 도시로 몰려들어 값싸고 풍부한 노동력을 확보할 수 있었고 식민지 경쟁에서 승리하여 자본과 시장을 동시에 획득했기 때문이다.

사회의 변화와 함께 서민들에게도 사회의 모든 짐을 짊어지고 가는 자기들 모습이 보이기 시작했다. 이것을 일깨우거나 이에 대한 저항을 자극하는 외부의 동조자도 있었다.

17세기의 프랑스에서는 긴 전쟁과 분열 등으로 국토가 황폐해지고 흉작까지 겹치면서 소농들이 붕괴되고 있었다. 전쟁 중에 쑥대밭이 된 촌락, 고통받은 농민들, 겁탈당한 처녀들, 숲 속으로 피신한 농촌 주민 등은 일상적인 모습이었다. 결과적으로 농촌의 붕괴는 방랑자들을 도시로 모여들게 했고 굶주림에 시달리게 했다. 정부는 사회적 불안의 원인인 빈곤 때문에 사람들이 도시로 이동하는 것을 막기 위해 여러 가지 방법을 동원했다. 상류사회의 기부 행위도 늘어났지만 빈곤이 확대되는 것을 멈출 수는 없었다. 오히려 빈곤층에 대한 감시와 탄압이 심해져 1660년에 파리에서 수용된 걸인의 수는 5,000명에 달했다.[10]

작가 미상, 〈영국 아틀라스 혹은 평화의 실상〉, 1816.

일견 평화로워 보이나 힘들게 버티고 있는 영국의 실상을 보여주는 그림이다. 해군 함정과 어떤 사람이 우뚝 서 있는 곳에서 멀리 떨어진 섬 한가운데에 존 불이 서 있다. 그의 윗도리는 찢겨졌고 바지는 무릎을 기웠다. 그는 등에 3단짜리 성을 받치고 있는데 제일 위에는 왕이 있고 두 단에 군인들이 모여 있다. 왕좌를 받치고 있는 주춧돌에는 나폴레옹을 물리치고 부르봉 왕가를 다시 불러들이는 데 큰 역할을 한 영국을 자찬하는 글귀가 적혀 있다. 존 불의 주머니에서는 세금, 사치하는 데 사용된 공금, 불필요한 곳에 쓰인 비용의 대금 청구서들이 쏟아져 나와 바닥에 흩어져 있다. 이 그림은 전쟁 때보다 더 참혹한 서민들의 상황을 보여준다.

A FAUT ESPERER Q'EU·SE JEU LA FINIRA BENTOT

작가 미상, 〈이 게임이 곧 끝나기를 바라자〉, 1789.

프랑스의 평민은 귀족과 성직자의 부담을 모두 떠안고 힘겹게 살아갔다. 프랑스혁명 시기에 평민으로 보이는 사람이 등에 잘 차려입은 귀족과 수사를 업은 채 걷고 있는 모습을 그린 그림이다. 둘의 무게 때문에 등이 휠 지경인 사람의 발아래에서는 그가 돌볼 틈이 없는 경작물을 토끼들과 새들이 먹으며 즐기고 있다.

프랑스의 평민은 귀족과 성직자의 부담을 모두 껴안고 힘겹게 살아가고 있었다. 〈이 게임이 곧 끝나기를 바라자〉는 세 계급이 힘을 합치자고 하는 동안 모든 고통을 짊어진 평민들의 처지를 묘사하고 있다. 묵묵히 힘겹게 살아가는 평민들이 있는가 하면 혁명을 통해 세상이 바뀌는 것을 꿈꾼 평민들도 있었다. 귀족들은 세상이 거꾸로 간다

作家 미상, 〈국왕 만세! 국민 만세! 내 차례가 올 줄 알았어〉, 1789.

아기에게 젖을 물린 잘 차려입은 농민 부녀자가 귀족 여성의 등에 타고 있다. 이와 동시에 귀족 여성은 성직자 신분인 수녀의 어깨를 잡고 있다. 이 그림은 이젠 자신들도 위로 올라설 때가 왔다고 믿는 제3계급의 위치와 삼부회의 연합을 상징한다.

고 푸념을 늘어놓았겠지만 평민들은 이제 자기들의 짐을 내려놓든지 다른 계급 사람들도 함께 지고 가자는 요구를 하고 싶어진 것이다.

약자의 힘

근대의 주요한 특징 중 하나는 대중사회가 등장한 것이다. 대중 특히 가난한 이들은 피지배 집단이나 억압받는 집단으로, 혹은 분노를 터뜨려 행동하는 사람들로 인식된다. 동시에 이들은 감정적이고 숙고할 능력이 없고 옳게 판단하지 못하는 것으로 무시당하기 십상이다. 따라서 이러한 특성을 지닌 대중은 진보를 거스르기도 하고 진보의 속도를 늦추기도 한다. 대중의 참여가 늘어나고 필요해진 시점에서 대중의 이런 특징은 엘리트들의 의도와는 상관없는 방향으로 역사를 끌고 갔다. 전면에 나서지 않고, 정책을 결정하지 않고, 말이나 행동에 책임지지 않는 것은 물론 말이나 행동을 알아봐주는 사람도 없었지만 어느 순간 이들은 필요해졌고 대체로 우연히 역사의 동력으로 중요한 역할을 하게 되었다.

영국에서는 1688년부터 1746년까지 일련의 재커바이트Jacobite 반란이 있었다. 재커바이트는 명예혁명 후 망명한 제임스 2세와 그 자손들을 영국의 정통 군주로 인정하는 정치 세력인데, 제임스의 라틴 세례명 야코부스Jacobus에서 유래한 이름이다. 의회가 왕위 계승에 간섭한 것은 불법이므로 축출된 제임스 2세를 복귀시키자는 움직임이었다. 하층계급이 이러한 운동에 동조하자 위험을 느낀 지배 세력은 평민들이 계속 이런 운동에 가담할까 봐 문맹을 조장하기까지 했다.[11] 이런 조치는 아래로부터의 저항을 차단하기 위한 것이기도 했다.

대중에는 가난한 이들만 있지는 않았다. 자본주의 사회가 진전됨에 따라 중간계급을 향해 가는 계층이 생겨났는데, 이들은 좀 더 적극적으로 주어진 조건을 깨고 나가려 애썼다. 특히 도시화가 다양한 직업을 만듦으로써 개인은 자기에게 맞는 기술을 찾을 기회를 얻게 되어, 이전에는 생각하지 못했던 자유로운 시민이 되어가고 있었다.

대중에게 이런 변화가 일어나는 동안에도 자본주의는 발달하고 도시 인구는 증가하면서 공교육을 통한 전문직 양성이 활발해졌고 생활도 풍요로워졌다. 이러한 과정에서 중간계급 혹은 부르주아라는 집단의 성장은 하층계급을 더욱 고립시켰다. 점차 깊어지는 빈부 격차, 기계파괴운동과 사회주의 사상의 등장, 차티스트운동 등으로 공장제 기계공업을 주축으로 하는 자본주의 발달에 제동을 거는 일들이 빈번해졌다.

혁명 전 프랑스에서는 인구의 90퍼센트가 평민이었고 소수인 귀족과 성직자는 평민의 노동과 세금에 기대어 권력을 누리고 있었다. 미국혁명에서 영국과 경쟁했던 루이 16세는 왕실 재정이 바닥나자 이를 해결할 방법을 궁리하기에 바빴다. 그는 1789년 5월 5일 베르사유 궁전에서 16년 만에 전국 삼부회를 소집하고 의원 총수의 절반을 평민 대표로 구성했다. 의사를 결정하는 과정에서 머릿수 투표와 부별 투표가 대립하다 6월 13일 평민 대표들은 그들만의 삼부회를 열고 이 삼부회를 국민의회로 개조하는 결의를 했다. 7월 초 국민의회는 다시 헌법제정위원회로 이름을 바꾸고 헌법과 의회정치 도입에 착수했다. 이에 왕은 군대를 궁 부근으로 불러들여 파리를 공포에 빠뜨렸다. 이어서 왕은 삼부회 최고 책임자 자크 네케르Jacques Necker를 해임하고 바스티유 감옥의 습격을 자초하기에 이른다.

이 사건은 전국으로 퍼져 봉건적 신분제와 영주제를 폐지하기에 이르렀다. 여전히 부르주아 편이라는 평가를 받은 헌법제정위원회는 8월 26일 라파예트 등이 기초한 인권선언을 가결했다. 인권선언에는 인간의 자유, 평등, 국민주권, 법 앞의 평등, 과세 평등, 사상의 자유 등이 명시되었다. 의회는 피신했던 루이 16세를 파리 튈르리 궁으로 귀환시켜 감시했다. 행정 구역 개편 등 재정난 타계 대책이 먹혀들지 않자 샤를 모리스 드 탈레랑 페리고르Charles-Maurice de Talleyrand-Périgord 주교가 교회 재산을 국가에서 관리해야 한다고 주장했다. 그 결과 교회 재산을 분할 판매하여 국가 도산의 위기를 겨우 모면할 수 있게 되었다. 그러나 성직자를 봉급을 받는 관료로 대우하기로 의결했기 때문에 이들이 국가와 의회에 선서해야 하는 것이 마땅했지만 이를 거부하고 떠나는 성직자가 많았다. 결과적으로 이것은 가톨릭 신자가 많은 혁명 진영에 반혁명적 기운을 불어넣어 준 셈이 되었다.

루이 16세를 처형하지 않기로 했던 의회는 왕이 가족과 함께 바렌으로 도피하다 붙잡혀 다시 돌아오자 왕을 처형했다. 혁명은 이제 공포 분위기로 치닫게 되었다. 지롱드파와 산악파가 대립하고 국민공회의 공안위원회에서 로베스피에르가 대표로 선출되었다. 다시 산악파가 장악하면서 왕비 마리 앙투아네트가 처형되기에 이른다. 공포정치가 시작되고 권력을 장악한 산악파 내부의 갈등이 증폭되는 등 일련의 과정을 거치면서 대중은 공포에 움츠러들고 권력 싸움에 동원되어 혁명의 목적이 좌표를 잃어가는 것을 목격하게 된다. 모든 활력을 동결했던 공포정치는 로베스피에르의 죽음과 함께 끝나고 1799년 11월 브뤼메르 18일 쿠데타를 거쳐 나폴레옹이 군사적 독재를 확립하고 공화정을 선포했다.

프랑스혁명은 불안한 대중이 폭발하지 않았으면 성공할 수 없었다. 농민은 빚더미에 앉았고, 농토가 조금만 있어도 도시로부터 온 자본가들에게 팔아 빚을 조금이라도 갚아야 할 지경이었다. 혁명 한 해 전부터 우박, 가뭄, 홍수 등 자연재해가 이어졌고, 일자리를 찾아 도시로 떠난 이주 노동자들은 일자리를 찾기는커녕 구호 시설이나 시골로 내몰렸다. 이들의 배고픔과 분노, 그리고 새로운 질서에 대한 기대가 프랑스혁명을 가능하게 한 요인이었다.[12]

프랑스혁명은 단번에 모두의 마음을 한군데로 모아 진행된 것이 아니었다. 특히 혁명 과정에서 귀족들은 혁명 세력과 반혁명 세력으

작가 미상, 〈무정부주의자, 나는
두 사람을 모두 속인다〉, 1797.

공화파와 자코뱅파의 두
얼굴을 한 사람이 양쪽에
선 두 사람을 속이고 있다.

로 나뉘어 싸웠고, 대중을 향한 선전의 대결 양상도 빼놓을 수 없는
흥밋거리였다. 공포정치는 자유, 평등, 박애를 기치로 했던 혁명의 실
상을 다시 한 번 생각하게 했다. 프랑스혁명이 시민혁명으로서 전면
적인 권력의 재구성을 가져왔다기보다는 힘의 재편성을 기도했던 또
다른 상류층의 집권으로 끝났다고 할 수 있다. 혁명은 시민의 자유와
평등, 그리고 연대를 이루어낸 것이 아니라 오히려 나폴레옹이라는
야심가를 맞이하면서 일단락되었다.

혁명 이후 계속 그래왔듯이 프랑스는 여전히 부유한 시민, 즉 부르
주아의 체제였다. 이에 무산 시민과 신흥 자본가가 연합해서 선거권
확대 등 정치적 권리를 요구하는 혁명을 일으켰고, 이것이 독재자를
몰아내고 공화정을 수립하려는 유럽 전체의 요구에 불을 지폈다. 그
러나 프랑스는 영국처럼 안정을 찾지 못했다. 1789년 프랑스혁명의
결과로 구체제가 무너지고 공화정이 수립되었지만 공화정이 다시 나

폴레옹의 쿠데타로 무너진 후 75년 동안 공화정, 제국, 군주제로 권력구조가 바뀌는 굴곡의 정치가 이어졌다.

독일에서는 끊임없는 착취와 봉건적인 종속관계에 대한 저항으로 대규모 농민전쟁이 1524년부터 1525년까지 전국적으로 일어났다. 결과적으로 농민전쟁은 지방 영주들의 진압으로 끝이 났고, 봉건적 요소에서 탈피한 새로운 사회를 바라는 농민들의 요구는 산업혁명이 일어나기 전까지 달성되지 못했다. 이 전쟁은 프랑스혁명이 일어나기 전까지 규모가 가장 큰 대중 반란이었지만 정당화되지 못했고 오히려 종교개혁의 정신으로부터 소외되었다. 무기도 부족하고 기병도 없으며 전쟁 경험도 없는 무리가 군인들과 싸운다는 것은 처음부터 불가능한 일이었다. 농민전쟁은 한 영지에 국한되어 일어난 봉기가 여러 지역으로 확산되면서 시작되었다. 후에 토마스 뮌처Thomas Müntzer 가 인간의 평등과 재산의 공동 소유권을 주장하는 등 혁명적인 선동으로 대중의 지지를 이끌어냈다. 그는 초기 기독교의 평등주의를 내세워 군주, 지배자, 부자를 비판하면서 농민들의 지지를 받았다. 뮌처는 1525년 중부 독일 농민전쟁의 주도권을 장악하기도 했으며 그의 선동으로 광부들이 봉기해서 튀링겐과 하르츠 지역의 40여 개 수도원과 수녀원을 파괴했다. 그러나 그는 지방 영주들에게 진압되어 주도권을 빼앗기고 사형에 처해졌다. 농민군은 어느 정도 행동을 통일했으나 노동자들의 생각과 일치하지 않았을 뿐 아니라 농민들 안에서도 결집력을 발휘하지 못했다.

사실상 루터 종교개혁의 열렬한 지지자는 농민이었다. 농민들은 자신들의 봉기를 종교개혁과 같은 맥락에서 봐주길 기대했지만 루터는 냉정하게 이에 선을 그었다. 종교개혁으로 압박을 받았지만 여타 다른 영역에서도 개혁은 요구되는 분위기였기에 혁명의 조건은 성숙해 있었다고 볼 수 있다. 그리고 당시 성직자들의 부패를 파헤치고 하나님 앞에서 모든 인간이 평등하다는 것을 설파한 루터를 신봉하지 않은 사람은 거의 없을 정도였으니 이러한 분위기가 조성된 것은 분명하다. 그러나 루터가 봉기하는 농민들과 손잡는 것을 거부한 데는 그럴 만한 이유가 있었다. 농민전쟁이 가장 낮은 대우를 받는 노예들의 박해에 대한 저항으로만 일어난 것이 아니었기 때문이다. 오히려 농민들 중 먹고살 만한 사람들이 지방의 사제 선출, 세금 개혁, 공동체의 독립된 지위 유지 등을 요구하는 등 자신들의 권한을 넓히고자 농민전쟁을 일으켰다. 따라서 이런 요구 사항은 결국 종교개혁의 취지와는 거리가 멀고 오히려 사회를 문란하게 한다고 비난한 것이었다.

루터는 〈평화에로의 권면 : 슈바벤 농민들이 채택한 12대 강령에 대한 대답〉(1525)이라는 권고문에서 교회 영주들의 학정을 비난하는 동시에 농민들에게는 함부로 하나님 이름을 내세워 세속 권위에 저항하지 말라고 권고했다. 이 12대 강령에는 농토의 정당한 분배, 소작의 보장, 봉건적인 노예제도 폐지, 시민으로서 노동자의 특권 획득, 시의회에 대표자 파견 등에 대한 요구가 포함되었다. 농민들은 뮌처가 지도한 재세례파, 즉 자각적인 신앙고백 이후의 세례만이 유일한 세례라 보고, 유아 세례를 받은 자도 다시 세례를 받아야 한다고 주장한 급진적인 기독교도들 무리에 가담한 농민들이 무참하게 진압되도록 외면한 루터에게서 등을 돌리게 되었다. 루터교는 봉건제후와 도시민의 지지를 토대로 1555년 아우크스부르크화의를 통해 종교로 공인받기에 이른다.

독일은 영국과 프랑스에 비해 모든 것이 느렸다. 사람들은 프랑스 혁명 정신에 고무되어 통일된 독일 민족국가를 고대했으나 영방은 쉽게 통일되지 못했다. 통일을 실현할 개연성이 가장 큰 오스트리아와 프로이센은 동상이몽의 상태에 있었다. 똑같은 혁명과 소요의 결과가 오스트리아와 프로이센에서 각각 다르게 나타났다. 오스트리아에서는 균열이 가시화된 반면, 프로이센에서는 독일 통일 논의가 가시화되었다. 프랑스혁명의 영향이 스며드는 가운데 농촌이 봉건주의에서 해방되기 위한 법적 조치들이 취해졌다. 농민들은 부역과 조세에서 자유로워졌고 농노제가 폐지되었다. 과거에 가난한 농민들은 귀족들에게 예속될 수밖에 없었고 자기 거주 지역의 영주에게 세금을 납부해야 했다. 이런 상황은 다른 나라들에서처럼 아래로부터의 혁명 기운을 자극했다.

1789년 혁명 못지않게 유럽사에서 중요한 1848년 혁명은 빈곤을 이유로 여러 나라의 민중이 일으킨 사건들을 모두 일컫는다. 프랑스 2월혁명부터 1838년에서 1848년에 걸쳐 일어난 영국의 차티스트운동, 그리고 성공에는 훨씬 못 미쳤지만 독일의 3월혁명 등을 모두 포함한다. 노동자들은 학생·시민 계층과 결합하여 대중 집회와 시위를 이끌었다. 빈회의 이후 1848년까지 유럽 곳곳에서와 비슷한 양상을 보인 독일에서는 통일 담론이 활성화되면서 다양한 계층의 정치적 발언권이 요구되었다. 1837년 경제공황이 시작되고 흉작과 산업화의 혼란 속에서 노동자와 농민이 빈곤에 시달리던 터라 이미 혁명의 조건은 마련되어 있었다. 빈회의로 유럽 국가들은 왕정복고를 시도하려는 공동의 목적이 있었지만 서로 다른 이해가 부딪쳐 또 다른 혼란을 불러왔다. 부르주아 계급은 변화하는 사회적 조건들이 자유주의적 질서에 어떻게 유리하게 이용될지 확신하지 못했다. 급진 사회운동 세력은 민중을 혁명에 끌어들여 힘을 얻어내기에는 분열적이었다. 이때의 모든 혁명은 1848년의 혁명들과도 얽혀 있었다. 이 혁명들은 국경을 넘어 연쇄적으로 일어났고 서로를 자극했다.

사회적 지위에 대한 모순과 부조리에 약자들이 그들만의 공감대를 만들어갈 것 같았지만 그러지 못했다. 영국에서 귀족, 젠트리, 소수 상공인에게만 있었던 참정권이 도시 중산층에게도 확대되자 도시 노동자들은 참정권을 요구하게 되었다. 프랑스에서는 전제정치를 벌인 샤를 10세Charles X를 축출하고 1839년 7월 루이 필리프를 '시민의 왕'으로 추대했다. 그러나 시민의 왕은 기대와 달리 중산층과 노동자들을 화합시키지 못하고 그들의 정치적 요구에 탄압을 가하는 등 소수 대자본가의 이익만을 대변하는 정치를 펼쳤다. 독일에서는 1849년 3월 국민의회가 통일 독일을 위한 헌법 초안을 완성하고 그해 4월 프리드리히 빌헬름 4세Friedrich Wilhelm IV가 황제로 즉위하는 것을 거절했다. 혁명적 이상주의자들은 한계를 드러냈고 보수적인 정치질서의 부활을 막지 못했다. 이렇듯 1848년 독일에서도 노동자나 농민보다는 도시 중산층이 혁명의 핵심 행위자가 되었다고 볼 수 있다. 자유주의적인 부르주아의 견지에서 보면 1848년 혁명은 '원하지 않은 혁명'이었다.[13] 자본주의 경제 발전에서 혜택을 독점하는 부르주아의 행보에 제동을 거는 것이고, 노동자 계급이 시민으로서 자유와 평등을 공유하고자 하는 요구가 집결한 새로운 시대를 여는 시점이었기 때문이다.

2. 도시의 빈곤

근대는 자유와 평등한 삶에 대한 권리를 요구하는 혁명들이 많이 일어난 시기다. 그 배경에는 서민들의 고통과 고민이 있었다. 서민들은 왕의 권위와 왕족들의 배부름을 오랫동안 당연하게 여기며 그들이 마땅히 그럴 자격이 있다고 믿어왔지만, '그럼 나는 무엇인가?', '왜 이런 어려움을 나 혼자 견디며 사는가?'란 의심이 들기 시작했고 이에 대한 분노를 행동으로 표현하기에 이르렀다. 또 그것은 식자들의 정치적 갈등과 맞물려 좀 더 체계적이고 폭력적인 권력 갈등으로 나타났다.

산업화와 불안한 노동

영국에서 시작한 산업혁명은 18세기 후반에서 19세기 초에 걸쳐 전 유럽으로 확산되면서 농업, 제조업, 교통 등에 집중적으로 변화를 가져왔다. 산업화는 근대 후반의 유럽을 특징짓는 중요한 요소다. 18세기 후반 수작업에 의존하던 경제가 기계가 동원된 공업 중심으로 대체되기 시작했다. 기계화된 생산은 물자 생산에 괄목할 만한 성장을 가져왔고 사람들의 생활도 많이 바뀌었다. 기계화로 인한 실업과 도시화에 따른 도시 빈곤이 심각해지는 동시에 농촌도 빈곤에서 벗어나지 못하게 되었다. 또한 세금 등 근대국가의 체제가 요구하는 제도들과의 마찰, 과학의 발달에 따른 부작용, 직업의 확장과 지식인의 유형 변화 및 수적인 증가 등 모든 중요한 근대적 특징은 여기서 시작되었다고 할 수 있다. 농업을 중심으로 한 경제에서 시장을 겨냥한 생산이 활발해졌고, 생산 수단 역시 기계화되는 경제로 변화가 시작되었다. 산업화는 찬양과 저항의 양면을 키워왔다.

1840년이 지나서야 산업혁명의 사회적 영향에 대한 자료들이 쏟아져 나왔다고 설명하는 에릭 홉스봄Eric Hobsbawm은 1780년대를 즈음해서 생산력의 도약과 생산관계의 변화가 시작된 것은 사실이나 그 실감은 1830년대 혹은 1840년대에나 할 수 있었다고 한다.[14] 시장을 대상으로 생산된다는 사실보다 더 사람들의 감수성을 자극한 큰 변화는, 사람의 노동을 기계가 대체한다는 것이었다. 산업화의 특징은 기계의 발명과 대량생산이 가능한 생산기구의 개발이다. 생산물을 운반하는 수단의 발달도 그 특징 안에 포함될 것이다. 영국은 비교적 일찍 산업혁명을 겪었기 때문에 1800년대 후반에 이르러서야 산업혁명의 영향을 인식하게 된 나라들과는 달랐다. 산업혁명은 산업의 점진적인 발달로 이루어졌기 때문에 산업화 조짐이 시작된 이후 지속적으로 일어나고 있는 변화를 의미하기도 했다. 1780년대에 이르러서야 비로소 여러 가지 통계 숫자들이 산업화에 따른 도약을 설명할 수 있었다는 것이다.

교통통신 수단의 변화와 발달은 획기적이며 실질적인 성과를 내면서 놀라운 경험을 하게 만들었다. 철도는 1800년대 중반 상당히 많은 유럽 각국에서 중요한 교통 및 수송 수단이 되었다. 운하 역시 중요한 운송 수단이 되었다. 이런 식의 수송 속도 및 수송 능력 개량은 산업화에서 결코 경시할 수 없는 것이었다. 수송 수단은 편리했을 뿐만 아니라 도시와 농촌, 가난한 지역과 부유한 지역을 연결하여 기근과 식량 부족으로 인구의 감소를 겪던 유럽의 사망률을 떨어뜨리는 역할도 했다. 이 시기의 인구 증가와 이동은 재화의 이동과 수송에 못지않게 유럽의 산업과 생활의 판도를 바꾸어놓았다. 이러한 모든 개선과 발달의 결과 특히 1830년 이후 경제적·사회적 변화의 속도가 가속화됨으로써 당연히 정치적으로 요구하는 내용이 달라졌다.

인구가 도시로 집중되고 자본이 산업에 침투하자 새로운 생산 체제가 등장했고 수공업과 산업 분야에서 생산과 자본을 토대로 한 새로운 사회적 관계가 생겨났다. 인구가 도시로 집중되어 빈곤이 심화·확대되는 반면에 생산량이 증가하고 전문화된 산업 분야가 발달했다. 이 시기에는 도시와 빈곤, 그리고 빈곤의 해결 방식 등과 관련된 임금노동자들의 역할이 커진 셈이었다.[15] 그러나 이러한 변화와 함께 장인들의 역할은 축소되었다.

산업혁명은 농업, 방직업, 광업 등 다방면에서 기술적 진보와 생산력의 증대를 가져왔지만 더는 농사가 필요하지 않아 토지를 떠날 수밖에 없었던 가난한 사람들과 노동자 등으로 넘쳐나는 도시화를 촉진했다. 인구 증가는 고른 교육 기회를 의미하지 않았고 기아를 막을 수도 없었다. 어린 시절을 살아서 넘기기가 어려울 지경인 사람들도 많았다.

산업화에는 노동력이 필수적이었지만 항상 정당한 대가를 지불한 것은 아니었다. 특히 어린아이와 여성들이 정당한 대가를 받지 못하고 노동력을 과도하게 착취당했는데, 이는 사람들에게 큰 충격을 주었다. 법으로 금지하기 전까지는 임금을 조금 주고 살 수 있는 어린이를 대상으로 한 노동력 착취는 의회에 보고될 정도였다. 긴 시간 노동에 지친 어린이들은 지각을 하거나 일하는 속도가 느려지면

벌을 받고 공장에서 도망치면 감옥에 보내지기도 했다. 찰스 디킨스Charles Dickens는《올리버 트위스트Oliver Twist》(1837)를 통해 가난한 고아 소년의 인생역정을 그림으로써 빈부 격차가 심화된 암울한 사회를 비판했다. 이러한 실상 폭로는 1842년 탄광법을 만드는 데 일조하기도 했다.

부조리와 저항

1500년대부터 1800년대 초까지 빈부 격차는 지속적으로 벌어졌고 부자의 생활수준과 소비 패턴에 따라 가난한 이들의 생활수준은 오르락내리락했다. 부자가 찾는 소비재와 그들의 소비 패턴이 가난한 이들의 생산력에 값을 매겼기 때문이다. 1700년대 후반부터 1800년대 중반까지의 상황에서 이들이 선택할 수 있는 것은 그냥 밑바닥 인생임을 감수하면서 살아가거나 부르주아가 되기 위해 노력하는 것이 아니면 폭동을 일으키는 것이었다. 따라서 1800년대 중반에는 특히 어느 나라에서나 도시 빈민이 봉기했다.

이러한 경향은 인구 증가와 토지에 대한 독점적 소유 형태와 관련이 있었다. 인구 증가율은 1500년대에서 1614년 사이에는 올랐고, 1640년에서 1740년 사이에는 어떤 나라들에서는 내려갔으며, 1740년대에서 1815년 사이에는 대부분 나라에서 다시 올라갔다.[16] 빈부 격차 문제는 영국에서는 차티스트운동, 대륙에서는 1848년 혁명의 배경이 되었다. 자본가들의 착취는 노동자들의 소득을 생활이 아닌 생존을 위한 수준에 머무르게 해서 결국 이들을 빈곤층으로 내몰았고 투자 전환금을 대는 층으로 전락시켰다. 자본가들에게 이러한 노동자들의 불만은 사회질서가 전복되는 상황이 아닌 한 관심 밖의 일이었다.

당시 영국의 고용주들은 노동자들의 게으름을 불평했다. 그들은 노동자들이 임금을 받고 나면 일을 중단한다고 비난하면서, 노동자들이 계속 일하게 하려고 최저 생활비 정도의 임금을 주었다. 그래서 다루기 쉬운 부녀자와 아동을 고용하는 것을 편리하다고 생각했다. 1834년에서 1847년 사이에 영국 면 공장의 전체 노동자 가운데 약 4분의 1이 남자들이며 반 이상이 부녀자들이고 나머지는 18세 이하 소년들이었다.

그러나 가난한 사람들이 보기에, 공업화된 도시의 빈민들은 위생 시설도 제대로 갖추지 못한 환경에서 질병과 기아로 피폐한 삶을 살거나 타락한 생활에 빠져 모든 것을 포기한 채 삶을 이어가는 것처럼 보였다. 사회인구학적 상황이 변화하는 시기인 1830년대부터 도시를 중심으로 콜레라, 장티푸스, 재귀열 등의 전염병이 전 유럽을 강타했다. 도시 발전에만 집중한 채 도시 문제에는 무관심했기 때문이다. 질병이 부자들까지 죽게 하자 타락한 도시를 재건할 필요성이 생겼다. 자신들도 중류계급에 속할 수 있다는 기대가 무너지면서 도시 빈민들이 마지막으로 선택한 것은 반란이었다. 빈민들 중에는 세상이 부르주아가 이끄는 자본주의 사회로 변화한다는 것을 깨달은 부류도 있었다. 더욱이 자기들의 위치를 망각한 채 부르주아와 같아질 수 있다는 기대를 하는 사람들도 있었다. 이들은 전통사회가 빈민을 위한 계획을 세우고 혜택을 나누어 주기에는 이미 늦었다고 생각하게 되었다. 산업혁명에 대한 부정적인 인식은 지식인들 사이에도 있었다.

산업혁명으로 나타난 변화 중 들판에 들어서는 빌딩들이나 증기기관 차 등에 대한 비판도 있었다.

영국의 차티스트운동은 1838년 인민헌장the People's Charter을 공표하면서 노동자 계급의 대중운동이 되었다. 성인 남자의 보통선거권, 비밀투표, 평등한 선거, 후보의 재산 제한 폐지, 의원 세비 지급 등을 내용으로 한 요구 사항을 내걸었고, 공정한 임금의 원칙을 세우려 했다. 1839년 2월 런던에서 차티스트 전국회의를 열었지만 여러 집단의 이해가 대립해 투쟁 방향을 설정하기가 어려웠다. 1839년 7월 하원은 차티스트들의 청원을 거부했고 총파업 등은 수포로 돌아갔다. 도시 빈민들은 정치적 권리를 주장하는 와중에도 중류계급에게 밀려 도시 외곽으로 떠밀려갔다. 이는 도시개발 과정에서 발전으로부터 소외되었다고 표현하는 것이 옳을 것이다.

1840년 7월 노동자 계급의 대중적 정치조직인 전국헌장협회the National Charter Association가 설립되고 1842년 제2차 국민청원을 시작으로 차티스트운동은 절정에 이르렀다. 차티스트운동은 1842년 8월 총파업 실패를 기점으로 쇠퇴기에 접어든다. 심각한 경제 불황으로 위력을 완전하게 발휘하지는 못했지만 10시간 노동법, 공장법, 탄광법 등 사회 입법 마련에 기여했다.

차티스트운동은 1859년까지 이어졌는데, 노동자 계급의 최초의 정치·사회 개혁 운동이었다. 차티스트들은 폭력이나 무력이 아닌 도덕적 방법을 써야 한다는 신념을 갖고 있었기 때문에 투표제도 개선안을 놓고 의회를 통해 설득하려 했지만 실패했다. 그러나 이 운동으로 노동자들의 주의를 끄는 데는 성공했다. 1838년 인민헌장People's

Charter of 1838에서는 21세 이상 모든 남성의 투표 허용, 비밀투표, 재산 자격 제한 조항 제거, 인구 비례에 따른 평등한 선거구 등을 요구했다. 이들은 1839년 5월 7일에 첫 번째 탄원서를, 1842년에 두 번째 탄원서를, 그리고 1848년에 세 번째 탄원서를 의회에 제출했다.

두 번째 탄원서를 제출할 때 여성 차티스트의 모습이 시사잡지《펀치》에 등장했다. 그러나 이 여성들은 자기들의 권리보다는 남편들의 정치적 권리를 위해 참여한 것이었다. 당시 여성의 참정권을 인식하는 사람들이 있었다고 해도 여성은 차티스트들의 안중에도 없었다. 그들은 여성의 권리가 남성의 권리와 다를 바 없어야 한다고 주장하면서도 남성은 정치적 권리를 이행하여 가족의 욕구와 필요를 충족할 의무가 있는 반면 여성의 의무는 가정에 있다는 것을 분명히 했다.

대영주들이나 농민층 혹은 도시민들의 소요는 정치적 의지가 담긴 것이라기보다 재정적 압박에 대한 폭발이었다고 할 수 있다. 예를 들어 1630년 프랑스의 디종, 1636년과 1637년에 남서 지방과 아미앵, 루앙, 렌 등에서 격렬한 소요가 일어난 이유는 세금 때문이었다.

도시 빈민들의 정치화는 세금에 대한 저항으로 다른 계급들과 연대할 때 드러났다. 브리스틀의 농민들이 통행세에 반발하는 등 1749년에 벌어진 일련의 사건들에서 주목할 점은 그들이 저항의 중심에 있었다는 것이다. 주로 광부, 직조업 노동자, 못 제조업자nailers 등 하층계급 노동자들이었던 이들이야말로 보통 사람들이었는데, 여러 지역에서 여러 분야의 사람들이 연합하여 자기들의 의사를 표출한 것이다. 이들은 의사를 모으고 연대하는 데 카니발, 의식rituals, 상징symbols을 이용했다.[17]

존 리치, 〈여성 정치인〉, 1842.

시사잡지《펀치》1842년 11월 5일자에 게재된, 여성과 정치를 주제로 그린 첫 그림이다. 이 여성은 당시 런던에서 가장 잘 알려진 메리 워커 Mary Ann Walker라는 여성운동가이지만《펀치》가 여성이나 여성운동에 특별히 의미를 둔 것은 아니었다.

1763년 영국에서 사이다에 부과된 세금에 저항한 것은 또 다른 사례가 된다. 영국은 프랑스와 벌인 7년전쟁에서 승리했지만 피해를 보충하기 위해 사이다라는 한 소비 품목에만 세금을 부과했고, 이로써 여러 지역이 직접적으로 피해를 보게 되었다. 전쟁 비용을 어느 특정 지역들에만 지우는 것에 반발하는 것은 당연한 일이었다. 이 사건은 저항하는 사람들을 지지자로 확보하고 이를 정치적으로 쟁점화하여 이득을 보려는 중앙 정치인들이 있었기 때문에 가능했다.

1795년 남부 버크셔에서는 빈민 정책의 일환으로 스핀햄랜드제도 Speenhamland system를 만들었다. 이것은 빵의 가격과 가족의 수를 근거로 최저 생활 기준을 정해서 실업자와 저임금 노동자에게 수당을 지급하는 제도다. 그러나 이 제도는 농민과 서민을 제대로 고려하지 않아 비인간적이라는 평을 받았다. 농민들은 산업혁명 이후 수입원이 줄거나 끊겨 어려운 상황이었다. 여기에 흉작과 기근은 전면적인 파국을 초래했지만 전반적으로 절대적인 개혁의 필요성은 그때까지도 관심 밖의 일이었다.

어느 역사적 사건이나 마찬가지로 산업혁명 역시 오래전부터의 조짐이나 발달 과정 없이 어느 날 불쑥 일어난 것은 아니다. 그러나 1780년대에 이르러서야 비로소 여러 가지 통계 숫자가 이 도약을 설명할 수 있었다.[18] 산업혁명의 시작과 끝이 확연하게 구분되는 것이 아니라는 점은 분명하지만 변화의 증거를 제시한 역사가들이 이 시기를 산업혁명기라고 설정한 것은 무리가 아닐 것이다. 산업혁명이 가장 빨리 일어났던 영국도 발명이나 기술에서 대륙 국가들보다 우위에 있었던 것은 아니었다. 자연과학의 경우 프랑스가 다른 나라들보다 앞서 있었다. 프랑스에서 계몽사상과 합리주의가 발달할 때 과학 역시도 앞서 발전했다. 프랑스혁명 이후 파리 이공과대학École Polytechnique이 창설되는 등 전반적으로 프랑스의 교육체계가 영국보다 먼저 자리를 잡아갔다.

그런데도 다행스럽게 산업혁명이 영국에서 먼저 일어나게 된 이유가 있었다. 국왕을 공식재판에 회부하여 처형한 역사를 이미 경험한 영국인들은 변화에 대해 다른 의식을 가지고 있었다. 또한 정부도 일찍이 사적 이윤과 경제발전이 정부에 기여할 수 있다는 사실에 눈을 떴다. 토지 관계가 변화되어 기업농이 발달하면서 영국 농민은 이제 더는 프랑스 농민과 같은 처지가 아니었다. 농업은 이제 소작농 형태보다는 시장을 겨냥하여 생산하는 형태였다. 공장제 수공업은 이미 봉건제가 사라진 지역에 퍼져 있었다. 시장을 목적으로 생산되는 농작물은 비농업 인구에 식량을 공급했고 근대적인 자본 축적을 위한 초석이 되었다.

산업혁명이 본격적으로 시작되기 전에 이미 산업자본은 도시와 지방 사이를, 노동과 생산 사이를 연결하기 시작했다. 자본의 흐름은 소도시의 시장을 대상으로 한 생산 활동을 매개로 도시와 지방을 연결했다. 이는 산업화의 시작을 의미하는 것이다. 산업자본주의라 불리는 이 변화는 마을과 소규모 도시에서 매우 작은 생산 단위를 통해 축적된 적은 자본을 투자함으로써 제조업의 증가를 가져왔다. 이는 대규모 공장 생산 이전의 자본 형태로, 인접 지역의 시장을 겨냥한 산업적 생산의 확장이 소규모 도시 인구의 프롤레타리아화와 맞아떨어져 상호 의존관계를 형성했음을 말해주는 것이었다.[19] 영국뿐 아니라 다른 유럽 나라들에서도 이와 비슷한 현상이 나타났다.

이러한 현상에 변화가 온 것은 생산자와 상인이 결탁하여 거래 구조가 바뀌고 대규모 산업 지역이 등장하면서부터였다. 농업 지역의 노동력이 도시로 빠져나가고 대규모 농장주들이 농민과 맺었던 관계는 가족 중심으로 다시 바뀌었다. 따라서 노동 인구의 프롤레타리아화는 도시로 옮겨지며 농업 지역에는 탈산업화 현상이 생겨나 자본을 가지고 있던 사람들이 농민화peasantization되었다.[20]

이러한 산업화는 또한 투자 기법의 변화를 가져왔다. 금융회사의 역할이 국내는 물론 국외 식민지의 관리와 국제적 관계에 영향을 미쳤다. 자본재 산업은 점차 증가하고 있었다. 이미 산업혁명 이전에 영국은 자본주의화되었다고 강조하는 주장도 있지만[21] 금융과 상업에만 초점을 맞춘 이러한 주장은 영국의 산업혁명이나 산업 발달을 과소평가하는 것이다. 심지어는 영국이 한 번도 산업화되지 못했다는 주장까지도 있다.[22] 산업화 이전에 이미 자본주의로 이행하기 시작했다는 주장은 여전히 상위층을 구성하는 지주, 상인, 금융가로 구성된 구체제 엘리트에게 산업 부르주아지가 종속되었다고 보는 것이다. 지주층은 농업자본주의를 이끌었고, 17세기 말 이래 명예혁명으로 상인, 금융가, 기업가가 부상하면서 토지와 돈의 동맹관계가 맺어졌다. 17세기 말이 되어서는 지주층과 상인의 교류가 빈번하게 일어나기 시작했고, 1870년 이후에는 더욱 심화되어 금융자본주의가 성하게 되었다. 이제 이 자본가들은 해외 투자에 열을 올리게 되어 런던은 세계금융의 중심지가 되었다.

영국의 산업혁명이 비교적 급진적이지 않고 서서히 진행된 것은 초기 산업화가 복잡한 기계를 필요로 하지 않았기 때문이기도 했다. 그러나 영국의 산업혁명으로 면직물 공업이나 철강산업처럼 획기적인 변화를 이룬 부문도 있다. 따라서 도시화나 산업화를 어느 특정한 시기에 이루어진 현상으로 설명하는 데는 어려움이 있다.

영국의 산업혁명 속도가 느리다고 해도 혁명 과정이 19세기 영국의 정치·경제·사회 등 다양한 분야에서의 변화를 의미한다는 것을 부정하기는 어렵다. 그렇다고 산업혁명이 토지귀족의 영향력을 약화시키지는 않았다. 석탄과 철강 등을 토지와 분리할 수 없는 만큼 토지 소유자에게 막대한 부가 따를 수밖에 없었다. 19세기까지도 영국에서는 토지 소유자가 가장 부유한 사람들이었다.[23] 따라서 산업혁명을 설명하면서 상업·금융·산업 자본을 분리하려는 지나친 시도는 옳지 못할 수도 있다. 산업혁명이 단순히 기계나 기술의 발달만을 의미하지는 않기 때문이다.

작가 미상, 〈아주 힘든 시절〉, 1801.

화로에 오리를 걸어놓고 구워가며 빨래를 하는 한 여자가, 다른 여자와 함께 물가가
높다며 불평하고 있다.

고도로 기술이 발달한데다 정부의 지원까지 받는 지역에서는 집중
의 징후가 나타났다. 아직 전체가 공업화된 것은 아니지만 대도시들
은 수송, 소비, 일반 잡역을 하는 노동자와 숙련 수공업자들로 구성된
방대한 인구를 가지게 되었다. 당시 영국과 미국만이 공업의 중심지
라고 할 만한 요소들을 가지고 있었다.

이러한 변화가 반드시 농민들에게 더 나은 삶의 조건을 주었다고
말할 수는 없었다. 임금노동자가 된 소작 농민들은 봉건제라는 보호
장치를 잃었고, 자유롭지 않고 불규칙한 경제 질서는 자연재해와 시

조지 크룩섕크, 〈블랙번의 여성 개혁자들〉, 1819.

1819년 7월 5일 블랙번에서 열린 개혁 회합에 참
여한 여성들을 표현한 그림이다. 여성들은 자유의
상징인 붉은 모자를 쓰고 모여들었다. 앨리스 키
친Alice Kitchen으로 알려진 맨 앞의 여성은 "의장,
우리의 사랑의 징표를 당신의 개혁 깃발 위에 꽂
아주고 내가 들고 있는 선언문을 군중을 향해 읽
어주겠소?"라고 말한다. 이들은 전제적인 정부를
비판하는 것이다.

장 논리의 구멍을 메워주는 장치도 없이 이들을 방치했다. 그리고 무엇보다 이상한 것은 산업혁명과 프랑스혁명 같은 변화가 가져온 초기 자본주의가 새로운 계급으로 부상한 부르주아를 중심으로 하면서, 평민들은 노동력을 파는 계급이 되었을 뿐이라는 것이다. 토지에 대해서는 대지주제가 더욱 번성하는 듯했고 자유주의적 생산관계에서 노동은 기대했던 것과는 다른 방향으로 흘렀다. 따라서 농민은 더욱 불안해졌다.

영국의 경우 시장경제, 가격제도, 조세 등에 반대하는 폭동이 여기저기서 일어났고 그때마다 정부는 이를 잔혹하게 진압했다. 나폴레옹전쟁에 따른 생활고와 산업혁명의 진전에 따라 겪게 된 부조리에 대해 개혁을 요구하는 시위가 랭커셔의 직물공업지대에도 퍼져갔다. 면공업의 중심지 맨체스터의 세인트피터 광장에서 6만여 명이 모여 의회 개혁, 선거권 확대를 요구하며 시위를 벌였다. 지도자 헨리 헌터 Henry Hunter가 연설하는 도중에 기병대가 습격하여 헌터를 체포했다. 이 시위로 11명이 사망했고 약 400명이 부상당했다. 이 시위의 명칭인 '피터루Peterloo'는 4년 전 있었던 워털루전투의 이름과 세인트피터 광장의 이름을 따서 야유조로 지은 것이다.

1815년 나폴레옹전쟁은 기근과 고질적인 실업을 초래했다. 나폴레옹전쟁 이후 곡물 가격이 폭락하자 파산하는 지주들의 이익을 보호하기 위해 곡물 가격이 일정 수준으로 오를 때까지 싼 가격의 곡물 수입을 금지하는 악법인 곡물법corn law이 발표되었다. 그러자 그간 투표권 요구가 해결되지 않아 불만을 갖고 있던 정치적·급진주의적 성향을 띤 시위대가 광장에 모여들었다. 이들은 무자비하게 진압되었

조지 크룩섕크, 〈피터루 대학살〉, 1819.

술을 마신 초년 군인들이 통제도 되지 않는 말을 타고 가면서 가난한 사람들을 마구 죽이는 광경이다.

지만 개혁은 진행되었다. 결과에 불만을 품은 보통 사람들이 선거법 개혁 등을 요구했고, 차티스트의 정치적 개혁 운동이 이어졌다.

정부는 진압 정책을 지지했지만 오히려 개혁을 요구하는 목소리는 더욱더 확산되었다. 산업혁명은 부르주아라는 새로운 세력을 창출했고, 이들은 기존의 상류사회에 흡수되는 것을 원하지 않았다. 영국 산업화의 중심지 맨체스터에서 이들은 런던의 사회상을 모델로 삼으려고 하지 않았을 정도로 계급 정체성을 가졌다. 중류계급은 처음에는 노동 빈민과 협력했지만 나중에는 프롤레타리아와 귀족들 사이에서 싸웠다. 이들 가운데는 출생이나 가계로 내세울 것이 없는 자수성가

한 사람들이 많았다. 자신감과 부유함은 그들이 잔인하리만치 강한 자존심을 갖게 했다.

근대적인 특성 중 하나인 산업화는 이처럼 정치·경제·사회를 포함한 모든 측면에서 이제까지와는 다른 개인주의적이고 자본주의적인 양상으로 사회를 변모시켰다. 새로운 사회적 계급 질서, 시장 중심의 생산과 소비, 빈곤의 도시화 등을 묘사하고 적극적인 변혁의 요구를 담은 풍자만화를 인쇄하여 보급하거나 전단으로 배포하는 일이 많아졌다.

프랑스에서는 이에 견줄 만한 가난한 노동자들의 대중운동은 없었다. 여러 가지 유토피아 사회주의가 발달했지만 이들의 주장은 정치적 선동과는 거리가 멀었다. 1830년 프랑스에서 일어난 7월혁명에서 노동자 계급의 개입이 없었다면 부르봉 왕조를 무너뜨리지 못했을 것이다. 그러나 혁명의 결과 노동자들은 별로 얻은 것이 없었다. 싸움의 결실이 부르주아 엘리트들에게만 주어짐으로써 노동자들은 계급적 이기심을 보인 부르주아에 대한 불신을 키웠다. 리옹에서는 열악한 노동 환경에서 일하는 견직산업 작업장의 직조공들이 빈곤을 벗어나지 못했다. 수출 부진으로 빈곤층의 부담은 더욱 커졌고 매점 상인들은 실업을 악용하여 구매 단가를 낮추었다. 그 결과 임금이 더욱 낮아져서 빈곤층을 더욱 절망시켰다. 다음 해인 1831년 11월에 일어난 리옹 봉기는 여러 지역 노동자들이 군대에 맞서 격렬하게 싸운 사건이다. 군대가 일시 퇴각할 정도로 격렬하게 저항했지만 군대 퇴각 후 노동자들은 자치정부를 세울 생각은커녕 법과 질서를 앞세워 사태를 수습하려 했고, 결국 군대에 굴복당하고 말았다. 1834년 4월 2차

리옹 봉기에서는 공화주의 슬로건을 걸고 무장 저항을 했다. 첫 번째와 달리 저항은 군대의 유혈 진압으로 많은 희생자를 내면서 처참하게 실패로 끝났다.

자본주의 생산양식은 독일 노동자들에게도 변화를 가져왔다. 생산량이 증가하고 산업이 발달하면서 부르주아 계급이 형성되었는데, 이들은 점점 강력한 힘을 가지게 되었다. 동시에 산업 노동자가 노동 계급의 중심으로 성장하고 있었다. 독일은 영국과 프랑스에 비해 여전히 반봉건적인 농업국가 형태를 유지하여 근대화 속도가 느리고 낙후되어 있었다. 1844년 독일 최초의 노동자 대중 반란을 슐레지엔 직조공들이 일으켰다. 이때 직조공들의 임금은 낮아진 데 비해 식료품 가격은 올랐고, 영국 노동자들보다 조건이 열악한 직조공들의 생활은 더욱 어려워졌다. 이런 상황에서 임금을 남보다 먼저 내리고 난폭하게 군 기업주들에 맞서는 반란을 일으킨 것이다. 그러나 군대가 들어오면서 이 반란은 진압되고 말았다.

3. 정치적 인간이 되어가는 사람들

흉작, 전염병 등을 겪으면서 심각해진 빈곤 문제는 16세기를 전후한 당시 사람들에게 매우 걱정스러운 요소였다. 빈민 구호 시설이 생겨나고 교회나 도시 당국들도 이 문제를 해결하기 위해 나섰다. 빈곤 정책의 기준을 체계적으로 마련하기 시작했지만 불가피한 빈곤과 그렇지 않은 경우를 구분함으로써 정책의 대상이 되는 사람들을 억압하기도 했다. 구호 사업의 목적이 빈곤의 근절에 있다기보다는 구걸, 방랑, 게으름 같은 혐오감을 주는 모습을 없애 안정되고 절제하는 근면한 사회를 만드는 것에 있었다.[24] 이러한 목표는 기득권 세력을 유지하는 방편으로 사용된 억압적 장치였지만 교회나 도시 측은 모두 동의했다. 농촌이나 도시의 빈민들은 자기들의 처지에 대한 책임이 어디에 있는지에 귀를 기울이게 되었다.

빈곤의 정치화

근대의 여러 특징이 만들어진 곳은 도시다. 도시의 발달은 근대의 발달과 함께했다. 정치사회적인 변화의 중심이 된 도시는 새로운 개념의 대중이 등장하고 근대적인 변화의 양상이 드러나는 곳이었다. 도시가 발달하면서 대중문화의 폭이 넓어지고 내부적으로 갈등이 잉태되어갔다. 도시는 노동력뿐 아니라 일정한 규모를 유지하려면 인구가 어느 정도 필요한 곳이었기에 많은 사람이 모여들었다. 도시는 종교적 변화, 교육적 환경, 경제적 역할, 정치적 기능 등의 중심지가 되었지만 한편으로 복잡한 변화를 겪으면서 빈곤과 범죄의 온상이 되기도 했다.

산업화와 더불어 도시는 더욱더 양면성을 띠었다. 산업화의 덕을 본 사람들이 조성한 활발한 분위기와, 또 다른 형태의 계급 차이에 시달리는 가난한 사람들로 인한 음침한 분위기가 공존했다. 도시는 시대의 변화에 따라 여러 가지 형태로 드러나는데, 근대의 도시는 신흥 부자와 더 가난해진 사람들이 엉켜 있는 곳이었다. 도시화와 산업화가 초래한 특징 중에서 가장 중요한 것은 도시 빈곤이었다. 빈곤층의 삶은 상류계층과는 완전히 달랐다. 참다못한 도시 빈민들은 불만을 폭발하기도 했다. 그러나 이것은 때로는 난동으로 취급되어 정부군의 진압 대상이 되었다. 이 과정에서 드러난 무질서와 혼란은 자주 풍자의 대상이 되었다.

영국의 17세기는 상업자본주의가 산업자본주의로 넘어가는 시기였으며 식민지 무역은 급속한 팽창을 보장했다. 영국은 자국이 광범위하게 독점하는 세계시장이 필요해졌다. 면은 가장 큰 시장 상품이었는데, 면공업은 특히 식민지 무역으로 확장되었다. 서인도제도의 플랜테이션은 영국의 면공업을 위한 원면을 대부분 공급했다. 이 당시 영국의 면공업은 정부의 적극적인 후원에 힘입어 국내에 비해 해외시장에서 더 많은 성공을 거두었다. 나폴레옹전쟁 중 면포 수입을 영국에 전적으로 의존했던 라틴아메리카는 1820년에 유럽 수입량의 4분의 1 이상을, 1840년에는 유럽 수입량의 절반 정도를 사들였다. 또한 방직기와 방적기 같은 새롭게 발명된 기계들은 면 제품 생산에 대변혁을 일으켰다.

자유주의에 맡겨진 평민들은 농촌과 도시에서 노동자가 되었고, 19세기 초 기근과 자연재해에 방치되자 폭동이나 반란에 동조하거나 러다이트Luddite 같은 노동운동에 가담했다. 러다이트운동은 산업혁명으로 실직하게 된 수공업 노동자들이 직장을 잃게 될 것을 두려워하여 네드 러드Ned Ludd의 지휘 아래 직조기계를 파괴하면서 벌인 저항운동이다. 이들은 경제 사정이 좋지 않은 상황에서 값싼 미숙련 노동력으로도 가능한 기계직조업에 반대했다. 방대한 노동 인력의 수 역시 이들의 빈곤을 부추겼다. 비인간적인 기계는 인간을 일손에

작가 미상, 〈러다이트의 지도자〉, 1812.

불타는 건물 앞에서 총칼을 휘두르는 군중을, 여성 복장을 한 선동가가 이끌고 있다.

불과하게 만들었으며, 그들의 임금 또한 너무 낮게 책정되도록 했다. 1811년과 1812년에 베틀 노동자가 공장 기계를 파괴하면서 시작된 이 운동은 단기간에 매우 강력한 형태로 확산되어 급기야 군대와 충돌했다. 의회는 기계 파괴를 범죄로 규정했다. 1812년에 계속되는 파괴를 막고자 의회는 기계를 파괴한 당사자를 사형까지 시킬 수 있는 기계파손법Frame-Breaking Act을 통과시켰다.

산업화의 영향으로 윤택한 생활과 사회적 신분 상승을 기대했던 많은 사람까지도 빈민이 될 지경에 이르렀다. 부르주아 계급이 되는 데는 최소한의 경제 능력과 일정한 교육 수준이 필요했기 때문에 소수만이 부르주아가 될 수 있었다. 자조니 자기 향상이니 하는 구호들은 중간계급의 금주운동, 프로테스탄트적 노력 따위를 고취하는 도덕적·교훈적 문헌들에서도 선전되었다. 그러나 빈민이 그들의 환경에서 빠져나와 부르주아가 된다는 것은 무척 어려운 일이었다. 스스로의 힘으로 해결한다는 부르주아의 모토는 공리주의적·개인주의적 체계를 따르는 것을 의미하며, 본래 혜택을 받은 것이 없어 기반을 갖추지 못한 사람들에게 이러한 체계를 따르게 하는 것은 전통사회의 해악보다 나을 것이 없었다. 오히려 많은 사람이 더한 타락 속으로 빠져들어 갔다. 도시 외곽으로 밀려난 빈민들의 처지에 어울리는 것은 음주, 유아 살해, 매춘, 자살, 정신착란 등과 같은 절망의 그림들이었다. 범죄의 증가와 폭력이 집단행동의 가능성을 담고 있음은 당연하다.

더 큰 불행은 부자와 가난한 자가 저지르는 범죄가 다르게 취급되었다는 것이다. 가난한 자들의 범죄는 배고픔에서 일어난 우발적인 도둑질이라 하더라도 더 엄격하게 다뤄졌다. 부자가 저지르는 범죄는 사회를 전복할 수도 있는 큰 것이라 해도 정치적인 해석과 처리 방식이 이와 달랐다. 법은 부자와 가난한 자에게 똑같이 적용되지 않았고 형량이 공평하지 않았다. 가난이 곧 범죄 취급을 받은 셈이다.

프랑스는 혁명 전후 빈곤한 사람들의 정부에 대한 공격성을 경험하면서 여성이 정치적으로 의식화되는 과정을 겪었다. 바스티유 감옥이 파괴되고 여러 가지 혁명적인 개선이 공언되었지만 여성들에게는 여전히 식량 부족이 가장 무서웠다. 왕족들이 식량을 비축하고 있다는 소문이 퍼지자 배고픈 군중은 베르사유 궁전을 향해 행진했다. 이들은 대포와 각종 무기를 갖추고 있었다.

독일에서는 30년전쟁 동안 자행된 대량 학살의 결과 인구는 감소하고 국토는 파괴되었다. 따라서 제후들은 전쟁의 폐허 위에서 토지를 복원하고 경작지를 만들어야 했다. 이 과정에서 농민들이 부채를 많이 지게 되었고 경제적으로 대지주에게 의존할 수밖에 없게 되었다. 이러한 상황은 전쟁 전과 별 차이가 없는 것이었다. 도시와 농촌에서 빈곤층이 점점 많아졌고 도시 역시 농촌만큼 피폐하지는 않았지만 전쟁 동안 생활수준이 크게 낮아졌다. 프랑스, 네덜란드, 영국, 스웨덴, 러시아 등이 국제 무역 시장에 진출하고, 근대국가 경제 체제를 만들어가는 중에도 독일은 시장도 확보하지 못하고 힘든 시간을 보냈다.

실업과 빈곤으로 가족을 잃고 삶의 조건이 변화된 것에 대한 의식이 달라지면서 노동운동이 지속적으로 생겨났다. 이 운동의 가담자들은 자신들이 똑같이 빈곤한데다 무산자라는 공통점을 지녀 더 강

작가 미상, 〈1789년 10월 5일의 베르사유 행진〉, 1789.

여성들이 식량을 달라고 요구하며 베르사유를 향한 행진에 가담하고 있다.

한 연대 의식을 갖게 된다고 인식하게 되었다. 궁핍한 생활은 계급적 차별과 불평등이라는 화두에 좀 더 잘 다가가게 해주는 것으로, 이는 자본주의의 구조에 대한 불평불만과 연결되었다.

이 노동운동은 가난한 사람들이 부자에 대항하는 것이 아니고 프롤레타리아 노동계급인 근로자가 고용주인 자본가와 맞서는 것이었다. 계급적 단결에 대한 의식을 심어준 프랑스혁명 정신이 이러한 일련의 노동운동에 반영된 것이었다. 이들에게는 일시적인 저항이나 대응보다는 좀 더 지속적인 운동이 필요했다. 물론 프랑스혁명이 이

프랜시스 워커Francis S. Walker, 〈파리 주변의 폐허〉, 1871.

가난한 가족의 모습이다. 두 여인이 기대어 앉아 고개를 숙인 채 괴로워하고 있다. 어린아이가 바닥에서 음식을 주워 먹고 있고 남자가 물끄러미 바라보며 앉아 있다. 이 그림은 1871년 3월 4일자 《런던뉴스London News》에 실렸다.

러한 계급의식으로 시작되었다고 보기는 어렵지만, 1830년경 영국과 프랑스에서는 확실한 계급적 단결을 보여주었다. 이 시기에 지식인들 사이에서는 사회주의라는 단어가 생겨났다. 로버트 오언Robert Owen 같은 이들은 사회주의를 실천하는 단계에까지 근접하기도 했지만 단결과 파업을 무기로 한 사회개혁 시도는 실패했다.

이 시기의 노동운동은 엄밀한 의미의 프롤레타리아운동은 아니었다. 오히려 도시의 노동 빈민을 대표하는 모든 세력과 사회적 입지가 비슷한 사람들 간의 공동 전선이었다. 그러나 프롤레타리아가 조직을 갖추기 시작했던 곳은 영국이었다. 이들의 노동운동은 단지 항거 도구를 넘어 생활의 한 방식이 되어 영국에서도 사회주의운동은 약했다. 사회주의운동은 노동자의 선동과 선전에 밀려나 온건한 계몽 집단의 소비조합을 개척하는 것으로 전락했다.

빈곤은 범죄

16세기 초 빈곤은 유럽을 특징짓는 현상 중 하나이기도 했다. 도시로 밀려들어 온 인구가 가장 큰 원인인데 이들은 전문적인 기술이 없기도 했지만 도시 생활에 적응하지도 못했다. 장인이나 수공업자에게서 일을 얻을 수 있었던 사람들도 생산방식이 변화하자 이에 적응해야 했다. 그러나 급격한 변화 속도가 문제 해결의 메커니즘을 무력하게 만들었다. 게다가 흉작과 전염병으로 문제가 더욱 심각해지고 확산되었다. 농촌에서 생활 수단을 잃은 농민들은 점점 도시로 몰려들었지만 도시가 모든 사람에게 일자리를 제공하지는 못했다. 많은 사람이 실업자가 되었고 일할 능력이 없는 사람들은 구걸을 할 수밖에 없었다. 이들은 도둑이나 각종 잡범으로 쉽게 변했고 도시는 치안을 염려해야 했다. 정부는 빈민에 대한 조치만 무한정 하고 있을 수 없자 이들을 다시 농촌으로 돌려보냈다. 당연히 농촌은 이들에게 아무것도 해줄 수 없었고, 이들은 유랑민이 되어갔다. 국가는 이들을 강제노동에 투입하거나 게으름을 죄명으로 감옥에 넣었고 최악의 경우 사형에 처하기까지 했다. 진정한 시민은 게으른 사람들이 아니었기 때문이다. 그러나 이들은 산업화와 상업화의 산물인 동시에 필요한 구성 요소이기도 했다.

흉작과 전염병으로 빈민이 늘어나자 정부는 구호소를 만들고 구빈법을 제정하여 문제를 해결하려고 노력했지만 증가하는 빈민을 모두 수용할 수는 없었다. 영국 정부는 강력하고 빠르게 대응하려 했지만 다른 나라들과 마찬가지로 영국에서도 빈민 부조는 심각한 사회적 문제가 되었다. 정부는 무엇보다도 빈민들이 한꺼번에 한곳에 모여들어 사회적 소요를 일으키는 것에 긴장했다. 도시는 빈민 유입에 대처하는 빈민구제제도를 마련해야 했다. 1662년의 구빈법Poor Relief Act of 1662은 정주법the Settlement Act으로 개인이 교구에 속하게 되면 그가 속한 교구에서 책임을 지는 제도다. 만일 이 사람이 그 교구를 떠나게 되면 정주자격증settlement certificates을 가지고 있어야 했다. 이는 새로 정착한 곳에 원래 속해 있던 교구가 비용을 지불하는 것으로, 만약에 그가 구호 대상이면 되돌려보낼 수 있게 한 것이다. 한 교구에 정착하려면 그곳에서 태어났거나, 40일을 불평 없이 쭉 거주했거나, 1년 하고 하루 이상을 그 교구에서 고용되었거나, 1년에 10파운드에 해당하는 집세를 냈거나, 이전에 구제 혜택을 받은 적이 있어야 했다. 그것도 아니면 그곳의 정주자에게 7년간 도제 교육을 받았어야 했다. 그러나 이것은 자기 교구의 빈곤율을 낮추기 위해 가난한 이를 다른 교구로 보내 숨어 지내도록 하는 등의 방식으로 악용되기도 했다.

전염병의 창궐은 도시 빈민에 대한 가혹한 행위를 부추겼다. 빈민 거주 지역의 비위생적인 환경을 우려하여 빈민 격리 정책들을 내놓게 한 것이다. 빈민들은 도시에서 추방되거나 강제 수용되었고 시골로 돌아가라는 명령을 받았지만 대안이 없자 구걸과 유랑을 하게 되었고, 그 이유로 처벌을 받았다.

빈곤 문제에 관해서는 중앙권력이 지휘해야 할 필요성을 느낀 당국은 시 당국이나 교회가 빈민 구호에 의무를 가져야 한다고 강조하며 부조개혁을 단행했다. 빈민 구호는 지방정부나 교회에 맡겨졌고 후에는 일반 시민들의 세금으로 충당하려 했다.[25] 이런 부조개혁은 한편으로는 치안과 공공질서의 문제였기 때문에 중요한 논쟁거리였다.

영국은 빈민 부조개혁을 단계적으로 실행했다. 예를 들면, 1522년 브리스틀과 1552년 캔터베리에서는 곡물을 비치하여 위급한 상황이 오면 빈민들에게 팔아 곡물의 급격한 가격 상승을 막았다. 도움이 필요한 진짜 빈민에게는 구걸할 권리를 주거나 주민들의 세금으로 문제를 해결해주는 등 점차 빈민을 가려내는 기준을 만들어갔다.

주민들에게 세금을 부과하자 불평이 늘어갔다. 1549년에는 노리치 지방 주민들이 인클로저에 반대하여 일어난 케트의 반란에 합류했다. 이런 사태는 빈민 부조정책을 개인들의 세금으로 충당한 데 대한 불만에서 기인한다. 그러나 당국은 포기하지 않고 밀어붙였다. 한편 빈민들이 구조를 너무 쉽게 생각한다는 판단에서, 게으른 자를 빈민으로부터 분리하는 등 빈민에 대한 규정을 까다롭게 했다. 정부의 빈민 정책은 한마디로 게으른 사람에게는 일을 시키고 진정으로 어려운 사람은 구조하자는 것이었다. 그래서 결과적으로 빈민의 규모를 축소해 도시 빈곤의 수준을 낮추려는 데 그 목적이 있었고 이로써 주민들의 불만을 덜고자 했다.

16세기 말과 17세기 초 영국 엘리자베스 여왕 시대의 구빈법The Elizabethan Poor Law(1601)은 감화원과 교정의 집 설립, 빈민 부조기금 마련, 의료시설 조직, 교구의 책임 강조, 구걸 근절 등을 내용으로 하는 관련법을 제정하기 위해 격렬한 논쟁을 벌인 결과였다고 할 수 있다. 치안판사에 의해 임명된 '빈민 감독관'은 교구의 대표자들과 함께 빈민 아동들을 도제로 보내는 일, 실업자를 위해 일자리를 만들어내는 일, 신체 장애인들을 위한 보호소와 병원을 건설하고 감시하는 등의 일을 했다. 의회는 이러한 국가의 공적부조 정책에 개인의 자선을 그대로 유지하여 병행하는 것을 중요시했다. 이 구빈법은 애초에 일시적으로 시행하려던 계획을 변경하여 1649년에 항구적인 법으로 확정했다. 1834년 대개혁이 일어날 때까지 이 법은 영국 사회부조의 법적 기초가 되었다.[26]

프랑스 역시 자선 계획과 빈민개혁은 동전의 양면이었다. 파리의 빈민국은 노동 능력이 있는 사람들은 직물공장에서 고용하도록 했고, 걸인들이나 실업자들에게는 빵을 배급하는 등 빈민 정책을 수립하고 실천하는 데 집중했다. 그러나 전염병이 확산되자 유랑민과 외지 걸인을 철저히 단속하고 감시하여 이들을 추방하는 일이 반복되었고 결국 시 당국은 손을 들어야 했다. 1566년 루앙에서는 "스스로 부양하지 못한 채 사람들에게 모욕을 주는 자를 체포 한다"는 법령을 대법관이 발표했다. 또한 구호를 하는 곳에는 사회부조 방식을 문란하게 하는 자를 처벌하기 위한 교수대가 세워졌다.[27] 이러한 정책은 특정 도시뿐 아니라 프랑스 전역의 도시들이 취한 공통적인 조치였다. 프랑스에서도 도시의 빈민굴화를 염려하기는 마찬가지였다.[28]

중세에는 교회, 수도원, 길드 등이 빈민 부조를 책임졌으나 16세기에는 인클로저, 도시화 등으로 급증한 거지들과 유랑자들을 교구가 나서서 담당하게 되었다. 도시 당국의 빈민 부조 정책은 빵을 배급하고 병원 시설을 제공하고 일자리를 만들어주고 아동보호 정책을 만드는 것으로 그 개념을 잡았다. 이러한 시혜는 교회, 세속기구, 지방정부, 중앙정부 등의 합작으로 이루어졌는데, 그들 간의 갈등과 결탁의 결과물이었다.[29] 그러나 부조 정책은 지속적으로 변했다. 이 변화는 관련된 각 기관들의 공공선 개념이나 빈곤에 대한 태도 차이에 따른 것이었다. 부자들은 빈민을 위한 세금을 내고 싶어 하지 않았으며 교회는 자신들의 전통적인 특권과 재산을 보호하기 위해 자선기구와 병원의 세속화에 반대했다. 선행을 해서 자신의 관대함을 드러내려는 교만함에서 구걸과 과도한 시혜를 금지하는 법령에 반대한 것이다.

참여하는 보통 사람들

근대사회에서는 상업이 본격적인 시장 형성의 궤도에 오르고 사회 구성원으로서 개인의 자의식은 강해졌다. 그 결과 사람들은 많아진 정보를 근거로 판단하여 자신들의 대표자를 뽑고, 그들로 하여금 자신들의 권리를 대변하도록 하는 의지를 보이는 단계까지 진화한다.

1601년의 구빈법 시행에 따른 비용 부담이 커지자 19세기 들어서면서 이 법에 대한 반대 의견이 늘어났다. 나폴레옹전쟁 기간에는 구호소poorhouse를 단순한 구빈원이 아닌 노역을 해야 하는 감호소 같은 것으로 바꿨다.

평범한 사람들이라는 뉘앙스가 대중의 특징을 나타내는 하나의 특성인데, 그들의 또 다른 특징은 그들이 뚜렷한 체계 없이 운집해서 때로는 충동적인 공격성을 보일 때 나타난다. 이때 대중은 '군중'이라는

케니 메도우Kenny Meadows · 에반자 랜델Ebeneezer Landells, 〈구빈법의 실상〉, 1843.

시사풍자지《펀치》에 실린 그림으로, 구빈원에서 아이 엄마에게서 아이를 떼어놓는 모습을 통해 새로운 구빈법 실행의 실상을 보여준다. 새로운 구빈법에 대한 찬반의 소용돌이 속에서 결국 차티스트운동이 등장했다.

표현에 더 잘 맞는다.

군중의 특징은 두 가지 유형으로 살펴볼 수 있다. 하나는 잠재력으로서 언제나 '거기에 있어온' 이들이다. 혁명이나 반란이 필요할 때 화산이 폭발하듯 급작스러운 힘을 무섭게 드러내는 이들이다. 이들은 적기라고 판단하면 단시간 안에 목표를 중심으로 모여들 개연성이 있기 때문에 선동의 순간 움직인다. 군중은 하라는 대로 따라 하는 서민층이 아니라 적나라한 무리, "말하자면 항상 강요되던 초월적 원리나 목표가 배제된 생물학적 상태의 군중"이다.[30] "무엇보다 중요한 점은 군중이란 결코 포만감을 느끼지 못한다는 사실이다. 군중은 제가 집어삼키지 못한 인간이 단 한 명이라도 남아 있는 한 배고파한다."[31]

다른 하나는 변화를 향해 조금씩 모여들면서 목적지를 향해 나아가는 유형이다. 이들은 드러나지 않게 모여들고 몸집을 키워가기 때문에 폭발하는 군중과 마찬가지로 믿을 수 없다는 특성을 지닌다. 이들은 와해되기 쉽지만 모아두려 한다면 끊임없이 목표를 상기시키거나 보상을 해야 한다. 그것도 아니면 처벌의 공포에 떨게 해야 한다.

또한 실현 가능성이 없는 목표를 지향할 때 불안한 군중의 특성을 알 수 있다. 군중은 매우 취약하여 계획을 세우고 다시 만날 것을 다짐하고 흩어지는 것이 아니라 그냥 쉽게 흩어진다. 프랑스혁명의 군중은 구체제에 반대한다는 점에서는 한 배를 탄 것 같았지만 곧 평등한 개인들의 집합이 아니었음이 드러났다. 광장에 모이고 행진을 하고 감옥을 탈취하는 동안에는 모두가 평등하다는 환상에 젖어 있었지만 그 일이 끝나고 나자 더는 같은 집단의 사람들이 아니었다.

어느 시대나 사회에 한 유형 혹은 한 무리의 군중만 있는 것이 아니다. 서로 다른 생각으로 신경전을 벌이는 무리가 있으며 반드시 한쪽이 다른 쪽을 붕괴시키지도 않는다. 대중은 그들이 맞서는 상대가 그들보다 훨씬 수는 적지만 힘은 수십, 수백 배 이상일 수 있는 엘리트일 때 그 불안함을 더 잘 드러낸다. 풍자는 이 엘리트들을 대상으로 한 것이 가장 많지만 불안한 대중 역시 대상이 되었다. 당대의 사회적 관계에서 헤게모니를 잡고 있는 소수가 역사의 방향을 틀어쥐고 있는 것에 대한 대중의 저항을 다시 비판하는 것이 불안한 대중의 모습을 풍자하는 내용이다. 먼저 대중이 왕과 귀족, 정치체계를 풍자했다면 이제는 풍자 주체인 대중이 역으로 풍자 대상이 된 것이다.

근대 유럽의 대중은 점점 정치적 인간이 되어갔다. 즉 그들은 자기들의 요구를 관철하는 데 다른 계급을 이용하기도 했고, 그들의 수가 필요해진 귀족들이나 성직자들에게서 역할을 부여받기도 했다. 차티스트운동이 자코뱅주의와 함께 정치적 운동이 되어간 것도 같은 맥락이었다. 점점 대중은 평민, 노동자, 농민을 구성한다기보다 정치적 정체성을 시사하는 시민이라는 개념 속으로 녹아들어 갔다.[32] 엘리트들은 이들을 교육하고 훈련시켜서 무지, 가난, 질병 등으로부터 해방시킬 필요를 느꼈다. 그러나 정치적 인간이 된 대중은 그들의 불안을 개선할 제도에 해이하게 녹아들었다.

프랑스 농민들은 세상을 잘 모르고 고립된 사람들이었다. 농민들의 문제 중 하나는 많은 사람이 일상생활에서 프랑스어로 소통한 것이 아니라는 것이다.[33] 프랑스는 여섯 개의 큰 지역으로 나뉘어 있었고, 각각 그 지역 안에서는 서로 다른 언어를 사용했다. 물론 이들이 프랑스어를 전혀 몰랐다는 것은 아니지만 이러한 현상은 서로 균열

될 개연성이 잠재해 있다는 것을 나타낸다. 그 당시는 보편적으로 인간의 수명이 짧기도 했지만 전체 인구의 85퍼센트를 차지하는 가난한 농민들은 대부분 빈곤에 따른 질병과 기아로 어린 시절을 넘기기가 어려웠다. 산업화가 진행되는 가운데 농촌은 상업적으로 이득이 생길 만한 직물 생산에 연관되거나 덜 산업화된 형태의 수공업 제품을 생산함으로써 바깥세상과 연결되어 있었다. 산업화 과정에서 농민들이 도시로 더 많이 이동할 수밖에 없었고, 주말 시장에 나가거나 계절 농업을 하기 위해 다른 마을이나 도시로 나가는 사람들도 있었다.

농촌에서도 큰 지역에 사는 농민들은 선거에 참여할 기회를 얻었다. 국가는 마을 구성원들이 공동으로 생산하고 마을 전체가 집단 개념으로 세금을 내는 관계를 요구했다. 그래서 국가는 이들이 모여서 생산에 대해 토론하고 국가가 요구하는 세금을 내기 위한 공동 생산 시스템을 권장했던 것이다.[34] 이 문제를 의논하기 위해서 가장들이 대표로 나왔고 과부에 한해서 여자도 참여할 수 있었다. 18세기에는 프랑스 전역에 이러한 시스템이 권장되었다. 어떻게 보면 이것은 세금을 제대로 걷기 위한 것이라고 할 수 있다. 농민들은 교회의 커튼을 고치거나 지역의 배수관 시설을 고치는 데 필요한 경비를 결정했다. 일상적으로는 추수하는 시기 혹은 외부 일꾼을 불러오는 방식 등과 같은 것들을 의논했다. 모든 농촌에서 다 그런 것은 아니었지만 지역에 따라 대표를 몇 명 뽑아서 마을을 관리하기도 했다.

18세기 말에는 봉건영주와 마을 주민의 긴장관계가 더욱 고조되었다. 토지 재산이 늘어난 농민들은 봉건영주를 제어하기 위해 중앙의 기구들을 이용했다. 즉 도시의 변호사들은 농민들에게 봉건영주의 과다한 요구를 받아들이지 말도록 부추겼다.[35] 혁명 전야에는 귀족과 교회, 그리고 중간에 참여한 도시 부르주아 모두가 경기 침체의 영향을 받게 되었다. 섬유산업이 어려워지자 상인으로 나섰던 사람들이 돌아와 영주로서 농민을 옥죄고 돈을 거둬들이는 일에 나섰다.[36] 봉건영주는 언제나 농민들에게 분노의 대상이었다. 1785년부터 프랑스는 이상기후로 인해 흉년을 겪었다. 수확이 형편없자 1787년 농민들은 정치적 충돌 단계로 들어갔다. 도시에서는 권력기구가 계속해서 보통 사람들의 요구를 거절하자 이들의 정치적 역할에 대한 욕구가 점차 커지면서 복잡한 관계가 형성되었다. 1789년 혁명 직후 세금 납부를 거부하는 움직임이 계속되었다.

프랑스에서 빈민들 중에는 세상이 부르주아가 이끄는 자본주의 사회로 점차 변화해가고 있다는 사실을 깨달은 부류도 있었다. 이들은 전통사회가 더 이상 빈민을 위한 혜택을 주지 못할 것이라고 자각한 사람들로서 자기들 역시 부르주아와 같아질 수 있다는 기대를 품었다. 19세기 전반의 노동운동과 사회주의운동은 필연적인 것이었다. 1815년에서 1848년의 혁명 사이에 노동 빈민의 상태는 매우 열악하고 처절해졌다. 특히 농촌의 빈곤이 심각했다.

당시 절박한 상황에 있던 프랑스 농민들이 일으킨 반란은 국가나 지주가 자신들을 마음대로 하지 못하게 하겠다는 의지의 표현이었다. 이들의 정의란 법보다도 앞선 신앙에서 나오는 것이었다. 부가 전체의 복지를 위해 사용될 때 사회적인 덕을 지키는 것으로, 지나친 부와 지나친 가난은 사회적 윤리가 될 수 없다는 것이 그들의 생각이었다. 이처럼 부에 대한 윤리는 가격에도 마찬가지 현상으로 나타났다.

애덤 스미스Adam Smith 이후 가격에 대한 시장 논리가 확산되어감에도 대중은 가격이 시장에서 매겨지는 것이 아니라 '정의로운' 선에서 결정되는 것이라고 믿었다.

루이 15세 치하의 프랑스는 생활수준이 향상되었지만 부유함은 지주층에게 국한된 현상인 듯했다. 어떤 지방이나 도시들은 그러한 성장권에서 벗어나 있었다. 소작료는 상승했지만 임금은 그리 크게 오르지 않았다. 비록 대기근 같은 자연재해에서 벗어났어도 걸인의 수는 계속 증가했다. 이러한 현상은 1750년과 1752년 사이에 소요 사태를 일으키는 원인이 되었다.

노동운동은 프롤레타리아 의식과 자코뱅주의가 혼합된 것이었다. 노동계급을 제외한 자코뱅주의와 급진주의의 선동은 신문, 팸플릿, 공개 집회, 시위운동 등 폭력적인 것도 포함된 캠페인이 주가 되었다.

영국이나 프랑스에 비해 모든 변화에서 느렸던 독일은 30년전쟁 이후 폐허를 복원하는 시간도 오래 걸렸고, 18세기 산업혁명도 활발하게 진행되지 않았다. 농업 생산물은 다른 나라들에 비해 우위를 점했지만 도시가 빠르게 발달하지는 않았다.

19세기 초 독일에서는 프랑스에서와 같은 혁명이 성공하지는 못했지만 정치적·사회적 측면에서 변화와 발전이 많이 이루어졌다. 중산층을 비롯하여 노동자 계급도 그 전 세기와 비교하여 풍요를 누리게 되었다. "당시 수공업자와 섬유공업 노동자들은 숫자는 많았지만 계급투쟁과 신분 문제에 적극적이지 않았다."[37] 이들은 독일 변화 과정에서 주도적 역할을 하지 못했다.[38] 독일에서는 권위주의 시대의 잔재가 여전했지만 자유와 권리에 대한 의식은 노동조합과 관련된 여러 가지 제약을 철폐했고, 기술 개발에 활기를 주었으며, 노동자들의 공공복리에 대한 요구가 강해지는 데 영향을 미쳤다.

1830년대에 들어서는 프로이센의 주도 아래 관세 동맹을 체결하여 국내에서 관세가 폐지됨으로써 통일된 경제 기반을 구축하게 된다. 1860년대에는 독일 전역에 동업조합의 규제가 폐지되어 영업의 자유가 보장되었다.[39] 산업혁명의 후발주자였던 독일은 1900년대 초에는 유럽 최대의 산업국가로 등장하게 되었다.

1849년 혁명 후 제정된 영업규칙 법은 수공업자들의 의견을 많이 반영함으로써 삶의 질을 높여 공산주의혁명의 싹을 초기에 없애려고 했다. 그러나 더 높은 기술이 필요해지는 산업화 단계에 이르자 전문인력이 필요해지고 전문 기술이 없는 수공업자들은 쇠퇴하기에 이르렀다. 산업화가 빠른 속도로 진행될수록 중간계급이었던 수공업자 중심의 사회체계가 붕괴되었다. 면방직 공업에서 시작하여 산간 지역과 베스트팔렌 지방 수공업자들의 피해가 가장 심했다. 인구는 증가하고 노동력이 넘쳐서 임금이 싸지다 보니 노동자들의 생활수준은 전반적으로 떨어져갔다.

4. 불안한 대중의 출구

엘리트의 눈에 대중은 불안정하고 무질서한 집단이었다. 감정적이고 폭력적이며 멀리 보는 능력도 없고 상층계급에 불만을 갖기 바빴던 이들로 보였다. 엘리트는 대중을 어정쩡하게 중간계급 흉내를 내거나 달라진 사회문화적 환경에서 막무가내로 권리를 주장하고, 꼬임에 잘 넘어가거나 흥청거리는 집단으로 취급했다. 점점 벌어지는 빈부 격차는 대중을 더욱 불안하게 했다. 산업화된 생산 구조로 소작에 의존하던 농민들의 수입이 줄어들고, 식량을 생산하던 땅도 줄어들면서 곡물의 값이 오르게 되었다. 어쩔 수 없이 농민들은 부자들의 하인이 되었고 넘쳐나는 노동 인구 덕에 이들의 임금은 낮아졌다. 가난한 사람들은 토지와 관련된 생산에 의존해야 하는데 토지는 부자들의 의지에 따라 공업 생산의 수단으로 변해갔다.

반란과 폭동

15, 16세기 민중의 불안한 삶은 빈곤, 교회와 귀족의 억압에서 비롯된다. 17, 18세기 도시화는 또 다른 불안한 집단인 도시 빈곤층을 형성했다. 비위생적인 삶의 환경이 여기에 더해졌다. 이런 불안 속의 민중은 공격적으로 변해갔다. 이들의 공격성은 다른 사람의 불행에 대해서도 잔인한 방관을 초래했다. 정치적 처형, 마녀사냥, 범법자 처형 등의 장면을 보기 위해 몰려든 민중은 그런 것들에 열광하는 동시에 두려움에 떨었다. 이런 경험은 그들을 어느 한순간에 공격적인 무리로 변할 수 있게 했다. 잔인하게 처벌하는 장면은 민중을 흥분시키는 한편 공포를 주어 경각심을 갖게 했다.

이처럼 공포심을 자극하는 방식은 민중을 순응시키기 위해서 국가와 교회가 모두 사용했던 방식이다. 교회가 민중의 불안한 삶을 구제하는 데 위로가 되었을까? 신에게 의지하도록 만들기도 했지만 미신을 없애고 이단을 예방하는 차원에서 이런 방식은 위협적이었다. 게

리처드 얼롬Richard Earlom, 〈왕의 포도주 저장소 약탈〉, 1795.

그림의 가운데에서 과격한 공화당원이 포도주가 가득 찬 바구니를 끌어내고 있다. 무차별 폭력이 행해지고 있는 하단 오른쪽에서는 한 유대인이 살해당한 스위스 경비군의 옷을 어떤 여인과 교환하고 있다. 왼쪽에서는 한 남자가 누군가 자신의 주머니를 뒤지는지도 모른 채 죽은 스위스 군인의 입에 포도주를 붓고 있다. 앞쪽에서는 귀족 여성이 옷이 벗겨진 채 공격을 받고 있다. 뒤편 중앙에는 포도주 저장소로 통하는 문에 사다리가 걸쳐져 있다. 대문 오른쪽에는 헤라클레스 동상이 있고 그 아래에서 두 남자가 사제를 매달고 있는 중이다. 포도주 바구니 뒤에 서 있는 남자는 왼손으로 업신여기는 것 같은 제스처를 보이고 있다. 그는 하류계층의 해이나 폭력을 나타냈는데, 유명한 화가 윌리엄 호가스William Hogarth인 것으로 보인다.

다가 교회는 종교개혁이나 종교전쟁 등으로 고통받는 민중에게 해줄 수 있는 일이 없었다. 그러한 일이 있었다 해도 교회는 그것을 방관했다. 지방에서 세력을 장악한 봉건영주들도 국가가 관리하지 못했기 때문에 민중의 삶에 해줄 것이 별로 없었다.

16세기 대중의 이미지는 농민들을 통해 나타난다. 상업이 발달하기 전이었지만 농민들은 국가의 가장 빈곤한 계층이었다. 그들은 토지를 소유하지 못해 세금에 시달리고, 세금에서 벗어날 마땅한 방법이 없었기에 빈곤의 악순환 한가운데에 서 있을 수밖에 없었다.

지주와 소작인의 관계는 좀 더 계산적이 되었다. 17세기의 불황과 위기는 농민들을 괴롭혔고 지주는 소작인에게 더 많은 것을 요구했다. 이런 상황은 농민들을 절박한 심정으로 거세게 저항하게 했고 반란의 소지를 안겨주었다. 소작인으로서 농민은 소작료, 세금 등이 커져갈 때, 전쟁으로 물자가 부족하거나 생활이 궁핍해질 때 반항했고, 이러한 반항 의지는 점차 더욱더 강해졌다. 처음부터 농민들이 혁명을 의도한 것은 아니었다. 하지만 변화에 대한 불만이 커지고 그들이 감수해야 하는 불이익이 지주나 정치적 또는 사회적 지위를 가진 사람들 때문이라고 판단될 때 반항할 여지는 커졌다.

시장을 통한 생산과 매매, 가격 경쟁은 농민들에게는 소화하기 어려운 질서였다. 왜냐하면 이 새로운 변화는 국가나 부유한 사람들이 정하고 유도했기 때문이다. 농업은 이제 소작을 하기보다는 시장에서 거래할 목적으로 이루어졌다. 공장제 수공업은 봉건제가 사라진 지방에 퍼져 있었다. 시장에서 거래된 농업 생산물은 비농업 인구에게 식량을 공급하고 근대적인 자본 축적을 위한 초석이 되었다. 가장

싼 시장에서 사서 가장 비싼 시장에서 파는 것이 시장의 계율이었다.

1789년 루이 16세의 정부는 재정이 바닥났고 이를 메우기 위해 계속 세금을 인상했다. 귀족들과 성직자들도 과세에 불만이 많았고 삼부회가 소집되었다. 토의와 투표 방식을 놓고 평민 대표와 특권 신분 사이에 대립이 생겼다. 그러자 7월 11일 삼부회의 최고 책임자 자크 네케르가 파면되었다는 소식을 듣고 분노한 파리 시민은 7월 14일 바스티유 감옥을 습격했다. 영주의 성과 호적대장, 토지대장의 보관소가 습격당하는 등 전국은 공포 분위기에 휩싸였다. 사태가 우려되는 가운데 1789년 8월 4일 봉건적 신분제와 영주제의 폐지가 단행되었다. 8월 26일 라파예트 등이 기초한 인권선언이 통과되고 자유, 평등, 국민주권, 법 앞의 평등, 사상의 자유, 과세의 평등, 소유권 등 새로운 질서의 기본 원칙들이 천명되었다.

1792년 8월 10일 파리 시민이 봉기한 후 도주하던 루이 16세가 시민들에게 체포되어 튈르리 궁전으로 돌아와 감금되었다. 1792년 제1공화정이 수립된 후 이듬해 1월 국왕은 음모죄로 단두대에서 처형되었다. 1793년 가을부터 공안위원회의 공포정치가 시작되었고 왕비 마리 앙투아네트와 롤랑Roland 부인이 단두대에서 처형되었다.

공포, 광기, 축제

걸인이나 가난한 사람들은 범죄자가 아니라 보호책을 강구해주어야 할 대상이었지만 도시로 유입되는 사람들이 늘고 재난이 계속되며 전염병이 발생하는 등의 어려움을 해결하거나 방지하려면 이들을 막아야 했다. 영국, 프랑스, 독일, 스페인, 네덜란드 등 모든 나라의 도시들은 빈곤한 농민들이 도시로 유입되는 것을 막아야 할 필요성을 내세웠다. 국가마다 빈곤한 농민들을 도시에서 추방하는 것은 큰일이었다. 범죄가 증가하고 정부의 구호책에도 한계가 있었지만 무엇보다 전염병의 공포가 컸다. 전염병은 주로 빈민 거주 지역에서 발생했다. 도시 외곽은 빈민가로 변했고 더러는 철거되어 슬럼으로 변했다. 쥐가 옮기는 것으로 알려진 흑사병은 이런 지역에서 시작하여 퍼져 나갔다.

1347년 유럽에서 흑사병이 처음 발생해서 1750년까지 여기저기서 퍼지다가 말다가를 반복함으로써 지속적으로 유럽을 긴장시켰다. 흑사병은 유럽 인구를 3분의 1로 감소시켰다. 1400년경에는 이전의 인구에 비해 3분의 1 혹은 2분의 1로 인구가 감소되었다.

부자도 병에 걸렸지만 특히 가난한 사람들이 전염병의 희생자가 되었다. 부자들은 도시를 떠나 다른 지역으로 갈 수도 있었지만 가난한 사람들은 별다른 방책을 세우지 못했다. 한편으로는 흑사병도 빈곤의 핵심 원인이었다. 흑사병이 도시를 강타했을 때 원자재를 수입하면서 고용과 마케팅 부분에 실업을 증가시켰기 때문이다.[40]

1665년부터 1666년까지의 런던 대역병은 사회에 큰 충격을 주었다. 런던 외곽의 빈민촌에서 시작하여 런던 인구의 15퍼센트를 병에 걸려 죽게 만들었다. 이때 런던 대화재도 일어나자 1666년에는 런던 재건설법을 제정하여 런던 대부분 지역이 10년에 걸쳐 재건설되었다.

1720년에서 1721년까지 마르세유의 대역병은 유럽에서 가장 주목해야 할 가래톳페스트bubonic plague였다. 1720년에 시작되어 도시와 외곽에서 10만 명을 죽게 했다. 활발한 무역항인 마르세유에서 시작

작가 미상, 〈일부다처주의자〉, 1784.

이제 그만 병을 퍼뜨리라며 푸념하고 있는 인물은 흑사병을 몰고 다닌다는 닥터 슈나벨이다. 그는 흑사병으로부터 몸을 보호하기 위해 왁스 바른 망토를 입고 있다. 까마귀를 연상시키는 가면은 죽음과 불길함을 상징한다. 이 옷을 입은 의사들도 병을 피해 가지는 못했다. 오히려 그 옷에 묻은 균이 병균을 퍼뜨린다는 말에 사람들은 패닉에 빠졌다.

된 이 병은 급기야 2미터 높이에 70센티미터 두께로 페스트의 벽Mur de la peste을 세우게 해서 마르세유와 그 외 지역 간의 소통을 끊었다. 어떤 경우에라도 접촉하게 되면 사형을 내릴 수 있는 법도 만들어졌다. 2년간 당시 마르세유 인구 9만 명 중 5만 명이 죽었다. 프랑스 경제는 1765년이 되어서야 1720년 이전 상태로 회복될 수 있었다.

작가 미상, 〈1665년 런던의 대역병〉,
1665.

역병으로 인해 죽은 사람들의
주검을 거둬들이는 장면이다.

전염병이 퍼질 때 사람들은 불안에 떨며 그 원인을 이민족, 타 종
교, 가난한 여성 등 엉뚱한 데서 찾아냈다. 역사 속에 그러한 사례가
많이 나타났는데, 앞에서 언급한 마녀사냥이 대표적인 것이다. 긴장
이 극에 달했을 때도 극도의 불안과 긴장은 발작을 일으키듯 집단 광
기를 드러냈다.

근대에 등장한 사회 구성원의 다른 이름은 국민이다. 국민이라는
이름은 배타적으로 보호해야 할 그 무엇이 되고 마치 종교를 보호하
듯이 국민의 정체성은 보호해야 하는 것이 되었다. "국민이 마치 종
교처럼 여겨지고 있고, 또한 때로는 정말로 국민이 종교를 닮은 그 무
엇으로 변하는 일도 있다."[41] 전쟁 상태에서 특히 국민은 타국 국민에

대해서는 배타적이고 맹목적이며 비도덕적인 단합의 행태를 보이고, 어느 국민이라는 소속감만으로 자만심을 폭력적으로 드러내기도 한다. 자주 풍자 대상이 되곤 하는 국민성은 근대를 설명하는 데에도 기여하는 바가 있다.

축제와 마녀사냥은 불안감에서 나오는 광기를 표출하거나 자극한다는 의미에서 공통점을 지닌다. 마녀사냥은 불안한 대중의 축제이면서 공포를 잊으려는 무리의 광기였다. 두려움은 사람들을 흥분시켰다. 17, 18세기에 행해졌던 억압은 절대 권력이 순응적인 민중을 만들기 위해 조장한 공포의 장치이기도 했다. 동시에 미신 추방을 내건 마녀에 대한 탄압은 긴장감의 표현이었다. 축제는 지배자들도 이용했다. 교회는 대중을 다시 장악하기 위해 축제를 보존하거나 저지할 필요성을 동시에 가지고 있었다.

5. 해이한 대중

산업화와 도시화는 도덕적 해이를 초래했다. 도시로 몰려든 사람들은 새로운 생활 패턴에 직면하게 되었다. 전통적인 상류층은 아니면서 졸부가 된 사람들에게서는 깊이 없는 천박함에서 나오는 도덕적 해이를 볼 수 있었다. 대중은 뭔가 불안하고 불확실하면 엉뚱하거나 폭력적인 방식으로 그것을 드러낸다. 또 답답한 현실에 대해서는 '적'을 찾아 나서거나 누군가의 선동으로 돌발적인 행동을 하기도 한다. 뭔가를 분출해냈다고 여길 때는 다시 해이해져 또 다른 불안한 현

윌리엄 호가스, 〈남해의 포말〉, 1721.

그림의 하단 왼쪽을 보면, 악마로 묘사된 정직함은 바퀴에 묶여 있고 명예는 기둥에 묶여 있다. 부도덕한 성직자들은 그늘에서 도박을 하고 있다. 순진한 투자자들은 무엇인지는 모르지만 막대한 이익을 가져올 것이라는 기대감으로 증명서 한 조각을 믿고 주식을 사들였다. 미국의 스페인 식민지와 무역을 위해 설립된 남해회사는 투자를 모험적으로 하려는 사람들의 마음을 사로잡았다. 주식을 발행해 공채를 처리할 수 있으리라고 기대한 정부의 지원 아래 주가는 폭등했다. 그러나 이 사업이 공중분해되자 수천 명이 파멸했다.

실을 초래한다. 작은 성과 앞에서 절제하지 못하는 해이한 대중을 볼 수도 있다. 형편이 좀 나은 사람도 변화에 대한 기대가 어긋나 자포자기하거나 무기력해지기도 했고, 생활이 조금 편안해지자 흥청망청 탈선하여 인생을 망치기도 했다. 이런 해이함은 교만과 불안 혹은 자포자기에서 나왔다.

프랑스혁명을 비롯한 근대의 혁명들은 다수 대중의 참여 없이는 시민혁명이라는 이름에 걸맞은 성과를 이뤄내지 못했을 것이다. 그러나 여기에 참여한 사람들이 뚜렷한 역사 인식을 가지고 신념을 지키기 위해 함께했다고 볼 수는 없다. 혁명의 방향을 결정한 것을 간과해서는 안 되지만 그렇다고 혁명의 결과가 대중의 욕구를 해소해주지도 않았고 지배계층이 대중을 존중하지도 않았다. 여전히 이들 대부분은 가난했고, 그래서 불안해했다. 지배계층은 이들을 경계하고 때로는 가혹하게 억압했다. 그러나 한번 트인 물꼬는 다시 막기 힘들었다. 이들은 신분 상승이나 더 나은 삶에 대한 기대를 포기하지 않았고 중간계급 이상과 섞여 살면서 그럴 형편이 아닌 사람도 점점 중간계급에 동화된다는 착각을 하기도 했다.

게으름과 허황된 꿈

흥청거림은 엘리트들이나 귀족들에게만 국한된 것이 아니었다. 대중도 그들과 마찬가지로 흥청거렸다. 부를 축적할 수단으로 다양한 돈벌이 방법이 소개되었고 이런 거품에 대중도 덩달아 놀아났다. 호가스는 열심히 일해야 할 사람들이 게으르고 해이한 것을 조롱하는 그림을 그렸다.

윌리엄 호가스, 〈괴로운 시인〉, 1737.

'가난'이란 주제를 두고 무엇을 써야 할지 몰라 머리만 긁적이고 있는 시인의 모습을
묘사한 그림이다.[42] 바느질로 생계를 꾸려야 하는 부인과 현실적이지 못한 예술가를
대비해 보여줌으로써 당시 상류층의 후원을 받아 성공하려 드는 풍조를 염려하고
비판한 것이다. 또한 시인이 높은 이상을 추구할 뿐 현실감각이 없음을 풍자했다.

호가스의 대중 판화는 어떤 설교보다도 큰 영향을 미쳤다. 대표적
인 것이 '근면과 게으름' 연작이라고 할 수 있다. 이 연작에서는 근면
한 견습공 굿차일드와 게으르고 황폐한 견습공 톰의 모습을 대조했
다. 그의 '근면과 게으름' 연작 중 〈베 짜는 견습공〉은 열심히 일하는

윌리엄 호가스, 〈베 짜는 견습공〉, 1747.

호가스의 '근면과 게으름' 연작 중 하나로, 게으른 톰과 근면한 굿차일드를 대조해 보여준다. 기계 옆에서 잠자고 있는 톰은 방탕하고 게으른 생활로 제대로 살지 못하지만 자기 일에 집중하는 근면한 굿차일드는 성실성을 인정받아 훗날 고용주의 딸과 결혼하여 부귀를 누린다는 줄거리를 담고 있다.

노동자와 힘든 얼굴로 벽에 기댄 채 쉬고 있는 게으른 노동자를 대비해서 보여주었다. 이 '근면과 게으름' 연작에는 주인공들의 말로까지 그렸다. 게으른 노동자는 부랑아나 범죄자가 되어 형장으로 가지만, 근면한 노동자는 주인의 딸과 결혼하여 후에 런던 시장이 된다.

'근면과 게으름' 연작은 대중에게 상당한 호감을 사기도 했는데, 부르주아 계층의 윤리관을 보여주었기 때문이다. 즉, 가난과 부, 상인과 귀족을 대립시키는 그림의 주제와 런던 중심과 주변부라는 대조되는 풍경을 보여줌으로써 당시 런던의 이중성을 드러냈다.

소비와 방탕

농민과 도시 노동자의 불안에 집중하다 보면 도시가 빈곤을 깊어지게 하고 사람들 사이에 더 큰 간극을 만들게 하는 것만 강조하게 된다. 그런데 이것은 도시화와 산업화를 설명하는 유일한 방법도 아니고 옳은 방법도 아니다. 도시가 땅으로부터 생활의 터전을 얻었던 삶을 변화시키고 어떤 사람들은 경험해보지 못한 극도의 가난과 긴장을 경험하게 한 것은 사실이다. 그러나 도시화와 산업화는 개인의 삶에서 신분 상승을 기대하면서 그 목표를 위해 노력하도록 하고 그 대가를 맛보게 하는 긍정적인 결과도 가져다주었다. 도시는 새로운 엘리트 계급이 발달하게 했고 혈통과 재산을 강조하지 않고도 사회에 참여할 수 있게 해주었다. 또한 새로운 직업이 많이 생겨서 개인의 자기 역량에 대한 기대와 확인도 할 수 있었다.

생활수준이 높아지고 신분의 벽에서 어느 정도 해방되자 많은 자유가 개인의 생활에 스며들었다. 그러나 이는 도시의 긍정적인 가치

제임스 길레이, 〈두건을 쓰고 있는 숙녀〉, 1795.
지나치게 길고 거추장스러운 두건으로 머리를 장식하는 여성의 모습을 통해 사치와
허영을 풍자했다.

못지않게 중요한 병폐를 초래했다. 소비가 늘고 필요 이상의 소비는
사치로 이어져 그리 풍족하지 않은 사람들도 절제하지 못하는 생활
습관을 들이게 만들었다. 궁정생활의 사치는 국왕과 왕족들이 축출
당하거나 나라를 위태롭게 만드는 중요한 이유가 되었다는 것을 앞
서 다루었다. 시장과 도시의 발달은 중간계급을 형성시켰고 중간계
급의 생활 방식이 확산되면서 일반 서민들도 그것을 따라 하기 시작
했다. 소비문화는 산업화와 함께 사회풍자의 중요한 대상이 되었다.
　소비가 더 중요해진 도시 생활은 폭력에 노출될 기회를 증가시켰

리처드 뉴턴Richard Newton, 〈1796년의 과도함〉, 1796.

당시 유행하는 패션 스타일을 선보인 남녀를 그린 그림이다. 여자는 과장된 깃털 장식이 달린 모자를 쓰고 당시 영국에서는 생소한 옆트임이 과감한 드레스 차림이다. 남자는 몸에 딱 달라붙는 바지를 입은 모습이다.

다. 아이들은 버릇없이 자라고 어른들은 사소한 일에도 언성을 높이거나 주먹다짐을 했다. 중간계급 문화가 발달하면서 한편으로는 그들의 삶이 안락해지고 재미있어졌지만 다른 한편으로 도시는 점점 살기 불안한 곳으로 변했다. 싸움, 술주정, 무질서, 풍기문란, 방탕함이 만연해지면서 어른이나 아이들이 걸핏하면 주먹을 휘두르는 해이한 도시의 풍경이 풍자화에 자주 등장했다. 도시 폭력에 대한 두려움은 도시를 불안하게 만들고 사람들 사이의 연대성을 파괴했다.

윌리엄 호가스, 〈잔인함의 첫 단계 : 동물을 괴롭히는 아이들〉, 1751.

'잔인함의 네 단계' 연작 중 첫 번째 그림으로, 아이들이 잔인하게 동물들을 괴롭히고 있는 모습을 그렸다. 이런 아이들이 자라서 어떤 사람들이 될지 염려하는 뜻을 담고 있다.

그림의 제목 자체도 이 건물의 용도를 풍자한 듯하다. '남성 전용 숙소'라고 되어 있는데 창문에 붙은 공고를 보면, 허가를 받고 들어갈 수 있다고 쓰여 있다.

도시 빈곤과도 관련이 있으면서 도덕적 해이와 관련해 흔하게 등장했던 것은 매춘에 대한 것이다. 1730년대 여섯 개로 제작된 호가스의 '매춘부의 일대기' 연작은 일자리를 찾아 도시에 온 순박한 시골처녀가 포주의 꾐에 빠져 매춘부로 전락하고 초라하게 죽음을 맞는일련의 과정을 그렸다. 이 그림들은 어지러운 사회의 실상을 적나라

윌리엄 호가스, 〈매춘부의 일대기 1〉, 1732.

도시에 막 도착한 시골 처녀가 여인숙 앞에서 포주를 만나 꼬임에 빠지는 장면이다.

하게 그렸다는 평을 받았는데, 매춘부나 한량은 인간의 허점을 의미하는 것으로 볼 수 있다.

탈선을 부르는 알코올

당시 대단한 전염병과도 같았던 알코올에 대한 적개심은 존재했지만 금주운동은 성공하지 못했다. 파리 서민들의 시선에서 주점의 문제점을 엿볼 수 있었다. 영국에서는 호가스의 많은 사회풍자화가 판화로 제작되어 음주의 문제점을 지적하거나 개탄하는 데 쓰였다. 알코올의 성행은 많은 사회적 부도덕의 원인이 되었다. 난봉꾼도 마찬가지로 흥청거리는 무리 중 한 부류였다. 영국인들은 의회가 금주법을 통과시키자 술이 없으면 왕도 없다고 소리쳤다. 호가스는 '한량의 일대기' 연작에서 난봉꾼이 무절제하게 살아가다 정신병원에서 일생을 마치는 이야기를 그리면서 구두쇠 아버지의 돈 긁어모으는 재주와 한량 아들의 지출 버릇을 대조적으로 묘사했다. 한량을 통해서 상류층 사회의 무분별한 사치를 표현했는데, 한량은 어리석은 사치와 무절제한 생활로 종국에는 교도소와 병원 신세를 지는 것으로 묘사되었다. 풍자화들을 보면, 당시 지방에서 일었던 사회적 불안에는 알코올의 영향도 지대했음을 알 수 있다.[43]

음주에 대한 염려는 대중사회의 해이함에 대한 염려이기도 했다. 〈맥주 거리〉는 프랑스의 진을 내몰고 영국의 맥주를 권장하고자 하는 의도를 담고 있다. 1751년 진 제조 금지법을 계기로 제삭되어 음주에 대해 풍자하기도 했다. 〈맥주 거리〉와 대조되는 〈진 거리〉가 동시에 발표되었다.

윌리엄 호가스, 〈맥주 거리〉, 1759.

〈맥주 거리〉는 1751년에 〈진 거리Gin Lane〉와 함께 발표한 것을 1759년에 인물들을
변형해 그려서 다시 발표한 것이다. 〈맥주 거리〉는 해이한 분위기가 지배적인 〈진 거
리〉와 달리 경쾌한 분위기가 느껴진다.

윌리엄 호가스, 〈진 거리〉, 1751.

활달한 분위기의 맥주 거리에 비해 퇴폐적이고 해이한 진 거리의 풍경을 나타낸 그림이다. 이러한 대조를 통해 진의 유해함을 알리고자 한 것이다. 맥주 거리의 전당포 주인이 남루한 데 반해, 진 거리의 전당포 주인은 탐욕스러운 모습으로 그려져 있다. 방탕한 진 거리와 달리 맥주 거리는 호탕하고 씩씩한 분위기를 자아내고 있어 서로 대비된다.

알코올이 원인이 된 무질서는 가정에 문제를 가져왔고 서민 생활을 풍자하는 주제로 자주 등장했다. 조지 크룩섕크는 1847년에 영국에서 '금주에 관한 이야기Temperance Tales, or, six nights with the Washingtonians' 연작으로 알코올이 가정에 미치는 영향을 그렸다.[44]

도시의 생활 패턴이 여러 면에서 중간계급 문화를 모델로 하여 퍼져갈 때 다른 한편으로는 허영심에 빠져 능력이 안 되는 사람들도 흥청거리는 모습을 보여주기도 했다. 정부는 이런 흐트러진 모습에 대한 경계와 단속의 수위를 높여야만 했다.

독일에서는 종교개혁의 소용돌이에서 대중의 불안과 저항, 교만함과 해이함을 소재로 한 그림들이 등장했다. 대중의 부상은 기존 질서가 파괴되는 것에 대한 우려를 점점 커지게 했는데, 이는 어느 나라에서나 마찬가지였다. 따라서 가치관과 사회적 역할이 바뀌는 것은 자주 풍자의 대상이 되었다.

근대 유럽의 영토는 19세기에도 여전히 농촌이 대부분이었다. 각국의 농촌은 제각기 다른 형태로 변화를 경험했지만 공통적으로 시장을 상대로 생산을 했다. 종교개혁을 전후해서 사회계층에 변화가 생겼고, 왕실과 새로운 귀족, 신흥계급의 관계는 또 다른 권력구조를 형성했다. 결과적으로 농촌은 파괴되었고 농민은 도시로 몰려가 임금노동자가 되었다.

16세기에서 19세기에 이르는 긴 기간 동안 유럽에서 가난한 사람들과 부자들 간에 생긴 격차의 원인과 지속성은 역사에 대한 재해석혹은 해석의 다른 방향을 제시해준다.[45] 1500년에서 1800년 사이 한국가에서 빈부 차이가 더욱 벌어지게 된 배경에는 필수 식량의 가격

작가 미상, 〈골칫거리를 짊어진 가엾은 남자 혹은 결혼생활〉, 1770~1789.

한 남자가 결혼이라는 쇠사슬을 목에 감은 채 술 취한 부인을 업고 있다. 남자의 부인은 가슴을 드러낸 채 술잔을 높이 들고 건배하고 있다. 이 와중에 원숭이는 여자의 무릎에 앉아 남자의 가발을 벗기고 있다. 배경에는 양조장 같은 건물이 보인다.

조지 크룩생크, 〈술병〉, 1847.

난로 앞에 앉아 있는 술 취한 아버지를 두 아이가 염려스러운 표정으로 바라보고 있다. 아이들의 엄마는 술을 살 돈을 마련하기 위해 전당포에 맡길 옷가지를 딸에게 내주고 있다.

조지 크룩생크, 〈술병〉, 1847.

술 취한 남자가 아내를 때릴 듯이 주먹을 치켜들자 그의 아들과 딸이 이를 저지하려 애쓰고 있다.

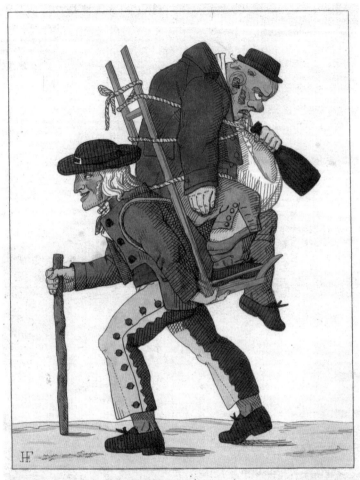

JACQUEs ROSBIF RENDANT... SA VISITE.

Déposé à la Direction de la Librairie.

작가 미상, 〈자크 로스비프의 방문〉, 1815.

영국을 풍자하는 그림으로, 짐꾼의 지게에 묶인 채 옮겨지는 남자는 영국을 나타내
는 로스비프이다.

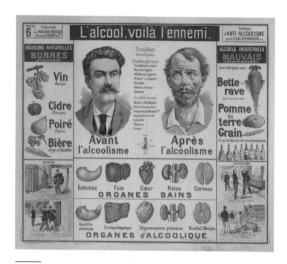

작가 미상, 〈알코올은 적이다〉, 1900.

알코올에 중독되기 전과 후의 모습을 대조시켜 알코올 중독이 얼마나 위험한지 경고하는 프랑스의 풍자화다.

작가 미상, 〈주정뱅이의 일대기〉, 1846.

알코올에 중독되어가는 아홉 단계를 보여준다. 근사한 옷을 입고 친구와 와인 한 잔을 하는 입은 남자로 시작해서 가난, 병, 범죄 등으로 점점 물들고 마지막에는 자살로 죽음에 이르는 모습이다.

작가 미상, 〈알코올의 결과〉, 1833.

알코올의 위험성을 보여주는 여러 가지 장면들을 신문 기사 형식으로 담았다.

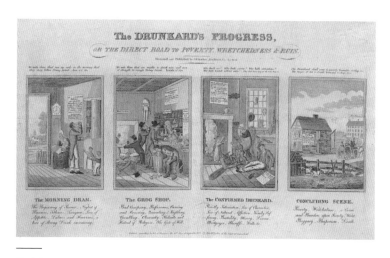

존 바버John Warner Barber, 〈주정뱅이의 일대기 혹은 가난과 파산으로 가는 길〉, 1826.
술주정뱅이가 가난과 파산으로 가는 과정을 그렸다. 깔끔한 옷을 입은 신사에서 부랑자로 바뀌어가는 모습이다.

이 올라가고 사치품의 가격이 떨어지면서 가난한 사람들의 생활이 더 어려워지고 부자들의 삶의 비용은 더 낮아진 현상과 관련이 있다. 가난한 사람은 토지가 생산해내는 식량과 주거가 필요했지만 토지는 부자에게 속해 있었다. 따라서 토지 소유자가 토지를 활용해서 농사가 아닌 다른 이익을 추구하면 토지가 필요한 농민들은 노동력의 값을 낮추어서라도 얻을 것을 찾아야 했다. 부자는 더욱 부자가 될 가능성이 열려 있었으므로 굳이 농사에 매달릴 필요가 없었고 하인이나 노동자를 고용하면 인건비는 낮아졌다. 이런 상황에서 당연히 가난한 사람들의 임금 수준, 즉 수입은 낮아졌다. 반면에 부자의 수입은 더 커졌는데도 소비생활의 비용은 낮아졌다. 결과적으로 식품 값

Der Lentz nimbt knecht an

Hauptmaň I.

der Sommer.

der Fendrich Hans vnfleis.

Achtsler Hauptman nembt mich an / vor faulkeit mag ich nit auffstahn.

Hieher kombt lieben faulen gst / Der aller faulst / ist mir der lieb.

Ikomb willkomb ihr lieben herren / du dem Lentzen zudienen begeren.

Jhr habt bei vns gewissen Soldt : doch wenig in silber oder goldt.

Zurissen hosen hungrigen bauch ein lehren seckel gibt er auch.

doch dörfft ihr gar kein ar sonst muesst vun stundan v

━━━━
작가 미상, 〈게으름〉, 1596(이전).

뉘른베르크 출신 마이스터징거meistersinger(직업 작사가이
자 작곡가)로, 시인이며 극작가인 한스 자크스Hans Sachs의
모티브를 이용한 그림으로, 인간의 게으름을 풍자했다. 여
름을 상징하는 사람이 수레에 사람을 태우고 들어서고 있
는데, 이 사람은 게으른 자들의 군대에서 사람을 모집하는
렌츠Lentz 대위에게 소개된다. 게으름을 의미하는 렌츠 대
위는 투구를 쓰고 창을 어깨에 걸치고 화려한 옷차림을 하
여 신분을 드러내고 있다. 탁자 위에는 술병, 돈이 쏟아지는
자루가 있고 서기는 지원자에게는 별 관심이 없다는 듯 턱
을 괴고 쳐다보고 있다. 그림 하단 왼쪽에는 한 사람이 자고
있는데 창과 투구가 아무렇게나 놓여 있다.

한스 만나서Hans Jorg Mannasser, 〈뒤집힌 세상〉, 1619.

왼쪽 인물은 데모크리토스Democritos, 오른쪽 인물은 헤라클레이토스Heracleitos인데, 이 둘 사이에 있는 뒤집힌 지구에서 사람들이 여러 가지 활동을 벌이고 있다.

THE WORLD TURNED UPSIDE-DOWN OR THE FOLLY OF MAN

Publishd by L.Bowles N'd Long Lane W'* Smithfield LONDON

———
작가 미상, 〈인간의 어리석음 혹은 거꾸로 된 세상〉, 1790.

심각한 사회적 메시지를 담으려고 한 것은 아닌 이런 유의 그림은 어느 시대나 어느
나라에서나 흔히 유머로 등장했다. 자연적인 것들이 망가지는 것에 대한 풍자라고 할
수 있다. 첫 번째 그림에서는 두 남자가 지구를 받치고 있는데 사람의 발은 위쪽으로,
머리는 아래쪽으로 나와 있다. 두 번째 그림에서는 어린아이가 아버지를 때리고 있
고, 여자아이는 침대에 누운 자기 어머니에게 음식을 먹이고 있다. 세 번째 그림에서
는 여성이 칼을 차고 어깨에 총을 메고 있고, 그녀의 남편이 아이를 보고 있다. 맨 아
래 오른쪽 그림에서는 해, 달, 별들이 땅 위에 놓여 있고 도시들이 구름 속에 떠 있다.

이 사치품 값보다 더 올라서 식량이 더 필요한 가난한 사람들은 더욱 어려운 처지에 놓이게 되었다. 이렇듯 식량을 구하는 데에 어려움을 겪을 필요가 없는 부자들과의 격차가 더욱 벌어지게 되는 현상은 근대의 또 다른 특징을 말해준다. 이러한 현상들은 도시로의 이주, 도시 빈민의 발생, 자본의 흐름과 축적, 빈민의 정치화 등의 배경이 되었다.

자유 시민이 되지 못한 도시 농민과 도시 노동자는 여전히 젠트리나 도시 부르주아가 보호해야 할 대상이었다. 그 보호에서 벗어나면 범죄를 저지를 확률이 높아지고 호가스가 묘사한 것처럼 스스로를 파멸로 몰고 갈 사회적 위험이 있었다. 노동자와 농민의 불안과 해이함은 모두 빈곤과 빈곤에 대한 두려움에서 비롯했다. 그리고 이런 해이함은 변화보다는 안정과 조화를 유지하고 싶어 하는 엘리트의 눈에 위험으로 보였던 부분도 컸다.[46] 대중의 불안은 자포자기에서 나오는 해이함과 같은 의미였다.

근대적 엘리트 :
부르주아, 지식인, 신정치 엘리트

작가 미상, 〈열을 올리는 철학 혹은 인간 지혜의 거대한 기념비〉, 1792년경.

프랑스 공화국을 의미하는 중앙의 기념비가 자유와 평등에 대해 논하는 철학자들에
의해 휘청거리고 있다.

산업화 과정에서 형성된 대도시로 인구가 집중되면서 더 많고 다양한 종류의 직업이 생겨났다. 새로운 시대가 요구하는 전문적인 기술과 지식의 습득, 그리고 정치권력의 획득과 수행에 필요한 새로운 패러다임이 절실해졌다. 도시화 현상이 가속화되고 큰 도시들 간의 상호 연계가 이루어졌으며 이 연계는 국내외적으로 확장되었다.[1] 인근의 작은 지역으로부터 혹은 경제활동을 위해 해외로부터 인구가 유입되어 대도시가 형성되었는데, 현재까지도 이러한 대도시적인 면모와 기능이 존속하고 있는 곳이 많다.

기존의 농업적 봉건질서의 변화, 상업의 발달, 시민혁명의 발발과 영향, 새로운 지식인의 등장 등에서 비롯된 역할로부터 근대적 엘리트가 형성되고 그 틀이 잡혀갔다. 경제적 변화에 따라 계급의 개념이나 계급 혹은 계층 간의 관계가 때로는 서서히, 때로는 급격히 변해갔다. 소비의 패턴에 따라 위계에 대한 인식이 달라졌고 계층 이동이 거스를 수 없는 흐름이 되었다. 단지 경제적인 변화만이 아니라 사회 계급, 정치적 권위, 사회적 비전 등의 변동이 함께 발생하여 귀족주의적

사회질서를 공격했다.[2]

전통적인 엘리트는 왕과 측근 관료귀족들, 성직자, 지주로 이루어졌다. 이들은 국왕과의 관계를 토대로 권력의 위계가 정해지며 서로 동맹하여 다른 집단을 배제하거나 국왕과의 관계를 독점하기도 하는 등 절대왕정 국가의 권력 체계를 구성했다. 이러한 엘리트 구조는 19세기까지도 새로운 요소들과 공존하거나 쇠약해갔을 뿐, 완전히 무너지지는 않았다. 그것이 절대왕정을 지탱하는 동력 그 자체였기 때문이다. 이때, 기존의 엘리트 집단들로부터 소외되었던 다른 집단들이 변화를 요구하는 힘을 발휘했다. 오랜 종교전쟁으로 인한 혼란 속에서 전통적 엘리트인 귀족들은 사회의 위기와 혼란을 통제하지 못하면서도 여전히 자기들의 특권을 지키려 했으므로 사람들이 반감을 가진 것은 당연한 일이었다.

새로이 등장한 엘리트 집단이 절대왕정 시대의 농민이나 도시 빈민과 같은 보통 사람들의 삶에서 어떤 역할을 했는지, 전통귀족과 어떤 점이 달랐는지를 살펴보는 것은 근대를 파악하는 또 하나의 방법이 될 수 있다. 왕, 의회, 젠트리, 중소상공인, 종교, 지식인, 신정치 엘리트 등 사회를 구성하는 이 집단들이 근대가 발달하는 과정에서 어떻게 평민의 삶에 힘이 되었는지, 아니면 또 어떠한 새로운 억압을 불러왔는지를 살펴보는 것도 근대적 엘리트의 특징과 근대라는 시대적 성격을 파악하는 데 도움을 준다.

새로운 엘리트가 출현한 것을 순기능으로 볼 수만은 없었다. 정치적 이해관계가 얽히면 엘리트는 기술이나 경제발전 등을 후퇴시키는 역할도 했기 때문이다.[3] 종종 엘리트들은 처음부터 의도하진 않았지만 결과적으로 자신들과 대중을 분리했다. 근대에는 교육을 받아 글을 읽고 쓰고 이해하는 것이 보편화되긴 했지만 그 기회를 잡을 수 있는 인구는 적었고, 오히려 교육과 계몽의 주도권을 잡은 사람들이 선별한 패러다임이 근대의 진보를 지배하게 되었다.

물론 근대적 엘리트는 출생에 따른 특권 향유를 약화시키고 혁명 없는 사회구조의 개편을 끌어낸 주체다. 전통적인 계급사회는 각 계급마다 권리, 자유, 특권이 서로 다른 불평등한 사회였다. 즉 왕, 귀족, 성직자, 상위 귀족과 하위 귀족, 교황, 지방 사제 등은 제각기 다른 권리를 가지고 있었다. 이들의 권리는 법으로 제정되거나 관습적으로 인정되었다. 이들이 가진 넓은 의미의 권리는 양보하거나 빼앗겨서는 안 되므로 정부나 다른 구성원들에게서 보호받아야 했다.[4] 반면에 근대사회의 계급은 훨씬 유동적이고 독립적이었다. 크게 엘리트와 일반 대중으로 나뉠 뿐, 타고난 권리나 특권은 점점 역사 속으로 사라졌다. 그 대신 부자와 가난한 자, 배운 자와 못 배운 자로 나뉘어 두드러진 계층적 차이를 보였다.

근대에 와서 경험하게 된 사회적 유동성은 고정된 전통적 사회구조에서는 생각할 수 없는 새로운 현상이었다. 개념적으로 주류 계층은 귀족보다는 상류층이라고 하는 것이 더 어울렸다. 그리고 전형적인 귀족은 아니지만 영향력이나 능력으로 볼 때 점점 사회적 위상이 높아져 가는 집단이 생겨났다. 중간계급이라고 불리는 이들은 귀족과 평민 사이에 위치했다. 이 계급에 속하는 유명한 관료정치가, 철학자, 대상인 들에는 대개 토지귀족을 포함한 지주계급이 많았고 전통 귀족이 아니라 하더라도 상류층 부르주아가 많았다.

근대에는 좀 더 보편화된 교육의 영향으로 지식 엘리트의 역할이 커졌다. 그들은 자유로운 개인이 평등한 대우를 받아야 하는 근거를 마련해주는 데 기여하거나 물질적 진보에 기여했다. 근대 유럽은 정치화한 교회의 권력 독점으로부터 벗어나 르네상스가 지향하던 인문주의와 개인의 자유가 확산되어가는 과정을 거쳤다. 절대적 신분제 구조에 속해 있던 정치권력은 느슨하게나마 시민사회의 구성원들에게로 분산되었다. 근대는 탈종교와 인간 중심주의를 축으로 개인의 권리가 정치·경제·사회 등 모든 측면에서 확고한 가치로 자리 잡아가는 과정이기도 했다. 그리고 특히 지식 엘리트 중에는 정치 과정에 직접 참여하는 새로운 성격의 정치 엘리트들이 있었다. 왕과 의회 간의 긴장 속에서 민주적인 과정을 지속시켜나간 신정치 엘리트들이었다.

이 모든 변화가 짧은 기간에 물 흐르듯이 이루어진 것은 아니다. 때로는 예상하지 못했던 계기를 만나 변화가 앞당겨지기도 했고, 때로는 무너뜨릴 수 없는 벽에 부딪혀 시간이 지연되거나 미처 가치판단을 할 사이도 없이 방향이 엉뚱하게 정해져버리기도 했다. 국가의 존재 이유가 개인의 복지라는 현대적인 이상은 중앙집권적인 절대 권력이 지배하던 이 시대에는 상상하기 어려웠을 것이다. 부르주아라는 자유로운 계급이 형성되어 출생에 따른 특혜와 굴레를 벗어버리고 세상을 바꾸는 일이 일어나긴 했으나, 이처럼 인간에게 가치를 부여한 근대에는 그 빛만큼의 어둠이 존재했다.

1. 신흥 중간계급

자본주의가 발달하면서 등장한 중간계급middle class, bourgeoisie은 형태, 사회적 기능, 결과물 등에 비추어볼 때 근대 유럽을 설명하는 가장 중요한 집단일 것이다. 그렇지만 이들은 16세기를 지나면서 생긴 계급이 아니다. 11세기 초 생활 방식의 변화가 도시를 만들고 도시의 특징을 변화시켰을 때, 특히 상업과 연계해 도시에 일상적인 거처가 있는 자로서 경작하는 자가 아니라 사고파는 자로 기존의 토지를 소유하던 신분과도 다른 '새로운 인간형'이었다.[5]

봉건영주가 봉토를 가졌다면 이들에게는 새로운 도시 자체가 생활 터전이었다. 처음에는 특정 지역에 거주한다는 것이 이들의 특징이었으나 국왕의 권세가 커지면서 국왕은 이들을 부르주아로 부르고, 부르주아 증서를 부여해서 원하는 곳에서 자리를 잡을 수도 있게 했다. 국왕으로서는 관할권을 확대하는 데 이 부르주아들을 활용할 수 있었다. 도시의 부르주아와 국왕권이 결탁하면서 장인들과 하층민들은 더욱 소외되었고 부르주아들은 국왕에게서 더 많은 특권과 명예를 부여받으려고 국왕을 더욱 가까이했다. 국왕이 중앙집권적인 통치를 하는 데 필요한 자금도 이들이 댔다. 16세기에 이르면 이들은 상업에서 번 돈을 토지에 투자하여 16세기 초 파리 주변의 5분의 1 정도가 부르주아 소유였다.[6] 중앙권력에서 멀어지지 않으려는 이들은 귀족은 아니지만 귀족처럼 살았다. 노동에 의존할 필요 없이 보통 수준 이상의 부를 소유하며 귀족처럼 살았던 이들의 모습은 오늘날 통용되는 부르주아 개념에 가까웠다.

또한 이 범주에는 전문 지식인을 비롯하여 사회의 여론을 주도한 집단들도 포함되었다. 따라서 이들을 단순히 한 가지 특징으로 정의할 수는 없다. 이들 중에도 특히 더 부자가 있었고, 여유를 즐기는 수준인 사람들도 있었으며, 전문 지식인도 있었다. 이들의 공통점은 왕이나 귀족과 사회적으로 거리가 있었다는 것이다. 여전히 신분 상승에 대한 기대를 저버리지 않는 사람들도 있었지만 신분 상승을 동경할 필요를 느끼지 못하는 사람들이 늘어갔다. 그러나 그들이 자신들을 무지하고 가난한 대중으로부터 떨어진 새로운 인간형, 즉 교양 있는 계급으로 만들어가고 있었던 것은 사실이다.

경제적으로 발달한 국가에서 특히 상인, 은행가, 제조업자, 기업가 등은 자본주의적 자유주의 이념의 확산에 기여했다. 이들은 정치·경제·사회 전반에서 실질적인 개혁을 몰고 왔다. 정부의 개입을 극소화하는 자유방임주의 경제 정책으로 말미암아 도시 중심의 자본가들이 부상하여 정치에서도 발언권을 점차 강화해갔다. 19세기 영국은 도시 중심의 자본가들이 자유무역 정책을 발달시키도록 지원했다. 이에 자유방임주의적 경제 논리가 한동안 경제 호황을 불러왔고 자본가들은 돈을 벌면 여전히 토지를 샀다. 18세기 중반부터 19세기 초반까지도 이들은 부와 사회적 지위를 상속하며 출신 지역에 뿌리를 두고 영향력을 키웠다.

이들의 출현은 대도시의 형성과 관련이 깊다. 대도시를 중심으로 사고방식, 행동방식, 생활 습관이 변화했는데, 도시는 더욱 세련되어지는 방향으로, 지방은 그 반대 방향으로 서로 벌어져갔고 거주하는 사람들도 그에 따라 간극이 벌어졌다. 인구가 집중된 대도시는 국제적인 교류의 중심지이자 자본주의 시장경제의 중심지가 되어갔다. 세련된 도시 생활은 상류층뿐 아니라 중간계급에게도 영향을 미쳤다. 반면에 지방 사람들은 물질적 빈곤을 겪었고, 지리적으로 고립되어 도시의 세련된 생활 태도나 행동 코드에서도 소외되었다. 도시의 세련됨 혹은 정중함은 문화가 되어갔고, 평균적인 부르주아 계급의 문화는 산업화 사회의 문화적 기준이 되어갔다. 현대적 의미의 중산층 문화가 시작된 셈이다.

예를 들면, 부르주아 계급이 즐겼던 여가 활동은 귀족들의 그것처럼 까다롭고 태생적으로만 가능한 것이 아니었다. 적당한 여유만 있으면 가능한 것들이 많았고, 이는 모든 사람이 그 계급에 동화될 수 있는 기회가 되기도 했다. 부르주아 계급의 문화란 높은 사회적 지위에 걸맞은 행동noblesse oblige으로 표현되는 것도 아니었다. 이 문화는 보통 사람들도 쉽게 누리고 싶어 했고, 그것이 가능해 보였다. 이들 덕분에 자유주의 역사에 시민사회가 구성되었고 삶의 상향 평준화에 걸맞은 도덕적 가치가 마련되어 현대적 개념의 시민이 탄생할 수 있었다.[7] 이들은 경제적으로나 정치적으로 귀족계급을 능가하면서 빠른 속도로 도시 부르주아 방식의 삶의 스타일을 문화로 만들어갔다.[8]

출생으로 정해지던 사회적 위상이 여러 가지 형태와 경로로 새로 만들어지고 섞이면서 불평등하지만 평등한 근대사회의 특징을 형성해갔다. 사회 엘리트 집단에 누구를 포함시켜야 하는지도 모호하고 어렵긴 했다. 봉건적인 토지 지주에서 대자본가로 변신한 사람들, 도시의 발달로 새로운 소비문화를 만들어가는 사람들, 금융이나 교육 같은 문호가 개방되어가는 직업에 종사하는 사람들, 직업 정치인 등만 보더라도 출생에 따른 제한에서 자유로워졌기 때문이다.

영국

근대 유럽에서 산업화가 진행되는 와중에도 토지귀족은 중요한 역할을 했다. 이들은 통상 귀족계급nobility으로 불렸지만, 특히 지주를 지칭했다. 영국에서는 젠트리, 프랑스에서는 노블레스, 독일에서는 아델Adel이 여기에 속한다고 볼 수 있다. 이들은 모두 상속받은 재산에서 수입을 얻어 부를 축적했기에 일할 필요가 없는 사람들이었다.

영국에서는 상류층이 공작, 후작, 백작, 자작, 남작 등 귀족 칭호를 가질 수 있었던 사람들과 준남작 외에 나머지를 일컫는 지주계급으로 나뉘었다. 상류계급 남성들을 지칭했던 젠틀맨이라는 말이 유래된 젠트리는, 1540년경부터는 전통적 귀족과는 다른 의미를 갖게 되었다. 시골에 토지를 소유하지만 직접 일하지 않고도 수입이 있는 사람들을 지주귀족landed aristocracy이라고 일컫을 때, 이들 중에는 전통적인 위계에서 귀족 칭호를 가질 수 없던 최하층 영주도 포함되어 있었던 것이다. 전장에 나가는 것은 귀족의 전통적인 임무였다. 그러나 17세기 중엽이 되자 전장에 나갔던 경험이 있는 귀족을 찾기 힘들어졌으며, 이러한 임무에서 벗어난 귀족들은 이윤 추구에 전념하게 되었다. 젠트리는 남작 아래의 하급 지주 계층이지만 귀족에 포함되지는 않았다. 하지만 봉건영주이긴 했으며 특권에 차이가 나진 않았다. 토지와 신분의 관계는 분명하게 드러났고 전통적 의미의 위계가 종종 무시되었다. 이렇듯 새로운 귀족으로 등장한 젠트리는 농업자본주의가 성장하자 부를 축적하여 국가의 지배자가 되었다. 특이하게 영국에서는 이 지주층이 근대 시민사회로 접어드는 데 중요한 역할을 했다.[9] 16세기부터 경제적 질서가 변화하기 시작하면서 이들의 수입과 사회적 지위가 떨어지기도 했다. 그래서 이들은 더욱더 출생과 신분의 특권을 이용해 권력을 향해 나아갔다.[10]

특히 헨리 8세의 종교개혁으로 몰수된 수도원의 토지는 국왕의 영지가 되었고, 나중에는 상업적으로 성공한 이들에게 매각되었다. 그들이 상업이나 교역에서 축적한 부를 토지에 투자함으로써 결국 토지를 중심으로 한 지주지배 체제가 약화된 것이 아니라 더욱 강해진 셈이다. 젠트리들의 재력은 더욱 증대했고 왕들은 이들을 자신들의 지지자로 삼았다. 다른 귀족들이 시대가 지나면서 쇠퇴하는 데 비해 이 계급은 지방의 유력자로서 자리를 잡아 판사 같은 사회적 지위를 누려가며 왕권을 약화시키는 요인이 되었다.

신흥 귀족인 부르주아도 축적한 자금으로 토지를 매입하여 지방의 실세가 된 사람들에 포함되었다. 이들은 귀족 작위는 없었지만 부나 지적인 측면에서 새로운 지배계층으로 부상했고, 소수의 특권계급이었던 전통적인 귀족들은 부와 지식을 갖춘 젠트리들을 배제하려고 노력했다. 반면 지방의 귀족들은 젠트리들과 많은 특권을 나누어 가졌고 필요에 따라 이들과 제휴하기도 했다. 1630년대 영국에서는 부와 특권을 많이 가진 사람들과 덜 가진 사람들끼리 공감대를 형성했다는 의미다.[11] 이런 신흥 귀족들은 자본주의적 발전의 주역이 되면서 점점 구귀족들의 특권을 나누어 가지려고 애썼다. 그리고 구귀족들은 그것을 참아야 했다.

젠트리는 귀족 칭호는 없었지만 특권에서는 영주와 같아 '지주귀족'으로 불렸고, 봉건 체제가 동요할 때 단순히 토지에 기반을 둔 부자로 취급받지 않고 신사계급으로서 영향력을 유지했다. 신흥 중간계급과 달리 부의 원천이 토지였던 이들은 무분별하게 사치하지 않았고, 자선사업을 하고 치안관 등의 관직을 무급으로 맡았다. 이로써 자신들이 신흥계급 부르주아와는 다르다는 것을 드러내는 데 성공했다. 젠트리들은 자본주의 영국에서 중간계급으로 성장해갔다. 자작 농yeoman 이상, 귀족 이하의 토지 소유자, 즉 부유한 차지농과 법률가, 성직자, 개업 의사 등 전문직 종사자와 부유한 상인 등이 여기에 포함되었다. 이들은 점점 근대 부유한 중간계급의 전형이 되어갔다. 다음에 살펴볼 부르주아가 평균적인 중간계급이었다면, 젠트리는 중간계급 내에서 상류층이었다. 젠트리는 16세기 이후 등장하여 20세기 초까지 패권을 이어갔다. 이들은 영국의 자본주의와 사회 발전의 근간을 이루었다. 젠트리는 토지 외의 경제활동에도 적극적이어서 16, 17세기 모직물 사업을 주도하기도 했다. 그러다가 17세기 말에서 18세기 초에 소규모 지주는 몰락하고 자본가적 경영에 적응한 대지주가 융성하게 되었다.

흔히 프랑스혁명과 같은 격변을 영국이 겪지 않은 데에 영국 귀족들이 기여했다고 한다. 그들이 법적 특권을 포기하고, 중산층과 문화적 융합을 수용하고, 개인주의에 익숙해졌으며, 그들의 특징인 상업적 외교 정책, 온정주의 등에서 그러한 결과가 기인했다는 설명이 받아들여지고 있는 것이다.[12] 신흥계급을 포함한 젠트리가 궁정의 권력 구도 안으로 들어가는 것은 시간문제였다.

영국의 경우, 16세기 튜더 왕조 시대부터 중간 부류middle sort people가 생겨났으며 18세기를 거치면서 이들의 중요성은 더욱 커졌다. 이 중간 부류는 한마디로 정의 내리기가 매우 어려운데, 시간이 흘러가면서 그 범위에 속하거나 집어넣는 것이 그래도 무난하다고 판단되는, 전통적인 계층이나 계급에서 볼 수 없었던 이들이 나타났기 때문이다. 이 중간 부류에는 도시의 시민burgess, 지방의 소지주gentry, yeoman가 들어가는데 이들은 농부, 기술자, 그리고 기술자 중에도 수공업자, 구두 제조자, 노동자, 목수, 벽돌공 등 도시적인 노동에 종사하는 사람들과는 다른 부류였다. 그런데다 모든 연구자가 이 '부류'에 대해 똑같이 생각하지는 않았다.[13] 연구자들에 따라 분류 기준이 조금씩 달랐다. 이 중간계급에는 은행가, 대상인, 자영농, 수공업 상인들, 그리고 법률가, 소규모 제조업자, 언론인 등 전문 지식인 그룹도 포함되어 그 범위가 점차 확대되었다. 이들은 18세기 들어 스스로 중간계급 middle class이라고 인식했지만 그때도 여전히 어떤 특징을 지녔는지 확실하게 설명하기는 어려웠다.[14]

시장자본주의로 축적한 부는 이들의 사회적 지위를 높여주었고, 급작스러운 신분 상승은 사치하고 문란한 생활을 불러왔다. 이들은 어느새 귀족 따라 하기에 나섰고 유행을 선도하기까지 했다. 프랑스식으로 따라 하려는 다른 나라 중상류층을 풍자하거나, 자연스러움을 버리고 인공적인 것에 몰두하는 태도 자체를 풍자하거나, 헤어스타일에 다른 의미를 담는 등 사치와 유행에 대한 풍자가 나타났다.

세습 작위가 없는 토지귀족들인 젠트리가 귀족과 부르주아 사이를 넘나드는 동안, 상업이나 금융을 지배하거나 학문적 성공을 내세

작가 미상, 〈자정의 상류 생활〉, 1769.
즐거운 시간을 보낸 뒤 거리에서 하층계급 사람들에게 봉변당하는 신흥 귀족들의
모습을 그렸다.

위 상류층에 접근하는 새로운 엘리트가 16세기부터 계속 늘어갔다.
부르주아라는 개념은 그 범위를 정하기 어려울 만큼 많은 형태로 존
재했다. 오늘날 이들을 전부 중간계급이나 부르주아라고 부르지만,
근대 초기의 중간계급 혹은 중산층의 공통된 특징은 찾아내기가 어

윌리엄 호가스, 〈한밤중의 친교〉, 1732~1733.

런던의 한 술집을 그린 그림이다. 호가스는 이 그림에 등장하는 사람들이 상상의 인물이라고 했지만 이들은 사실 누구나 알 만한 저명한 사업가나 법률가들이었다. 사치와 낭비를 일삼은 이들이 술에 취해서 밤을 보내는 일상을 풍자했다.

럽다. 오히려 중간계급과 관련이 없는 것을 찾아내기가 더 쉬울 것이다.[15] 이들은 여러 가지 면에서 젠트리와 비슷했다. 당시 도시에서 상공업에 종사한 자본가 집단을 특히 부르주아지bourgeoisie라고 할 수 있다. 이들의 경제활동 무대와 방향은 도시, 무역, 식민지로 향했고 부는 엄청나게 불어났으며 세력은 점점 커졌다. 결국 이들은 정치적 발언권을 요구하는 새로운 계급으로 부상했다. 식민지 무역과 상업 및 금융에서 모인 부가 당시 사회의 귀족과 노동자 사이에서 중간계급

작가 미상, 〈돈으로 유권자를 매수하는 선거〉, 1727.

1727년 선거에서 후보 몇 명이 돈으로 유권자를 매수하는 것을 풍자한 그림이다. 지갑을 열어 돈을 내주는 모습, 유권자의 주머니에 동전을 떨어뜨리거나 길에 뿌리는 모습이 보인다.

을 형성한 것이다. 이들은 부르주아 계급이라고 불렸다.

산업화와 도시의 발달은 인구의 증가와 이동, 문화의 다양화와 문화 향유계층의 도시 집중, 도시와 지방의 격차 심화, 정치권력의 도시 집중 등의 현상을 낳았다. 물론 이 과정에서 도시 중산층이 상류계급으로 터를 잡아가는 현상도 볼 수 있다. 중간계급의 부인들은 '숙녀'가 되었다. 이 중간계급은 중요한 투자가들이었다. 도시에 교회와 거대한 공공건물이 들어섰는데, 중간계급은 집단적 영광을 과시하기 위해 이에 기꺼이 투자했다. 그런데 이들은 자기들 나름의 문화를 창출해내기보다는 상류층을 흉내 내는 생활 스타일을 만들어냈다.

초창기 선거는 여러 면에서 정치적 부패를 드러냈다. 그러나 투표자의 권리 남용이 더 문제였다.[16] 유권자들은 판단력이 없어 분위기에 쏠려 다녔다. 혹은 유혹에 빠져서 흥청거렸다. 선거의 타락에 대한 풍자는 그만큼 우려가 컸다는 것을 의미한다. 선거구마다 혹은 지역마다 타락한 선거 풍토를 반영하는 사건들이 끊임없이 일어났다. 중간계급은 여러모로 부르주아 사회의 생활 방식과 변하는 규범을 습득해가는 과정에서 아직 훈련되지 않은 시민적 참여를 경험했다. 선거 관련 풍자는 그들의 무지와 무분별과 진지하지 못한 면에 집중되었다. 또한 선거의 타락한 면도 폭로했다.

4장 '불안한 대중, 해이한 대중'에서 서술했듯이 중간계급 문화가 발달하면서 도시가 흥청거리고 무질서해지는 가운데 중간계급은 대중을 자신들과 분리하려고 노력하게 되었다.

스트리트베크Stridbek, 〈짐수레로 부르주아를 떠미는 남자〉, 1835.

화난 표정의 어떤 남자가 앞에서 걸어가던 부르주아의 등을 짐수레로 떠밀고 있다.

작가 미상, 〈신문〉.

잘 차려입은 사람 여덟 명이 각각 당대의 유명 신문을 대변하고 있다.

프랑스

16세기 이래 프랑스도 경제가 성장해 상인계급의 역량이 커져가고 있었다. 산업화와 도시화 속에서 상인 부르주아들은 부유해진 반면 영주들은 가난해졌고 농민들은 빚에 시달렸으며 도시 빈민들은 최악의 상태에 이르렀다. 부르주아들은 상업으로 벌어들인 돈을 재투자하기보다는 토지를 구입하거나 관직에 진출하는 데 썼다. 돈만 내면 관직을 살 수 있었고, 관직은 대대로 세습되었다. 따라서 이 상인계급은 새로운 귀족층을 형성했다. 이들은 농촌보다 더 엄격한 위계를 도시에 확립하는 데 한몫을 했다. 프랑스의 신흥 부르주아는 법조인, 의사, 관리 같은 자유 전문직에 종사하는 중간 부르주아와 소상인이나 소수공업자 같은 하층 부르주아를 포함한다. 상업과 무역의 발달로 이들의 세력이 급격히 성장했고, 여가가 충분했던 이들은 독서와 연구, 토론 등을 즐겼다. 살롱문화도 이때 발달했다. 이들은 혈통과 명예가 전통귀족들과 같지 않았는데도 특권을 향유하여 전통귀족의 미움을 샀다. 전통귀족들은 전통적·봉건적 권리를 강요하는 조치를 취하는 등 성장하는 부르주아를 견제하려 했고, 이런 행태는 부르주아와 농민들의 불만을 사게 되었다.

부르주아는 도시의 권력이 국왕에게 집중되자 국왕 주변에서 더 많은 권력과 명예를 추구했고, 국왕은 자신이 신분을 상승시켜준 이들을 중앙권력의 방패로 삼았다. 당연히 부르주아는 하층 대중과 멀어졌고 권력의 편에서 가난한 대중을 힘들게 하여 불만과 비난의 대상이 되었다. 이들은 서민들이 범접하지 못하도록 자신들의 문화를 하층계급의 문화와 단절하려고 노력하는 등 대중문화를 분리하는 역할도 했다. 이런 맥락에서 대중문화는 조롱과 비판을 의도적으로 발전시킨 면도 있다.

부르주아는 또한 정치적 야망을 가지고 있었다. 17세기 후반 프랑스의 루이 14세 치하는 겉으로는 절대왕권과 궁중 귀족의 연합으로 보였지만 상업 부르주아가 이미 득세하고 있었다. 19세기 프랑스 수상 프랑수아 기조François Guizot는 부자들에게만 선거권을 부여해서 반감을 샀다. 경제적 능력이 선거권을 행사하는 자격의 조건인 셈이었다. 그는 재산 기준을 낮추어서 투표 자격을 확대하라는 요구를 수상 자리를 사임하면서까지 결코 수락하지 않았다. 프랑스혁명에 기여한 대가를 기대했던 사람들은 부르주아 중심의 배분에 크게 반발할 수밖에 없었다. 몰수한 교회 재산은 부유한 자영농들이 구입하여 부를 늘렸고, 가난한 농민들은 전리품을 배분받지 못했다. 이런 상황은 1830년 7월혁명으로도 크게 달라지지 않아서, 스스로 이 혁명이 성공하는 데 기여했다고 여겨온 노동자들은 강력하게 맞섰다. 7월혁명에서 중요한 역할을 한 기조가 사임을 불사하고 선거권 확대를 막자, 2월혁명이 일어나게 되었다. 1848년 2월혁명은 프랑스가 유럽 최초로 남성의 보통선거권을 실시하는 계기가 되었다. 7월혁명을 이끌고 7월 왕정에 참여하게 된 기조는 태도를 바꿔 왕정복고를 주장했다.

프랑스혁명이 귀족을 없앤 것은 아니지만 그들의 특권과 영예의 크기는 줄어들었다. 특권은 줄어들었으나 오히려 귀족의 수는 늘어나 1789년 이전에는 평민이었던 사람들이 귀족의 절반을 차지했다.[17] 벼락부자들이 탄생하는 사회이기도 했다. 프랑스는 당시 다른 나라와 달리 혁명 덕분에 재능이 있는 사람들이 출세할 수 있었다. 프랑스혁명 이후의 사회는 가시적으로 귀족사회에서 부르주아 사회로 변화해갔다. 프랑스혁명 이후 제3신분 중 변호사, 의사 등 자기 수입으로 사는 자유직 종사자들이 부르주아지를 구성했다. 특히 변호사같이 법을 다루는 사람들은 명성이 높고 수적으로도 희소한 특권층에 속했다. 일을 하지 않으면서 귀족처럼 사는 부르주아도 있었다. 이 범주에는 은퇴한 부자 상인, 은퇴한 법률가, 부동산 자본가, 돈 많은 노인, 독신 여성 등이 포함되었다. 이들은 노후생활에 필요한 보험이 충분히 쌓였을 때 자유롭게 은퇴한 사람들이었다.[18] 부르주아 중에서도 이런 불로 소득자 집단에는 산업사회가 요구하는 사업가 정신이나 자본가 정신은 없었다.[19] 이 귀족급 부르주아 사이에도 빈부 격차는 컸다.

도시화와 산업화로 변화된 사회에서 신흥계급은 자신들이 이룬 것들을 과시했지만 기득권자들이 만들어놓은 안락한 생활과 명예로운 생활을 따라 하는 것에 지나지 않았다. 정치적·경제적 주도권은 부르주아지에 집중되었으며, 이들은 정치, 패션, 예술을 주도했다.

이들은 어느새 귀족 따라 하기에 나섰고 유행을 선도했다. 당시의 사회풍자는 프랑스식 유행을 좇아 자연스러운 아름다움을 버리고 인공적인 것에 몰두하는 행위 등을 비판했다. 또한 여성의 헤어스타일을 풍자하기도 했다. 여성뿐 아니라 남성의 패션도 변하기 시작해서 화려한 프랑스풍 헤어스타일, 의상, 매너 등이 유행했다. 그래서 대도시에 나갔다가 돌아온 남자를 보고 가족이나 주변 사람들이 기겁하기도 했다.

공포정치가 끝나면서 무기상이나 대부업을 해서 돈을 번 사람들은

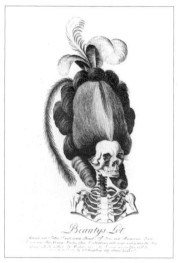

———
왼쪽_작가 미상, 〈톰, 이게 웬일이냐〉, 1774.

이상한 헤어스타일과 의상을 하고 나타난 아들을 보고 어이없어하는 농부의 모습을
보여준다.

———
오른쪽_작가 미상, 〈미인의 운명〉, 1760~1810.

크고 요상한 헤어스타일을 한 여성의 머리와 흉부 해골로, 자연스럽지 못함을 풍자
한 것이다. 다른 패션 풍자화가 의도한 바와 같이 유혹과 부패에 쉽게 넘어가는 사람
들은 개인의 영혼뿐만 아니라 나라 전체를 망가뜨린다는 비판을 받았다.[20] 지나친
개인의 취향은 공적인 선 혹은 덕의 가치를 떨어뜨린다는 이유에서였다.

존 코즈John Cawse, 〈1800년 겨울 드레스를 입은 파리의 숙녀들〉, 1799.

파리 여성들의 지나치게 화려하고 야한 드레스를 풍자한 그림이다.
그리스와 로마풍의 훤히 비치고 달라붙는 옷에 그리스풍 샌들, 과한
액세서리, 이상한 머리 스타일, 팔목과 발목의 리본 장식 등을 '완전히
갖춘 의상full dress'이라고 비꼬고 있다.

지배계급 안에서도 이런 사치한 풍조를 이끌었다. 프랑스풍 유행은 부르주아가 전 유럽에 확산되는 동안 계속되어, 영국, 독일 등 유럽 각국에서도 프랑스식 패션과 에티켓을 모방하려 애썼다.

독일

독일은 15, 16세기부터 프랑스혁명 때까지 이른바 매뉴팩처manufac-ture자본주의가 형성되었다. 이때의 주요한 산업 형태는 선대제Verlag라는 체제다. 이는 원거리 무역으로 갑부가 된 상인이 직접 생산에 관여하는 것으로, 그가 수공업자에게 원료와 자금을 제공하면 생산도구를 소유한 노동자가 약속한 물품을 제작하여 상인에게 넘기는 방식이다.

농업에서도 화폐 지대가 출현하는 등 뚜렷한 화폐경제로 이행하기 시작했다. 그러자 부유한 농민층이 등장하고 토지에 의존하던 기사와 하급 귀족들이 몰락하기 시작했다. 기사와 하급 귀족 중 일부는 근대적인 관료로 전환되었다. 이 와중에도 독일에서 성직자 수는 계속 증가했는데, 이는 독일이 로마의 영향권에서 벗어나지 못했음을 증명하는 것으로, 종교개혁이 독일에서 시작된 것도 그 때문이었다.

독일 근대 부르주아는 성직자와 귀족, 상인계급이 구성했다. 근대 초기까지도 상인계급은 평민의 범주에 있었는데 종교개혁과 농민전쟁을 기점으로 변화가 생겼다. 이제 평민은 농민뿐이었다. 평민들은 서로 의지하고 연대하고 공유하는 특징을 지닌다.[21] 농민과 부르주아의 관계를 보는 시각은 둘로 나뉜다. 하나는 그 둘이 평민으로서 함께 행동했다는 것이고, 다른 하나는 그 둘이 함께 연대하거나 공감대를 형성했다고 보기 어렵다는 것이다. 이렇게 의견이 나뉘는 이유는 이들이 상황에 따라 때로는 전자처럼, 때로는 후자처럼 행동했기 때문이다. 이는 자본의 역할이 커져감에 따라 농민과 부르주아는 역할이 확실히 나뉘었고 그 두 집단의 이해관계가 변해갔다는 뜻이다.

먼저 근대 초기 농촌사회는 서열은 있되 계급사회는 아니었다.[22] 이때의 부르주아는 작은 시의 시민(중산층 주민) 정도의 개념이다. 적어도 한 집단으로 성격을 규정하거나 계급으로 규정하기에는 모호했다. 그래서 부르주아는 농민과 함께 공동체의 시민으로서 같은 회합에 나가서 같이 결정하고 왕이나 영주가 전하는 말들을 듣고 의논하곤 했다. 그러다가 자유를 획득하는 문제에서 두 집단은 갈 길을 달리했다.[23] 부르주아와 농민이 파트너가 아니고 경쟁자였다고 풀이하는 측의 설명은 이와 다르다. 그들은 두 집단이 경제적 이익으로는 연대할 이유가 없었고 오직 부르주아의 경제적 이익을 위해 진보적인 결탁을 한 정치적 기회주의만이 있었을 뿐이라고 본다.[24]

정치적으로 독일은 영국, 프랑스, 스페인, 포르투갈, 스웨덴 등과 비교할 때, 신성로마제국의 쇠퇴와 그 여파 속에서 근대 국민국가로 변화하지 못했다. 그러나 경제적으로는 후진국이 아니었다. 16세기 독일에서는 인구 증가와 인플레이션으로 인해 일반인들에게는 경제 발전의 혜택이 돌아가지 못했으나 귀족과 도시 부르주아지는 그 혜택을 누리고 있었다. 영국이나 프랑스의 귀족에게 사회적 책무가 요구될 때 독일 귀족은 여전히 놀고먹는 것이 가능했다. 그러나 당시 독일의 정치·경제·문화를 이끈 사람들은 부르주아지였다.

16세기 독일에서는 사회 계급이 영방의 수장인 제후prince, 귀족lesser

nobility, 성직자the clergy, 지방 문벌귀족the patricians, 자치도시민the burghers, 서민the plebeians, 농민the peasants으로 나뉘어 있었다. 지방의 문벌귀족은 막대한 부를 가졌고 영향력이 컸다. 당시 독일 경제를 이끈 분야는 광업이었다. 독일은 유럽에서 은을 가장 많이 생산했는데, 은은 무역의 기본 통화여서 유럽 자본시장의 중심에 놓일 수 있었다. 은을 많이 가진 재력가는 황제 선출을 좌지우지할 정도였다. 이런 부유하고 영향력 있는 문벌 출신의 지방귀족은 한 지역을 마음대로 움직일 수 있었다. 적어도 그 지방에서는 제후 같은 권력을 휘두르며 지역 농민들에게 도로세, 다리세 등을 매겼고, 지방 행정을 좌지우지했다. 그러나 도시 인구가 점점 증가하고 길드가 번성하자 이들의 지위가 약해졌다.

자치도시민은 점점 문벌귀족들을 강하게 비난했다. 이들은 점차 영국이나 프랑스에서의 중간계급 역할을 해나갔다. 길드에서 고위 행정직을 맡거나 직접 상업을 했던 이들은 부가 늘어갈수록 문벌귀족이 가진 권한을 욕심냈다. 또한 성직자들의 특권에 도전하여 세금 면제를 비판하고 성직자의 수가 줄어들어야 한다고 주장했다. 서민은 도시 노동자, 유랑자, 몰락한 도시민들로 구성된 새로운 사회 계급이었다. 최하위층에는 농민이 있었다. 농민은 농업이나 가축 관리 등을 하며 다른 모든 계급을 받쳐주었다.

17세기 독일 사회는 종교개혁으로 불평등한 신분 질서에 변화가 생기고 중간계급의 가치관이 바뀌었지만 다시 귀족의 특권이 중요하다는 움직임도 있었다. 영방국가에서 관료 조직이 커가면서 도시민뿐만 아니라 장인이나 농민 출신도 관료가 될 수 있었다. 그러나 기존 귀족들은 변화하는 사회를 따라가지 못하고 정치계에서 멀어졌다.

유럽의 근대국가들은 각양각색의 모습으로 발전했지만, 부르주아의 출현과 더불어 사회가 변화하는 과정에서 성장해나갔다는 점에서는 동일하다. 출생하면서부터 예정된 운명을 살 수밖에 없다는 부조리를 무너뜨렸다는 점에서 상업의 발달은 획기적이었다. 그러나 상업 발달로 자본주의 체제가 견고해지면 견고해질수록 빈곤에서 더욱 헤어나지 못하는 빈곤층과 자본가의 간극은 점점 더 벌어졌다. 실직자나 무직자는 말할 것도 없이 도시의 임금노동자와 농민에게는 사적인 소유물이 없었다. 프랑스혁명이나 자본주의의 발달이 봉건적인 신분계급을 완전히 없앤 것은 아니었다. 부를 축적할 능력을 지닌 사람들은 사회적 영향력을 가질 수 있었다. 따라서 상업 부르주아가 귀족이 되고자 한다면 귀족이 그들을 흡수하면 그만이었지 굳이 계급사회를 종결지을 필요가 없었다.[25] 다른 한편으로 그들은 노동 빈민과 연합하여 귀족과 맞서기도 했다.

2. 지식 엘리트

권력이 중앙으로 집중되는 현상은 근대국가의 특징 중 하나다. 중앙권력과 가까운 상층계급, 전통적인 귀족, 지방의 대지주 등이 근대에 들어와서 사라진 것이 아니라, 오래전부터 지주였던 사람이 그대로 상층을 이루고, 젠트리 같은 무작위 귀족보다는 작위 귀족이 더 상층에 자리 잡고 있었다. 새롭게 형성된 부르주아는 귀족에 버금가는 부, 지위, 영향력을 누리며 유럽의 정치·사회·문화에 영향을 미쳤다.

자본주의의 성격이 짙어지면서 부르주아 문화가 등장하고 발전하는 과정을 살펴보는 것은 흥미롭다. 새로운 계급이 출현하면서 지식을 추구하는 경향도 새롭게 일어났다. 19세기 후반 부르주아의 수가 증가했지만 신흥 부르주아를 구성하는 변호사, 공무원, 의사, 대학 교수, 공립학교 교사 등 이른바 잊힌 중간계급forgotten middle class은 사업가와 자본가에 비해 경제적·사회적 지위에서 그리 부각되지 않았다.[26] 지식인은 새롭게 부각되는 부르주아지의 중요한 한 부분을 차지했다. 봉건적 정치체와 달리 중앙집권국가에는 관료, 법률가, 기술자는 물론 학교와 교육자들이 필요했다.

계몽주의 시대인 18세기의 엘리트는 교육을 받았고 반종교적·개혁적 성향을 띠었으며 인문학 고전을 읽고 서재를 갖춘데다 자기들만의 특별한 사교 집단에서 교제하는 등의 특징을 지녔다.[27] 이들이 사회개혁과 시민사회의 발달에 매우 중대한 기여를 했다. 특히 프랑스에서 이들의 위치는 영국보다는 덜 주변적이었다. 지식인, 학자, 저술가는 시민사회 발달의 그럴듯한 틀을 제공했다. 귀족사회의 성격이 변화해 붕괴된 것은 지식인들의 활동을 더 활발하게 만든 것으로 보인다. 왜냐하면 교육의 보편화와 함께 능력에 따른 출세가 일반적으로 가능해졌기 때문이다. 지식인들의 활동은 생활의 변화와 관련이 있다. 신문은 정치적이건 아니건 독자를 많이 확보하여 그들을 사회화시키는 데 중요한 수단이 되었다.

한편 지식인들은 현실에 무관심하거나 무능한 모습으로 그려지기도 했다. 주로 문인과 화가를 포함한 예술가들이 그런 부류였다. 호가스는 〈괴로운 시인〉에서 아내가 삯바느질을 하여 먹고살 정도로 가

에이브러햄 보스Abraham Bosse가 그린 《리바이어던》(London : Andrew Cooke, 1651)
의 표지 그림, 1651.

난하면서도 '가난'이란 화두를 앞에 놓고 무얼 써야 할지 몰라 머리를 긁적이는 시인의 모습을 풍자했다. 그들이 높은 이상을 추구할 뿐 현실을 제대로 이해하지 못한다고 꼬집는 것이었다.

사회계약론자들

사회계약론자들은 인간의 생명과 평화로운 생활 등에 대한 권리의 토대를 제공했다. 이들은 국가의 목적 혹은 존재 이유가 인민의 평화를 향한 열망을 이해하고 지켜주는 것이므로 그것을 무시하거나 이행할 능력이 없는 정부는 불필요하다고 주장했다. 이들은 왕에 대한 저항권 역시 가능하다고 보았다.

최초의 사회계약론자로 알려진 영국의 홉스는《리바이어던 : 교회 및 시민 공동체의 내용·형태·권력*Leviathan or The Matter, Forme and Power of a Commonwealth Ecclesiasticall and Civil*》(1651)에서 국가를 성서에 나오는 바다의 괴물로 묘사했다. 영국의 시민전쟁(1641~1651) 혹은 영국혁명이라고도 불리는 국왕과 의회의 싸움 중에 쓰인 이 책에서 홉스는 사회의 구조와 합법적 정부에 대해 논하면서 사람들이 '만인의 만인에 대한 투쟁'이라는 자연적 상태의 성격을 이해하고 죽음의 공포를 느껴 절대적 주권자를 세운 뒤 개인들의 권리를 넘겨준다고 설명했다.

사회계약론은 적절한 시기에 국가의 존재 목적을 체계적으로 설명했으며, 향후 오랫동안 정치사상의 발전과 정치적 가치의 판단 기준에 틀을 제공했다. 스페인의 무적함대가 영국에 진출한 1588년에 태어나 1648년에 끝난 프로테스탄트와 가톨릭 간의 30년전쟁을 지켜본 홉스는 1651년《리바이어던》을 세상에 내놓았다. 본격적으로 정치사상의 중요한 부분을 차지한 사회계약 개념은 만인의 만인에 대한 투쟁인 자연상태로부터 안전하고자 했던 개인들이 주권자를 세우고 그의 절대 권력에 복종하기로 한 것이므로 통치 권력의 정당성은 피지배자의 동의에 따른 것이어야 한다고 강조했다. 의회가 이러한 동의를 대변한다고는 하지만, 여전히 왕이 절대 권력을 행사하는 가운데 입헌군주제가 유지되었다.

의회의 승인 없이 과세하지 말라고 청원한 의회를 해산하고 전제정치를 강행하던 찰스 1세가 처형되었다. 전제적 왕을 처형했지만 크롬웰의 공포정치를 막을 수 없었던 것은 혁명이 봉건제도는 해체했지만 정치 엘리트 집단들의 권력투쟁은 막지 못했기 때문이었다. 개인의 평화와 안전을 보장하기 위해 절대 권력을 가진 통치자를 세우고 그 통치자에게 절대 복종해야 한다고 역설한 것은 유럽이 종교전쟁을 경험하면서 초래한 정치적 무질서를 해소할 방안을 주장한 것이라 볼 수 있다. 찰스 1세와 의회의 대립이 격화되자 홉스는 왕당파로 몰려 프랑스로 피신했다. 이 망명기에 집필한 것이 《리바이어던》이다.

사회계약설은 로크로 이어져 자유주의가 강력하게 체계화되는 계기를 마련했다. 로크는 제임스 2세를 왕위에서 배제하는 운동에 앞장선 휘그당의 주장을 이론적으로 뒷받침하여 《통치론 *Two Treatises of Government*》을 저술했다. 로크는 제임스 2세가 즉위함으로써 반란 가담자 명단에 올라 네덜란드로 망명해 있다가 1688년 명예혁명 후 돌아왔다. 로크는 재산권에 대해 논의함으로써 개인의 권리, 평등, 정부의 제한적 권위, 인민의 동의의 중요성과 저항권을 정당화했다.

로크는 사유재산의 보호가 개인이 구속을 받아들이는 조건이라고 설명했다. 정부가 없다면 개인들은 서로 권리를 침해하고 침해당하는 것을 막을 수 없기 때문이다. 그러나 절대적인 주권자에게 모든 것을 양도해야 한다는 홉스의 주장과는 달랐다. 로크는 개인이 행정권과 사법권만을 양도하여 국가가 개인의 생명, 자유, 재산에 대한 권리를 보호하는 것을 넘어서는 권력 행사를 하지 못하게 해야 한다고 주장했다. 사유재산의 배타적 사용권 같은 로크의 주장은 당시 부상하는 신흥 부르주아 계급의 주장을 옹호하는 것으로 알려졌다.

로크 역시 개인의 권리가 어떻게 통치자에게 넘겨져야 하며 그 전제 조건이 무엇인지 설명했다. 개인은 자연상태에서 자기 재산을 안전하게 지킬 방법을 찾아 각자가 가진 처벌권을 모아 통치자에게 넘긴다는 것이다.

사회계약론은 피치자의 권리를 강조하면서 민주주의의 확고한 토대를 제공했다고 볼 수 있다. 인민이 동의하거나 합의하지 않은 권위를 내세워 인민의 자유를 억압할 수 없다고 보았기 때문이다. 그런데도 상당히 오랫동안 부자들은 가난한 사람들의 단결을 우려했다. 일정한 재산, 교육 정도, 남자라는 조건으로 투표권이 제한되었는데, 국가의 질서에 관심을 가질 만한 사람들만 투표할 수 있다고 보았기 때문이다.

계몽주의자들

18세기는 계몽주의 시대였다. 신에게서 떨어져나와 개인의 이성으로 합리적인 판단을 하여 과학을 발달시키고 세계를 이해하는 능력과 방식이 강조되었다. 정치적인 억압으로부터 해방될 수 있는 권리를 중요시함에 따라 불평등은 조정되어야 했다. 부정의와 빈곤은 인간의 의지로 해결 가능한 것이라는 점도 강조되었다. 프랑스혁명의 사상적 배경이 된 계몽사상은 인간의 이성으로만 인간 사회가 진보할 수 있다는 데 크게 중점을 두었다.

16세기부터는 절대 권력이 점차 도전을 받기 시작했고 개인 중심의 사고가 확립되어갔다. 그 과정에서 개인의 평등한 권리에 대한 투쟁은 빠르게 확산되었다. 계몽주의는 개인을 속박했던 여러 가치와 규범으로부터 인간을 해방시킨 혁명적 계기를 마련했다. 계몽사상가들은 개인의 이성이 자유로이 발휘되는 것이 중요하다고 설파했다. 계몽사상이나 개인주의가 능력이 뛰어난 합리적 인간을 바람직한 인간형으로 보았고, 이러한 계몽주의적 인간형은 자본주의의 발달과 궤를 같이했다는 점에서 그 등장과 성장이 부르주아적이었다. 그 때문에 자본의 능력과 역할이 관심의 한가운데에 있게 되었고, 노동과 빈곤은 사회적 관심과 학술적 논의에서 주변화되었다. 그래서 18세기를 기점으로 엘리트문화와 대중문화가 갈라진다고 할 수도 있다.[28] 엘리트들은 생활, 매너, 문학 등을 발달시켜가면서 자신들의 독자적인 문화를 만들어 일반 대중의 문화와는 거리를 두려 했다.

교육과 예술은 지식인의 활발한 참여를 유도했고 또 그 결과물이기도 했다. 교육은 재능과 실력을 통해 연고와 출생을 넘어서게 해주었다. 교육의 개방은 재능 있는 사람들에게 새로운 신분 상승의 기회를 열어주었고, 한편으로는 시험과 경쟁을 통해 관료주의적인 사회가 등장하게 만들었다. 관료주의 사회가 등장했다는 것은 이동과 승진을 바탕으로 구성된 공무원 제도를 기반으로 국가가 하나의 결집

샤를 니콜라 코생Charles-Nicolas Cochin, 〈백과전서의 표제화〉, 1772.

계몽의 상징인 밝은 빛에 싸여 있는 가운데 서 있는 인물은 진리를 상징한다. 그 옆에서 이성과 철학을 상징하는 사람이 진리의 베일을 벗기고 있다.

된 공동체를 관리하게 되었다는 것을 의미한다. 경쟁과 시험으로 구성원을 선발한 이들 기구는 부정부패와 비능률을 제거했지만, 막강한 힘을 발휘하는 폐쇄적인 조직이 되었다.

프랑스 계몽주의 시대 혹은 이성의 시대에는 백과전서파Encyclopédiste (1751~1781)가 등장하면서 유럽 지식인 운동이 일어났다. 백과전서파는 교회와 군주제를 강하게 비판하여 탄압을 받기도 했지만 대체로 신중했다. 또한 개혁에 대한 열망은 있었지만 정치적인 문제에서는 보수적이었다.《백과전서L'encyclopédie》의 주된 독자는 특권층, 법률가, 의사들로, 대상인이나 근대적인 사업가는 드물었다. 이 지식인들은 혁명보다는 학문과 기술을 집대성한 사업을 하면서 개혁을 지향했다. 그러나 이러한 행동은 당시 많은 사람에게 현실에 대한 문제의식을 심어주어 결국 프랑스혁명의 사상적 배경이 되었다는 평가를 받았다.

자유로이 사고하고 자신과 세상에 대해 어떤 질문도 할 수 있다는 것이 계몽사상의 핵심이었다. 중요한 문화적 변화는 여성에게 엘리트층의 자유로운 사고와 지적 교류에 합류할 기회를 준 것이었다. 여성이 지적 영역으로 진입하여 어느 정도 평등한 지적 교류를 할 수 있는 철학적 토대가 되어준 계몽사상은 18세기 초 프랑스 파리의 살롱문화를 통해 활발하게 전개되었다. 이때 여성들은 학자들이 자유롭게 토론하여 사회적 담론을 형성하는, 네트워크의 장을 마련해주면서 지적 세계에 포함되었다. 이미 여성이 궁정 회합에 참여하도록 허용된 분위기에서 살롱은 그 분위기의 연속이라고 볼 수 있다. 살롱은 여성에게 엘리트 사회에 진입하는 통로가 된 셈이다. 살롱은 궁정

생활에서 이루어지는 것과 유사한 사회적 위상과 권위를 상징했다.

파리의 살롱은 여성뿐만 아니라 보통 사람들도 귀족이나 상류층과 토론하는 장이 되면서 계급과 계층 간의 벽을 어느 정도 허무는 역할을 했다. 이 안에서의 토론은 서로 공격하는 것이라기보다는 지적 교류로 여겨져 귀족과 특히 부르주아 사이의 벽을 허물었다. 살롱이 제공하는 이런 분위기는 여성의 부드러움과 온건함이 남성들의 조화와 질서를 용이하게 한다는 공감을 불러왔다. 또한 자연스럽게 어느 정도의 젠더 평등을 수용하도록 하기도 했다. 몽테스키외는 이를 인정하고 여성의 부드러움이 더 나은 통치자 역할을 하게 만든다고도 썼다. 이처럼 살롱을 통해서 직접 자신의 의견을 출판할 수 없는 여성들이 토론 주제를 제공하여 좋은 토론을 이끌어내거나 철학자들이 연구하는 데 영감을 주기도 했다. 이를 통해 여성은 공적 영역에 자신들의 욕구를 관철하거나 사회적 현상의 흐름에 기여할 수 있었다. 물론 전통적인 남성 철학자들은 이 분위기를 불편하게 여겼다. 과거와 달리 살롱이 진지한 장소가 되어버려서 더는 아름다움과 즐거움의 장소가 아닌 것이 슬프다고 쓰기도 했다.[29] '여성스러움'이 공적 영역에 어울리지 않는다는 사고가 여전히 일반적이었던 것이다.

살롱의 이러한 기능은 간접적으로나마 여성이 정치적 담론에 참여하는 계기가 되었다. 루소가 여성의 참여 때문에 살롱문화를 반대하고 비난했다는 사실은 잘 알려졌다. 루소는 여성에게는 가정의 도덕적 중심을 지키는 역할이 가장 중요하며, 가정에서 벗어나 남성에게 영향을 미치려고 노력하는 것 자체가 어울리지 않는다고 했다. 여성의 부드러움이나 온건성은 남성을 망친다고도 강조했다. 당시 루소의 사회적 영향력이 컸기 때문에 프랑스혁명 시기에 여성의 살롱 출입이 금지되기도 했지만 1790년대 후반에 여성은 살롱에 다시 등장했다.

1686년에 문을 연 세계 최초의 커피하우스 카페 프로코프는 파리에서 멋쟁이들이 차나 술을 마시며 시간을 보냈던 곳으로, 18, 19세기에는 특히 문학, 철학, 정치의 토론장이었다. 백과전서파, 볼테르, 벤저민 프랭클린Benjamin Franklin, 당통, 마라, 로베스피에르, 나폴레옹 보나파르트, 오노레 드 발자크Honoré de Balzac, 빅토르 위고Victor-Marie Hugo 등이 드나들어 프랑스 지성의 역사를 담은 장소다.

물론 계몽주의는 17, 18세기 유럽이라는 조건에서 가능했던 지적 경향이었지만, 현실성이 결여되고 현상 유지적인 철학이라는 비판을 받았다. 프랑스에서는 현실감각이 떨어지는 지식 엘리트를 풍자하면서 지식과 현실의 괴리를 보여주었다. 19세기로 접어들면서도 계몽주의적 분위기는 몇몇 사람끼리의 추상적이거나 이상주의적인 지적 교만의 냄새를 풍겼고, 여전히 여성은 찾아볼 수 없었다. 지식 엘리트들에 대한 비판은 엘리트 안에서도 있었다.

루이 14세의 문화적인 관심은 프랑스 문화에 광채를 부여했고, 그 중에서 가장 빛났던 이들은 배경이 상대적으로 비천한 작가들이나 지식인들이었다. 인간 이성의 적용과 응용을 강조하는 계몽주의적인 분위기에서 개인들 스스로가 합리적인 능력을 가진 운명의 주인공으로 능력을 발휘했기에 17세기의 과학혁명이 꽃을 피울 수 있었다고 할 수 있다.

'철학자'인 계몽사상가들은 종교가 합리화되어가는 과정에서 성직

장 위베르Jean Huber,〈철학자들의 저녁 식사〉, 18세기.

카페 프로코프에서 식사하며 대화를 나누는 철학자들의 모습을 담았다. 왼쪽부터 마르키 드 콩도르세Marquis de Condorcet, 장 프랑수아 드 라아르프Jean-François de La Harpe, 손을 들고 있는 이가 볼테르, 그 옆이 드니 디드로Denis Diderot다. 위베르의 부모는 1654년 제네바 부르주아 사회로 옮겨왔다. 그는 1756년 볼테르를 만난 이후 그와 20년간 가까이 지냈다.

자들을 비판하고 풍자하면서 악의적인 기쁨을 드러내기도 했다. 성직자들 간의 종파 차이와 권력을 둘러싼 불화, 성직자들과 왕 사이의 갈등을 믿지 않는 자들은 철학자들에게 좋은 풍자거리가 되었다. 그러나 때로는 철학의 과잉이 현실을 어렵게 만들기도 했을 것이다.

　계몽사상은 당시 교회의 위상에도 영향을 미쳤다. 사람들은 자신의 삶과 죽음에 대해 종교가 가르치는 내용들에 의문을 품고 질문을 던지기 시작했다. 교회의 권위에 절대 권력에 대해서와 마찬가지로

루이 조제프 마스켈리에Louis Joseph Masquelier, 〈샹젤리제에 도착한 미라보〉, 1792.

이 그림에 등장하는 철학자들은 모두 프랑스의 계몽주의와 관련이 있다. 샹젤리제
에 도착한 미라보Mirabeau 백작이 루소에게 프랑스 헌법의 사본을 건네고 있고 프
랭클린이 미라보의 머리에 화환을 올리려 하고 있다. 왼쪽 뒤 배경에는 몽테스키
외, 볼테르, 가브리엘 보노 드 마블리Gabriel Bonnot de Mably가 그를 맞으러 오고 있
다. 그 반대쪽 배경에는 데모스테네스Demosthenes와 마르쿠스 키케로Marcus Tullius
Cicero가 서로 이야기를 주고받고 있다. 그림의 맨 오른쪽에는 그리스신화에 나오는
나루지기 카론Charon이 노를 이용해 자기 배를 해변에서 밀어내려 하고 있다.

대항했다. 종교전쟁과 종교개혁을 둘러싼 갈등과 폭력을 통해 교회의 분열을 경험한 것이 이성에 기반한 과학적이고 경험적인 세계가 발전하는 계기를 마련해주었다고 볼 수 있다. 정치사상의 발전은 종교개혁의 또 하나의 성과였다. 종교전쟁과 종교개혁은 세속적 권력에 대한 생각을 바꾸어놓았다. 종교와 정치의 분리, 세속적 정치권력의 정당화, 주권 개념과 주권자에 대한 인식, 정치적 자원으로서 민중에 대한 인식 등에 대한 사유가 발전했다.

교회의 변화와는 다른 차원에서 종교 자체에 대한 인식이 전환한 것은 계몽사상의 발달과 관련이 있다. 종교에 대한 계몽사상 논의의 초점은 종교의 합리화에 맞춰져 있었다. 계몽사상의 합리성을 신봉하는 것은 당연히 종교에 대한 공격으로 표출되었다. 물론 그렇다고 해서 계몽사상이 종교를 거부하거나 파괴하려는 의도를 가졌던 것은 아니다. 유럽 사람들이 바깥세상에도 관심을 가지게 되면서 기독교에 대한 맹신이 조금씩 깨졌고, 합리적 판단의 주체인 인간이 신 앞에서 맥을 못 추는 것에 대한 회의가 일어났다. 또한 종교 자체의 세속화도 이런 변화에 기여했다. 즉 성직자들의 교파 간 경쟁과 불화는 종교에서의 합리주의적 믿음에 자리를 내어주었다. 신앙은 통속적이 되어 경건함에서 멀어졌고 성직자들의 종파적 경쟁과 합리주의적 해석에서 비롯된 혼란은 신앙을 회의하도록 몰아갔다.

18세기에 합리주의자들에게는 성서의 신비를 벗기는 작업도 당연시되었다. 성서는 그저 하나의 책으로 간주되었고 홉스, 바뤼흐 스피노자Baruch Spinoza, 볼테르, 루소, 프랭클린 등의 사상은 다양한 지역에 걸쳐 다양한 학문을 교육받은 사람들이 받아들일 수 있는 자연스러운 종교철학이었다. 인습적인 기독교는 격하되었고 공격당했다. 합리적인 인간에게 적합하지 않은 신비화한 전통적인 종교적 내용은 비난을 받았다.

18세기 계몽주의 사상은 향후 자유주의 정치사상의 토대를 이루었는데, 시민 개인의 역량과 권리가 핵심 가치로 전파되었다. 몽테스키외의《법의 정신De L'esprit des Lois》(1748)을 통해 이미 제한적 군주제를 실행한 영국과 달리 여전히 절대왕정을 유지하고 있던 프랑스에 권력 분립 및 견제와 균형에 대한 인식이 확산되었다. 몽테스키외는 프랑스가 급진적인 혁명으로 정치적 변화를 겪기보다는 영국과 같이 지배층에서 변화를 수용하여 제한 정부론을 유지하길 바랐으며, 대의제로 인민을 통치할 수 있는 정치 엘리트를 선출하여 권력이 권력을 억제할 것을 강조했다.

홉스의 주권론과 자연법사상을 시작으로 로크, 루소, 몽테스키외, 제러미 벤담Jeremy Bentham, 존 스튜어트 밀John Stuart Mill 등을 거치면서 개인주의에 대한 이상이 확립되어갔고 국가권력의 제한, 권력의 견제와 균형 등의 개념이 정착되면서 시민사회와 시민국가가 형성되기 시작했다. 근대 정치적 사유의 흐름을 주도한 주권론과 자연법사상은 주권의 문제를 당시 주요 세력이었던 귀족과 부르주아의 시각에서 검토하면서 절대주의 체제를 옹호하는 의견을 개진했고 훗날 이에 대한 비판적인 견해가 전개되기도 했다.

몽테스키외, 홉스, 로크와 달리 직접민주제를 주장한 루소는《인간불평등 기원론Discours sur l'origine de l'inégalité et les fondements parmi les hommes》에서 개인은 공동체의 구성원으로서 주권자가 되어 왕과 같은 절대 권력을 가진 주권자에게 자신의 권리를 양도하는 것이 아니라 직접 공동체를 위한 결정에 참여해야 한다고 주장했다. 사유재산이 탐욕과 이기심을 조장하는 등 여러 가지 혼란을 일으키는 타락한 사회가 불가피하긴 하지만, 사회적 개인으로서 비로소 도덕적 삶을 살게 된다는 그의 주장은 책임 있는 시민으로서의 삶을 강조한 것이다. 루소에게 평등은 매우 중요한데, 불평등이 공동체에 대한 헌신을 방해하고 공공적 의지에 따라 행동하려는 개인을 저지하기 때문이다. 개인을 평등하게 대우할 때 공동체에 헌신할 마음이 생긴다는 것이다.《사회계약론*Du Contrat social*》에서 루소는 사람들에게는 정의감이 있어서 솔직하고 자유롭게 토론하면 정의감이 발휘된다고 보았다. 또 이런 정의감은 법을 정하는 과정에 평등하게 참여할 때만 발휘된다고 했다. 루소는 왕이나 다른 정치 엘리트들이 아니라 개인이 곧 국가를 구성하는 요소임을 강조하고, 개인은 주권자로서 일반의지에 자신을 종속시킬 줄 알아야 한다고 강조했다. 권리만큼의 책임을 강조한 것이다.

독일의 계몽주의는 프랑스처럼 아래로부터의 변화에 기인한 것이 아니라 지리적으로 문화의 중심지가 없는 독일의 특성상 낡은 구제도를 수호하기 위한 방편으로 이용되었다. 1750년 이전에 독일 상류층은 프랑스를 지식 활동, 문화생활, 건축의 모델로 삼았다. 그러나 소수 관료가 이를 받아들여 국가 제도를 개선하기 위해 이용했을 뿐, 국가 자체를 개혁하고자 하지는 않았다. 또한 독일에서는 사상과 정신의 자유를 국가에 대한 복종과 결부시켰다. 기본적으로 사회사상이 문제로 떠오르지는 않았는데, 이는 비판적 시민 정신이 충분히 성장하지 못했기 때문이었다.

초기 계몽주의 사상가들인 고트프리트 라이프니츠Gottfried Wilhelm Leibniz, 사무엘 폰 푸펜도르프 Samuel Freiherr von Pufendorf, 크리스티안 볼프Christian Wolff 등도 이마누엘 칸트Immanuel Kant가 등장하기 전까지는 형이상학적 종교론이나 경건주의에 젖어 있을 뿐, 합리적인 세계관을 제시하지 못했다. 독일의 진보적 지식인들은 프랑스혁명을 지지하고 자유를 기대하며 동요했다. 지배계층은 프랑스혁명의 과격성을 비난했지만, 프리드리히 폰 실러Friedrich von Schiller, 요한 폰 헤르더Johann Gottfried von Herder, 칸트, 프리드리히 셸링Friedrich Wilhelm von Schelling, 게오르크 빌헬름 프리드리히 헤겔Georg Wilhelm Friedrich Hegel 등은 독일에서 계몽주의가 실현되길 희망했다.

공리주의자들

산업화로 다른 양상의 빈곤이 유럽을 휩쓸고 있었고 무엇보다도 노동의 가치와 자본의 위력에 대한 새로운 인식이 생겨났다. 산업자본주의에 대한 기대가 충천하는 만큼 그 이면에 대한 분석과 비판도 거셌던 19세기는 서구 근대화의 절정기라고 할 만했다. 물질문명은 산업구조뿐 아니라 사회구조를 전면적으로 변화시켰고 자유방임주의, 의회민주주의, 진보와 개혁이 그 시대의 키워드가 되었다. 한편, 대외적으로 영국을 비롯한 유럽 강대국들은 제국주의 팽창 정책을 펴고 있었다. 이 국가들은 산업화 진행에 필요한 원료 시장과 잉여 생산물을 팔기 위한 시장을 함께 개척해야 했다. 이러한 필요는 국가들 간의 충돌을 야기했고, 이 충돌은 향후 세계적 규모의 비극으로 치닫게 되었다.

형태가 어떻든 빈곤은 모든 시대를 통틀어 해결해야 하는 문제였고 이를 대하는 사회의 태도는 정치적 권력층과 부유층의 세계관을 보여주므로, 그러한 측면에서 근대사회의 특징과 역사 속에서의 위치, 그리고 기여를 따져보면 정치사가 보인다. 19세기의 빈곤 정책으로, 1601년의 구빈법이 지속적으로 철학적 토대가 되어온 것을 검토하는 움직임이 일어났다. 19세기에 점점 늘어나기 시작한 빈곤을 해결하기 위한 새로운 법을 만들려는 시도 역시 비판에 직면했다. 비용이 적게 드는 방법을 모색해야 한다는 논의를 근거로 빈곤에 대한 지나친 보호 정책을 버리고 적극적인 노동을 통해 자립하도록 다그쳐야 한다는 것이었다. 정부나 교회의 역할을 변화시키는 새로운 기준이 제시되었는데, 이때 이론적인 기초를 마련해준 사람이 벤담이다. 맬서스의 인구 과잉에 대한 이론, 데이비드 리카도David Ricardo의 임금에 관한 이론과 함께 벤담의 이론은 사회적 문제에 대해 지나친 온정주의를 지양해야 하고 빈민들 중 자립 의지를 보이지 않는 자들에 대해서는 교육, 훈련, 징벌 등의 방법을 통해 지나친 의존을 막아야 한다는 내용이었다. 벤담은 인구 과잉과 구제 예산으로 독립적인 노동자의 임금이 낮아지는 것도 노동자의 사회적 지위를 낮추는 결과를 초래한다고 비난했다.

자유방임주의적인 애덤 스미스와 사회주의적인 카를 마르크스Karl Marx가 동시에 존재했다는 점이 당대의 사상적 특징이다. 스미스의 《국부론The Wealth of Nations》은 원제《국가의 부의 성질과 원인에 관한 고찰An Inquiry into the Nature and Causes of the Wealth of Nations》로 짐작할 수 있듯이, 노동 생산력을 개선해야 부의 증진을 기대할 수 있는데, 이를 위해서는 자본과 노동의 분업 효과가 중요하다는 내용을 담고 있다. 저자는 이 책에서 자유경쟁으로 부를 축적하려면 보이지 않는 손으로 가격 시장의 기능을 통제해야 하며, 국가는 경제적 자유를 침범해서도 안 되고 부를 재분배한다고 이 자율적인 메커니즘에 개입해서도 안 된다고 주장했다. 그는 경제성장이 그전 사회보다 더 큰 불평등을 가져온다는 것을 시인했지만, 보편적 풍요가 가능할 것이라는 데 더 비중을 두었다.

제임스 밀James Mill과 벤담의 공리주의가 자유방임주의적 입장을 취했다면, 존 스튜어트 밀은 사회주의적인 분배 개념을 많이 도입하여 도덕성과 타인에 대한 배려를 강조했다. 개인주의를 버리지는 않았지만 자유방임적 자유주의의 문제점을 지적한 존 스튜어트 밀은《자유론On Liberty》(1859)에서 언론과 토론의 자유를 강조하여 지적인 진보를 옹호했고 자신의 선이 다른 사람의 이익을 방해하지 않는 한 간섭을 받지 않을 권리가 있다고 주장했다. 또한《여성의 종속The Subjection of Women》(1869)에서는 교육이나 사회생활에서 여성을 배제하는 것은 남성의 배타적 이익을 보호하기 위한 행위라고 비판했고, 공적 문제를 책임지는 일에 적합한 여성까지도 열등하게 취급하는 것은 정당하지 못하다며 여성에게도 선거권이 주어져야 한다고 주장했다.

존 스튜어트 밀이 등장하기 전부터 여성의 능력과 권리에 대한 주장은 있어왔다. 근대 초기인 16세기와 그 이전인 종교개혁 시기에 이미 여러 여성이 지속적으로 이런 견해를 피력해왔다. 근대 초기에 이미 여성들은 교육을 받았고 재산을 증식했으며 제한적이지만 사회에 진출하기도 했다.

마르크스와 공상적 사회주의자들

마르크스는 빈곤한 자를 대변하는 사상가로서 자유주의에 수정 방향을 제시하고 국가 정체성을 노동자의 나라로 정착시킨 대안 패러다임을 마련했다. 마르크스는 클로드 앙리 생시몽Claude-Henri de Rouvroy Saint-Simon, 피에르 조제프 프루동Pierre-Joseph Proudhon, 로버트 오언, 프랑수아 마리 샤를 푸리에François Marie Charles Fourier 등을 현실성이 결여된 공상적 사회주의자들이라 불렀다. 그는 프리드리히 엥겔스Friedrich Engels와 함께 집필한 《공산당 선언Manifest der Kommunistischen Partei》(1848)과 《자본론Das Kapital》(1권 1867, 2권 1885, 3권 1894)에서 자본주의적 착취의 본질과 모순을 이야기하며, 자유주의 사상가들의 주장과 달리 신흥 귀족인 부르주아지가 아니라 노동 프롤레타리아트가 새로운 사회의 주역이 될 것이라고 했다. 그는 인간의 역사는 계급투쟁의 역사이며 노동자 계급은 분업으로 인해 자기 생산품으로부터 소외되었고 기계화로 인해 단순한 부품이나 도구가 되었다고 보았다. 또한 각 사회의 관념과 규범은 재산을 소유한 계급을 합리화하고 정당화하는 것이며, 그 계급은 정치사회의 모든 면에서 주도권을 잡는다고 설명했다.

공상적 사회주의자들은 자본주의의 문제점을 지적하고 사회개혁을 주장했지만 발상이 현실적이지 못해 실패하고 말았다. 이들은 노동계급을 구호의 대상으로만 여겼을 뿐, 사회주의운동의 주체가 될 수 있는 잠재적 집단이라고 인식하지는 않았다.

대표적인 공상적 사회주의자 오언과 푸리에는 인간에 대한 동정심을 바탕으로 빈곤 문제를 해결하는 데 집중했다. 오언은 20세의 이른 나이에 자기 공장을 가질 정도로 성공했지만, 공장생활이 사람들을 비참하게 만들고 기계만도 못한 존재로 전락시키는 데 충격을 받았다. 그는 뉴래너크에 상점을 열고 좋은 상품을 저렴한 가격에 팔고 청결과 질서를 강조하며 알코올을 금지하는 등 자기 이상을 실천에 옮겼다. 동업자들의 이해가 한계에 달하자 오언은 다른 상점을 따로 내어 운영했다. 그는 어린 시절의 좋은 환경이 좋은 인성을 개발한다는 교육철학으로 교육체계의 개선을 주장하고 개혁했다. 당시 오언의 개혁은 어느 정도 성공하여 그를 벤치마킹하려는 사람들이 생겨났다. 지지자들과의 사이에서 정부의 형태와 교회의 역할 등에 대해 견해차가 커져서 갈등을 겪기 전까지, 그는 여러 공동체를 성공적으로 운영해갔다. 오언은 노동조합운동을 벌이면서 많은 호응을 얻었지만 고용주들에게 저지당해 끝까지 잘해내지는 못했다.

프랑스의 푸리에는 대혁명을 계기로 인류를 위해 좀 더 나은 사회를 만들겠다고 결심했고, 1793년 자기 계획을 도의회 의원들에게 설명했지만 비웃음만 샀다. 그는 인구 1,600만 명에서 1,800만 명 정도로 구성된 공동체가 모여 사는 팔랑주Phalange라는 이상적인 협동체를 구상했다. 그리고 그 사람들이 거주할 산업적이고 협동적인 주택단지를 신세계 팔랑스테르Phalanstère라고 명명했다. 그 이상적 협동체에서 통치기구는 최소한의 권한을 행사하고 중요한 사안은 구성원들이 마을의 광장에서 직접 결정한다. 푸리에는 직물공업이 성장하면서 리옹 주민의 생활이 피폐해지는 것을 목격하고 그들의 고통을 덜어주어야 한다는 데 깊이 몰두하여 팔랑스테르의 비율까지 정확히 계산했다.

지식 엘리트의 증가는 교육의 확산과 관련이 있다. 학교는 일정 수준 이상의 문화를 확산하는 데 기여했다. 1500년대 교회의 영향권 안에 있던 유럽의 교육기관은 교육 기회와 수준이 점차 높아지면서 교회의 영향에서 벗어나고자 애썼다. 교회의 시녀 역할을 했던 대학도 서서히 종교적 색채를 벗고 수사학, 문학, 역사, 철학 등을 주로 가르쳤다. 그러나 신학은 여전히 중요한 학문이었다.[30] 대학은 사회에 대한 통찰 능력이 있고 그 통찰에 근거해서 행동하고 참여하는 지식인을 배출했다. 시민적 정치 참여 체제에서 귀족이나 상층 자본가 계급이 아니면서, 사회가 나아갈 방향에 대해 정당성을 제공할 능력을 지닌 이들은 지식인들이었다.

3. 신정치 엘리트

정치 엘리트의 활동 공간이 의회를 중심으로 확립된 것이 근대의 특징이다. 정치적 노선이 뚜렷이 갈려서 사안에 대한 반응이나 논리에서도 색깔이 분명해졌는데, 이는 과거 정치 엘리트들이 가문귀족이나 성직자였던 것과는 달랐다. 그러나 의회정치의 관료 엘리트들은 사회적 계급, 이익 혹은 특권에서 배경을 가지고 출발했다는 점에서 또 다른 권력자들이었다. 전통귀족이 완전히 없어지지는 않았으나 영국의 경우 의회 안에서 상원과 하원으로 권력이 분립되었고, 영국이나 프랑스에서 관료귀족들은 왕과의 밀착 혹은 왕권을 넘어서는 절대 권력 행사 등을 통해 정치 엘리트로 정착해갔다.

영국

1646년 올리버 크롬웰의 청교도혁명, 명예혁명을 거치면서 왕권은 제한되고 의회주의가 확립되어갔다. 절대왕정이 입헌군주제로 전환되고 의회가 절대 권력을 견제하는 구조가 진행됨에 따라 의회와 국왕의 관계는 18세기를 전후하여 많이 달라졌다. 이때 등장한 정치 엘리트로는 전통적인 토지귀족도 있었지만 좀 더 현대의 정치인다운 면모를 보여주는 관료귀족들도 있었다. 국민 대표 개념이 도입되면서 귀족이나 성직자가 아닌 평민 중에서도 하원을 구성하는 정치 엘리트가 배출되었다.

영국의 신정치 엘리트들은 의회에서 왕당파와 의회파의 대립이 이어진 토리당과 휘그당으로 나뉘어 정책이나 이념 등에서 왕과 대립하기도 하고 사안에 따라 손을 잡기도 했다. 새로운 정치 엘리트로서 의회에서 큰 역할을 수행한 대표적인 사람들은 휘그당을 이끌었던 윌리엄 피트William Pitt, 폭스, 노스, 에드먼드 버크Edmund Burke 등과 토리당의 에드워드 서로Edward Thurlow였다. 의회가 거의 절대적인 정치권력을 행사하다 보니 이들의 권력 독점과 남용에 대한 우려와 불만이 커졌다.

그중 버크는 전통귀족이나 관료가 아닌 지식 엘리트이자 신정치 엘리트를 대표했다. 휘그당 의원이며 보수주의 정치사상을 확립한 버크는 식민지 미국에 대한 조지 3세의 정책을 신랄하게 비판했지만 프랑스혁명을 대하면서는 급진적 시민혁명의 진실을 제대로 알아야 한다고 강조했다. 버크는 프랑스와 달리 입헌군주제로 안정을 구가하던 영국에서 프랑스혁명의 불안한 모습을 경계하는 비판적 사고가

작가 미상, 〈1779년 6월 의회의 마지막 회기와 폐막 풍경〉, 1779.

한 남자가 소년에게 마치 요지경 속을 보라는 것처럼 영국과 관련된 대외적인 사건과 정부에서 벌어지는 문제들을 묘사한 장면들을 손가락질하고 있다. 열두 장면으로 구성된 이 구경거리의 맨 윗줄 왼쪽 끝 그림에서 테이블에 앉은 노스 경이 스페인 국왕과 맞서 싸우기 위해 돈을 빌리러 온 세 사람을 바라보고 있다. 그 옆의 그림에서 미국 장군들은 사태가 어떻게 돌아가는지 모르고 하는 일 없이 빈둥거리고 있다. 미국의 윌리엄 하우William Howe 장군이 자기 텐트 밖에서 자고 있는데, 그 뒤편으로 존 버고인John Burgoyne 장군이 사라토가에서 항복하는 모습이 보인다.

제임스 길레이, 〈개에게 물린 존 불〉, 1790.

윌리엄 피트, 조지 로즈, 그리고 몇몇 의원이 담뱃세Tobacco Excise Bill를 부과하려고 노력하는 것을 풍자한 그림이다. 영국 국민들에게 담배에 대한 과세는 또 다른 세금이 추가되는 부담이었다. 그림에서 소로 표현된 영국 국민은 개로 묘사된 세금을 부과하려는 의원들에 의해 눈이 가려지고 재갈이 물려져 나무 밑동에 쇠사슬로 묶인 채 괴롭힘을 당하고 있다.

나올 수 있음을 보여주었다. 미국 혁명을 지지하던 그는《프랑스혁명에 관한 고찰Reflections on the French Revolution》(1790)에서 태도를 바꿔 프랑스혁명에 대해서는 정부의 책임정치와 정치적으로 성숙한 정치 엘리트의 필요성, 그들의 우월성을 강조했다. 소수의 탐욕 때문에 혁명이 일어났으므로 대다수에게 상황이 더 나빠졌으며, 모든 것을 원점으로 돌리려 했기에 군사독재를 불러왔다고 주장했다. 버크가 이렇게 보수적인 태도를 보인 이유는 진보 세력에 대한 실망과 헌정 질서를

제임스 길레이, 〈고발 혹은 '왕의 증거가 된 갱의 대부'〉, 1791.

버크가 난간에 기대어 고개 숙인 리처드 셰리든과 찰스 폭스의 머리에 손을 얹고 "혁명의 선동자들을 보라. 음모자들을 보라. 교회와 국가의 적을 인정하라. 이들은 영국 정치 체제를 전복하려 하고 있다"고 말하고 있다. 버크는 잘 알려진 보수주의자답게 혁명적인 사상이나 행동을 공개적으로 비판했다.

보호하려는 강력한 의지를 가진 진보를 기대할 수 없는 데 대한 우려 때문이었다. 따라서 불편한 것을 모두 지우고 다시 시작한다는 식의 프랑스혁명의 논리를 비판했던 것이다.

새로운 교육을 받은 지식 엘리트인 버크는 국왕의 무능과 권모술수, 그리고 국왕 주변에서 영국 정치를 망친 인물들을 비판했다. 그는

작가 미상, 《《프랑스혁명에 관한 고찰》의 표제화〉, 1790.

마리 앙투아네트로 보이는 여성에게 청혼하듯 한쪽 무릎을 꿇고 있는 버크의 머리에 천사가 로맨스의 불꽃을 상징하는 횃불을 대고 있다. 버크가 마리 앙투아네트와 루이 16세를 처형한 것을 자랑하는 사람들을 보고 프랑스혁명을 비판한 것을 풍자했다.

내각을 잘 이끌어가려면 정당이라는 매개를 통해 결속해야 한다고 주장했다.

의회주의가 확립되면서 선거에 의한 합의 정치가 중요해졌다. 그러나 선거로 선출된 정치인들의 권력 독점과 권력을 둘러싼 갈등은 과열 선거 풍경을 만들어냈다. 1823년에는 도시 중간계급에게, 1867년에는 도시 거주 공장 노동자에게 선거권이 주어졌고, 1884년에는 농민에게까지 투표권이 확대되었다.

호가스는 1754년의 '선거' 연작에서 선거 유세를 둘러싼 난잡한 행태, 엉터리 투표, 야합하는 정치인을 묘사했다. '선거' 연작 중 하나인 〈선거 향연〉에서는 나이 든 여자의 입맞춤을 받는 젊은 후보자의 모

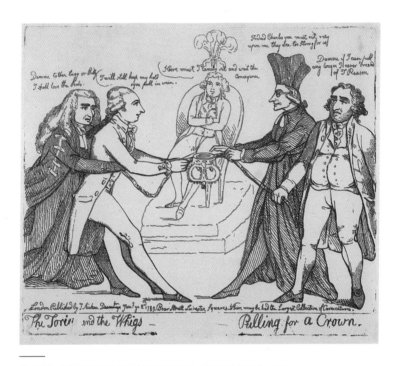

작가 미상, 〈왕관을 사이에 두고 서로 당기고 있는 토리당과 휘그당〉, 1789.

조지 3세의 병세가 악화되자 아버지를 대신해 제한적인 섭정을 하려던 조지 왕자 (후에 조지 4세가 됨)가 토리당(서로)과 휘그당(버크와 폭스) 중 어느 편과 손잡고 일해야 할지를 고민하며 앉아서 관망하는 모습을 그렸다. 물론 양당은 왕위 계승에 따른 권력 장악에 관심이 있었다.

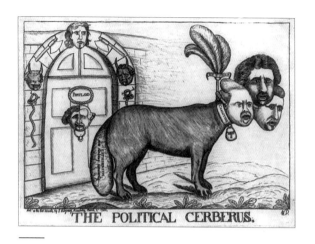

윌리엄 덴트, 〈정치적 케르베로스〉, 1784.

그리스신화에 나오는 '지옥을 지키는 머리 셋 달린 개' 케르베로스의 머리에 폭스, 노스, 버크가 그려졌고, 자물쇠가 채워진 개 목걸이에는 '제휴'라고 쓰여 있다. 폭스 등이 돈을 발행하지 못하게 막으려 했던 것을 풍자했다.

습, 술 취한 사람이 후보자의 머리 위에 담뱃재를 터는 모습 등이 보인다. 〈투표〉에서는 마부가 카드 노름에 빠져 있는 동안 영국을 상징하는 여성인 브리타니아를 태운 마차가 기우뚱거리며 쓰러지는 장면이 묘사되었다. 〈의원의 개선 행진〉은 승리한 정치인이 가마 밑으로 달려든 돼지들 때문에 비틀거리는 광경을 담았다. 정치인들의 대립과 갈등을 풍자한 것도 있다.

왕과 의회의 관계를 보여주는 풍자화도 다수 그려졌다. 마리아 피츠허버트Maria Fitzherbert는 후에 조지 4세와 비밀 결혼을 했는데, 그것을 묘사한 그림은 조지 4세가 왕이 되기 전부터 방탕했음을 그대로 표현

작가 미상, 〈브렌트퍼드에서의 선거 향연〉, 1768.
1768년 선거를 즈음해 모여든 사람들이 먹고 마시고 떠드는 향연을 묘사했다.

했고, 왕과 한편이었던 관료들 역시 같은 부류라는 암시를 주었다.

1801년 선거는 아일랜드와 합병하고 난 후 치러진 총선거였는데, 선거라기보다는 합병된 의회의 의석을 채우는 것이었다. 당시 영국은 1792년 이래 프랑스와 전쟁 중이었다. 전쟁 기간에 피트는 휘그당과 토리당의 협력을 끌어냈다. 그러나 원칙적인 문제로 휘그당 내 폭스파는 피트를 반대했다. 피트는 가톨릭 신자도 의원이 될 수 있게 하여 아일랜드의 가톨릭을 회유하려 했다. 그러나 이를 조지 3세가 반대하자 1801년 3월 피트는 사임했다. 새로 들어선 애딩턴은 전쟁 중인 영국을 피트처럼 이끌지 못했다.

영국은 프랑스혁명의 영향을 피해 갈 수 없었다.

윌리엄 호가스, 〈선거 향연〉, 1775.

네 작품으로 구성된 '선거' 연작 중 첫 번째 것으로, 시끌벅적한 휘그당 선거 향연을 묘사했다. 이 그림 속 인물의 행동을 하나하나 보면 선거 향연이 얼마나 문란한지 드러난다. 조지 3세의 정책에 반대하는 누군가가 왕의 초상화를 찢어놓았다. 그림 맨 왼쪽을 보면, '자유와 충성'이라고 쓴 깃발 아래 휘그당 의원 후보 두 명이 앉아 있다. 익살스러운 표정의 남자가 이가 없는 뚱뚱한 여자의 얼굴을 어떤 후보자의 볼에 강제로 밀착시키고 있는데, 그 남자의 손에 들린 파이프가 후보자의 가발을 태우고 있다. 그리고 한 소녀가 후보자의 손에서 훔친 반지를 살펴보고 있다. 다른 후보자는 술 취한 두 남자에게 괴롭힘을 당하고 있다. 그 뒤로는 두 남자가 한 여자를 두고 싸우고 있다. 후보자들의 옆에는 먹을 것과 마실 것을 잔뜩 놓고 앉아 있는 사제가 있는데, 어떤 사람이 무례하게 그의 가발을 벗기고 있다. 그 옆에는 세 사람이 얼빠진 표정으로 술병을 앞에 두고 앉아 있다. 어떤 사람이 냅킨으로 장난을 치고 있고, 그 옆에 앉아 있는 시장은 굴을 너무 많이 먹고 기절해서 의사가 의식을 돌아오게 하려고 오른팔에서 피를 뽑고 있다. 시장 뒤에는 선거관리위원이 양복쟁이에게 뇌물을 주고 있다. 앞쪽에는 다른 선거관리위원이 벽돌에 머리를 맞아 기절해 있다. 펼쳐진 그의 장부에는 투표에 대한 사람들의 태도를 '확실한 투표', '불투명'이라고 쓴 글이 적혀 있다. 펀치 볼을 채우고 있는 소년은 전장에서 막 돌아온 두 군인 중 한 사람이 또 다른 군인의 상처가 난 머리에 술을 붓는 것을 보며 놀라고 있다. 창밖으로는 토리당의 행렬이 보이는데 어떤 이가 깨진 창문 곁에서 벽돌을 던진다.

윌리엄 호가스, 〈투표를 권유하다〉, 1757.

'선거' 연작 중 두 번째 작품이다. 휘그당원과 토리당원이 각각 자기 당에 투표하라고 농부를 꾀고 있다. 술집 밖에 있는 사람들은 반유대인적인 성향을 갖고 있는데, 이를 아는 유대인 행상이 유권자의 부인들에게 보석을 나눠 주기 위해 다른 유대인 행상을 고용했다. 어떤 군인이 무기력한 느낌의 영국 사자상 뒤에서 슬쩍 엿보고 있다.

윌리엄 호가스, 〈투표〉, 1754.

'선거' 연작 중 세 번째 작품이다. 투표자들은 휘그당이나 토리당 중 어디를 지지하는
지 표명해야 했는데, 두 당의 당원들이 자기 당에 투표하라고 파렴치한 방법을 쓰는
모습을 풍자한 그림이다. 왼쪽에 서 있는 휘그당원이 팔에 갈고리를 하고 한쪽 다리
에 의족을 단 남자 대신 본인이 지지하는 곳을 가리키고 있다. 한편, 그림 중앙에 모
자를 쓴 토리당원은 정신이상자를 투표장에 데리고 왔다. 그 뒤로는 막 실려온 죽어
가는 사람이 보인다. 영국을 상징하는 여성인 브리타니아가 굴대가 부러진 마차에
타고 있는데도 마부들은 관심이 없고 카드게임에만 열중하고 있다.

윌리엄 호가스, 〈의원의 개선 행진〉,1758.

'선거' 연작 중 네 번째 작품이다. 승자인 토리당 후보가 전통적인 축하 행사인 행진
을 하는데 그가 앉은 의자 밑으로 돼지가 지나가는 바람에 넘어지게 생겼다. 그럼에
도 의자를 메고 가던 일꾼들은 딴 데 정신이 팔려 있다. 토리당을 지지하는 지방 노
동자와 휘그당 지지자 사이에 싸움이 붙었기 때문이다.

작가 미상, 〈정치적 거울 혹은 1782년 4월의 각료들의 전시〉, 1782.

그림 하단 오른쪽의 악마는 릭비Rigby, 노스, 맨스필드Mansfield 등을 움켜잡아 벼랑 아래로 떨어뜨리고 있다. 그들의 반대파이자 새 각료들인 콘웨이Conway, 캠든 Camden, 버크, 폭스 등도 역시 그들을 벼랑으로 몰고 있다. 하늘을 나는 천사는 진실의 거울을 비추고 있고, 뷰트Bute 의원은 마녀의 등에 탄 채 "낙마하는 영국의 악의 천재들 혹은 마법의 몰락"이라고 외치고 있다.

제임스 길레이, 〈가발 받침대—혹은 새 국가의 회전목마〉, 1783.

폭스, 노스, 버크, 케펠Keppel 등 정부 각료들이 회전목마에 앉아 있다. 회전목마의 중앙에는 조지 3세의 흉상이 세워져 있고 그 위로 영국기와 가발이 걸려 있다. 뒤에서는 도둑 두 명이 건물의 창으로 무엇인가를 꺼내는 중이다. 그림 상단 왼쪽에는 '한낮에 약탈당한 불쌍한 존 불의 집'이라고 쓰여 있다.

The HOPES of the PARTY, prior to July 14th_____From such wicked CROWN & ANCHOR Dreams, good Lord deliver us!

제임스 길레이, 〈휘그당의 바람〉, 1791.

조지 3세를 프랑스혁명 때처럼 처형했으면 하는 과격파인 폭스와 셰리든을 포함한 휘그당원들의 바람을 그린 그림이다. 뒤쪽으로는 과격파들이 프랑스혁명을 기념하는 식사를 할 술집이 보이고 피트와 왕비가 밧줄에 매달려 있다.

윌리엄 덴트, 〈업무, 달콤한 우리의 뒷모습 혹은 건물 밖〉, 1789.

왕세자(후에 조지 4세가 됨), 피츠허버트, 폭스, 노스, 버크, 대법관, 그리고 셰리든이
엉덩이를 내놓고 대변을 보고 있다. 이들은 벽에 걸려 있는 자신들을 묘사한 그림들
을 쳐다보고 있다.

조지 크룩생크, 〈급진적 개혁가〉, 1819.

단두대 괴물이 프랑스혁명의 상징인 붉은 모자를 쓰고 피를 철철 흘리면서 위협적
인 모습으로 영국 정치인들에게 다가가고 있다. 이를 보고 겁에 질려 도망치는 사람
들은 당시 수상 리버풀 경Lord Liverpool과 귀족들로, 돈 보따리에서 돈이 쏟아져도
가발이 벗겨져도 머리가 붙어 있는 게 어디냐면서 줄행랑치고 있다.

프랑스

영국 민주주의가 의회 중심의 정치로 나아갈 때 혁명 이후의 프랑스는 성직자, 귀족, 평민으로 구성된 삼부회에서 출발한 국민의회를 중심으로 국민의 대표가 이끄는 정치를 만들어나갔다. 혁명에 사상적 정당성을 마련해주었던 지식인들 중 정치 능력을 발휘한 이들도 있었고, 피비린내 나는 공포정치 시대의 파벌에 말려든 사람들도 있었다.

혁명 이후 프랑스에서 정치 엘리트로 부상한 사람들은 아무래도 혁명의 주역들이었다. 1789년 프랑스는 희망과 절망이 공존하는 격변기를 맞았다. 1789년 6월 20일 회의 도중 루이 16세의 명으로 평민 대표 중 로베스피에르가 이끄는 평민 대표와 성직자의 국민의회가 비가 오는 회의장 밖으로 쫓겨났다. 이들은 인근의 테니스코트에 모였는데, 이는 국왕의 허락 없이 평민, 귀족, 성직자가 최초로 한데 어울려 힘을 모을 것을 서약한 일대 사건이 되었다. 이것이 바로 '테니스 코트의 서약'이다.

1793년 9월 5일부터 1794년 7월 27일까지 지속된 공포정치는 지롱드파와 자코뱅파의 정치적 파벌 싸움이었고, '혁명의 적'이라는 이름으로 1만 6,594명이 단두대에서 처형당했다. 특권을 잃게 된 귀족들은 당연히 혁명에 반대했다. 국가에 고용된 처지의 성직자들 역시 혁명에 반대했다. 성직자들은 '성직자의 공민헌장'으로 왕에게 충성을 맹세해야 했으니 혁명에 반대하는 것이 당연했다.

혁명 과정에서 급진 혁명파였던 자코뱅파의 마라는 기고문을 통해 강경한 어조로 '혁명의 적'을 비판하면서 민중의 정치 참여를 고취했

작가 미상, 〈가면을 벗은 귀족〉, 1789~1792.

귀족의 가면 뒤에 숨은 음모를 나타낸 그림이다. 성직자와 여성의 모습을 한
야누스를 통해 프랑스혁명의 가려진 의도를 풍자한 것인데, 프랑스혁명에 대
한 순진한 기대를 풍자한 것일 수도 있다.

다. 프랑스 민중의 전폭적 지지를 받은 그는 온건혁명파인 지롱드파가 몰락한 이후 로베스피에르, 당통과 함께 프랑스혁명의 주역으로 떠올랐다. 혁명의 승리와 함께 이어진 자코뱅파의 공포정치는 수많은 사람을 죽였다. 부르주아 계층의 지지를 기반으로 온건주의를 표방한 지롱드파에게는 마라가 눈엣가시였다. 지롱드파 지지자였던 샤를로트 코르데Charlotte Corday는 1793년 7월 13일 거짓 편지 한 장을 들고 마라의 집을 찾아갔다. 그녀는 지롱드파에 대한 정보를 담은 편지를 전하겠다고 속이고 지지자들의 이름을 대는 척하면서 침입해 마라를 죽였다. 나흘 뒤 코르데는 사형을 선고받고 단두대에서 처형당했다.

프랑스혁명은 새로이 권력관계 안으로 들어온 정치 엘리트들의 갈등을 부각시켰다. 왕권을 무너뜨리고 혁명 정신을 내건 정치 엘리트들 간에도 예외 없이 갈등이 드러났다. 로베스피에르를 제거하기 위한 테르미도르 반동이 일어났을 때가 프랑스혁명 기간 중 가장 격렬한 시기였다. 이것은 정치적·이념적 갈등으로 벌어진 일이라기보다는 독단적인 로베스피에르를 반대하는 사람들의 움직임이었다. 1784년과 1792년 사이에 혁명과 혁명 참여자들을 비밀리에 제거하려는 음모가 있다는 소문에 정치 엘리트들은 공포에 휩싸였다. 이 시기에 처형된 사람들의 90퍼센트는 공화국에 해가 된다는 죄목으로 처형되었다.[31] 그러나 로베스피에르의 혁명 동지들 중에 살아남은 사람들을 보면 이러한 처형이 반드시 혁명에 대한 반동 때문이었다고 볼 수는 없다. 공포정치로 온갖 음모와 소문이 판을 치는 가운데 오해, 보복, 힘겨루기에 살상이 이루어지면서 예민해진 사회를 더욱 공포에 빠뜨

작가 미상, 〈멍멍…… 잘 안 돼? 아! 잘될 거야…… 잘될 거야. 귀족들은 이성을 가졌거든〉, 1794.
바이올린을 켜고 있는 로베스피에르와 거기에 맞추어 춤을 추는 작은 개의 모습이
다. 개는 테르미도르 반동을 획책하여 로베스피에르를 실각시킨 장 랑베르 탈리앵
Jean-Lambert Tallien을 상징한다.

렸다. 마라의 죽음, 혁명 동지이자 경쟁자였던 당통의 죽음에 이어 로
베스피에르 역시 정당한 재판 과정도 없이 처형되었다.

　귀족들이 서민들을 굶기려고 곡식을 사재기한다는 소문이나 마리
앙투아네트 왕비가 혁명을 무너뜨리려는 음모의 주동자라는 식의 소
문이 퍼져 나갔다. 프랑스혁명에 대해 귀족들이 반혁명적 행동을 할
것이라는 예측에 기반한 이런 소문들은 혁명을 과격하게 만드는 원

인이 되기도 했다.[32] 물론 그 안에는 모략도 있었지만 어느 정도 혁명의 이면을 폭로한 면도 있었다. 그 밖에도 투자한 사업에서 손해를 본 사람이 외국과 연줄이 있는 프랑스 내 인사나 외국인들의 음모 때문이라고 문제를 제기하는 일도 있었다. 무수한 음모와 소문에 가능성이 없진 않았던 터라 결국은 사태가 권력 싸움으로 번졌다. 누구나 당할 수 있는 상황에 대한 두려움이 정치 엘리트들을 괴롭히기도 했을 것이다. 상상은 증폭되고 혁명 동지를 의심하고 감시하는 일이 늘어나는 등 공포정치가 가져온 결과는 공포정치를 더더욱 견고하게 만들었다.

독일

16세기와 17세기 튜더 왕조의 영국과 루이 14세의 프랑스를 비롯해 스페인, 포르투갈, 스웨덴 등에서는 강력한 국민국가들이 등장해 막강한 군대를 발판 삼아 해외로 눈을 돌리고 당당하게 근대국가로 성장해갔다. 반면에 겨우 신성로마제국 체제에서 벗어난 독일에서는 크고 작은 영방이 각축을 벌이고 있었다. 18세기에는 프로이센과 오스트리아가 광대한 지역을 분할하기에 이르렀다.

모든 근대적 변화가 늦은 상황에서도 독일 의회는 도시와 지방들의 자치가 실현되어 상원은 지역 대표로, 하원은 국민 대표로 의회의 면모를 갖춰나갔다. 독일의 개혁은 시민계급에 의한 아래로부터의 개혁이 아니라 상부 관료에 의한 위로부터의 개혁이었다. 또한 시민의 권익 향상보다는 국가 경쟁력과 행정력의 강화에 중점을 둔 경제 정책, 조세 정책, 관세 정책 등 행정 분야에 국한되었다. 1871년 비스

마르크가 독일을 통일할 때까지 독일은 30여 개 영방으로 나뉘어 있었고 산업혁명도 늦게 진행되었다.

각국에서 속도가 다르고 형태가 다를지언정 근대를 만들어가는 데 핵심 역할을 한 것은 엘리트 집단의 등장, 변질, 새로운 동기 부여, 역량 확대 등이었던 것은 틀림없다. 어떤 때는 순기능을, 어떤 때는 역기능을 했지만 이들의 존재 자체가 근대사회를 형성한 동력이었다.

왜곡된 여성

마스터 엠지Master MZ, 〈아리스토텔레스와 필리스〉, 1500~1503.

여러 국가에서 다양하게 묘사된 아리스토텔레스와 필리스 그림 중 하나다. 위대한 철학자를 유혹하여 망치는 여성인 필리스를 아리스토텔레스가 등에 태우고 낮은 담장으로 둘러친 정원을 기고 있는데, 이 모습을 두 사람이 바라보고 있다.

• 이 장의 일부는 저자의 논문을 수정한 것이다. 전경옥, 〈그림을 통해 본 가부장적 근대 유럽에서 활용한 여성 이미지의 이중성〉, 《아시아여성연구》 제50권 2호(2011), 165~210쪽.

중세의 역사적 의미에 대한 새로운 해석과 평가가 필요하듯이, 근대에 대해서도 새롭게 재평가할 필요가 있다. 근대는 대체로 인류 역사에 긍정적으로 기여한 요소, 즉 개인의 자유, 개인들 간의 평등, 시장의 순기능, 정치권력의 합리성에만 초점을 맞추어 해석되고 평가되었기 때문이다. 근대 여성에 대한 왜곡된 인식은 지속적으로 은폐, 과장되어왔고, 여성에 대한 대우도 과거와 크게 달라지지 않았다. 그런가 하면 평화롭고 자애로운 국가의 상징이 필요할 때 여성의 이미지가 차용되었다. 이러한 상징들은 가부장적 질서를 유지하는 데 활용되었다.

　근대가 지향하는 진보와 변혁을 향해 역사가 방향을 틀어가고 있었을 때, 여성은 진보적인 근대의 특성에 걸맞지 않은 가부장적 시선 안에서 풍자와 차별의 대상으로 남아 있었다. 대체로 기득권 집단의 정치사회적 행태를 다룬 풍자가 많았던 데 비해 여성에 대한 풍자는 여성의 가정 내에서의 지위, 사회적 역할, 그리고 여성에게 기대하는 역할 등 사회 전반의 문제에 대한 가부장적 젠더화를 반영하는 내용을 담고 있었다. 특히 여성이 근대적 변화를 적극적으로 수용하면서 권리 확장을 요구하는 것은 곧 자연적 질서를 교란하는 것으로 비난받았다. 여성의 당당함에 대해 '세상이 뒤집혔다', '거꾸로 된 세상'이라고 표현하면서 도덕적 해이, 사치와 소비, 자연 질서의 파괴와 관련이 있다고 강조했다. 한편, 평화, 자비 등 국가에 필요한 이미지를 창출할 때에는 여성을 앞장세움으로써 전혀 다른 감동과 연대의 상징을 만들어냈다.

근대는 여러 봉건적 요소를 배격하고 붕괴시키는 것으로 시작되었다. 그러나 사회적 약자인 여성에게는 남성 엘리트 중심주의적인 시선이 그대로 적용되었다. 물론 인간의 본질에 대한 인식의 변화, 계급타파, 보다 개방된 사회 활동 등의 영향으로 여성에 대한 인식도 여러 가지 측면에서 자극을 받았다. 특히 산업혁명 이후 노동 활동에 참여하는 여성의 수가 증가하면서 그 불공평한 양태가 획기적으로 바뀌진 않았지만 여성의 사회 활동을 보는 총체적 패러다임은 점차 달라졌다. 여성들로서는 근대적 변화가 때로는 긍정적으로, 때로는 부정적으로 자신들의 입지에 반영되는 것을 피할 수 없었다. 그러나 가부장적 국가는 봉건적 계급사회가 붕괴되는 과정에서도 여전히, 혹은 더 심하게 여성을 왜곡하는 데 앞장섰다. 새로운 직업이 등장하고 사회적 구조가 변화하는 과정에서 직업이 젠더화되었고 여성을 배제한 사례들이 나타나기 시작했다. 예를 들어 여성의 고유 역할이었던 산파와 같은 직업은 남성의 직업이 되었다. 절박한 환경에서 직업을 찾기 위해 남장을 한 여성은 엄격한 처벌을 받았다. 기존에 여성의 역할이던 것이 남성중심적인 역할로 재편되어간 것이다.

근대 유럽의 사회 변화 과정에서 여성에게까지 교육이 확대된 것은 부인할 수 없는 사실이다. 여성들은 글을 읽고 쓰는 법을 배움으로써 좀 더 넓은 세계를 접할 수 있었다. 이는 당연히 엘리트 여성의 수적인 증가와 그들의 사회적 역할의 증대로 이어졌다. 근대로 진행되는 과정에서 여성의 사회적 역할이 증가했고, 여성 통치자가 등장했으며, 여성의 경제적 참여 등에서 새로운 국면으로 접어들어 여성이 좀 더 평등하게 인정과 대우를 받게 되었다. 역사적 사건의 해석과 설명에서 여성의 경험을 살펴보는 것은 매우 중요하다. 여성에 대한 편견이 어떤 식으로 역사를 이끌어왔는지, 여성에 대한 박해와 그와 모순되는 근대화의 다양한 선전과 인간의 계몽이라는 구호가 어떻게 공존했는지를 들여다보면 근대성을 칭송하는 목적과 결과가 모두 재평가되어야 한다고 말할 수 있다. 근대화의 다양한 선전이 그럴싸한 겉모습과 달리 여전히 고정관념에서 벗어나지 못했다는 것을 인식할 때 비로소 근대성을 규정하는 정치적 태도와 그 성격을 완전히 파악할 수 있게 된다. 근대는 중세의 폐쇄적인 인식에서 다소 벗어난 듯했지만 여전히 여성의 본성은 친절하지만 나약하고, 정의롭지만 악마의 유혹에 쉽게 빠지고, 남성 의존적이며 공적인 영역에 적합한 자질이 없다고 인식되었다.

이 장에서는 여성의 입장에서 바라본 근대, 즉 국가 형태의 변화, 시장의 등장, 도시화, 산업화, 교회, 혁명 등을 다룬다. 그리고 당시 여성의 사회적 역할, 지위, 참여에 대한 가부장적 이해와 비판적 혹은 대안적 인식을 살펴볼 것이다. 근대에 대한 비판은 주로 여성성을 비사회적이고 비정치적으로 규정하는 것에 초점이 맞추어져 있다. 근대에는 여성을 국가로 상징화할 때 여성의 이미지를 단순히 여성성과 모성으로만 한정하여 활용했고, 이때 신화적으로 과장했다. 앞서 다룬 장과 달리 이 장에서는 포장을 벗긴 진실의 한쪽을 보여주는 게 아니라 잘못된 인식으로 풍자된 진실을 읽어내려고 한다.

1. 운명의 여신

정치사상가들이 여성의 이미지를 활용하는 방식에서도 여성의 이미지에 대한 고정관념이 드러난다. 평화를 상징하는 여성이 있는가 하면 마귀로 그려진 여성도 있다. 물론 여성 이미지가 반드시 선과 악만을 상징하는 것은 아니며, 무질서, 혼란, 거부해야 할 대상을 상징하는 예도 흔히 찾을 수 있다.

근대 정치사상을 연 마키아벨리는 '운명의 여신Fortuna'이야말로 인간의 자율성에 가장 위협적인 존재라고 주장했다. 포르투나는 행운과 악운을 조정하는데, 운이란 변덕스럽고 예측할 수 없는 여성의 기질에서 나온다는 것이다. 또한 마키아벨리는 운명을 물리치고 변화를 가져올 수 있는 능력에 대해서도 다음과 같이 말했다. "신중한 것보다는 과감한 것이 더 좋은 것이 분명하다. 왜냐하면 운명의 신은 여신이고 만약 당신이 그 여자를 손안에 넣고자 한다면, 그녀를 거칠게 다룰 필요가 있기 때문이다."[1] 이런 마키아벨리의 여성에 대한 이미지는 그보다 앞서 유사한 이미지를 설파하려 했던 여러 작가들에게서도 찾아볼 수 있다.

코에티비 마스터Coëtivy Master, 〈명사들의 운명〉, 1467.

조반니 보카치오Giovanni Boccaccio의《명사들의 운명/운명의 수레바퀴*De Casibus Virorum Illustrium*》(1467)에 나오는 운명의 여신과 운명의 수레바퀴를 그린 그림이다. 유명인 56명에 대해 쓴 이 책은 운의 정점에 도달한 사람들이 예기치 못한 불행에 빠지는 이야기를 통해 인간의 도덕적인 삶을 다루었다. 책은 1350년에 쓰였으나 이 그림은 1467년 프랑스에서 출판된 책에 실렸다.

운명의 여신과 운명의 수레바퀴가 등장하는 그림은 여러 가지 스타일로 그려졌다. 운명의 여신은 그녀가 가진 막강한 영향력을 강조하기 위해 인간보다 크게 그려졌다. 그녀는 바퀴를 천천히 혹은 빠르게 돌려 인간의 운명을 조정했다. 누군가는 튕겨져 나오기도 했고 누군가는 바퀴 밑에 깔리기도 했다.

운명의 수레바퀴라는 개념은 로마의 철학자 안치우스 말리우스 보이티우스Ancius Manlius Severinus Boethius의 《철학의 위안De Consolatione Philosophiae》에서 처음 등장하여 중세로 내려왔다. 이 책은 보이티우스가 여성으로 의인화된 철학과 대화하는 형식으로 쓰여 있다. 운명Fortune이 지켜주지 않으면 감옥에 갇혀 있는 동안 유명세, 재산이나 안전 등을 보장받을 수 없다고 위로하는 내용이다. 운명의 여신 이미지는 이 이야기 이후 여러 가지 형태로 나타났다. 단테 알리기에리Dante Alighieri의 《신곡La Divina Commedia》(1308~1321)에는 운명의 여신이 부, 재산에 관여하는데, 〈지옥편Inferno〉에서는 욕심 때문에 스스로 파괴된 자들, 교황, 추기경 등이 묘사되었다. 아래 단테의 시 가운데 일부는 운명의 여신을 묘사한 것으로, 이것을 참조하면 그 의미가 명확해질 것이다.[2]

인간의 지식은 그와 맞설 수 없다.

그녀도 다른 신들과 마찬가지로 예언하고 판단하며 시행한다.

그녀의 변심은 쉼이 없다.

필요에 따라 빠르게 움직이며

그에 따라 인간 만사가 순식간에 덧없이 변한다.

그녀에게 칭송을 바쳐야 할 사람들이

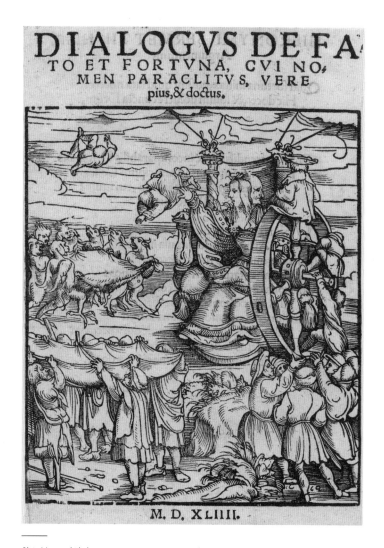

한스 부르크마이어Hans Burgkmair the Elder, 〈운명의 수레바퀴〉, 1515.

얼굴이 두 개인 인물이 수레바퀴를 돌리고 있다. 그림 오른쪽에는 수레바퀴에 오르려 하는 사람들을 도와주는 사람들의 무리가 있다. 왼쪽에 모인 사람들은 바퀴에서 떨어지는 사람을 받으려 하고 있다.

제발트 베함Sebald Beham, 〈운명의 여신〉, 1541.

날개를 단 여신이 들고 있는 운명의 수레바퀴 위에 남자가 앉아 있다. 여신의 왼쪽으로는 배가 보이고 오른쪽으로는 마을이 보인다. 운명의 여신은 막강한 영향력을 가지고 있으므로 마을의 운명을 바꿀 수도 있고 바람의 방향을 바꿔 항해에 영향을 미칠 수도 있다는 것을 의미한다.

분별없이 욕하고 저주하며

수도 없이 그녀를 십자가에 매달기도 하는구나.

하지만 그녀는 복으로 가득 차 아무것도 듣지 않는다.

그리고 하느님의 다른 첫 피조물들과 더불어

자신의 복됨을 즐기고 자신의 바퀴를 돌린다.

2. 차별

근대의 사람들은 인간관계를 보는 자신들만의 렌즈가 있어 모든 것을 굴절해서 봤는데, 그 렌즈는 가부장적 인식론이었다. 홉스, 로크, 루소가 자유주의의 철학적 토대를 제공했을 때 가부장적 권력관계는 자연 질서에 해당하는 것이었고, 젠더화된 질서의 정치적 함의는 의문의 대상이 아니었다. 남녀의 차이는 '다름'이기보다는 여성이 남성보다 본성적으로 열등한 것으로 인식되었다. 근대 정치사상사에서 중요한 자연법 사상가인 홉스나 로크에게 자연상태에서 벗어나 정부를 세우기 위한 주장의 논리적 근거 안에 여성의 사회적 역할을 부각할 의도는 애초에 없었다.

루소는 근대 교육론의 효시가 된 《에밀Émile》(1762)에서 자신의 가부장적 사회관을 드러냈다. 그는 평등을 주장한 근대적 사상가였지만 가정과 사회를 사적 영역과 공적 영역으로 구분하는 사고방식을 강화하는 데 기여했고 여성을 사적 영역에 가두었다. 특히 주인공 에밀의 약혼자인 소피를 다루면서 가부장적 가족의 우월성을 드러냈다. 소피는 에밀이 결혼하도록 운명 지어진 여성이다. 루소는 소피가 에밀의 배우자로 적합한 여러 가지 이유를 설명했다. 그중에서 가장 중요한 이유로 여성은 남편을 가르치려 들어서는 안 되고 남편에게서 배워야 한다는 점을 들었다. 소피와 달리 에밀은 자기 자신을 다스릴 수 있는 이상적인 남성을 대변한다. 이렇듯 소피와 에밀에게는 개인 간의 사적 관계와 정치적 관계인 공적 관계를 구분하려는 루소의 사상이 투영되어 있다.

루소는 시민이 될 자질이 없는 여성은 교육을 받는다 해도 남성과 같은 역할을 할 수는 없고, 이를 넘어서려 할 때 정치적 부패와 파괴를 초래한다고 주장했다.[3] 당시 유행했던 살롱을 여성이 운영한 것이 남성을 남성답게 하는 것을 방해한다고 본 것도 이와 같은 맥락이다. 루소는 당시 프랑스의 살롱문화를 비판하면서 남성이 사교계의 여성과 어울리고 여성에게 휘둘리면 자기 본성을 무너뜨리게 된다고 했다. 또한 가장 잘 다스려지는 가정이란 아내가 권력을 쥔 가정인데, 그렇다고 해서 아내가 남편을 무시하고 조종한다면 비참함과 불명예를 가져올 뿐이라고 했다. 즉, 루소에게 정치는 여성의 자리가 아니었다.

여성이 동등한 대우를 요구하거나 사회 변화에 참여하는 것 자체가 그리 환영받지 못한 이유는 여성의 활동이 사회적 혼란과 무질서를 초래하는 것으로 취급되었기 때문이다. 사회적 여성의 등장은 여러 면에서 '세상을 뒤집은 것'이라고 비난을 받았다.[4] 16세기까지도 여성이 법정에 증인으로 나서거나 의사 결정에 참여하여 의견을 관철하는 것, 저자로서 책을 출판하거나 대학에 들어가는 것처럼 공적 영역에 가까운 여성의 행동은 제한되었다.

아르굴라 폰 그룹바흐Argula von Grumbach는 1520년대 초 루터의 종교 개혁을 지지하는 글을 발표하여 종교개혁 논쟁에 가담한 최초의 여성 개신교 작가다. 그녀의 활동은 여성도 종교적·사회적 이슈에 의견을 표출할 권리가 있다는 것을 보여준 예였다. 여성에 대한 지적 활동을 가로막는 편견과 검열이 존재하는 당시 상황에서 그녀는 종교개혁을 공공연히 지지하면서 교회나 대학 등에서 영향력을 행사했다.[5] 그녀는 여러 가지 의미에서 여성도 여론 형성에 참여할 수 있는 계기를 마련했다. 그녀의 활동은 여성이 공적인 일에 의견을 제시하면 사회질서를 문란하게 한다는 통념을 공격하여 편견을 깨고, 오히려 여성의 권리가 성서에 기초한다는 것을 보여주었다. 그녀는 교리를 엄격하게 해석하는 것은 바람직하지 않다고 주장하고, 종교개혁이 신자의 반 이상을 차지하는 여성의 지지를 받았음을 인정하도록 만들었다. 그녀는 여성을 비롯하여 보통 사람들이 자기 의견을 낼 수 있는 권리를 막지 말라고 피력했다.

초기 르네상스의 시민적 인문주의Civic Humanism 인간관은 같은 시기에 가부장적 여성관을 반박할 여지를 제공할 수도 있었다. 가족 내에서 어머니의 중요성을 강조하고 기존의 가부장적이고 성차별적인 세계관을 대신하는 맥락에서 똑똑하고 교육받은 부인이 남편과 동등하게 존중받아야 함을 천명하기도 했다. 이처럼 결혼, 가족, 가정 관리에 대해서는 평등을 강조하기도 했지만 현재의 눈으로 이해할 만한 전적인 평등을 강조한 것은 아니었다. 이들은 여성을 옹호하는 근거를 신화나 고전에서 발췌해 설명했지만 뛰어난 여성 롤 모델은 극히 적었다.[6] 가부장적 태도의 일정 부분을 무너뜨리고 여성에게도 평등한 능력이 있다는 여지를 보여주었지만, 그 정도로는 평등에 대한 신념을 증명하기에 부족했다.

16세기 당시로는 상식이었던 '여성이 남성보다 열등하다'는 주장을 헨리쿠스 코르넬리우스 아그리파Henricus Cornelius Agrippa는 반박했다. 그는 〈여성의 고상함에 관한 연설A Declamation on the Nobility and Pre-eminence of the Female Sex〉(1509, 출판은 1529)에서 여성이 남성에 비해 열등하다는 논리는 단지 남성이 사회에서 권력을 가지고 법과 사회적 관습을 만들어왔기 때문에 생긴 것이라고 했다.[7] 16세기 말에 와서 공공연히 여성의 열등성을 언급하는 일은 거의 사라졌다고 볼 수 있다. 그러나 그 대신 '평등하지만, 다르다'는 개념이 등장했다. 즉, 여성이 인간으로서는 평등한 대우를 받아야 하지만 역량과 본성에서는 남성과 다르다는 것이었다. 이처럼 인문주의나 종교개혁은 근본적으로 가부장적 세계관을 벗어나지도 못했고, 벗어날 의지도 없었다.

18, 19세기에 문명과 개화에 대한 인식과 사회 변화에 대한 관심이 증폭되면서 페미니즘 영역에서 본격적인 근대 정치사상의 패러다임에 대한 도전이 활발하게 나타났다. 인간 본성에 대한 차별은 차이를 존중하지 않는 데서 비롯된다는 주장은 특히 자유주의 정치사상의 개념과 가치를 재평가하는 노력으로 이어졌다. 예를 들면 뒤팽Dupin 부인은 루소를 고용하여《여성이 개입한 중요한 사건들에 대한 에세이Essai sur les événements importants dont les femmes ont été la cause secrète》(1745)를 쓰게 했다.[8] 또 잘 알려진 메리 울스턴크래프트Mary Wollstonecraft는《여성의 권리 옹호A Vindication of the Rights of Woman》(1792)에서 여성과 남성

이 다르다는 사실이 남성들 간의 유대를 강화하고 가부장적 권력관계에서 남성이 지배하는 것을 정당화하지 않는다고 했다. 또한 진보에 대한 견해에서는 회의적이었다. 울스턴크래프트는 여전히 여성이 성적 욕구의 대상으로 취급되고 공평한 교육 기회를 갖지 못한다는 점에서 남성과 동일하게 진보를 경험할 수 없음을 비판했다. 따라서 그는 여성 스스로 자신의 권리를 자각해야 한다고 호소했다. 남녀의 본성이 다르다고 해서 그것이 능력의 우열을 고착하는 근거가 될 수 없음을 강조했다. 16세기부터 17세기 초까지 가부장적 패러다임 속에서 여성의 법적 지위와 시민권에 대한 질문이 제기되었다. 여성은 개인으로서 법을 지킬 의무가 있었지만 남성이 으레 가지고 있는 법적 권리는 부인되었다. 많은 이가 이런 식의 불평등한 대우가 논리적이지 못하다고 지적했다. 그러면서 신으로부터 부여된 자치권은 남성과 마찬가지로 여성에게도 부여된 것이라고 주장했다. 남성적인 공적 영역과 여성적인 사적 영역으로 구분하는 것부터가 잘못이라는 것이었다.

이러한 문제의식 속에는 남녀 모두가 신에게서 생명을 부여받은 영적인 존재이기 때문에 평등하다고 말하는 것만으로는 충분하지 않다는 주장이 들어 있다. 평등함은 신이 부여한 생명이 아니라 이성의 역할에 관한 문제이기 때문에 적절한 교육을 받을 기회만 있다면 여성도 어떤 사회적 역할도 할 수 있을 만큼 지적이고, 공직을 수행하거나 통치를 하는 데 있어 남성들과 다를 바 없다는 것이다. 그러나 이런 주장들이 있었다고 해서 여성에게 사회적 역할을 할 기회가 많아졌다는 것을 의미하지는 않는다. 다만 이러한 논리를 무기 삼아 가부장적 이론에 도전할 수는 있었다.

근대에 들어와 교육의 기회가 보편화되면서 여성 엘리트의 수는 증가했다. 여전히 딸을 학교에 보낼지는 부모로서 중요한 결정이었지만 많은 부모가 딸을 교육시켰다. 그러나 배운 여성들이 호기심의 대상이 되기는 쉬웠어도 칭송의 대상이 되기는 쉽지 않았다. 당시에는 여자아이가 교육을 받을 수 있다고 해도 이를 개인적으로나 사회적으로 활용할 기회는 주어지지 않았다. 그래서 결국 가정주부가 되는 것이 교육받은 여성이 할 수 있는 전부였다.

근대 초 유럽에서 우수한 여성에게는 '남성 같다'는 수식어가 붙었다. 그중에는 여성 통치자와 엘리트들도 포함되었다. 이러한 강한 여성들은 아마존 여성들처럼 전사의 이미지로 그려졌다. 그들에 대한 부정적인 이미지는 그들의 전기를 남성 작가들이 주로 썼기 때문에 형성되었다. 따라서 그 비판적 시각에 대한 책임도 그 작가들에게 있다고 이해할 수 있다.[9] 그들을 보는 시선 안에는 남성스러운 여성에 대한 기대가 들어 있었다.

캐럴 페이트먼Carole Pateman은 자유주의가 '공적'인 것의 개념을 발전시키면서 여성은 정의감을 발전시킬 수 없어 공적인 영역에 적합하지 않다는 데서 출발했던 '공적'인 것과 '사적'인 것의 구분부터 비판했다.[10] 공적/사적 구분은 페이트먼을 비롯하여 헬렌 크롤리Helen Crowley, 수전 오킨Susan Moller Okin 등 페미니스트 정치사상 연구자 대부분이 근대 자유주의를 논리적으로 비판하는 출발점이다.[11]

근대에는 자본주의가 발달하고 산업화되면서 여성도 직업을 갖게 되었지만 여성의 노동은 사회적으로 가치를 인정받지 못했다. 이는 임금노동이 확대되면서 남자의 노동만이 가족의 임금으로 인정되었기 때문이다.[12] 성적 분업 구조는 여성의 노동을 제한적이며 부차적인 것으로 만들었다. 저임금을 받는 여성의 노동은 공적인 기여로서 인정받지 못했으며, 이것은 또다시 여성을 빈곤으로 몰아가는 구조를 형성했다.

3. 이성을 위협하는 여성

아리스토텔레스와 필리스

교회는 여성의 이미지를 왜곡하는 데 크게 기여했다. 남성의 심성을 어지럽히는 여성의 이미지는 유럽 여러 나라에 만연했다. 많이 알려진 것 중 하나가 아리스토텔레스를 유혹하고 그 대철학자를 손아귀에 넣은 필리스를 그린 것들이다. 여기서 흥미로운 것은 그것이 계속 재생산된 배경이다. 여자에게 빠지면 안 된다고 강조한 아리스토텔레스는 상당한 남성중심주의자였는데, 알렉산더 대왕의 애인인 필리스는 아리스토텔레스를 유혹했다. 얼핏 보면 그녀가 대철학자를 무너뜨린 것 같지만 오히려 이는 필리스의 교활함을 알렉산더에게 더 잘 알리는 계기가 되었고, 그 상황을 그린 그림들은 여성의 본성이 세상을 뒤집어 기존의 전통과 윤리를 망쳤음을 강조하는 데 이용되었다.

여러 국가에서 유사한 그림으로 묘사된 이 이야기는 상황에 따라 한쪽 성이 더 능력을 발휘할 수 있고, 때로는 좀 더 우월한 위치에 있

게오르크 펜츠Georg Pencz, 〈아리스토텔레스와 필리스〉, 1530~1562.

을 수도 있다는 것을 의미하지 않는다. 이 이야기는 여성이 우월하다
는 주장 자체가 세상을 뒤집을 만한 커다란 반란으로 취급되었다는
것을 상징한다. 13세기 중엽에 자크 드 비트리Jacques de Vitry의 설교 직
후에 발표된 앙리 당들리Henri d'Andeli의 시에 등장했던 이 이야기는 16
세기부터는 아리스토텔레스의 등에 타고 있는 필리스로 묘사되어 그

림이나 목판화에 등장하게 되었다.[13] 16세기에 들어와서는 여기에 좀 더 여성혐오적인 색이 입혀져 널리 유포되었다. 사실에 근거했는지는 확인되지 않았으나 이 이야기는 알렉산더 대왕과 창녀의 이야기로 각색되었다. 그 내용은 다음과 같다. 알렉산더 대왕이 아시아를 정복했을 때 필리스라는 창녀에게 반해서 결혼했다. 결혼하고 나서도 대왕은 국사를 제쳐두고 왕비에게 빠져 있었다. 이에 귀족들은 대왕의 스승인 아리스토텔레스를 보내 대왕을 질책하고 국사에 집중하도록 했다. 그러자 필리스는 왕의 마음을 자기에게서 돌려놓은 당사자가 아리스토텔레스임을 알고 그에게 복수하기로 마음먹었다. 필리스는 아리스토텔레스를 유혹했고, 사랑에 빠진 아리스토텔레스에게 자기 사랑에 보답하라고 요구했다. 필리스는 자신을 사랑한다는 것을 증명하려면 등에 자신을 태워야 한다고 주문했다. 다른 한편으로 필리스는 알렉산더 대왕이 그 상황을 몰래 지켜보게 했다. 그림으로 표현된 것은 그 이후 벌어진 일이다.

여성도 철인 왕이 될 수 있다는 플라톤의 입장에 반대한 아리스토텔레스는 여성이 남성의 미완성품이라고 보고, 여러 가지 이유를 들어 여성이 남성보다 우월하거나 동등하다는 주장을 부정하고 비판했다.[14] 그에게 여성과 남성의 관계는 본성의 우열 관계였다.[15] 여성은 미완성된 혹은 결핍된 버전의 남성으로 결코 남성과 겨룰 수 없는 노예와 같은 존재였다. 이런 여성이 남성, 그것도 아리스토텔레스를 네 발로 기어다니게 한 것이었다. 이 이미지는 여성의 부도덕성을 강조하려는 의도로 간통을 비난하고, 대철학자 아리스토텔레스를 유혹하여 시험한 여성의 간교함을 고발하려는 것으로 해석되기도 했다.

왼쪽_한스 발둥 그린Hans Baldung Grien, 〈네발로 걷는 아리스토텔레스의 등에 올라앉은 필리스〉, 1503.

오른쪽_루카스 판 레이든Lucas van Leyden, 〈필리스와 아리스토텔레스〉, 1515.

15세기에서 16세기에 걸쳐 재생산된 이 그림들은 시 당국과 교회에서 도덕성을 강조하기 위해 사용했고 1장에서 말했듯이 시대와 장소에 따라 그림의 의미, 배경, 맥락 등이 변했다.[16] 15세기와 16세기에 걸쳐 독일, 네덜란드, 프랑스 등지에서 그려진 〈아리스토텔레스와 필리스〉의 배경은 궁정의 안뜰, 시골, 길거리 등 다양하다. 음탕한 이미지와 구경꾼을 그려 넣기도 하는 등 동일한 주제를 다양하게 표현하면서 불륜을 비판하려는 의도를 적나라하게 드러냈다.

필리스로 표현된 여성의 이미지는 아리스토텔레스의 욕망을 보여

작가 미상, 〈아리스토텔레스와 필리스〉, 1485.

1450년경부터 1480년경까지 활동한 독일의 동판화가의 작품이다. 이름은 알려지지 않았으나 그는 '암스테르담 전시실의 마스터'라고 불린다. 암스테르담 국립미술관의 판화 전시실에 그의 작품이 가장 많이 수집되어 있기 때문이다.

주는 것일 수도 있고, 대철학자조차도 유혹할 정도로 교활한 여성의 위험성을 강조하는 것일 수도 있다. 필리스가 자기 유혹에 넘어오지 않는 알렉산더 대왕에게 그의 스승 아리스토텔레스의 우스꽝스러운 모습을 보여줌으로써 결벽한 태도를 버리도록 하려 했다는 관점에서도 해석할 수 있다. 그러나 이는 궁극적으로는 역효과를 내어 알렉산더 대왕이 여성의 간교함을 더욱 분명히 인식하게 만들었다고 한다. 이 이미지는 남성성을 파괴하는 여성성에 대한 공포만을 강조하는 여성혐오적인 것이었다.

이 그림은 두 가지로 해석할 수 있다. 하나는 알렉산더 대왕이 여

한스 발둥 그린, 〈아리스토텔레스와 필리스〉, 1915.

벌거벗은 아리스토텔레스가 입에 재갈을 물고 기고 있다. 그의 등에 탄 필리스는 채찍으로 그를 때린다. 건물 위층으로는 구경꾼이 정원을 내려다보고 있다.

성을 믿지 못하게 되었지만 스승이 무엇을 경고하려 했는지 깨닫게 되었다는 것이다. 다른 하나는 스승에 대한 존경심을 버리지는 않았지만 스승의 무력함에 놀랐다는 것이다. 즉, 전자와 관련해서 보면 필리스의 잔꾀가 성공하지 못해 결과적으로 알렉산더 대왕은 자신의 선생에 대한 존경을 잃지 않았고 오히려 스승의 경고에서 깨달음을 얻었다. 반면에 후자에서는 알렉산더 대왕이 스승의 추락을 목격하고서 여자들을 믿지 말아야 한다는 점과 노철학자들이 여자들을 배

얀 더 베이르Jan de Beer, 〈아리스토텔레스
와 필리스〉.

네덜란드에서 그려진 이 그림에서 필
리스는 고삐와 회초리를 들고 철학자
의 등에 타고 있다.

척하기에는 무력하다는 것을 배우게 되었다는 해석도 있다. 이 이야
기는 르네상스의 예술가들에게, 특히 독일에서 활동하는 예술가들에
게 매우 자주 인용되었다. 아리스토텔레스와 필리스의 모습을 담은
목판화들은 대량으로 재생산되어 이성과 애정을 대비함으로써 우월
함을 내세우던 남성들의 성적 저자세를 풍자하는 도덕적 알레고리를
보여주었다. 사실 여부와 관계없이 이 이미지는 여성이 남성을 타락
시킬 위험성을 경고하고, 실제 그런 상황이 온다면 세상이 망하는 징
조가 될 것이니 경계해야 한다는 점을 주입하기 위해 널리 퍼졌다. 이
것은 당시 사회에 필요했던 담론이었기 때문에 계속 되풀이 생산되
었고 강조되었다. 특히 교회는 이런 그림들을 감정과 이성의 자연스
러운 위계를 강조하는 데 이용했다.

가부장적 권위를 훼손하는 여성

여성의 역할은 가정에서 남편을 위해 최선을 다하는 것이었다. 초상화와 종교화를 그린 네덜란드의 작가 마르턴 판 헤임스커르크 Maarten van Heemskerck의 〈덕망 있는 부인〉은, 좋은 아내는 남편의 머리 위에 있는 왕관과 같은 존재여야 한다는 당시의 도덕적 기준을 보여준다. 이런 역할을 잘 수행하는 아내는 화목하고 안락한 가정에서 평화롭게 살 수 있지만, 그렇지 못한 아내는 남편의 권위를 실추시키고 결국은 안락한 가정생활을 망가뜨리게 된다는 메시지가 이런 그림들을 통해 전파되었다.

17세기와 18세기에 여성의 역할은 달라졌다. 자본주의의 발달은 여성의 사회적 진출을 확대시켰고 정치적인 권리까지 행사하게 하는 등 역할의 범위를 넓혔다. 이러한 변화는 여성의 역할이 정치적 의미로 확대되게 했다. 즉, 여성의 생활이 사회적 맥락과 함께 해석되면 여성의 사회적 역할, 형태, 가치 등이 정치적 성격을 띠게 된다. 여성의 사회적 역할에 대한 변화 자체가 그 역할들의 젠더화와 무관할 수 없고 그 정치성을 들여다보게 한다.

이런 사회적 변화는 가정에서의 여성의 역할에도 자극을 주었다. 여성은 가정에서도 단지 남편의 꼭두각시가 아님을 강조하면서 남편을 지배하고 남성의 이성과 고상한 척하는 태도에 노골적으로 환멸을 느끼는 여성의 모습이 그림으로 표현되기 시작했다. 물론 이런 그림에서 여성의 이미지는 보편적으로 평등하고 이성을 갖춘 시민으로 인정받는 것과는 거리가 있었다.

가정 안에서 남편과 동등한 위치를 요구하는 여성, 무능력하거나

마르턴 판 헤임스커르크, 〈덕망 있는 부인〉, 1555.

훌륭한 아내는 남편에게 왕관을 씌어준다는
뜻을 담은 그림이다. 잔소리하고 매질하는
아내들과 대조적인 모습이다.

피터 플뢰트너Peter Flötner, 〈남편을 매질하는 부인〉(독일의 게임카드 중 하나), 1540.

이탈리아 르네상스 디자인을 독일에 소개한 플뢰트너가 그린 게임카드 중에서 네 번째 카드의 그림이다.

문란한 남편에 대해 참지 않는 여성을 그린 그림들은 가부장적 사회질서에 대한 반발이 생겨나고 있음을 드러낸 것이다. 그러나 한편, 여성이 가부장적 사회질서를 파괴한다는 반발도 있었다. 그래서 여성은 가난과 질병으로부터 보호받을 권리에서도 소외되었다. 예를 들어 미혼모는 '가난해야 마땅한' 집단으로 분류되었는데,[17] 그들이 가부장적 사회질서를 어지럽힌다는 이유에서였다.

독립적인 여성은 불륜, 남편의 권위 실추, 사치와 무질서에 따른 가정 파괴 등을 쉽게 일으켜 사회질서를 문란하게 하는 존재로 취급되었다. 가정은 물론 사회적 통념과 도덕성을 파괴하고 자기 파멸을 초래하는 여성을 묘사한 이미지들이 점차 많아졌다. 여성의 도덕적

The Comforts of MATRIMONY__A Smoky HOUSE & Scolding WIFE.

Published 27th July 1790, by ROBT SAYER, No 53, Fleet Street, London.

작가 미상, 〈결혼의 안락함〉, 1790.

한 남자가 테이블에 앉아 있는데 옆에 선 그의 부인은 한 손은 쳐들고 다른 손은 허리에 대고 서서 잔소리를 하고 있다.

작가 미상, 〈그를 잡는 법 혹은 리치몬드 극장에서 정신적 사랑을 한다는 남자에 대한 여성의 매질〉, 1782.

한쪽 무릎을 꿇고 미소를 지은 채 앉아 있는 남자―'정신적 사랑'―를 세 여자가 매질 하고 있다. 제목 아래에는 매질을 하면 할수록 이 남성이 부드럽고 세속적인 사람이 된다는 글귀가 적혀 있다. 이처럼 고상하고 우월한 척하는 남성을 조롱하는 것은 당시에는 사회적으로 급진적인 행위였음이 분명하다.

인 파멸, 가출, 간통, 놀음 등에 대한 풍자는 가정의 중요성을 강조하기 위한 것이었다. 가출한 뒤 물에 빠져 죽거나 폐인이 되어 도시 외곽에서 비참한 모습으로 발견된 여성과 가정에서 안락하게 사는 여성의 삶을 대조적으로 묘사한 풍자화도 나타났으며, 남편에 의해 구원받거나 가정에서 내쫓겨 거리에서 발견된 여자도 풍자의 소재로 등장했다.[18]

여성을 조롱하는 풍자화 중에는 부유한 늙은 여자가 젊은 남자를 유혹하는 모습을 담은 것도 있었다. 유사한 그림들이 당시 여러 나라

작가 미상, 〈비누 거품 속의 노스 경〉, 1782.

영국에서 1770년부터 1782년까지 수상을 지낸 노스의 정부가 비누의 관세를 올린
것에 대해 특히 여성들이 반발한 것을 풍자했다. 삼지창을 든 악마가 지켜보고 있는
가운데 비누 소비를 많이 하는 여성들이 노스의 몸을 문지르거나 몸에 비눗물을 끼
얹고 있다.

에서 발견되었다. 물론 실제로 여러 시대, 많은 국가에서 나타나는 풍
자화에는 남녀가 서로가 상대방을 파괴하는 주제가 많다. 이것은 남
녀가 만나 방탕해지고 건강을 해치고 범죄의 유혹에 빠지면서 결국
죽음에 이르는 것 등을 풍자해 사회적·도덕적 질서를 파괴하는 것을
경계하려는 의도라고 할 수 있다.

근대사회 형성 초기부터 차별받고 억압받던 여성이 그 운명에서 빠

작가 미상, 〈여자의 진짜 모습〉,
17세기.

괴물과 인간의 모습을 함
께 가진 이 여성은 근대 초
기에 유럽에서 여성을 비
하하거나 믿을 수 없다고
비난하기 위해 이용한 여
성의 이미지 중 하나였다.

자코브 루시우스Jakob Lucius, 〈젊은
여자와 늙은 남자〉, 1545~1600.

독일에서 그려진 이 그림에서 늙
은 남자가 여자를 희롱하는 동안
여자는 남자의 지갑에서 돈을 꺼
내고 있다.

ALT:*14*LAT:*ii*UNC.

GRANACH PINX.

루카스 크라나흐Lucas Cranach the Elder, 〈늙은 여자와 젊은 남자〉.

서로 어울리지 않는 돈 많은 늙은 여자와 젊은 남자가 함께 있는 모습이다. 다른 시대, 다른 나라에서도 이런 종류의 그림이 발견된다.

져나오려고 노력할 때마다 신화와 문학에서는 여성을 방종하거나 사악한 이미지로 표현하곤 했다. 이처럼 근대의 여성은 거대한 국가와 관습의 무게를 쉽게 걷어내지 못했다. 그러나 한편으로 사회가 평안과 희망을 기대할 때는 여성의 이미지가 또 다른 의미로 활용되었다.

4. 국가 상징인 여성 이미지의 이중성

유럽의 근대사회에서 강조된 여성의 이미지는 두 가지로 상징화되었다. 하나는 이등 시민으로 박해받거나 의존적이고 사치한 이미지였고, 다른 하나는 혁명에 앞장서 선동자 역할을 하고 사회 부조리에 대항하는 이미지였다. 사회적 범죄에 대한 편협한 시각, 무능력하고 의존적인 태도, 노동에 대한 사회적 역할을 수행하는 데 대한 인색함이나 이를 거부하는 이미지 등에 여성이 활용되었다. 다른 한편으로는 자유, 박애, 국가 등 제도적 영역을 상징하는 이미지에 여성이 활용된 사례도 많이 찾을 수 있다. 이처럼 제도적 영역으로 여성의 이미지를 앞세워 연대를 꾀한 것은 국가의 이중성과 가부장적 특징을 무마하려는 정치적 결정일 수 있다.

프랑스, 영국, 독일에서 동원된 '여성으로 인격화된 국가의 상징'에서는 여성의 이미지를 통해 인정받고자 했던 국가의 자기 합리화를 살필 수 있다. 독일의 경우, 민족주의가 불붙은 계기는 무엇보다 프랑스혁명이었다. 프랑스혁명의 '자유, 평등, 박애'는 국가를 상징하는 기본 정신이었다. 그리고 '국가의 영광 혹은 자존심'은 국가의 응집과

에드몽 기욤Edmond Guillaume, 〈처벌〉, 1870~1871.
마리안(프랑스)이 기둥에 묶인 나폴레옹 3세에게 벌을 주는 모습을 정치인 두 명이
겁을 먹은 채 지켜보고 있다. 이 광경을 통해 탐욕스럽고 부패한 정치인들을 풍자한
것이다.

애국심을 고취하기 위한 수단이었다. 이처럼 국가를 인격화할 때 그
상징이 여성이었다는 것을 정당화할 필요가 있었다.

프랑스처럼 봉건적 권력을 독점해온 귀족정치에 대한 반발이 폭
발했을 경우, 각국이 서로 경쟁할 때 자국의 자존심을 내세워 애국심
을 고취하려 할 경우, 민족주의적 가치를 앞세워 영토나 정신을 통합
하려 할 경우, 이러한 인격적 상징이 활용되었다. 프랑스는 혁명 정신
을 고취하고 민중의 힘을 치켜세우며 민중을 위한 국가의 노력을 정

당화하고 힘을 결집하기 위해 마리안Marianne을 앞세웠다. 영국은 푸근한 이미지로 국가의 권위를 보여줄 때나 주변국들과의 경쟁에서 영국의 영광을 떠올리게 하기 위해 브리타니아Britannia를 등장시켰다. 또한 독일은 혁명 정신과 아울러 통일된 국가의 정신을 조성해갈 때 게르마니아Germania를 내세웠다.

프랑스의 마리안

나약하거나 교활하거나 무력했던 여성은 국가가 대중의 응집력을 필요로 할 때는 전혀 다른 방식으로 표상화되었다. 지위가 높지도, 부유하지도 않은 중년의 여성 마리안은 가공의 인물이지만 자유와 이성의 표상이었다. 18세기 민중이 즐겨 사용하던 마리안이라는 이름의 이 여성은 자유, 평등, 박애를 상징하는 공화국의 정체성을 전달하기 위해 탄생했다. 그녀는 혁명이 민중을 위한, 민중에 의한 것임을 천명하기 위해 등장했다.

평범한 마리안을 보면서 대중은 그들이 잘 이해하지 못했던 프랑스혁명과 일반 민중에게서 비롯되는 공화정의 자유, 평등, 박애를 이해할 수 있었다. 프랑스의 상징 마리안은 자유와 민중을 상징하는 프리지아 모자, 권력을 상징하는 왕관, 양육과 해방을 상징하는 가슴, 신성불가침을 상징하는 갑옷, 평등을 상징하는 트라이앵글, 법과 정의, 평등을 상징하는 저울, 민중의 힘과 용기를 상징하는 사자, 이성의 빛을 상징하는 별 등을 갖추고 있다. 마리안은 그 자체로 성스러운 혁명을 상징하지만, 그 혁명에서 얻은 자유와 정치 참여가 허락되지 않았던 여성들 중 하나였다. 여성도 변화와 혁신에 대한 열망을 품고

아이작 크룩섕크, 〈전제군주를 몰아내는 프랑스의 마리안〉, 1792.

마리안(프랑스)이 세상의 모든 전제군주를 없애기로 결심했다는 제목이 붙은 그림이다. 자유를 상징하는 모자를 쓴 마리안이 채찍을 휘둘러대자 프로이센, 독일, 러시아, 스웨덴, 터키, 스페인, 중국 등의 군주들이 당나귀에서 떨어지거나 간신히 매달려 있다. 당나귀 발아래 깔려 있는 이는 루이 16세이며 산발한 채 바닥에 앉아 있는이는 포르투갈의 마리아 여왕이다. 아이작 크룩섕크는 조지 크룩섕크의 아버지로, 역시 풍자만화가로 활동했다.

능동적으로 거리에 나섰고 의도치 않게 상징으로 활용되었으나 어느 곳에서도 여성의 시민권은 수용되지 않았다. 혁명은 여성을 아주 쉽게 배신했다. 프랑스혁명은 왕과 왕비를 죽이고 자유를 천명했지만, 혁명의 구성원들은 자유로운 시민인 남성들만의 연대와 형제애로 결속이 제한되어 있었다.

오노레 도미에, 〈결코 꺼뜨리지 못할 것이다〉, 1834.

검열에 대한 도미에의 정치풍자화다. 햇불을 들고 있는 여성은 프랑스를 인격화한
것으로, 자유를 나타내는 마리안이다. 불을 끄려고 하는 정치인들 중에는 페르질
Persil, 술트Soult, 다르구D'Argout가 보인다.

우리에게 잘 알려진 외젠 들라크루아Eugène Delacroix의 〈민중을 이끄
는 자유의 여신La Liberté guidant le peuple〉과 도미에의 〈공화국La République〉
에서는 아이에게 젖을 물리고 있는 강한 어머니의 모습을 한 마리안
이 등장한다. 이때는 혁명과 전쟁의 후유증을 치유하기 위해 어머니
가 필요했다. 공화국은 아이에게 젖을 물리고 양육하거나 법과 정의
를 거느리고 앉은 어머니로 그려졌다. 그러나 국가의 성격이 바뀌었

던 것이 아니라 이번에도 단지 위장한 것에 불과했다. 여성은 여전히 시민도 아니었고 혁명 정신과 연관되지도 않았다. 프랑스혁명에서 마리 앙투아네트를 혁명의 적으로, 공화국의 적으로, 여성의 적으로 만들어 죽인 사람들이 다른 여성을 내세워 본질을 위장하고 기만한 것이었다.

영국의 브리타니아

기원전 55년에 카이사르에게 처음 침략당하고 43년 로마에 정복당한 로마의 속국 브리타니아 섬이 지금의 영국이다. 138년부터 161년까지 재임한 로마의 안토니누스 피우스Antoninus Pius 황제가 통치할 당시 동전에 그려진 브리타니아의 모습은 푸비우스 아일루스 하드리아누스Pubius Aelus Hadrianus 황제 시절의 그것보다 상세하다. 그녀는 한쪽 가슴을 드러낸 채 흰옷을 걸치고 머리에 헬멧을 쓴 로마신화의 미네르바 여신의 모습으로 묘사되었다. 근대에 와서 찰스 2세 시절에 영국 동전에 처음 그려진 브리타니아는 리치몬드의 공작부인 프랜시스 테레사 스튜어트Francis Theresa Stuart를 모델로 했다. 1797년경에는 처음으로 파도를 잠재우고 앉아 있는 모습으로 그려졌다. 이렇게 역사가 긴 브리타니아는 여러 가지 맥락에서 전사, 여신, 국왕, 평화, 자유, 위엄의 상징이 되었다. 1707년에 스코틀랜드, 1800년에 아일랜드와 통합했을 때 브리타니아는 더욱더 중요한 영국의 상징이었다.

브리타니아는 영국 대중에게 친숙하다. 풍자만화나 시사만화 등에 자국의 이미지로서 편안하게, 때로는 불안하게, 때로는 위풍당당하게, 또 때로는 지나치게 평범하게 등장했다. 브리타니아가 항상 위엄

SHARKS; *Dogs of Scylla.*

BRITANNIA between SCYLLA & CHARYBDIS.

The Vessel of the Constitution steered clear of the Rock of Democracy, and the Whirlpool of Arbitary-Power.

제임스 길레이, 〈스킬라와 카리브디스 사이의 브리타니아〉, 1793.

놀라서 긴장하고 있는 브리타니아를 태운 헌법이라는 배를 윌리엄 피트 수상이 조정하고 있다. 바다 한편에는 머리 여섯 개와 다리 열두 개가 달린 괴물이 살고 있는 바위 스킬라 위에 자유의 종이 있다. 다른 쪽에는 거꾸로 놓인 왕관 모양의 소용돌이인 카리브디스가 있다. 피트 수상은 이 장애물들을 피해 배를 추진하고 있다. 이 그림은 그가 스킬라에 살고 있는 동물들인 셰리든, 폭스, 프리스틀리Priestley의 추격을 따돌려야 함을 표현하고 있다.

제임스 길레이, 〈브리타니아와 시민 프랑수아〉, 1803.

영국과 프랑스는 유럽에서의 역할을 놓고 늘 긴장관계에 있었다. 나폴레옹이 유럽을 제패하려고 나섰을 때는 그 정도가 아주 심했다. 그림에서는 뚱뚱한 귀부인으로 그려진 브리타니아에게 키가 크고 깡마른 프랑스 군인이 키스하려고 몸을 숙이고 있다. 벽에 걸린 나폴레옹과 조지 3세의 초상화가 이 그림의 인물들이 누군지 알게 해준다. 젊은 군인인 나폴레옹이 상냥하게 말하지만 브리타니아로 그려진 조지 3세는 속임수를 경계하는 모습이다. 길레이는 이 그림을 통해 영국과 프랑스의 일시적인 화해를 풍자했다. 당시에는 두 나라가 서로 신뢰하지 않고 경쟁관계에 있었다. 프랑스가 1802년에 파리조약에 서명을 하긴 했지만 영토 확장에 대한 욕심 때문에 또 배신할 거란 걸 영국에서 다 알고 있다는 의미가 담긴 이 그림을 보고 나폴레옹이 놀랐다고 한다.[19]

있게 그려지지는 않았고, 때로는 위기에 처한 모습도 적나라하게 그려져 당시 영국이 처한 상황을 나타내기도 했다.

독일의 게르마니아

독일의 경우 영국과 프랑스와는 달리 메시지 전달, 연대감, 국가의 권위 등을 나타내기 위해 상징을 활용한 지 오래되지 않았다. 그러나 통일된 독일을 향한 민족주의적 정서를 모으기 위해, 독일은 그 중심에 게르마니아를 두었다.

강한 민족주의적 통일국가를 세우기 위해서는 민족주의를 유도하는 요소들을 내세워야 한다. 프랑스와 영국에서처럼 민족적 응집과 단결에는 그 정신과 기대를 담은 상징이 필요했고 독일에서는 게르마니아가 그 역할을 맡았다. 나폴레옹이 프랑스혁명의 정신을 전 세계에 확산하겠노라고 천명하며 일으킨 침략전쟁으로 독일은 300개 이상의 영방국가를 39개로 개편해야 했다. 나폴레옹법전에 따른 강압적인 변화는 독일인들의 민족주의를 자극했고 분열되어 있는 나약한 국력을 하나로 모아야 한다는 의식을 형성했다. 프랑스로부터 안전을 추구하고 연대감을 불러일으키기 위해 독일인의 민족 감정을 응집할 필요가 있었다.

독일은 1870년과 1871년에 치른 전쟁에서 승리한 기념으로 게르마니아를 탄생시켰다. 게르만신화에 나오는 전쟁의 신 발키리Valkyrie의 모습에 독일의 어머니상을 합친 이미지였다. 전사인 게르마니아는 상황에 따라 강하거나 약한 이미지로 나타났다. 발키리의 모습으로 표현된 게르마니아는 독일과 독일 민족주의를 표상화했고, 제국

오이겐 에두아르트 샤퍼Eugen Eduard Schäffer, 〈게르마니아〉, 1841.

게르마니아가 무릎 위에 칼을 놓고 독수리 방패를 든 채 신성로마제국 황제의 왕관
을 내려다보고 있다.

찰스 테일러Charles Jay Taylor, 〈국가들의 파티〉, 1896.

미국이 새해를 맞이하여 평화를 위한 건배 제의를 하고 있다. 마리안(프랑스), 존 불(영국), 터키, 러시아, 게르마니아(독일), 그리고 이탈리아 대표들이 중무장을 하고 테이블에 둘러앉은 모습이다.

의 이미지를 드러내기 위해 전통적인 왕관, 방패, 갑옷, 칼, 그리고 때때로 헬멧을 착용한 모습으로 그려졌다. 유럽의 국가들과 독일 영방국가에서 때로는 어리석은 모습으로, 때로는 현명한 모습으로 게르마니아를 묘사해 독일의 상징으로 이용했다.

다른 나라들과의 관계를 보여주는 풍자화에서는 각국이 의인화된 상징물로 그려질 때가 많았다. 국가의 상징들은 시기에 따라 다른 모습으로 그려졌다. 승승장구할 때나 다른 나라들로서는 결코 즐겁지 않은 상황에서는 거드름을 떠는 모습으로, 위기를 맞이했을 때나 가

우도 케플러Udo J. Keppler, 〈정복자 영웅이 온다!〉, 1895.

화려한 예복을 입은 신성로마제국의 황제 빌헬름 2세Wilhelm II가 어깨에 거대한 칼을 멘 채 게르마니아의 팔짱을 끼고 행진하고 있다. 그 뒤에 예복을 받쳐 들고 오는 이탈리아, 오스트리아, 그리고 다른 나라들의 모습이 보인다. 발코니에는 비스마르크가 서 있고, 오른쪽 아래에는 여성의 모습을 한 프랑스가 협정서를 쥔 채 러시아의 팔짱을 끼고 떠나고 있다. 그림 하단에 '빌헬름 2세의 인생에서 가장 자랑스러운 순간인 스당Sedan 정복 25주년 기념'이라고 쓰여 있다.

소로울 때는 어리석은 모습으로 풍자되었다.

  여성을 국가의 상징으로 사용할 때는 언제나 여성성이나 모성을 강조하여 드러낼 뿐 여성의 주장이나 열망에는 초점을 맞추지 않았다. 이것은 젠더 역할에 대한 근대의 문화적 특징이 그대로 투영된 것[20]으로, 여성의 이미지는 단지 어머니로서의 모습을 활용하려고 의도된 것이었기 때문이다.

국가 이미지의 상징화는 국력이나 위상에 따라 남녀로 구분되기도 했다. 승자는 남성으로, 패자는 여성으로 나타나는 경우가 많았다.[21] 대개 패자인 여성은 못생기고 매력 없는 모습이었고, 승자는 그 반대였다. 이러한 이미지는 경제적 부국은 남성으로, 빈국은 여성으로 표현하는 것과 유사한 맥락이다. 이처럼 국가 이미지에서 드러난 여성의 모습은 가부장적 국가에서의 여성 이미지와 동일한 논리적 선상에 있다.[22]

5. 가부장적 패러다임 속 사회적 여성

시대 변화에 따른 새로운 요구가 일부 수용되는 과정에서도 여성에 대한 가부장적 인식은 여전히 은폐되고 왜곡된 채 변명으로 일관되어왔다. 여성의 본성과 사회적 역할에 대한 관념은 수렵시대와 농업 중심의 정착시대를 거쳐 산업사회의 임금노동, 근대국가의 공적 영역에 대한 구분, 중세부터 이어져온 기독교의 가부장적 세계관 등과 연관되어 규정되어왔다.

권력과 가까이 있는 여성

역사 속에서 통치자인 여왕, 왕비, 어린 왕의 어머니, 왕의 친척과 여자 형제, 왕의 정부 등 정치적 영향력을 가진 여성들의 활약은 실제로 그다지 미미하지 않았다. 하지만 많은 경우 예외적이거나 부정적인 사례로 다루어지는 등 가부장적 관점에서 저평가되거나 왜곡되어왔다.

역사적으로 훌륭한 여왕들은 여성을 모신다는 점에서 초래할 수 있는 부담을 줄이려고 노력했다. 공연한 자존심 싸움을 만들지 않으려고 했고, 남성 같은 여성처럼 보이기보다는 여성의 이미지를 이용하여 남성들의 시기와 경계를 차단하려 노력했다. 스페인의 이사벨 1세Isabel I는 스페인의 전성기를 이끌었지만 사람들 앞에서는 충실한 부녀자 역할을 하고 있음을 드러내려고 노력했다. 엘리자베스 1세도 국가와 결혼했다고 선포하여 당시 유럽 국가들에서 주로 외국인 남편으로 인해 발생했던 왕위를 둘러싼 갈등을 차단했다. 또한 그녀는 영국의 국교인 성공회의 수장 역할을 하지 않음으로써 공연한 종교적 시비도 불러오지 않았다.

〈여성으로 채워진 법정〉은 조지 크룩섕크가 1850년에《코믹 연감 Comic Almanack》에 실은 그림이다. 여성의 평등한 권리가 강하게 주장되던 19세기 중반은 여전히 남성 지배적인 사회였다. 이 그림은 만약 여성들이 법정에서 변호사, 재판관, 법무관 자리를 모두 차지한다면 그것 자체가 황당하고 부조리한 일일 것이라고 풍자했다.

여성의 권력에는 결함이 내포되어 있다는 편견은 여성 권력자에게 복종하는 것을 경시하거나 여성 권력자를 거부하는 것을 정당화했다. 예컨대 1558년 스코틀랜드의 프로테스탄트인 종교 개혁가 존 녹스John Knox는 그의 책《여성의 기형적인 통치에 반대하는 첫 번째 트럼펫 소리First Blast of the Trumpet Against the Monstrous Regiment of Women》에서 가톨릭교도인 메리 여왕에게 복종하기를 꺼리는 마음을 드러냈다. 그는 여성이 통치하는 것은 남성들로 하여금 신의 법을 어기게 하는 것이고 남성적인 자질이 없는 여성은 나쁜 통치자일 수밖에 없다고 주장했다.[23] 여성의 통치는 부자연스럽고 비정상적이므로 이에 경종을 울린다는 그의 당당함은 여성의 통치가 신성한 신의 법인 자연법을 거스르는 것이라는 편견에 근거했다.

한편 여성에 대한 편견을 반박하는 주장도 있었다.[24] 메리 여왕 시절 비가톨릭 신자로서 망명길에 올랐다가 엘리자베스 1세가 즉위하면서 돌아온 존 에일머John Aylmer 주교는 자신의 저서《충성되고 진실한 사람들의 피난처An Harborowe for Faithfull and Trewe Subjects》(1559)에서 녹스의 '기형적인 통치'라는 언급에 대해 반박했다. 에일머는 엘리자베스 1세의 통치를 옹호하는 취지에서 여성의 결함은 인정하지만 여성도 왕이 될 수는 있다고 주장하면서 여성이 애초부터 통치자가 되기에는 부적합하다고 전제하는 것에 반대했다. 에일머는 여성이 위트가 있고 이해심이 많으며 남성보다 더 현명하고 성품이 좋다고 했다. 또한 여성은 남성보다 많이 알고 더 일관성이 있다고 보았다. 그리고 여성이 약하고 어리석고 변덕스럽고 말을 막 하는 경우도 있지만 이런 본성이 여성이 통치하거나 사회생활을 하는 데 적합한지 여부를 따질 기준은 아니라고 주장했다. 에일머처럼 모든 여성이 결함을 가지고 있다는 생각을 부당하다고 여긴 작가들이 더 있었다. 물론 이들이 현재와 같은 수준의 페미니스트는 아니었다. 그들은 다만 여성들 중에도 현명하고 박식하여 능력 있는 사람이 있고 그렇지 못한 사람도 있다는 객관적인 의견을 천명한 것뿐이었다. 그 의견도 책 전체의 주제로서가 아니라 부분적으로 언급된 수준일 때가 많았다.

역사적으로 유명한 왕의 애첩들은 막강한 영향력을 가졌다. 루이

조지 크룩섕크, 〈여성으로 채워진 법정〉, 1849.

여성적인 분위기로 가득 찬 법정이다. 재판관과 변호사의 가발에는 리본과 핀 장식
이 잔뜩 되어 있고 변호사 테이블에는 커다란 꽃병이 놓여 있다. 재판관, 변호사, 여
성 배심원들은 수를 놓거나 뜨개질을 하고, 군것질을 하거나 부채를 흔드는 모습이
다. 눈을 가린 정의의 여신은 발레리나 같은 옷을 입고 있다.

왼쪽_작가 미상, 〈친애하는 로진! 당신을 정말 사랑하오〉, 1789.

이 그림 속 남녀는 마리 앙투아네트와 그녀의 애인으로 추정된다. 남자는 애타게 여자를 부르고 여자는 그런 남자의 응석을 받아주는 듯하다.

오른쪽_작가 미상, 〈멋쟁이 숙녀의 옷을 입었을 때와 벗었을 때의 다른 모습〉, 1807.

꾸민 모습과 실제 모습이 다른 숙녀의 모습을 대조시켜 풍자한 그림이다.

15세가 재위한 1745년부터 1774년 그가 사망할 때까지 궁정의 대소사를 좌우한 실세는 퐁파두르Pompadour 부인이었다. 그녀는 루이 15세를 환락으로 끌어들였고 정부 고관의 임명에도 관여했으며, 계몽사상가들을 후원하기도 했다. 루이 15세의 또 다른 애첩인 마리 뒤바리 Marie Grafin Dubarry 부인 역시 정치에 개입함으로써 국민의 원성을 샀다.

토머스 롤런드슨Thomas Rowlandson, 〈화장의 여섯 단계〉, 1792.
추하게 생긴 한 여인이 단장하고 화장하는 과정을 보여주는 이 그림은 매일 아침 여인이 새로운 가면을 쓰는 것 같다고 풍자했다.

풍자화에서는 세상이 뒤집어진 부정적인 풍경 속에 여성의 성적 취향이 과장되게 그려지기도 했다. 마리 앙투아네트를 비롯한 왕족이나 귀족 여성들에 대한 풍자에서도 이들에 대한 성적 표현은 과장되게 부풀려졌다. 신분이 높은 여성의 과도한 치장과 패션도 풍자화의 좋은 소재였다. 18세기 프랑스에서만큼 여성의 사회적 위상이 올라간 시대가 있었을까? 물론 그 이전에 비해서 여성의 위상이 향상되었다는 것이지 현대적 의미에서 그렇다는 것은 아니다. 18세기 프랑스 여성을 본 루소는 만사가 여성에게 달렸다고 했다. 사교계 여성들은 우

작가 미상, 〈유쾌한 사고 혹은 숙녀를 위한 의자〉, 1756~1767.

캐서린 마리아 피셔Catherine Maria "Kitty" Fisher라는 고급 창부가 말에서 떨어져 구
르고 있는 가운데 사내 여럿이 그녀의 이름을 부르며 도와주기 위해 모여들고 있다.

아하고 사치한 기호로 귀족을 휘어잡았고 프랑스 전체를 매료시켰
다. 프랑스 상류사회 여성들의 예법은 유럽 상류사회 여성들을 흥분
시켰다.

　당시 상류층 여성들이 운영하는 살롱은 저명한 인사들의 집합소이
자 문화의 중심으로, 루소나 디드로 같은 대학자들이 드나들기도 했
다. 하지만 루소는 살롱이 여성들 때문에 남성의 진지함이 망가지는
장소라고 비난했다.

제임스 길레이, 〈벨을 당기려 일어난 숙녀에게 놀란 일행〉, 1805.

아침 식사를 하는 자리에서 일어난 소동을 묘사했다. 동석자들 중 한 숙녀가 사람을 부르기 위해 벨을 울리려고 일어나자 함께 식사하던 남자들이 기겁하면서 서로 자기가 하겠다며 일어서고 있다. 남자들은 모두 이 숙녀를 사모하는 듯하다.

 18세기 후반 영국에서는 사회적인 것들의 정치화가 진행되었다. 이러한 사실은 영국 사회에서 정치적인 논의가 여성의 역할 안에서 조성되고 운영된다는 것을 보여주려는 시도 속에서 밝혀졌다.[25] 사회적으로 활동하지 않는 여성은 다양한 분야의 인사들을 가정에 초대하여 소통을 도모했다. 이 과정에서 정보를 제공하거나 정치적 압력을 가하고 설득하기도[26] 하는 등 가정을 사회적 활동이 연장되는 장소로 정치화했다. 이런 의미에서 여성은 정치 엘리트이기도 했다.

근대적 노동에서 여성 노동의 격리

근대 정치사상에서 비롯되어 지속되어온 여성에 대한 불공평한 시선을 여성 스스로 바로잡으려는 시도가 없었던 것은 아니다. 여성에 대한 편견은 근대 초기에는 강했지만 후기로 가면서 점차 약화되어 여성의 사회 노동 참여가 증가했고 정치적 발언권도 차츰 강화되었다. 그리고 혁명의 시대에는 여성들도 앞장서서 혁명 대열에 참여하기도 했다.

물론 매우 오랫동안 여성은 국가와의 관계, 법적 권리와 의무 등에서 이등 시민이었고, 특히 정치에 참여할 권리와 관련해서는 남성 가장만이 진정한 시민으로 인정되었다. 토지 상속에서도 딸은 아들이 없는 경우에 한해서만 상속을 받을 수 있었기 때문에 여성들 대부분은 동산은 상속을 받아도 토지를 상속받는 경우는 흔하지 않았다. 이후 남성과 같은 시민이 되어도 여성은 남성과 동등한 권리를 가지지 못했다. 결혼한 여성은 남편과 별도로 유언장을 작성할 수 없었고 남편의 허락 없이 독자적으로 재산을 처분하거나 자녀를 포함하여 어느 누구에게도 상속할 수 없었다. 그러나 어쨌든 일정 부분 재산에 대한 권리를 갖게 되었고 자신의 명예를 실추시키지 않도록 고발하는 것도 가능해졌다.

도시화가 진행되면서 많은 미혼 여성이 돈을 벌기 위해 도시로 향했다. 그러나 그들의 경제적 기여는 매우 제한적이었다. 지방이나 다른 소도시에서 이주해오는 여성들은 일자리를 잡을 때 토박이들에게 배척당하기 일쑤였고 여성의 일과 그 기여에 대한 세간의 평가나 태도도 편협했다. 여성은 자립할 수 있는 독립된 개인으로 인식되지 않았으며 여성의 노동은 항상 열등한 것으로 취급당했다.

여성들은 주로 가족의 좀 더 나은 경제적 여건을 위해, 즉 남편의 수입을 보조하기 위해 일했다. 물론 독자적으로 사업을 할 수 없었으며 상속받은 사업장을 운영하더라도 공평한 대우를 받지 못했다. 여성들은 대부분 시중 들기, 병간호, 장사, 생산, 술 담그기, 빵 굽기, 옷 만들기 등의 일을 했고, 동시에 이런 서비스나 물건을 소비했다. 이와 같은 일들과 더불어 가족의 양식을 구하고, 아이들을 낳아 기르고, 가족의 옷을 만들고, 술을 담그는 등의 가사가 여성의 의무였다. 여성들은 일을 해서 자신들의 수입을 챙기기도 했지만 그 목적은 대개 가족이 좀 더 나은 생활을 하는 것이었다. 그러나 여성의 일은 경제적 활동으로서 인정받지 못했다.[27] 가사 노동이든 독립적인 노동이든 여성의 일 혹은 여성이 한 일은 사회적으로 가치 있게 평가되지 않았다.

간혹 의사와 같은 전문직에 종사하는 여성도 있었지만 어려운 기술을 사용하는 분야일수록 여성의 수가 적었다. 고급 전문 기술들은 대부분 대학에서 가르쳤는데, 대학에서 여성의 입학을 제한했기 때문이다. 여성은 최상위 수준의 직업보다는 산파와 같은 그 아래 수준의 직업에 몰려 있었다. 여성은 특히 면허가 없거나 필요 없는 일을 주로 했는데, 그 이유는 의료·분야에서 일하는 여성들을 제약하는 기제가 바로 면허 제도였기 때문이다. 즉 면허가 필요 없는 수준의 의료업에만 여성의 진입이 허용되었다.

여성이 사적인 노동만을 한 것은 아니며 때로는 국가의 필요에 따라 공적인 일에도 투입되었다. 1550년에서 1700년 사이에 여성이 빈민 구호 사업에 투입되었던 영국의 사례는 여성의 사회적 역할이 중요했음을 보여준다.[28] 근대 초기인 1550년에서 1700년 사이에는 여성들이 법정에 증인으로 출두하거나, 종교적 변화에 개입하거나, 빈민 구호와 같은 공공사업에도 투입되었다. 양육, 간호, 교육 등과 관련된 일들을 주로 맡은 여성들은 자선시설, 양로원, 약방 등에서 하는 공적 사업에 참여했다. 영국에서는 국가가 벌이는 공적 구호 사업에 여성의 다양한 역할(특히 의술을 행하는 것)을 인정하고 여성을 활용하면서도 전문성이 낮은 일에만 집중시켰다. 물론 감독관은 남성만이 맡을 수 있었다. 게다가 여성은 일을 잘한다고 해서 특별히 상을 받는 일도 없었고, 만일 사업 참여를 거부하면 투옥되기도 했다.[29] 많은 지방 의료시설은 여성 인력에게 의존했다. 그러면서도 여성의 사회적 봉사활동의 대상은 연고가 없거나 가난한 사람들이 대부분이었다. 이는 여성의 능력과 기술을 인정하면서도 이들의 노동이나 활동에 사회적 가치를 부여하지 않았음을 의미한다.

중세 중반부터 1800년 즈음까지 많은 여성이 병자를 치료했다. 여성의 치료 행위는 역사적으로 오래되었다. 《근대 초기 여성과 의료 1400-1800*Women and the Practice of Medical Care in Early Modern Europe, 1400-1800*》에는 중세 후반부터 1800년대까지 프랑스, 스페인, 이탈리아, 영국 등지에서 치료 활동을 했던 여성의 역할, 기여, 그리고 도전 등에 관한 내용이 수록되어 있다.

여기서 주목할 만한 사실은 의술 행위가 남성의 역할이라는 의식이 커지면서 일정 부분 여성의 역할을 빼앗아가기도 했다는 것이다. 1522년 워트Wertt 박사가 조산원들을 관찰하고 출산 과정을 배우기 위해 여장을 하고 산실에 들어간 것이 발각되어 산 채로 화형을 당했

의술을 행하는 여성이 그려진, 리 왈리Leigh Whaley의
《근대 초기 여성과 의료 1400~1800》표지.[30]

다. 남성 의사에게는 여성의 알몸을 볼 수 있는 조산술이 금지되었기 때문에 여성 산파의 경험은 남성들의 호기심을 자극했던 것이다. 16세기 중반에 이르러서 외과의사 페르Pare가 난산을 하는 산모를 도와주었다는 기록으로 미루어볼 때 이즈음에는 산파가 남성의 직업으로 확실히 자리 잡았음을 알 수 있다. 산파는 여성이어야 한다는 인식이 보편적이었지만 루이 14세가 자신의 정부가 아이를 출산할 때 남성 조산원을 부른 것을 계기로 남성 조산원이 인기를 얻기 시작했다.

점차 출산술이 발전하고 인구가 늘어남에 따라 대학에서도 출산이나 해부를 공부하는 사람들이 늘어났다. 출산은 의술로 편입되어 남성의 직업이 되기 시작했다. 이러한 사실은 약제술이나 의술을 행하던 여성들을 마녀로 몰아 종교적 처형을 했던 것과도 관련 있다. 의술이 남성의 직업 영역임을 확고히 하기 위해 여성들을 희생양으로 삼

아이작 크룩섕크, 〈남성 조산원, 조산술을 행하는 남성과 여성〉, 1793.

1793년에 나온 책의 표지 그림으로, 반쪽은 남성이고 반쪽은 여성인 괴물을
새로 발견된 동물이라고 소개하고 있다. 남자가 조산원 역할을 하는 것을 풍
자한 것이다. 배경도 반은 약과 의료기구가 있는 약국이고 반은 카펫이 깔린
방이다. 남성 반쪽은 옷을 잘 차려입고 의료기구를 들고 있고 여성 반쪽은 손
에 작은 그릇을 들고 있다. 뒤의 선반에는 약이라기보다는 '사랑의 물', '칸다
리스'(이뇨제, 최음제), '바이올렛 크림' 등의 이름이 붙은 병들이 있다. 기구
로는 핀셋과 구멍 뚫는 가위, 무딘 후크 등이 있다.

앴던 것이다. 출산을 둘러싼 환경은 남성이 접근할 수 없는 여성들만의 전유물이었으며, 출산 과정에서의 잘못이나 실수가 조산원의 무언가 수상쩍은 행위에서 기인했을 거라는 의심이 여성 조산원을 마녀로 몰아가기에 좋은 조건들이었기 때문에 이러한 음모가 가능했다.

6. 여성의 빈곤, 여성의 범죄

유럽의 근대사에서 여성의 이미지를 단지 이등 시민으로 박해받거나 의존적이고 사치스러운 것으로 강조한 것은 아니었다. 국가는 공적 사업에 개입할 때 여성이 사회적 역할에 적합하다고 판단했으므로 여성이 저임금으로 전문성이 낮은 일에 종사하도록 만들었다.

여성의 빈곤

근대 초기에는 사회적 빈곤 인구의 절반 이상이 여성이었다. 특히 미혼 여성과 나이 든 여성은 대표적인 빈민층이었다. 빈민 중에서도 여성은 남성에 비해 구호 대상에서 제외되는 경우가 많았다. 예를 들면, 영국의 여러 도시에서 빈민 구호 선정 대상자 중에 여성의 수가 남성에 비해 많자, 정부는 빈민 구호 대상 기준의 근거인 공적 통계자료에서 여성에게만 해당되는 기준 요건을 제거했다.[31] 여성이 빈곤할 수밖에 없었던 이유는 다양했다. 가사 활동을 하느라 파트타임 노동을 선택하는 것은 저임금노동의 요인이 되었다. 근본적으로 여성의 사회적 역할은 인정하지 않고 아내, 자매, 딸로서의 역할만이 주어

―――
자크 칼로, 〈어머니와 세 아이〉, 1622~1623.

한 아이에게는 젖을 먹이고 또 다른 아이는 등에 업은 채 큰 아이와 함께 걷고 있는,
가난한 어머니의 모습이다.

진 것도 원인이었다. 더욱이 당시 나이 든 여성이 빈곤한 것은 흔한 일이었다. 이것이 바로 산업화 이전의 '빈곤의 여성화'다.[32] 즉, 여성이 빈곤할 수밖에 없었던 이유는 당시 여성들이 처한 현실이 그러했기 때문이다.

여성의 빈곤은 여성의 범죄와도 밀접한 관계가 있을 수밖에 없다.

여성의 범죄

당시 가정주부, 하녀, 노인 등 여성들이 저지른 범죄는 대부분 배고픔에서 비롯된 작은 도둑질이었다. 따라서 형벌도 가벼웠다. 그러나 국가가 사회질서를 잡겠다는 의지를 가지면서 여성의 작은 범죄도 무겁게 다루어졌다. 특히 여성과 관련된 범죄 항목이 늘어나고 종교적·사회적 처벌도 더 가혹해졌는데, 이는 죄인이 여성이기 때문에 그런 것이지 범죄의 내용과는 다른 문제였다.

근대 초기 영국에서는 남성의 범죄율에 비해 여성의 범죄율은 훨씬 낮고 죄질도 가벼웠다. 그러나 여성의 범죄는 국가를 배신하거나 폭력을 수반하는 등의 큰 범죄가 아니었는데도 커다란 뉴스거리가 되었다. 국가 반역죄나 폭력죄와 비교했을 때, 여성의 범죄는 욕이나 증오의 말을 내뱉는 것, 소소한 도둑질, 불륜과 매춘처럼 가벼운 것들이었다. 여성들이 일자리를 얻기 어렵다 보니 가족을 부양해야 하는 상황에서 도둑질이나 성매매를 택할 수밖에 없는 경우가 생겼다. 일을 하다가 임신을 이유로 해고된 여성, 하루 종일 아무것도 팔지 못한 거리의 행상, 주인이 임금 대신 던져준 옷을 가지고 쫓겨 나온 하녀, 말리려고 걸어둔 옷을 훔친 거지 등 가난한 여성들은 옷을 팔거나 저당 잡히고 돈을 얻었다. 이들의 도둑질은 생활의 절박함 때문에 즉흥적으로 저지르는 행동이었다.

빈곤한 여성들은 스스로 살아갈 방법을 찾아야 했다. 당시 여성들이 남장을 하는 것은 범죄 행위였지만 일자리를 얻고 더 많은 임금을 받기 위해 남장을 하는 여성이 있었다는 기록이 많다. 여성은 독립적인 노동자로 인정받지 못했기 때문에 일할 수 있는 기회가 적었으며 저임금 노동자로서의 지위는 자연스레 여성을 범죄자로 만들었다. 게다가 그 죄목은 이들을 더욱더 불공평한 상황에 처하게 만드는 굴레로 작용했다.

여성의 범죄에 형량을 선고하거나 단죄하는 것은 당시 종교적인 상황이나 교리에 근거해 규정되었다.[33] 여성의 범죄는 남성의 범죄와 동일해도 사회적 필요에 따라 다르게 다루어지고 형벌도 달리 내려졌다. 여성의 죄에 대한 인식에도 새로운 관점이 적용되었고 죄의 항목도 늘어났다. 당시에는 여성 범죄 중 많은 것이 공중질서를 어지럽힌 죄에 해당했으므로, 사회질서를 세우기 위한 다양한 법이 만들어졌다.

예를 들어 영국에서 1590년과 1630년 사이에 사회질서를 다스리기 위한 입법이 진행되는 과정에서 여성에 대한 편견이 지나친 징벌을 초래했던 사례들을 발견할 수 있다. 당시 여성에 대한 징벌은 신문이나 호외에 더 많이 다루어졌다. 하지만 이는 그 범죄가 새로운 내용이라거나 빈도가 높았기 때문이 아니라 당시 사회 분위기에서 위험시되고 경계되는 것이 무엇이었는지, 혹은 무엇을 정치적으로 이용하려 했는지에 달린 것이었다. 따라서 뉴스에서 다루어졌던 정보가 통계적으로 균형 잡힌 정보라고 할 수는 없다.[34]

여성 범죄에 대한 가장 추악하고 잔인했던 형벌은 여성을 악마와 소통하는 사이비 종교의식을 행하는 마녀로 매도해 처벌한 것이었다. 지금의 기준으로는 이해하기 힘들지만 신비로운 마법을 사용하는 것처럼 여겨진 조산술도 후에는 마녀사냥의 표적이 되었고, 조산원은 대표적인 희생자였다. 임신과 출산은 불가사의한 일로, 조산원의 역할은 일종의 영적인 활동으로 이해되었기 때문이다. 조산원의 역할을 미신적인 이미지로 만든 장본인은 여성이 아닌 남성이었다.[35] 괴이한 능력을 가진 조산원은 마녀 혹은 마법사와 쉽게 혼동되었다. 산모의 임신과 출산 과정에서 상담자 역할을 하는 조산원은 여성의 몸에 대해 많이 알고 있었는데, 이러한 성과 관련된 지식은 마술과 연관시키기 쉬웠다.

앞서 소개한《마녀의 망치》에 따르면 흉작, 전염병, 알 수 없는 재앙, 불임 등은 여성이 악마와 내통한 결과다.《마녀의 망치》는 그러한 여성을 색출하는 교본이었다. 마녀사냥은 여성의 성에 대한 가부장적 편견이 그대로 반영된 것이었다. 여성은 약하고 죄를 범하기 쉽고 악마의 유혹에 쉽게 빠지는 성향이 있다는 단정은 여성이 범죄를 저지르기 쉽다는 논리를 정당화했다. 16, 17세기 영국은 청교도적 도덕주의 관점에서 여성의 범죄를 바라보았고, 남성의 그것과는 달리 예민하게 다루었다.[36] 그러한 측면을 잘 보여주는《마녀의 망치》는 1487년에 처음 발간되어 1520년까지 14회나 다시 발행되었다.

근대의 세 종교인 이슬람교, 기독교, 유대교는 자기들의 위세가 여성 신도들에게 달렸음을 알고 있었다. 종교개혁과 반종교개혁 덕분에 여성들의 지위가 많이 향상된 것은 사실이다. 기독교에서는 남녀의 영적인 평등을 인정했기 때문이다. 그러나 근대 기독교가 가진 여성에 대한 적대감은 마녀사냥으로 드러났다. 종교재판이 성직자와 신도를 심문하여 정통 교리가 아닌 것을 전파한 책임을 묻고 이단을 가려내는 것이었다면 마녀사냥은 이와는 다른 것이었다.

당시 엘리트들은 대중에게 마녀에 대한 경각심을 불러일으키기도 했지만 한편으론 계몽주의의 확산과 더불어 마녀사냥의 불합리함을 깨달아가기도 했다. 그러나 18세기까지도 대중적 마녀사냥은 여전히 지속되었다.

16, 17세기에 가톨릭과 프로테스탄트가 서로를 향해 이교도라고 비난하면서도 악마에 대한 공포 앞에서는 하나가 되었다. 1450년부터 1750년까지 11만 명이 마법을 행한다는 죄목으로 재판을 받았고 그중 6만 명이 처형되었는데, 이 가운데 4분의 3이 여성이었다. 마녀로 몰린 여성들은 대개 가난한 여성, 의술을 행하는 등 현명한 사람으로 대접받았지만 그로 인해 때로는 질시의 대상이 되기도 했던 나이 많은 여성, 성적으로 문란했거나 이웃들 사이에서 인심을 잃은 여성, 그리고 마녀에 대한 공식적인 비난이 일기 전에 이미 마녀로 알려져 있던 여성들이었다. 좋은 일을 불러일으킨 사람은 반대로 나쁜 일도 불러올 수 있다는 믿음과 공포가 마녀를 만들어낸 것이었다. 마녀를 믿는 사람들은 가족 중 누군가나 가축이 병들거나 산모가 사산을 하거나 농사를 망치는 등 나쁜 일들이 생겼을 때 누군가 마법을 부린 것이라고 의심했다. 마녀들이 악마와 거래하여 신을 능가하는 힘을 가지려 했다는 믿음은 신약성서에서 비롯된 것이기도 했다. 악마는 자기를 숭배하는 마녀에게 그 대가로 힘을 나누어 준다는 것이다. 따

라서 마녀를 찾아내어 없애려 했던 이유는 마녀가 악마와 거래해서 얻는 힘을 두려워했기 때문이었다.

16세기 중반에서 후반으로 가면서 불황이 계속되어 1610년대와 1620년대에 들어와서는 유럽 전체가 경제적 침체기를 겪었다. 16세기 말 독일에서는 농민전쟁이 재발했고, 17세기 초에는 유럽 전체에 전쟁의 기운이 감돌았다. 이 시기의 사회문제는 무엇보다도 기근과 궁핍이었다. 16세기와 17세기 초에 기승을 부린 마녀사냥은 흉작, 절도, 전염병이 원인이었고, 성적인 상상과 편견에 여자들이 희생되었다.[37] 이 시기에는 여러 가지 소문에 의해 한 여성이 지목되어 잔인하게 고문받고 죽임을 당하는 사례가 빈번하게 발생했다. 이들을 불안한 사회의 희생양으로 삼았던 것이다. 마녀사냥 이야기에는 악마의 유혹에 빠진 여성의 이해할 수 없는 행동이 자주 등장한다. 17세기 독일은 사회적 붕괴를 막겠다는 이유로 마녀사냥을 자행하기도 했다. 마녀로 잡힌 여성들에게 죄를 덮어씌워 자신이 마녀임을 자백하게 만들고 공개 처형을 하는 등 가혹한 형벌을 가했다. 물이나 불이 악마를 쫓아낸다는 믿음에서 물에 빠뜨려 죽이거나 불에 태워 죽이는 처형 방식은 마녀에게 큰 자비를 베푸는 것처럼 여겨졌다. 하층이나 중하층 여성에게 사생아를 낳는 일은 공포였다. 다음의 그림은 사생아를 낳은 여성이 고문을 당한 뒤 자신이 사생아를 일곱 명 죽였다고 자백하고 벌을 받은, 가장 극단적인 마녀사냥의 사례를 다룬 것이다.[38]

〈1626년 림부르크 사건〉은 1626년 3월 11일에 프랑크푸르트에서 일어난 사건에 대한 기사의 그림으로, 악마가 쐰 여성이 저지른 범죄

작가 미상, 〈1626년 림부르크 사건〉, 1626.

카타리네라는 여성이 저지른 범죄를 여러 장면의 그림으로 묘사한 기사이다.

와 그 비정상성에 대한 비난이 담겨 있다.[39] 독일의 림부르크에서 부
유한 빵장수의 딸인 카타리네라는 여자가 사생아를 일곱 명 낳았고
이 기사에 나오는 그림처럼 아이들을 죽여 유기했다는 것이다. 첫 번
째 그림은 림부르크라는 평화로운 도시의 풍경을 그렸고, 두 번째 그
림은 여자가 농가의 창고에서 자기가 낳은 아이를 죽이는 장면, 세 번
째 그림은 아이를 항아리에 넣어서 버리는 장면, 네 번째 그림은 아이
를 밭에다 파묻는 장면, 다섯 번째 그림은 아이를 거름더미에 파묻는
장면을 묘사한 것이다. 여섯 번째 그림은 겁이 난 그녀가 도망가서 아
이를 목 졸라 죽이는 것을 나타냈다. 그리고 일곱 번째 그림은 부모
집으로 돌아와 아이의 목을 자르고 그 아이와 쌍둥이인 일곱 번째 아

이를 질식사시키다 붙잡히는 모습을 그린 것이다. 마지막 그림은 죄에 대한 형벌로 젖가슴과 손을 절단당하고 불에 태워지는 장면을 그린 것이다.

마녀들을 묘사한 수없이 많은 그림들은 두 가지 기대 효과를 가지고 있었다. 첫째, 비정상적인 범죄와 여성이 연관되었다고 인식시키는 것이다. 둘째, 여성이 악마적인 행위를 할 개연성이 더 높다고 인식시켜 여성의 본성을 가치 없고 악마적인 것으로 만드는 것이다. 물론 마법을 부렸다고 고발된 사람들 중에는 남자도 있었지만 대부분은 여자들이었다. 이러한 상황은 빈곤이 여성들에게 집중되어 있었고, 국가나 사회가 여성들의 빈곤에 대해 이렇다 할 정책적 고려를 하지 않았고 극히 소극적이었음을 시사한다.

〈악마의 연회〉는 여성에 대한 혐오감을 가장 심하게 드러낸 작품을 많이 그렸던 작가 한스 발둥 그린Hans Baldung Grien의 작품이다. 마녀를 묘사한 그의 그림들은 표현이 매우 적나라하다. 이 그림은 마녀들이 약을 만들고 연회 준비를 하는 모습을 담았다.

마녀사냥은 대부분 1560년에서 1680년 사이에 일어났다. 가장 최고조에 이른 시기는 1620년대였고 이후 점차 줄어들었다. 수많은 희생을 치른 뒤에야 실제 마녀가 존재하는가 하는 회의가 들기 시작했다. 1500년대 초 르네상스 인문주의가 발흥하고 여성에 대한 그릇된 이미지에 대한 비판이 커지면서 이러한 의식이 생겨난 것이다. 마법에 대한 교회의 믿음은 종교개혁과 반종교개혁을 거치면서 점차 사라졌고, 확실한 것들에 대한 관심이 확대되었다. 무엇보다 과학혁명이 마녀사냥이 끝나는 데 기여했다.[40]

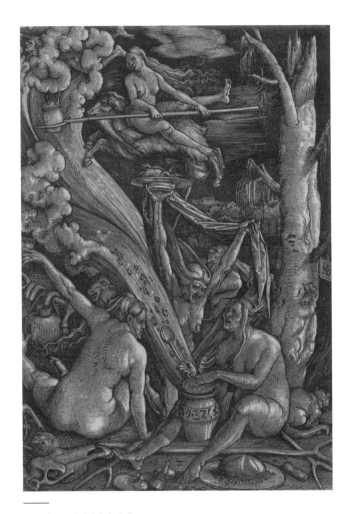

한스 발둥 그린, 〈악마의 연회〉, 1516.

세 명의 벌거벗은 여자들이 둘러앉아 큰 솥에 무언가를 끓이고 있는데, 그 솥으로부터 나오는 김을 따라 마약의 내용물이 방출되고 있다. 여자들 주변에는 뼈, 마법의 포크와 다른 마법에 쓰이는 것들이 흩어져 있다. 위쪽으로는 염소를 뒤로 탄 마녀가 마법의 포크로 항아리를 들어 올리는 모습이 보인다.

여성들이 사회적 영역에 등장하기 시작한 것은 지역과 시대에 따라 조금씩 다르다. 대체로 여성들이 사회적인 문제들과 관련하여 어떤 역할을 했는지를 역사적 사건들을 묘사한 그림을 보면 알 수 있다. 여성들은 전쟁이나 사회적 폭동과 같은 사건 속에 등장하거나 16세기의 종교개혁과 관련해서도 모습을 드러냈다. 혹은 이후의 프랑스혁명 같은 정치적 소요에 나타나기도 하는 등 여성의 공적 활동을 표현한 묘사는 많다. 이러한 그림 속의 이미지가 반드시 여성의 역할을 그대로 보여주는 것은 아니지만, 인류의 역사가 근대로 향하는 가운데 나타난 사회적 현상을 반영한 것이라고 할 수 있다.

근대 정치사상에 나타난 여성은 개인주의와 이성주의로 특징짓는 근대의 비전과는 거리가 멀었다. 그래서 페미니스트들이 근대 자유주의에 대한 재평가와 재해석, 그리고 대안적인 패러다임을 제시하는 것은 의미 있는 일이라고 할 수 있다. 그리고 이러한 움직임은 근대를 설명하고 발전 목표를 제시하는 데 좀 더 균형 잡힌 시각을 제공했다. 이로써 더욱 다채롭고 풍부한 관점으로 근대를 평가할 수 있었고, 지금도 그 재해석과 의미 부여는 계속되고 있다. 근대에 나타난 사회풍자나 알레고리는 이처럼 역사를 재해석하고 공정하게 평가하는 데 새로운 방법으로 활용될 수 있다.

여성은 근대적 변화의 중심축이 아니었다. 사람들은 여전히 성역할이라는 고정관념에서 벗어나지 못했으며 여성은 국가의 알레고리로서도 고정된 이미지의 틀에 박혀 있었다. 자유를 자유의 여신이라는 여성의 이미지로 상징화했다고 해서 당시 근대성의 중심 가치였던 자유를 남녀가 동등하게 누리게 된 것도 아니었다. 이성을 모독한 여성의 이미지도 그동안 억압받은 데 대한 통쾌한 복수나 인간의 본능적인 욕망에 대한 재평가를 의도한 것은 아니었다. 자유와 혁명의 상징이었던 여성 이미지 역시 인간의 조건을 개선하는 데 동등한 권리와 의무를 보장받게 되었음을 천명하려는 것이 아니었다. 그저 평범하고 다정하고 무조건적으로 보살피는 모성을 투영한 것이었을 뿐이다. 근대의 어머니는 모순과 부조리에 격하게 일어서는 감정을 자극하고 동정심과 분노 혹은 위안을 주는 데 보탬이 되도록 활용한 이미지였을 뿐이다. 여전히 여성의 상징은 사회적 관계에서 독립적이고 자유를 누리며 의무를 공유하는 시민과 연관된 것이 아니었다. 한마디로 가정에서의 역할을 사회적으로 확대한 일종의 연장된 이미지였으며, 소극적이고 방어적이고 추종하는 여성성의 본래 자리를 미화한 것이었다.

과장된 여성성은 역사의 재해석 및 재평가를 시도하는 과정에서 여전히 근대에서 발굴해야 할 영역으로 남아 있다. 역사적으로 시대적 변화에 따른 요구가 수용되어왔다고 하더라도 여성에 대한 가부장적 이해 방식은 그때마다 은폐되고 왜곡되었으며 항상 변명으로 일관되었다. 근대 여성의 본성과 사회적 역할에 대한 관념은 역사의 진전과 함께 변화되어왔다. 수렵생활에서 농업이 중심이 된 정착생활로의 변화, 산업사회에서의 임금노동, 근대국가에서의 공적 영역에 대한 인식, 중세부터 계속 이어져온 기독교의 가부장적 세계관 등은 여성의 본성과 사회적 역할을 규정하고 이해하는 데 중요한 배경이다. 중세를 암흑기로 단정 짓는 계몽과 진보는 그것의 혜택을 누린 집단에게만 해당되는 것이다.

적과 동지

제임스 길레이, 〈프랑스의 자유 — 영국의 노예 상태〉, 1792.

흉측하게 야윈 모습의 가난한 프랑스 공화주의자가 전 세계에 빈곤을 평등하게 퍼
뜨리겠다고 말하고 있다. 이와는 대조적으로 세금을 많이 내는 존 불이 투덜거리며
풍성한 음식이 놓인 식탁에 앉아 있다. 세금을 많이 내지만 잘사는 영국과 세금을 많
이 내지 않지만 가난에 찌든 프랑스를 대조시킨 그림이다.

근대 유럽 국가들은 종교, 식민지, 무역로, 왕권 등을 둘러싸고 각국의 이해에 따라 서로 이합집산하면서 적과 동지가 되기를 반복해왔다. 서로 모르고 살던 사람들이 교역, 탐험, 팽창 전쟁을 통해 서로 연결되고 영향을 주고받는 관계를 맺게 된 것이다. 선박업과 항해술이 발달하여 시장 개척을 위한 식민지 건설이 가능해졌고, 이것을 바탕으로 물질문명 교류가 촉진되고 제국을 건설하기 위한 자원 동원이 용이해졌다. 동인도회사 같은 무역회사는 제국을 건설하는 출발점이 되었고, 국가들은 해외로 팽창해 서로 이해관계에 따라 적과 동지라는 입장이 수시로 변했다. 흔히 말하는 대항해 시대가 열린 것이다. 대항해 시대는 국가 차원의 대규모 이동이나 교역 이전에 디아스포라를 통해 먼저 정착한 사람들이 출신국과 정착지를 연결하는 교역을 시도하면서 시작되었다.[1] 이러한 교역은 교환가치가 동등하지 않은 물물교환의 형식으로 시작되었고, 후에 화폐를 교환 도구로 사용하게 되면서 어떤 의미에서는 더욱더 불균형하고 불공평한 것이 되었다. 그리고 교역품으로 노예까지 교역하기에 이르렀다. 이런 일련의 과정이 유럽 중심주의로 합리화되어 굳어졌고, 유럽과 강대국에 의한 착취와 폭력의 세계화가 이루어졌다.[2]

17, 18세기 유럽에서는 영국과 프랑스를 비롯한 소수의 강대국이 영토를 넓히거나 교역 상대를 확보하는 경쟁관계의 주역이었다. 경쟁 과정에서 시장과 산업화는 승리를 위한 동력이 되었다. 이는 국왕이나 특권계급의 이익에 변화를 가져왔고 정치적 권력관계의 토대가 되었다. 오늘날 국제관계에서 국가의 힘을 규정하는 데는 많은 기준이 작동하고 동맹의 형태나 분열을 이해하는 데도 다양한 요인을 고려해야 하는데, 소통과 교역은 무엇보다 평등한 자격을 토대로 한다고 할 수 있다. 그러나 당시 유럽에서 국가 간의 교역과 소통은 힘의 우열에 따라 침략과 정복, 그리고 노예화의 형태로 드러났다.

당시 가장 큰 힘을 과시했던 영국과 프랑스는 풍자의 단골 소재였다. 다른 유럽 국가들보다 특히 영국과 프랑스는 자존심 대결을 많이 벌였다. 라이벌 관계였던 양국은 전쟁에 각자 인적·물적 자원을 모두 동원함으로써 적어도 얼마간은 애국심을 고취하고 국가의 활력을 북돋울 수 있었다.[3] 통치자들은 이런 애국심과 충성심을 모으는 데 모든 것을 걸었다. 양국의 관계를 보여주는 많은 풍자 자료에서 유럽의 근대 국제관계의 지도를 볼 수 있다. 주변국들도 유사한 관계들을 형성하고 있었고, 이해관계에 따라 동맹과 전쟁에 공공연히 혹은 은밀하게 타산적으로 참여했다.

1. 유럽의 변화

16세기에서 19세기 유럽은 근대의 특징이라고 할 많은 것을 만들어내고 성장시켰다. 16세기의 발전적 기대는 17세기에 총체적 위기로 변했지만 18세기에 다시 활성화되면서 19세기에 이르렀다. 이 과정에서 가장 앞선 국가는 영국이었다. 반면에 프랑스는 강한 왕권이 오래 지속되었지만 개혁 요구에 빠르게 대처하지 못하고 혁명을 겪었다. 한편 독일은 모든 면에서 영국과 프랑스와 비교가 안 될 정도로 보수적이었고 변화가 더뎠다. 근대화 속도에서는 차이가 있었지만 이 국가들 모두 세계사의 흐름을 바꿀 역량을 각각 보이며 변화해나갔다.

16세기

영국의 근대는 튜더 왕조에서 시작되었다. 영국은 주변 어느 나라보다 급격한 사회경제적 변화를 먼저 경험하면서 통합된 사회경제적 구조를 기반으로 발전해갔다. 정치적으로는 중앙집권적인 통제구조가 발달했다. 절대왕정 시대로 분류되는 이 시기는 영국이 팍스 브리타니아의 기반을 마련한 시기이기도 했다. 국민의식과 자신감이 생겨난 이 시기에 헨리 7세(재위 1485~1509)는 왕권을 강화하고 확고한 중앙정부를 재건했으며 영국이 해상국가로 발돋움하는 계기를 마련했다. 헨리 7세를 이은 헨리 8세(재위 1509~1547)는 정치보다는 대포나 포탄 같은 발명품에 관심이 많았다. 신교에 대해 비판적인 태도를 지녔던 그는 호색가로도 유명했다. 아버지의 뒤를 이어 강력한 영국을 만들려고 노력했으나 통치는 주로 고문들이 했다. 헨리 8세의 아들 에드워드 6세(재위 1547~1553)는 열 살에 즉위하여 몸이 약해서 6년 후에 죽었다.

프랑스에서 자란 메리 스튜어트Mary Stuart는 태어난 지 6일 만에 아버지 제임스 5세James V가 죽자 생후 9개월 때 스코틀랜드 여왕 메리 1세Mary I(재위 1543~1567)가 되었다. 그러나 잉글랜드의 헨리 8세가 스코틀랜드에 야심을 드러내자 어머니를 통해 프랑스의 도움을 받아 1548년 프랑스 앙리 2세Henri II의 아들 프랑수아 2세와 약혼하고 프랑스로 떠났다. 프랑스에 온 지 10년 만인 1558년 메리는 프랑수아 2세와 결혼하여 프랑스의 왕비가 되었지만, 프랑수아 2세가 즉위 1년 만에 죽자 스코틀랜드로 돌아왔다. 당시 스코틀랜드에서는 종교개혁이 한창이었고 개혁의 중심 세력이었던 존 녹스는 여자이며 가톨릭교도인 그녀를 군주로 인정하지 않았다. 헨리 7세의 증손녀로서 영국 왕위 계승권을 가진 메리는 영국에서 가톨릭교도 반체제파의 구심점이 되었다.

엘리자베스 1세는 정통 왕위 계승자인 메리가 불편할 수밖에 없었다. 메리가 자신과 같은 헨리 7세의 후손인 헨리 스튜어트Henry Stuart와 결혼하면서 엘리자베스 1세는 더욱 자신의 입지에 불안을 느꼈다. 도움을 청하며 잉글랜드에 온 메리를 엘리자베스 1세는 감금하여 18년간 유폐시켰고, 1587년 반역죄로 처형했다.

엘리자베스 1세는 피로 물든 나라를 구원하기를 기대하는 국민의 열렬한 환영을 받았지만 종교와 재정 문제, 그리고 스코틀랜드의 메리 스튜어트가 골칫거리였다. 그녀는 종교적으로 온건한 쪽을 택하려 했으나 프랑스에서 성 바르톨로메오 축일의 대학살이 일어나고 교황이 자신을 파문하자 가톨릭교도들을 억압하고 수백 명을 처형했다. 엘리자베스 1세는 가톨릭 세력의 반란을 우려하면서도 종교적으로 극단적인 청교도들의 반가톨릭적 요구를 거부함으로써 그들의 지원을 받을 수 없게 되었고, 이로써 국가 재정은 어려움에 처하게 되었다. 그러자 그녀는 스페인 배들을 약탈하는 해적들을 지원하여 배당금을 받는 방식으로 재정적 위기를 해결해나갔다.

프랑스에서는 1515년 프랑수아 1세가 왕위에 올라 1547년까지 통치했다. 그는 화려하고 세련된 국왕의 이미지를 세우고 왕권의 지속적인 강화에 힘썼다. 1547년 왕위에 오른 앙리 2세는 아버지의 뒤를 이어 효율적인 행정체계를 키워나갔다. 이로써 그는 중앙집권적인 통치의 효율성을 높였지만 이를 유지하려면 막대한 국가 재원이 필요했다. 전쟁, 화려하고 웅장한 궁정생활, 건설 사업 등으로 부족해진 국가 재원을 관리해야 했다. 프랑수아 1세는 1523년 국고의 전신인 절약금고를 설치했다. 이 시기에 관직 매매, 공채 발행 등이 성행했다. 1516년에 교황 레오 10세와의 협약으로 주교와 같은 교회 고위직을 국왕이 임명할 수 있게 되어서 국왕은 대가문의 충성을 보장받거나 그들에게서 감사의 기부를 받기가 쉬웠다. 오랫동안 국왕이 절대적인 권력을 행사한 프랑스 군주제가 개혁과는 거리가 멀었던 것은 당연했다.[4]

조세 부담은 늘어났지만 16세기 프랑스는 경제성장을 이룩했다. 그러나 상업 발달의 혜택이 모두에게 돌아가지는 못했다. 수요가 증가했지만 생산량이 수요를 따라잡지 못해 물가가 급등했고 인플레이션이 발생했다. 상인 부르주아에 비해 영주들은 빈곤해졌고 도시 하층민들은 절대 빈곤에 허덕였다. 1520년부터는 빈민 구제 대책이 실시되기에 이르렀다.

프랑스는 인구가 1515년 1,600만 명에서 1547년에는 1,700만 명으로 늘어 당시 유럽에서 인구가 가장 많은 나라가 되었다. 인쇄업, 양모업, 가죽이나 금속 가공업 등이 발달하면서 도시에서의 업종 다양화와 이에 따른 노동자들의 유입으로 도시 인구 증가가 촉진되었다. 덩달아 부유층의 사치가 가능해졌다. 그러나 1549년 경제성장이 하락세로 접어들기 시작하면서 빈부 차이가 현격해지고 파업과 소요가 잇달아 사회적 긴장이 고조되었다.

1559년 앙리 2세가 마상시합 도중 사망하자 이후 프랑스 왕위는 앙리 3세Henri III에 이르기까지 병약하거나 미성년자인 후계자들로 이어져 허약한 왕조의 모습을 보였다. 1560년부터 1574년까지 앙리 2세의 왕비 카트린 드 메디시스의 섭정 시기에는 외국인이었던 그녀가 가진 막강한 정치권력에 대한 귀족들의 불만이 커지는 상황에서 혼탁한 권력 싸움이 벌어졌다. 귀족들은 부유했고 자기 지역에서 주민들의 지지를 받았다. 1561년과 1598년 사이 두 세대에 걸쳐 종교전쟁에 개입했던 기즈Guise 가문은 당시 프랑스의 실세로서 1559년 훨씬 이전부터 몽모랑시Montmorency 가문과 경쟁관계였다. 귀족 가문들의 대립은 당시 프랑스 정치를 혼탁하게 만드는 주요 원인이었다. 귀족들은 왕을 지원하면서 왕에게서 연금과 증여를 획득하고 남들과는 다른 총애를 요구했다. 한편 귀족들 역시 자신들에게 군사적 힘이 되어주는 평민들의 같은 요구에 응해야 했다. 왕실, 귀족, 그리고 평민이 이른바 후원자-고객 관계로 얽혀 있었던 것이다. 이 귀족 가문들은 각기 외국 세력에 의존하여 이들을 자신들의 싸움에 끌어들이기 예사였는데 결국 자기 가문의 이익이 국가보다 우선시되었다. 프랑스는 스페인, 영국, 네덜란드, 독일 등과 같은 인접 국가들과 이런 관계로 얽혀 있었다. 게다가 왕위 계승자의 출신 국가나 종교에 따라 이들 간의 갈등은 더욱 증폭되었고 이는 유럽의 종교전쟁을 악화시키는 데 기여했다.

근대 유럽에서 프로테스탄트와 가톨릭 간의 종교적 갈등은 국내외에 모두 영향을 미쳤다. 16세기 말 프로테스탄트와 가톨릭 신도들 간의 싸움은 귀족들 간의 대립의 연속이었다. 하지만 일면 종교개혁은 이러한 팽팽한 긴장관계가 무너지는 계기가 되었다. 1562년과 1598년 사이 나라 전체를 흔들었던 여덟 번의 종교전쟁과 여덟 번의 휴전 협정이 이루어졌다. 종교전쟁이 연이어 일어난 이 시기에 민중은 신앙고백과 선택을 강요받고 억압당했다. 민중과 귀족들이 연대하여 전쟁은 더욱 치열해졌다.

1559년에서 1574년까지 발루아 왕조를 섭정한 카트린 드 메디시스는 종교적 갈등을 해소하고자 했으나 계속 실패하다가 성 바르톨로메오 축일의 대학살이 일어난 1572년 가톨릭에 확실하게 가담했다. 1560년대부터 1570년대까지 자신이 총애한 프로테스탄트였던 몽모랑시 가문의 가스파르 콜리니Gaspard Coligny의 살해까지도 묵인하기에 이르렀다. 이 사건 와중에 왕은 파리에서 빠져나온 뒤 가톨릭으로 개종한 것을 파기했고, 교황은 그에게 부여한 왕위 계승자 자격을 박탈했다.

앙리를 왕위 계승자로 인정받지 못하게 된 발루아 왕조에는 후계자가 없었다. 프랑스의 프로테스탄트 정신은 루터파가 아닌 칼뱅파를 따른 것이었으며, 칼뱅파의 확산은 기울어가는 발루아 왕조를 더욱 어려움에 처하게 했다. 왜냐하면 칼뱅파 신도들은 자신들이 정권을 잡은 도시에서 세력을 떨쳤고, 이에 맞서 기즈 가문의 형제들이 부추기는 가톨릭 신자들이 동맹을 형성하여 두 세력이 날로 치열하게 대립하면서 프랑스가 둘로 갈라질 지경이 되었기 때문이다. 가톨릭의 프로테스탄트에 대한 공격은 앙리 3세의 부담을 가중시키고 갈등을 부추겼다.

1589년 인구 대부분이 가톨릭 신자인 프랑스에 프로테스탄트이자 개혁자인 앙리 4세가 앙리 3세의 지명으로 즉위했다. 가톨릭파들은 스페인까지 끌어들여 이를 제지하려 했지만 성공하지 못했다. 앙리 4세는 가톨릭으로 개종하겠다고 밝혀서 지지를 얻었고 4년간 반대파들과 협상한 끝에 1598년 양심의 자유, 권리의 평등 및 종교적 자율을 공표한 낭트칙령을 선포했다. 재위 중 스무 차례나 암살 위기를 겪은 것도 이러한 종교적인 절충이 양쪽 모두의 불만을 샀기 때문이었다. 낭트칙령은 스페인 펠리페 2세와 베르뱅조약을 맺음으로써 효력을 발휘하게 되었다. 앙리 4세는 이렇게 하여 종교전쟁을 종결짓고 프랑스를 단일의 가톨릭 국가로 만들었다. 후에 프랑스 남부 나바르 왕국의 프로테스탄트 부르봉 왕조가 발루아 왕조를 대체했지만 프랑스는 별로 달라지지 않았다. 이런 혼탁한 종교전쟁 중에도 프랑스는 외부 세력에게 영토를 빼앗긴 적이 한 번도 없다.

16세기 초 프랑스인들도 해상 진출에 가담했다. 1523년 프랑수아

1세의 지원을 받은 피렌체 출신의 조반니 다 베라차노Giovanni da Verraz-zano가 오늘날의 뉴욕 만을 향해 항해하는 등 여기저기로 탐험을 떠났다. 그러나 국왕의 관심은 이탈리아에 향해 있어서 다른 곳을 탐험하는 것은 적극적으로 지원하지 않았다. 따라서 프랑스는 신세계의 개척에서는 다른 나라들에 비해 뒤떨어졌다. 전쟁이나 조세 정책의 실패로 국가 재정이 빈약했지만 이와 관계없이 경제는 계속 성장했다.

독일은 종교개혁을 거치면서 두드러지게 근대사회로 나아가기 시작했다. 이탈리아에서 시작된 르네상스의 영향으로 루터의 종교개혁운동 이전에 이미 교회의 부정과 타락이 고발되고 있었다. 교황청은 강한 압력을 행사했는데, 이는 특히 중앙권력이 공백 상태인 독일에 집중되었다. 당시 독일의 황제 카를 5세Karl V(재위 1519~1556)는 중앙집중적인 통치 체제를 구축하는 데 실패했고 신성로마제국은 사실상 해체의 길에 들어섰다. 또한 상업 발달을 배경으로 성장한 시민계급도 지방권력으로부터 독립적이지 못했다. 이러한 독일에서 가장 확실하게 종교개혁의 불씨를 댕긴 것은 면죄부의 판매였다. 당시 무명의 신학자였던 루터는 교회의 면죄부 판매를 고발하는 반박문 95개 조로 신학적 논쟁을 일으켰고, 이는 종교개혁운동의 도화선이 되었다. 이에 교황청이 자신을 파면하자 루터는 대중 앞에서 파면장을 불태우고 본격적으로 교황청과 맞섰다.

이런 독일의 근대화 과정에서 농민전쟁은 의미가 크다. 16세기 초의 넓은 영토 확보와 인구의 지속적인 증가는 독일을 유럽의 대국으로 자리 잡게 만들었다. 오스트리아와 프로이센이 독일영방에서 주도적 역할을 해오다가 1700년대 이후에는 프로이센이 강대국으로 부상했다. 그러나 인구의 증가로 농촌 인구가 도시로 유입되었지만 아직 산업화되지 않은 도시들은 늘어난 인구를 흡수할 준비가 되어 있지 않았다. 공납과 부역의 증대와 다양한 조세 압박은 농민층을 크고 작은 저항을 하도록 몰아갔다. 1524년과 1525년 사이에 일어난 농민전쟁은 300만 농민을 결집시켰다. 농민의 경제 상태는 지역에 따라 큰 차이를 보였지만, 영주에 대한 공납과 부역의 증대, 농민에 대한 법률의 남용, 공유지 이용권 등에 대한 농민의 자율성 제한이 저항을 불러일으킨 공통 요인이었다. 이들의 혁명적 운동은 통일된 노선이나 지도자의 결여로 성공하지는 못했다.

독일 중부에서는 뮌처가 종교적 진리를 사회적으로 구현하고 계급 없는 사회를 실현한다는 명목으로 농민들을 결집했다. 농민들은 자신들이 원하는 평등한 사회가 종교개혁 정신에 부합된다고 믿고 종교개혁을 지지했지만 루터는 이러한 분출의 위험성을 지적하고 엄중히 진압할 것을 촉구했다.[5] 제국의회는 농민전쟁에 따른 무질서를 수습하기 위해 신과 황제의 의지에 부합하는 선에서 교회개혁의 처리를 제후들에게 위임했다.

그럼에도 신교와 구교의 대립은 그 자체가 정치적 불안정을 초래했다. 프로테스탄트 중에서는 루터파만이 인정되었고 종교의 자유는 개인의 의지가 아닌 제후나 영방 군주의 의지에 따라 결정되었다. 황제는 여전히 중앙집중적인 권력을 갖지 못했고 종교가 독일의 분열을 심화하는 상황에서 종교 선택의 범위가 가톨릭과 루터파 신교에 국한되었다.

가톨릭 측은 프로테스탄트 세력이 절정에 이르는 1570년경부터

반反종교개혁운동Gegenreformation을 전개하기 시작했고 종교재판을 열어 이단을 추방하고 이단자를 축출하기 위한 조치를 취했다. 1540년경부터 독일에서 시작된 예수회운동에는 속세를 떠난 수사 생활뿐만 아니라 교사로서의 참여, 사제 본연의 업무 수행에 관한 강론이나 세미나, 교황청의 반종교개혁에 대한 군사적 지원 등도 포함되었다. 이렇듯 독일에서의 재가톨릭화 운동은 황제를 중심으로 강력히 추진되었다. 반면 16세기 후반부터 17세기 전반에 걸쳐 칼뱅주의의 활동이 활발해지면서 프로테스탄트도 통일되지 못하고 불관용과 분열로 치달았다. 반종교개혁운동은 프로테스탄트 세력에 대항하기 위한 것이기 이전에 가톨릭 내부적으로 이미 추진되고 있었다.

17세기

17세기 영국에서는 1603년 엘리자베스 1세의 죽음으로 튜더 왕조 시대가 막을 내리고, 왕권 대 의회의 대립으로 특징지을 수 있는 스튜어트 왕조 시대(1603~1714)가 시작되었다. 그러나 이 대립은 찰스 1세의 죽음으로 끝났다. 의회는 제임스 1세와 찰스 1세의 전제정치에 맞서 권리청원을 제출했고 이에 찰스 1세는 의회를 해산했다. 결국 왕당파와 의회파의 갈등에서 의회파가 승리함으로써 찰스 1세가 처형되고 공화정이 수립되었다. 이후 찰스 2세의 즉위부터 제임스 2세의 폐위까지 왕권의 확대에 맞선 의회는 계속해서 왕과 충돌했다. 1688년 제임스 2세가 폐위되고 토리당의 협력으로 신교도인 메리와 그녀의 남편인 네덜란드의 오라녜 공을 영국의 공동 왕으로 받아들이면서 혼란이 마무리되었다. 이 과정은 무혈로 이루어져 명예혁명이라고 불렸는데, 그 결과 권리장전이 승인되고 입헌정치의 기틀이 마련되었다.

영국이 이런 변화를 겪을 때 프랑스는 전통적인 제도와 절대 권력 체계를 유지하고 있었다. 루이 13세는 리슐리외 경을 내세워 프로테스탄트를 억압하고 30년전쟁에 개입해 합스부르크가를 곤경에 빠뜨렸으며 봉건귀족들을 누르고 왕권을 강화하고자 했다. 1643년 다섯 살에 즉위한 루이 14세는 마자랭을 내세운 모후의 섭정 시기를 거쳐 1661년 스무 살이 된 이후 프랑스 절대주의의 중심으로 자리 잡았다.

이 당시 독일은 30년전쟁으로 약해져 있었고 영국은 청교도혁명으로 불안에 싸여 있었다. 1660년에 프랑스는 전 유럽 인구의 5분의 1을 차지하는 인구와 유럽 중앙을 차지하는 광활한 영토를 가지고 있었다. 이런 조건은 루이 14세가 절대왕정을 공고히 할 수 있는 든든한 배경이 되었다. 1648년에 발발하여 5년 만에 진압된 프롱드의 난 이후 프랑스는 중앙집권적인 절대왕정의 필요성을 더욱 실감하여 왕권신수설을 적극적으로 도입했다. 또한 귀족들을 통제할 수 있는 행정부서와 관료제를 마련하여 모든 귀족의 권력이 왕궁으로부터 출발하게 함으로써 귀족 중심의 권력 분산을 막고 중앙집권적인 통치체계를 확립했다. 그러나 프랑스의 잦은 전쟁과 궁정 내 사치는 재정을 어렵게 한데다 중앙집권적인 통치를 유지하는 비용을 증가시켰다.

17세기 유럽에서 독일을 무대로 가톨릭과 프로테스탄트 국가 간에 발생한 최대의 종교전쟁이 바로 30년전쟁이다. 전쟁 전반에는 종교적 명분이 우세했으나 후반으로 가면서 정치적 색채를 강하게 띠게 되었다. 유럽의 역사에서 가장 의미 없는 살상과 파괴였다고 할 정

ich de Leeu van Neerlant leeft,
hoon hy maer vier pylen heeft:
ant de Haen al Schynt syn staert
oor de Britsche vloot bewaert.

Schyt nu Naerden en Woerden uyt.
Utrecht, een aerts bischops Bruyt,
Moet nu Haenneef geven weer
Aen syn oude en rechte Heer.

작가 미상, 〈프랑스의 침략으로 점령당하는 네덜란드의 도시들〉, 1674.

네덜란드와 프랑스 동맹국들 간의 전쟁을 그린 그림이다. 사자는 네덜란드를, 용의
꼬리를 가진 닭은 프랑스를 상징하는데, 네덜란드가 프랑스가 점령한 도시들을 해
방시키길 원한다는 것을 의미한다.

도였다. 여러 국가의 정치적 야망과 이익이 결부되면서 싸움은 더욱 더 치열해졌다.

신교와 구교의 영방 제후들은 1555년 아우크스부르크화의 이후에도 앙금이 채 가시지 않아 각각 프로테스탄트 연합과 가톨릭교 연맹을 결성하여 대립해나갔다. 이 진영들은 종교적 결속을 넘어서서 군사적·정치적으로 결속했다. 신교와 구교의 대립은 독일에 국한되지 않고 독일을 전쟁터로 한 국제전쟁으로 확대되었다. 제국의 동부 국경에 있던 뵈멘 왕국에서 가톨릭 왕 페르디난트 2세를 축출하고 프리드리히 5세를 왕으로 세운 뒤 독일 각지에 있는 프로테스탄트의 지원을 청하는 사태에 이르렀다. 뵈멘의 반란은 진압되었으나 황제에게 협조한 제후에게만 영지가 주어지는 등 황제와 제후들 간의 대립의 골은 깊어졌다. 여기에 이 지역에 관심이 있던 스페인, 프랑스, 영국 등이 자국의 경제적 이익을 추구하며 복잡하게 얽히면서 이 전쟁은 국제전으로 변해갔다. 1637년 독일 페르디난트 2세가 죽자 페르디난트 3세Ferdinand III는 제후들의 평화 요구를 받아들여 1641년 종전을 제의했다. 가톨릭의 복귀나 독일 통일은 미완인 채로 남았다.

종전을 위한 1648년 베스트팔렌조약은 각국의 이해관계가 얽혀서 합의에 어려움을 겪은 끝에 맺어졌다. 스웨덴을 재정적으로 지원하면서 간접적으로 전쟁을 치르던 프랑스가 위그노와 고급 귀족의 반란으로부터 어느 정도 안정을 되찾자 독일의 황제와 제후들이 힘을 합치면 자국에게 불리할 것을 염려하여 직접 개입하기에 이르렀다. 10여 년간 전쟁을 벌이는 동안 전쟁터는 여기저기로 바뀌었고, 어느 편도 우위를 차지하지 못한 채 소모전만 계속되었다. 베스트팔렌조약의 결과, 독일 북부가 스웨덴에 점령되었고 스위스와 네덜란드가 제국으로부터 독립했다. 오스트리아 등 합스부르크 황제령은 제국의 여타 부분으로 분리되었다. 협상 과정에는 독일, 프랑스, 스웨덴을 비롯하여 전쟁에 참여하지 않은 국가의 대표들까지 참가하여 협상을 거듭한 끝에 1648년 11월 평화조약이 조인되었다.

30년전쟁은 엄청난 인명 피해를 낳았는데, 독일의 경우 인구가 2,000만 명에서 1,200만 명 수준으로 줄어들었다. 빈곤층이 증가하여 도적이 늘고 도시로 이동한 농민들은 도시 빈민층을 형성했다. 그후 독일이 다시 프랑스에 이어 유럽에서 인구가 두 번째로 많은 나라가 되는 데에는 1세기가 걸렸다. 게다가 30년전쟁으로 독일의 경제는 다른 유럽 국가들보다 200년이 뒤떨어졌다. 황제와 제후들 간의 대립과 질병 등은 농민들의 삶을 더 고단하게 만들었다. 왕은 귀족 지배하에 있던 농민들에 대해 간섭할 수 없었는데, 귀족은 농민에 대한 재판권, 경찰행정권, 인체예속권을 가졌다.

30년전쟁 이후 독일제국의 가톨릭교회와 제국 황제의 권한은 모두 약화되어, 로마 가톨릭교회와 독일제국의 지배적 역할이 끝나게 되었다. 이때 아우크스부르크화의에서 가톨릭과 루터교에만 허용하던 종교의 자유를 칼뱅교까지로 확대했다. 교회, 수도원, 교단의 재산 등 종교재단의 소유권도 인정되었다. 오랫동안 하나의 제국을 건설하고자 했던 독일의 염원은 독일이 막강한 제국이 되는 것을 원치 않았던 주변국들의 방해로 이루어지지 못했다. 독일 영방들 간의 갈등은 더욱 조장되어 통일 독일의 꿈은 멀어져갔다.

18세기

18세기까지 가장 눈부시게 경제발전을 이룩한 나라는 영국이다. 다른 나라들이 새로운 계급의 등장과 기득권 세력의 저항을 겪으면서 해외 라이벌의 압력을 해결할 길을 모색하는 동안 영국은 일찍이 국제 무대로 진출하는 데 성공했다.

대체로 위기가 많았던 17세기를 지나 18세기로 들어서자 서서히 진행되어온 산업화가 제 모습을 드러냄으로써 사회경제적 제반 조건이 변화했다.

18세기 내내 영국의 경제적 경쟁 상대였던 프랑스는 자본주의적 이해관계로 무장하기 시작한 영국과 대적할 만큼 강하지 못했다. 유럽에서 가장 강력한 절대군주국이었던 프랑스에서는 기득권 세력과 신흥 세력 사이의 충돌이 가장 첨예했다. 당시 프랑스의 신분은 제1신분(성직자), 제2신분(귀족), 제3신분(전문직을 가진 평민)으로 구성되었다. 전 국민의 2~3퍼센트밖에 되지 않는 제1, 2신분이 국가의 거의 모든 혜택을 독점하고 있었다. 프랑스는 외국과의 빈번한 전쟁으로 국고가 탕진되었으며 과도한 징세로 평민뿐 아니라 귀족들 중에도 불만 세력을 키웠다. 평민들은 다른 계급의 후원을 받거나 즉흥적 봉기로 권위에 저항했다. 이러한 저항은 정치·경제·사회 모든 면에서 대규모의 급진적인 변화를 가져왔다. 신흥 세력들은 토지의 효율적인 이용, 무역의 자유, 효율적인 통치기구, 합리적인 행정과 과세를 방해하는 모든 제한의 철폐를 지지했다. 이러한 신흥 세력의 요구는 절대군주에게 그리 피해를 주는 것이 아니었다. 전제군주제는 귀족들이 누리는 여러 가지 특혜를 박탈하지는 않았지만 그들의 정치적 독립과 책임을 제한하고 신분의회와 고등법원에서의 역할을 가능한 한 축소했다.

프랑스혁명은 군주 없는 정치를 경험하게 했고 만인의 평등에 대한 인식을 갖게 했다. 프랑스혁명 세력은 자신들의 행위를 정당화하기 위해 프랑스혁명 정신이 전 세계로 퍼져 나가게 하겠다고 주장했다. 혁명 이후 프랑스는 유럽 전체에 근대의 기획을 전파한다는 명분으로 주변국들을 침략하기 시작했고, 이 나라들에 프랑스혁명의 정신을 이해하고 구현하도록 강요했다.[6] 어떤 나라는 이를 수용하지 않으면 고립될 것을 염려했고, 또 어떤 나라는 적국의 힘이 커지는 것을 견제하고자 나폴레옹의 침략전쟁에 동맹으로 참가했다. 나폴레옹은 신성로마제국을 와해시켰으며 이 과정에서 오스트리아와 프로이센의 힘겨루기도 흐지부지되었다. 나폴레옹의 개혁은 독일제국을 와해시켰지만 이후 하나의 강력한 독일제국에 대한 향수를 자극시켜 그 필요성에 눈뜨는 계기를 만들어주었다.

나폴레옹은 유럽 지도를 바꾸었을 뿐만 아니라 독일을 비롯한 유럽 국가들이 제도를 개편하는 데 상당한 영향을 미쳤다. 1799년 헌법 제정 단계부터 나폴레옹은 부르주아적 사회를 지키기 위해 강력한 정부를 염원했다. 은행을 설립하고 행정·사법 제도를 개혁했으며 나폴레옹법전의 편찬을 완료했다. 그는 1804년 황제로 추대되었고 12월 노트르담에서 대관식을 거행한 이후 유럽 전체를 상대로 한 전쟁을 시작했다.

정치적으로는 시민사회가 형성되면서 국민의 참정권이 확립되기 시작했고 통치자의 세습을 더는 수용하지 않게 되었다. 정치사상적으로는 개인주의와 자유주의가 체계를 갖추기 시작하여 경제활동의 자유가 증대되면서 자본주의가 기틀을 잡아갔다. 18세기까지도 절대왕정이 유지되었지만 시민계급이 이를 와해시키는 역할을 함으로써 서서히 주권재민의 의미가 부각되었고 소외계층의 정치 참여도 증가했다. 결과적으로 프랑스혁명은 신분제의 모순, 귀족의 권력 독점에 대한 불만과 같은 프랑스 내부의 문제뿐 아니라 유럽 전체의 절대왕정 체제가 갖고 있는 모순을 척결하고 대중의 정치의식화를 대변한 사건이었다. 신분의회를 소집하여 국민의회를 구성하고, 바스티유 감옥을 습격하여 구제도의 상징을 붕괴시킨 후 인권선언을 채택했으나 뒤이은 공포정치는 혁명의 의미를 다시 생각하게 만들었다. 시민혁명으로서의 프랑스혁명은 권력구조를 전면적으로 재구성하기보다는 단지 기득권 집단 내부에서 권력의 재편성을 기도한 또 다른 상류층의 집권으로 끝을 맺었다. 비록 구체제가 역사에서 완전히 사라지진 않았지만 프랑스혁명은 근대 민족국가, 조국과 애국심이란 개념, 충성의 대상으로서 영주가 아닌 국민국가 등을 소개했다. 이는 국가를 개혁하고 민족을 재발견하도록 자극했다.

프랑스에서 시민혁명과 상공업의 발달로 시민계층이 형성되고 영국에서 입헌군주제를 통해 근대국가의 틀을 갖추어갈 때 독일에서는 중세 봉건제도에서 더 나아가지 못한 채 위로부터의 개혁이 시도되었다. 전쟁과 강대국들의 각축에 시달리면서 독자적인 입지를 구축해야 했던 독일은 군대를 강하게 키웠고, 전 국가의 병영화를 이룰 수밖에 없었다.

30년전쟁이 종결된 1648년 이후 주변 강대국들의 각축장이 되었던 독일은 7년전쟁에서 다시 한 번 이와 유사한 상황에 놓였다. 주요 영방국가들이 상비군과 국가 체제를 갖추는 가운데 오스트리아도 국가 체제의 정비에 나섰다. 여러 이민족이 혼합되어 있는 오스트리아는 자원과 인구수에서 최대 국가였다. 그러나 7년전쟁 이후 프로이센이 명실공히 독일을 대표하는 국가로 부상하게 되었다. 유럽의 다른 나라들에 비해 상업이 발달하지도 않았고 식민지를 개척하지도 못했던 프로이센은 인구가 적어 내수시장도 활발하지 않은 등 조건이 좋지 않았다.

합스부르크 출신의 신성로마제국 황제 카를 6세Karl VI(재위 1711~1740)가 1740년 8월에 죽고 그의 딸 마리아 테레지아Maria Theresia(재위 1740~1780)가 왕위를 계승했다. 프로이센의 프리드리히 2세Friedrich II(재위 1740~1786)는 즉위하자마자 오스트리아 보호령인 슐레지엔을 공격하여 당시 오스트리아를 견제하던 스페인, 프랑스 등의 지지 속에서 영토를 넓혀 유럽의 강대국으로 부상하려 노력했다. 그는 오스트리아의 반격을 막기 위해 슐레지엔을 2차 공격하는데, 이는 중부유럽을 가톨릭에 기반을 둔 오스트리아와 프로테스탄트에 기반을 둔 국가로 나뉘게 했다. 이를 계기로 독일제국에서 오스트리아의 영향력은 약화되었다. 이후 슐레지엔에서 패권을 확보하기 위한 7년전쟁이 발발했다. 1756년 프로이센이 작센을 먼저 공격하면서 전쟁이 시작되었다. 30년전쟁 때처럼 독일은 다시 덴마크, 네덜란드, 남유럽 국가들의 각축장이 되었다. 전쟁이 장기전에 돌입하자 영국의 도움으로 프로이센은 좋은 입지를 차지했다. 이후 전쟁에 지친 영국과 프랑스가 휴전을 제의하자 프로이센이 독일을 대표하여 서명함으로써 실질적인 승전국이 되었다.

1740년 부왕의 뒤를 이어 왕이 된 프리드리히 2세는 군사적으로는 탄탄하지만 경제적으로는 뒤떨어진 프로이센을 다스려야 했다. 그런 그가 오스트리아의 왕 카를 6세가 갑자기 죽자 왕위를 이어받은 마리아 테레지아를 인정한 대가로 합스부르크 영토인 슐레지엔을 점령했다. 이는 프랑스의 후원을 받아 이루어졌지만 프로이센으로서는 영토를 넓히는 개가를 올린 것이었다.

1789년 프랑스혁명이 일어났다는 소식은 유럽을 혼란에 빠뜨렸다. 독일은 혁명의 여파가 자국에 밀려들어 오는 것을 원치 않았다. 혁명으로 프랑스의 루이 16세가 처형되자 오스트리아와 프로이센은 혁명에 개입해 프랑스에서의 구질서 회복과 열강의 보조를 촉구했다. 1793년 영국, 스페인, 포르투갈, 로마 교황청이 동맹에 가담했다. 동맹군에 저항하는 혁명군은 국토방위를 외치며 민족주의 전쟁에 돌입했다. 나폴레옹의 침입으로 맺은 1806년 라인동맹은 신성로마제국의 존재를 없애버렸다.

19세기

프랑스혁명이 여러 의미에서 유럽을 흔들어놓았지만 한편으로는 혁명적인 이상주의자들의 무능력을 보여주었다. 19세기 전반에는 보수적인 통치가 힘을 회복하는 것을 볼 수 있었다. 하지만 1837년 경제공황에서 회복하지 못한 유럽이 '배고픈 40년대'를 지내는 상황에서 프랑스, 헝가리, 프로이센, 오스트리아 등에서 일어난 이른바 '1848 혁명'들은 반동적 보수 정치권력에 맞서 일단 승리하는 듯했다.

그러나 시간이 지나면서 경험 없는 혁명적인 이상주의자들의 분열로 보수 세력이 통제권을 회복했다. 경제적인 면에서도 점점 산업자본의 위력이 드러나 자유주의적 경제체계가 자리를 잡아갔다. 19세기에는 18세기에 이어 더욱 풍요로워진 저술들이 다양한 이념을 바탕으로 당시 사회를 설명하고 문제를 해결하는 방법을 제시했다. 여성이나 노동자와 같은 사회적 약자들은 직접적으로 혹은 사상가들의 펜을 통해 간접적으로 자신들의 견해를 활발하게 피력했다. 대중이 역사 속에 자리를 잡았음에도 그들은 권력체계 속에서는 여전히 약자였고 어떤 측면에서는 점점 더 약해져갔다.

독일의 성장에 주변국들이 긴장했던 것처럼 나폴레옹이 등장한 이후 유럽 각국은 프랑스가 팽창하는 것을 저지하기 위해 나폴레옹과 싸워야 했다. 19세기의 영국은 산업자본주의로 경제발전을 이룩했으며 군사적으로도 세계 최강국이 되었다. 의회정치의 확립과 더불어 교육 확대, 중산층과 노동자층 권리 확대, 산업구조 개편, 비국교도 권리 보장 등으로 사회의 안정을 다져가고 있었다. 선거법 개정(1832), 곡물법 폐지(1846), 해운법 폐지(1849) 등은 산업자본의 보호와 관련이 깊었다.

1806년 10월 예나전투에서 프로이센군을 격파하고 유럽 대륙의 패권을 확고히 한 나폴레옹 1세는 같은 해 11월 21일 제1차 베를린 칙령(대륙봉쇄령)을 선포했는데, 그 목표는 당시 해상무역을 장악한 영국을 경제적으로 고립시키는 것이었다. 베를린칙령으로 영국의 산업제품이 북쪽에서 남쪽으로 흐르는 흐름을 봉쇄하고 경제의 흐름을 프랑스를 기점으로 동쪽으로 흐르게 하여 파리를 유통의 중심으로 바꾸고자 했다. 나폴레옹은 영국을 제압하고자 여러 가지 전략을 동원했다. 영국 식민지들을 동요시키기 위해 감행한 1803년의 이집트 상륙작전이 실패한 데 이어 2년 후 트라팔가르해전에서도 스페인과 연합했는데도 허레이쇼 넬슨Horatio Nelson 제독이 이끄는 영국 함대에 대패했다. 베를린칙령을 통해 나폴레옹은 러시아에서 스페인에 이르는 유럽 모든 나라와 영국이 통상하지 못하도록 점령지대의 영국인들을 체포하고 영국과 그 식민지에서 온 상선의 유럽 항구 기항을 금했다. 이어서 이듬해 12월 제2차 대륙봉쇄령을 발표하고 영국에 기항했던 모든 상선을 국적에 상관없이 나포했다.

영국이 당하고만 있을 리 없었다. 식민지 무역에 의존하고 있던 영국보다 다른 나라들의 사정이 더욱 어려워졌다. 사정이 이러하다보니 유럽 국가들은 영국과 밀무역을 할 수밖에 없었다. 영국은 나폴레옹과 동맹을 맺은 나라들을 봉쇄했으며, 유럽 대륙 전체에 퍼지기 시작한 경제난은 나폴레옹을 궁지에 몰아넣었다.

한편 독일에서는 1871년 철의 재상 비스마르크의 영도 아래 프로이센이 독일을 통일했다. 1688년을 전후로 선제후 프리드리히 빌헬름Friedrich Wilhelm이 다스리던 브란덴부르크-프로이센은 루터파가 훨씬 많았음에도 네덜란드와 유사한 칼뱅파 국가로 성장해갔다. 프랑스의 루이 14세가 낭트칙령을 철회하고 위그노교도들에 대한 대학살을 감행하자 선제후는 이들에게 도피처를 제공했다. 루이 14세에 대항한 국제적 협력에 가담함으로써 브란덴부르크-프로이센은 국제관계에서 유리한 고지를 점했다. 선제후를 계승한 아들 프리드리히 1세 Friedrich I는 국가의 통일을 강력히 추진하며 프로이센 왕국을 승인받기에 이르렀고, 그는 프로이센 최초로 왕의 칭호를 갖게 되었다. 그를 뒤이은 '병사의 왕'으로 알려진 프리드리히 빌헬름 1세는 통일을 강력히 추진하며 관료제와 상비군을 토대로 국가 체제를 정비했다. 다른 나라들보다 훨씬 늦은 1848년 독일은 입헌군주국 헌법을 만들고 최초의 국민의회를 열었다.

신분제 의회가 관세 협찬권을 승인하는 대가로 귀족에게 특권을 부여함으로써 프로이센은 황제의 권력에서 벗어날 수 있었다. 프로이센은 귀족에게 예속된 농민을 토대로 농업 경영을 하는 귀족인 지주Gutsherr를 중심으로 농민과 노예를 포함한 모든 생업에 종사하는 주민을 병역에 종사시켜 전 사회의 군사화를 추구했다. 농민에게서 거둬들인 직접세와 도시의 소비세로 상비군을 유지했고, 귀족은 농민에 권력을 행사함으로써 국가 내에서 자율적인 지배권을 확보했다.

2. 영국과 프랑스

국가의 자원 동원 능력은 다른 나라와의 전쟁으로 입증될 수 있다. 영국이 좀 더 빨리 신질서를 확립한 것과 달리 프랑스는 오랫동안 절대군주제를 유지하고 있었다. 대부분의 전쟁에서 영국이 승리할 수 있었던 것은 자원을 효율적으로 동원했기 때문이다. 영국보다 덩치가 크고, 구질서가 여전히 지배 권력을 장악하고 있던 프랑스는 자원을 동원하고 전쟁을 수행하기가 힘겨웠다. 7년전쟁 후 아메리카 대륙에서의 전쟁에서 프랑스가 승리하지만 머지않아 프랑스에서 혁명이 일어나는 데 자극제를 얻은 셈이 되었다. 두 나라의 이미지는 영국이 더 자유로운 곳처럼 인식되다가 프랑스혁명을 기점으로 프랑스가 더 자유로운 곳으로 인식되었다. 나폴레옹의 지긋지긋한 지배욕을 생각하면, 영국이 품위 있고 안정된 이미지로 보이기도 했다.

이미지 경쟁

영국이 명예혁명으로 절대왕정의 힘을 약화시키는 것처럼 보였을 때는 프랑스가 이를 부러워했다. 혁명 전야의 프랑스는 영국과 비교하면 초라해 보였지만 혁명 이후 상황이 바뀌었다가 공포정치와 구체제의 복귀 등이 진행됨에 따라 다시 처지가 바뀌는 것이 되풀이되었다. 이것이 이 시절 영국과 프랑스의 관계였다.

영국과 프랑스의 라이벌 관계는 같은 사안에 대한 서로 다른 의미 부여나 해석으로도 나타났다. 하지만 별 의미 없이 자존심을 건드리거나 비아냥거리는 경우도 있었다. 처음에 영국은 자신들의 평화에 비해 프랑스는 노예 상태인 것처럼 이해했지만 프랑스혁명이 일어나자 자유를 깨닫기 시작한 프랑스를 부러워했다. 그러나 이것은 곧 프랑스혁명을 둘러싼 계급 내 혹은 계급 간의 불행한 갈등을 풍자하는 걸로 바뀌었다. 프랑스인은 청교도혁명에서 찰스 1세가 처형되자 영국인을 '왕 목이나 자르는 과격하고 무도한 놈들'이라고 생각했다. 프랑스혁명의 영향을 걱정하는 반응도 있었지만 프랑스혁명이 자유를 성취했을 때 여전히 절대왕정을 유지하던 영국에서는 그 상황을 자아비판하기도 했다.

〈대조〉와 〈악마가 존 불을 유혹하는 자유의 나무〉는 18세기 후반

로버트 다이턴Robert Dighton, 〈대조〉, 1788.

영국과 프랑스의 서로 다른 상황을 묘사한 그림이다. 두 나라를 각각 대변하는 두 남자가 서로에게 화가 난 듯 앉아 있다. 초라한 그릇을 들고 있는 프랑스인 곁에서 영국인은 테이블 위에 커다란 소고기 덩어리를 놓고 신문을 보면서 파이프담배를 피우고 있다.

의 두 나라에 대한 서로의 인식을 대비해 보여주는 그림이다. 영국 입장에서 그린 이 그림들은 수많은 사람을 처형한 혁명의 공포를 강조했지만 프랑스혁명의 가치를 깎아내리는 데 몰두한 표시가 났다. 프랑스혁명은 왕과 귀족들에게 외면당하고 위기에 처한 부르주아가 경멸해 마지않던 민중과 손을 잡고 과세 평등, 시민적 신분의 평등을 요구하게 만든 역사적 사건이었다.[7] 이는 빈곤, 거짓, 무질서로 규정하

제임스 길레이, 〈악마가 존 불을 유혹하는 자유의 나무〉, 1798.

썩은 오크나무에 폭스의 머리를 한 뱀이 감겨 있다. 폭스는 '개혁'이라고 쓰인 썩은
사과를 존 불에게 내밀고 있지만 존 불의 주머니는 이미 금사과들로 불룩하다. 나무
에는 '정의', '반대', '인간의 권리' 등의 말이, 사과들에는 '민주주의', '반역', '노예제'
등의 말이 새겨져 있다. 나무의 뿌리에는 '질투', '야망', '실망' 등의 말이, 나뭇가지들
에는 '법', '종교' 등의 말이 새겨져 있다. 뒤로 보이는 나무에는 왕관이 걸려 있는데
주변에는 '자유', '행복', '안전'이라고 새겨진 사과들이 걸려 있다.

기에는 중요한 의미를 지녔다. 그러나 영국은 프랑스혁명에 따른 변화를 낙관적으로 보지 않았으며 시간이 갈수록 만연해지는 폭력을 혁명의 비참한 결과라고 오히려 조롱했다. 그러한 태도를 나타내는 두 그림은 혁명을 낙관적으로 보여주는 프랑스의 실체를 드러내 주면서 영국 정부가 국민을 풍요롭게 해준다는 것을 강조하려는 정치 선전용으로 쏟아져 나온 것들이다. 프랑스가 혼란에 빠질수록 영국의 정치 엘리트나 지식인들은《프랑스혁명에 관한 고찰》(1790)을 통해 피력한 버크의 견해에 동조하게 되었다.

영국으로서는 피하고 싶었겠지만 프랑스는 영국을 침략하여 이길 수 있는 힘을 갖게 되었다. 이 시기에는 프랑스로 인한 피해를 예상해 보거나 팽팽한 긴장감을 표현한 그림들이 많이 그려졌다. 프랑스혁명의 영향으로 혹은 프랑스의 직접적인 개입으로 영국에서도 급진적인 사상가들이나 정치인들이 혁명적인 변화를 지지하고 나섰다.

이렇게 프랑스와 영국의 오랫동안 쌓인 적대감은 많은 정책의 오류를 낳고 역사를 알맹이 없는 갈등으로 채웠다. 물론 영국은 혁명을 막아보려는 노력의 일환으로 이러한 정치적 선전을 대거 행했다. 프랑스인의 눈으로 본 영국은 그리 훌륭하지 않았다.

영국의 허세

주변국들과의 끊임없는 갈등, 특히 프랑스와의 갈등은 유럽의 중심에 있다고 자부했던 영국인의 자존심에 큰 상처를 남겼다. 다른 유럽 국가들과 마찬가지로 식민지 건설에 힘을 쏟았던 영국은 아메리카 대륙으로 진출할 때 자연상태에 정치사회를 세운다는 혁명적인

제임스 길레이, 〈프랑스, 자유, 영국, 노예 상태〉, 1789.

프랑스와 영국을 양쪽으로 나누어 묘사한 그림이다. 왼쪽 그림은 '자유'의 땅 프랑스에서 루이 16세 시절 재상이었던 자크 네케르의 승리를, 오른쪽 그림은 영국 '노예'의 당에서 거둔 수상 피트의 승리를 표현하면서 두 나라의 상황을 비교하고 있다. 네케르는 프랑스가 미국혁명에 개입해서 늘어난 빚을 세금을 올리지 않고 고리를 지불하는 대출로 해결하려 한 반면에, 영국의 피트는 세금을 올려 국가의 재정 문제를 해결했다. 당시에는 영국의 방식이 더 현명한 것이었다. 네케르가 왕에게 설명하기 위해 작성한 왕실 재정에 대한 보고서는 오히려 민중의 분노를 자극하는 결과를 낳았다. 결국 이는 프랑스혁명의 발발을 재촉한 셈이 되었다.

———
아이작 크룩섕크, 〈프랑스의 행복 — 영국의 불행〉, 1793.

왼쪽 그림에서는 걸인 행색을 한 프랑스의 혁명군 네 명이 죽은 개구리를 두고 싸우고 있는데, 그 앞에는 고양이 시체가 있고, 뒤의 벽에는 죽음을 표현한 그림이 그려져 있다. 오른편 그림은 이와는 대조적으로 음식이 가득 쌓인 테이블에 네 남자가 앉아 있는 영국 선술집 광경이다. 이들은 과식하고 있으며 바닥에 누워 있는 개도 역시 비만한 모습이고 고양이는 쥐를 잡고 있다. 프랑스혁명으로 얻은 자유에 대한 대가가 바로 공포정치의 시작이라는 것을 알리고, 이를 풍요로운 영국의 풍경과 대비시키고자 그린 그림으로, 영국의 왕당파 선전용으로 제작되었다.

작가 미상, 〈영광스러운 존 불〉, 18세기.

영국은 화목한 가정의 모습을 보여주면서 국가의 위상을 자주 과장했다. 이 그림에는 자두 푸딩을 앞에 놓고 앉아 있는 남자, 아이에게 젖을 주는 여자, 커다란 소고기요리를 내놓는 여자, 또 다른 남자와 두 아이, 그리고 개 한 마리가 평화로운 분위기로 그려져 있다. 이처럼 화목한 가정을 묘사한 그림 아래에는 영국과 프랑스를 대비시킨 시가 적혀 있다.

토머스 롤런드슨, 〈대조 1792〉, 1793.

1792년에는 프랑스와 영국의 자유에 대한 평판이 달라진다. 혁명을 거친 프랑스가 애초 기대와 달리 로베스피에르의 공포정치를 맞이했기 때문이다. 이 그림은 영국이 말하는 자유의 내용과 프랑스가 말하는 자유의 내용을 각각 나열하여 대비한 것이다. 영국의 자유에는 종교, 도덕성, 충성심, 법에 대한 복종, 독립, 개인적 안전, 정의, 보호, 재산, 산업, 국가적 번영, 그리고 그 결과인 행복이 포함되어 있다. 프랑스의 자유에는 무신론, 거짓 맹세, 반란, 배신, 무정부 상태, 살인, 평등, 잔인함, 학대, 불의, 배반, 망덕, 게으름, 기아, 국가와 개인적 부패, 그리고 그 결과인 불행이 포함되어 있다.

제임스 길레이, 〈평화와 전쟁〉, 1795.

자유와 번영을 전쟁과 대조시킨 그림이다.

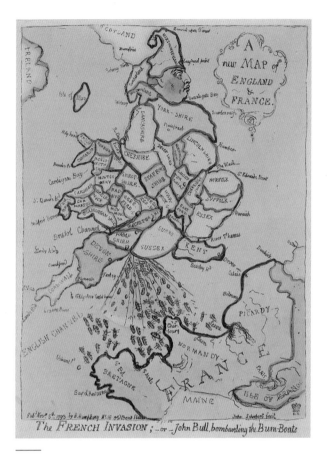

The FRENCH INVASION ; _ or _ John Bull, bombarding the Bum-Boats

제임스 길레이, 〈영국과 프랑스의 새 지도 : 프랑스의 침공 혹은 오물 보트를 싸대는 존 불〉, 1793.

프랑스혁명의 열기가 고조되면서 영국을 침공할 가능성이 커진 것에 대한 우려를 표현한 그림이다. 영국을 상징하는 존 불로 그려진 영국의 조지 3세가 프랑스 해안에 배설물을 쏟아내고 있다.

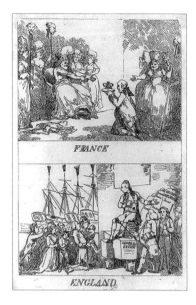

작가 미상, 〈프랑스 : 영국〉, 1791.

위 그림은 무릎을 꿇고 나이 든 여인에게 왕관을 바치는 프랑스를 풍자한 것이다. 뒤의 세 여자는 잘린 머리를 막대에 꽂고 있다. 아래 그림은 '물품세'라고 쓰인 나무상자를 딛고 앉아 있는 영국을 그린 것이다. 그는 '비밀스러운 영향력', '총선거' 등의 글씨가 적힌 자루를, 아일랜드와의 합병을 철회해달라며 배 앞에서 무릎을 꿇은 사람들에게 보여주고 있다.

계획을 내걸었다. 영국은 프랑스의 계속되는 시비에 위상이 위협받는 것에 자존심이 상했고 영국 내에서도 재정적인 문제로 심각한 상황을 겪고 있었다. 대내적으로 갈등을 해소해나가는 동시에 대외적으로 전쟁을 여러 차례 치르느라 재정적인 어려움을 겪은데다 아메리카 대륙에서 패배하여 더는 전쟁을 치를 여력이 없었다. 나폴레옹이 쇠퇴할 때 영국은 다시 큰소리를 치기도 했다.

근대 유럽에서 영국과 프랑스의 밀고 당기는 관계는 여러 측면에서 주변 국가들에게 영향을 미쳤다. 경제력에서 우위에 있었던 영국은 프랑스의 혁명 기운이 영국을 덮치지 못하게, 특히 나폴레옹의 팽창 정책이 영국에 영향을 미치지 못하게 하려고 노력했다. 이러한 관

작가 미상, 〈대조적인 국가 혹은 살찐 사람과 바짝 마른 사람〉, 1805.

왼쪽의 살찐 사람은 영국을, 오른쪽의 바짝 마른 나폴레옹은 프랑스를 나타낸
다. 영국은 음식이 차려진 테이블에 앉아 있고 그의 옆으로 자루에서 쏟아져 나
온 돈이 보인다. 탁자 아래에 있는 개의 목에는 '존 불'이라고 적힌 목줄이 감겨
있다. 대조적으로 바짝 마른 나폴레옹은 유령들이 씌운 자기 머리보다 큰 모자
를 쓰고 구부정하게 앉아 있다.

계는 중세 말, 이 두 국가 간에 있었던 백년전쟁에 이어 1815년 나폴
레옹이 몰락할 때까지 계속되었다. 이 시기는 제2차 백년전쟁이라고
할 정도로 영국과 프랑스가 라이벌로서 갈등이 컸던 때였다. 실제로
전쟁이 벌어지고 있지 않을 때나 양국이 전쟁 당사자가 아니었을 때
에도 두 나라는 유럽 전체 질서에 영향력을 지속적으로 행사했다.[8]

장 루이 아고 드 바즈Jean Louis argaud de Barges, 〈영국의 원정, 임무 수행과 퇴각〉, 1801.

원정을 떠났다가 소득 없이 줄행랑치는 영국군을 비웃는 그림이다.

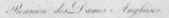

작가 미상, 〈영국 숙녀들의 재회〉, 1815.

프랑스에서 발표된 그림으로, 매력이 떨어지는 옷을 입은 숙녀 일곱 명을 볼품없는
영국에 빗대어 풍자하고 있다.

Gouvernement Anglois

EXPLICATION.

Nᵒ 2. l'Anglois né l

Ce Gouvernement est représenté sous la figure d'un Diable écorché tout vif, accaparant le Commerce et revêtu de toutes les décorations Royal, le Portrait du Roi se trouve au derrière du Gouvernement lequel vomit sur son Peuple une multitude d'impôts avec lesquelles il le foudroye. Cette prérogative est attaché au Septre et à la Couronne.

작가 미상, 〈해설. No. 1 영국 정부 / No. 2 자유 없는 영국인〉, 1794.

프랑스에서 나온 그림으로, 괴물 같은 영국 정부(No. 1)와 자유가 없는 영국민을 그려서 조지 3세 때의 상황을 풍자했다. 프랑스 왕관을 쓴 괴물은 왕을 상징하는 징표들로 장식된 삼지창을 붙들고 있다. 그의 엉덩이는 조지 3세의 얼굴을 하고 있는데, 공기, 물, 낮과 밤 등 모든 것에 세금을 내라고 연기와 번개를 국민을 향해 입으로 뿜고 있다. 전쟁으로 국고를 탕진하고 세금을 더 올려서 이를 메꾸려 한 조지 3세의 정책에 영국 국민이 자유로울 수 없다는 점을 풍자한 것이다.

There you impertinent boasting swaggering Pigmy,...take that,...you attempt to take my Grandpap's Crown indeed, and plunder all his Subjects, I'll let you know that the Spirit and Indignation of every Girl in the Kingdom is roused at your Insolence

The LITTLE PRINCESS and GULLIVER

찰스 윌리엄스Charles Williams, 〈어린 공주와 걸리버〉, 1803.

어린 공주가 커다란 펀치 볼에 빠져서 정신없이 허우적거리는 나폴레옹을 내려다보고 있다. 공주는 "탐욕스러운 당신이 내 할아버지의 왕관을 탐내다니……" 하고 분노를 드러내고 있다.

작가 미상, 〈영국 왕실에서 가장 기억할 만한 일〉, 1811.

에그버트에서 조지 3세에 이르는 시기 동안 영국 왕실에서 가장 기억할 만한 일을 53장면에 걸쳐 기록한 것이다. 프랑스와 영국에서는 정치적 사건들이나 왕의 치적 등을 기록해 놓은 게임 보드 형식의 그림이 유행했다.

제임스 길레이, 〈점심 식사를 하는 존 불〉, 1789.

나일 강 전투에서 넬슨 제독이 승리한 직후에 나온 그림이다. 넬슨은 다른 장군들과 함께 존 불(영국 국민)에게 '승리'라는 메뉴로 식사 대접을 하고 있다. 존 불은 영국 맥주로 적함을 삼키면서 식사를 하고 있다. 식민지 전쟁에서도 영국은 프랑스와 사사건건 충돌했다. 적어도 바다 위의 싸움에 관련해서는 프랑스가 영국을 이기기는 어려웠다.

작가 미상, 〈힘의 균형〉, 1781.

프랑스, 독일, 스페인, 네덜란드, 미국보다 더 안정적인 힘을 가진 영국을 묘사한 그림이다. 브리타니아가 오른손에는 '정의의 칼'이라고 쓴 검을, 왼손에는 방패를 들고 "누구도 나를 해칠 수 없다"고 말하고 있다.

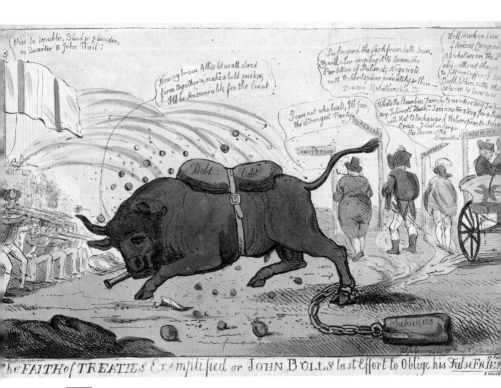

작가 미상, 〈조약에 대한 신의 혹은 진실한 친구가 아니었던 이들에게
존 불(영국)이 보여주는 마지막 노력〉, 1794.

1794년에 영국이 처한 외교 상황을 풍자한 그림이다. 프랑
스 군인들이 화가 난 소를 쏘면서 "공화국 만세, 존 불을 위
한 몫은 없다!Vive la republic, Blood & plunder, no quarter to
John Bull!"라고 외치고 있다. 소의 등에는 '빚'이라고 쓴 뭉치
가 묶여 있고 다리에는 '보조금'이라고 새겨진 무거운 사슬
이 매여 있다. 영국의 동맹국들은 소로부터 등을 돌리고 이
정표를 따라 떠나는 중이다.

윌리엄 홀랜드, 〈원숭이 장군과 늑대 장군〉, 1803.

큰 모자를 쓰고 긴 칼을 지녔으나 몹시 왜소한 나폴레옹이 괴물같이 큰 영국인 앞에서 주눅 들어 있다.

작가 미상, 〈보나파르트에 대한 존 불의 도전〉, 1803.

나폴레옹의 침략이 임박하자 존 불이 "올 테면 와보라"고 소리치고 있다. 이는 셰익스피어의 희곡《리처드 3세*Richard III*》를 패러디한 것이다.

작가 미상, 〈한 손으로 프랑스와 싸우는 존 불〉, 1800~1815.

존 불이 몽둥이로 프랑스 군인의 머리를 때리는 한편, 오른발로는 또 다른 프랑스 군인을 밟고 있다. 그리고 왼발로는 영국에 온 프랑스 귀족을 차서 프랑스로 돌려보내고 있다. 영국이 프랑스와 맞서 싸우는 데 문제가 없다는 것을 과장해서 표현한 그림이다.

제임스 길레이, 〈존 불의 옷을 재단하는 프랑스 양복사〉, 1799.

영국에서 정치적 자유가 의미하는 바를 풍자한 그림이다. 프랑스 재단사가 존
불에게 파리 스타일 옷을 만들어주겠다고 하자 존 불은 팔을 움직일 수 없다
고 불평하면서 차라리 낡았지만 편안한 예전 옷을 입는 게 낫겠다고 대답한다.
1799년 정권을 잡은 나폴레옹의 프랑스식 자유가 영국에는 맞지 않고 더 억
압적인 것이 될 수 있음을 풍자한 것이다.

제임스 길레이, 〈예산의 개봉〉, 1796.

피트 수상이 꼿꼿이 서서 겉면에 '징발 예산requisition budget'이라고 적힌 지갑처럼 생긴 부대를 열어서 붙들고 있다. 그는 프랑스의 침략으로부터 영국을 보호하려면 돈이 더 필요하다고 존 불에게 말하고 있다. 부대 옆에는 던다스Dundas, 그렌빌Grenville, 버크가 부대의 모서리가 터진 곳을 통해 금화를 빼내고 있다. 이들은 "그들이 온다"고 계속 재촉하면서 돈을 더 내놓으라고 한다. 그러나 존 불의 옷 주머니들은 비어 있고 바지까지 벗어 내놓은 상황이다. 정치인들은 프랑스가 침략해온다고 하면서 국민에게 더 많은 세금을 걷을 궁리만 한다는 것을 보여주는 그림이다. 국민은 이미 모든 것을 세금으로 내버린 상태인데도 돈을 더 내야 한다는 압박을 받았다.

3. 탐욕의 지도 : 전쟁과 식민지 제국주의

16세기를 지나 19세기로 나아가면서 유럽인들은 자신들과 타인들을 구분하는 기준을 자신들 생각대로 정했다. 그 예가 자신들과 다르고 멀리 있는 세계를 규정하는 데 '문명과 야만 혹은 미개'라는 이분법을 사용한 것이다. 도덕적·지적 우월성을 가진 유럽인들은 비유럽인들이 미개하다고 인식했다.

유럽인들이 다른 대륙으로 진출한 것은 그들의 문화적인 호기심뿐 아니라 경제적인 동기에서였다. 아메리카 대륙에 도착한 스페인인들은 또 다른 자원인 생산 인력을 발견했다. 경제적 이득을 취하려는 동기는 감추고 미개인들을 개화한다는 종교적인 이유를 앞세웠다. 강탈을 합리화하는 주장들은 계속 만들어졌고 확산되었다. 원주민들은 자비의 대상일 뿐이었다. 여러 곳에서 일어났던 플랜테이션 농업은 값싼 노동력을 대규모로 활용함으로써 가능했다. 유럽인들은 지배받는 자들이 열등하여 개화할 필요가 있다면서 원주민들의 노예화를 정당화했다.

유럽인들의 거만함은 다른 문화에 대한 무지와 몰이해를 가져왔다. 같은 언어를 쓰지 않고 같은 종교를 믿지 않을 뿐 아니라 생활 습관이 같지 않은 것이 지배를 정당화했다. 만약 침략자들에게 무기가 없었다면 이것이 가능했을까? 원주민들이 처음 접하는 문화를 우수하다면서 선뜻 받아들이고 거기에 동화되려고 했을 리는 만무하다.

전쟁, 식민지 경쟁

유럽 각국은 유럽 내 전쟁에 그치지 않고 해외에서의 식민지 경쟁에 뛰어들었다. 국내 정세의 긴장감을 가라앉힐 돌파구를 찾고 무역로 및 원자재 생산지를 확보하며 국내 자본주의 이익을 지원하기 위해 유럽 밖의 세계로 대외 정책을 확장시킨 것이다. 때로는 경쟁하는 다른 식민지 강국을 견제하고자 약한 나라들을 공격해서 식민지로 만들었다.

크롬웰의 영국은 혁명 질서를 유지하기 위해 군관과 대토지 소유자를 의회에 포진시켰다. 의연하게 국가 정책을 세우고 실행하기보다는 당장의 해결책을 마련하는 데 급급해진 크롬웰은 군 내부의 질서를 확립하고 영국 경제에 활기를 불어넣어 줄 대책을 필요로 했다. 군 내부의 이해관계 충돌을 조정하고, 해운통상을 통해 수익성이 높은 물자를 확보하며, 아프리카·아메리카·아시아 등과 통상해서 해운 항로를 확대·보호하기 위해 대외통상 정책을 활용해야 했다.[9] 또한 19세기에는 특히 동남아시아의 말레이 반도, 싱가포르, 자바 섬, 보르네오의 사라와크, 버마(현재 미얀마)를 식민지화할 때 때로는 전략적 필요에 따라, 때로는 신흥 부르주아 계급의 경제적 이익을 보호하기 위해 식민 제국주의를 펼쳤다.[10] 앵글로-버마전쟁(1824~1826)의 경우 처음에는 인도를 지키려는 전략적 고려로 시작했지만 2, 3차 앵글로-버마전쟁에서는 버마 왕실의 비협조적 자세를 꺾으려는 의도와 영국 신흥계급의 경제적 이익을 지켜주려는 동기를 드러냈다.[11] 버마의 무역세와 각종 규제에 대한 불평을 해소해주려는 정부의 경제적 동기가 작용한 것이었다. 영국의 토지귀족들은 신자본가로 등장하여 식민지에서 실제로 경제적 이익을 취했기 때문에 어떻게든 영국 정부가 직접 통치하도록 분위기를 만들었다.

루이 15세 치하의 프랑스는 경제 성장과 인구 증가로 더욱 활발한 경제적 활동이 필요해졌다. 대외 교역량은 18세기를 지나면서 다섯 배까지 늘었다. 그중 커피, 설탕, 초콜릿은 최고 인기 품목이었다. 낭트의 상인들은 서인도 제도에 노예를 실어 날랐다. 그 섬들에 흑인들을 팔고 나서 설탕, 커피, 인디고를 사서 본국으로 들여왔다.

국력을 경쟁하는 전쟁은 어느 나라에도 타격이 클 수밖에 없었다. 끊임없는 전쟁은 재정을 파탄으로 이끌었고, 정부는 세금을 증액하거나 식민지를 착취해서 이 문제를 해결하고자 했다. 유럽의 크고 작은 전쟁이나 이해관계의 대립에서 프랑스를 상대했던 나라들은 루이 14세와 나폴레옹의 팽창 정책을 통해 정치·사회·문화에 중요한 영향을 받았다.

루이 14세는 외국과 전쟁을 많이 벌였다. 스페인 왕실 출신인 왕비의 상속권을 내세워 1667년과 1672년 두 차례에 걸쳐 스페인령 네덜란드를 침략해 네덜란드전쟁을 일으켰다. 하지만 네덜란드의 오라네 공이 완강히 저항하는 바람에 포기할 수밖에 없었다.

1688년에는 대서양, 라인 강, 피레네 산맥, 그리고 알프스 산맥이 프랑스의 자연 국경임을 내세워 아우크스부르크전쟁(1688~1679)을 일으켰지만 유럽 전체가 프랑스에 대항했다. 이 자연 국경은 프랑스를 방어하기 좋은 지형으로 지어낸 것이었다. 루이 14세가 마음 놓고 호전적인 기질을 발휘할 수 있었던 데는 오스트리아의 합스부르크 왕가가 오스만 제국과 전쟁하느라 프랑스에 신경 쓸 여력이 없었던

작가 미상, 〈루이 14세〉, 1705.

루이 14세가 오른손을 돈자루에 올려놓은 채 졸면서 앉아 있다.

것도 작용했다. 남부의 국경을 스위스 경계에 이르는 영역까지 확대하자 다른 독일 영방국가들이 위협을 느끼기 시작했다. 오스만 제국과의 전쟁에서 승리할 개연성이 커진 오스트리아의 레오폴트 1세Leopold I까지도 회군하여 다른 제후들과 합세해 라인 강 유역을 회복하려고 나섰다. 프랑스는 전쟁 승리가 불가능해지자 주요 도시들을 파괴했고, 이로써 독일 내에 프랑스에 대한 적대감이 커졌다. 프랑스가 점령한 영방국가들이 스스로 때로는 다른 나라와의 협공으로 프랑스의 손에서 벗어났다. 프랑스의 침략전쟁은 독일 영방국가들의 결속력을 다져준 셈이었다.

프랑스 역시 전쟁으로 피폐해져 갔다. 1700년에는 왕위 계승자가 없던 스페인 국왕이 자신의 외손자이자 루이 14세의 친손자인 앙주Anjou 공에게 왕위를 물려주려 하자 영국, 오스트리아, 네덜란드가 동맹하여 1701년 왕위계승전쟁을 일으켰다. 결과적으로 스페인은 펠리페 5세Felipe V의 즉위를 승인받는 조건으로 스페인 본토와 해외 식민지를 제외한 유럽 내 영토를 포기해야 했다. 프랑스의 경우 해외 식민지 일부를 영국에 넘겨야 했다. 이로써 서유럽의 패권을 노리던 루이 14세의 욕심은 좌절되었고, 유럽 국가들은 더욱더 적극적으로 세력 균형을 중요시하게 되었다.

루이 14세는 군사적·외교적 역량이 빛나던 좋은 시기를 지냈지만 때로는 실속 없는 전쟁을 치르면서 왕권을 강화하려 노력했다. 이처럼 1661년과 1684년 사이에 유럽 각국을 상대로 전쟁을 벌이는 등 우월권을 행사하려 들었으나 강한 저항에 부딪혔다. 병합을 추진하는 루이 14세의 정책은 유럽 여러 나라를 뭉치게 했다. 당시 경제적

Cas du Manifeste du Duc de Brunswick

작가 미상, 〈브라운슈바이크 공작의 선언문〉, 1792.
각각 다른 나라들을 나타내는 이 네 남자는 1792년 7월 25일 브라운슈바이크의 페르디난트 공작이 발표한 선언문에 불쾌한 반응을 보이고 있다. 이들 머리 위로 트럼펫을 가진 천사가 '프랑스공화국'이라고 쓴 사인을 들고 날고 있다.

으로 가장 강했던 영국과 네덜란드가 힘을 합쳤다. 독일, 네덜란드, 영국 등과 끊임없이 갈등하고 싸우다 보니 전쟁 비용이 엄청나게 들었고, 루이 14세 치세 말로 가면서 경제 사정은 더욱 악화되었다. 이러한 분위기에서 절대주의에 대한 반대의 움직임이 강하게 일어났다. 1715년 루이 14세가 죽자 엄청난 양의 소책자와 풍자시가 왕의 죽음을 환영했다.

1792년 7월 발표된 브라운슈바이크의 선언문은 루이 16세와 마리 앙투아네트에게 해를 입히는 혁명군은 파리가 불타고 프랑스 시민에게 해가 돌아갈 것을 각오해야 한다고 위협하는 내용을 담았다. 그러나 의도와 달리 이 선언문은 프랑스혁명을 더욱 과격하게 만들었다.

LA CHOSE IMPOSSIBLE,
ou
La Commission des Finances telle qu'il la faudroit pour les bien restaurer

헨리 윌리엄 번버리Henry William Bunbury, 〈불가능한 재산〉, 1797.

엉덩이를 내놓고 앉아 있는 네 사람은 재상으로, 다른 나라에서 생산된 식자재로 만든 좋은 음식들을 먹으면서 의자에 뚫린 구멍으로 동전들을 배설하고 있다. 왼쪽에서는 다른 장관이 상자 속으로 동전을 배설하고 있다. 이것은 지속적으로 전쟁을 벌이고 다른 나라를 정복함으로써 프랑스가 부자가 된다고 국민을 속이는 것을 풍자한 것이다. 다른 나라들을 침략하여 좋은 음식과 물건들을 취해오지만 그것으로 이익을 보아 부를 쌓기는 불가능하다는 것을 보여준다.

당시 정치적 혼란에 휩싸였던 프랑스 엘리트들은 심한 파벌 갈등을 겪었고 대중은 왕이 도망치려고 한다는 것에 분노하여 튈르리 궁으로 몰려가 폭력 사태를 악화시켰다. 결과적으로 프랑스 왕실을 보호하지도 못하고 프랑스혁명군과 반혁명군의 전쟁을 초래했다.

식민지 확보 경쟁이 치열했던 1700년대에 독일은 북해 해상무역

작가 미상, 〈유럽의 모든 왕권에 대한 폭격〉, 1792.

자유를 기치로 내건 프랑스 국회와 루이 16세가 다른 나라들을 상대로 오물을 뿜는
모습을 그려 프랑스의 모욕적인 태도를 풍자했다.

에서 서서히 성장했지만 다른 나라들에 비해 식민지를 많이 확보하
지는 못했다. 프로이센과 오스트리아는 독일 내 주도권 쟁탈전에 길
고 긴 시간을 보냈다. 30년전쟁은 덴마크와 네덜란드의 개입을 거쳐
스웨덴의 개입, 마지막으로 프랑스의 개입을 거치며 진행되었다. 이
전쟁으로 독일 전체는 피폐해졌고, 독일 인구의 3분의 1이 죽었다. 결

작가 미상, 〈크림전쟁에 대한 익살스러운 지도〉, 1854.

크림전쟁 당시 유럽의 정치적 상황을 표현한 지도이다. 곰으로 그려진 러시아는 '폭정Despotism'이라고 쓰인 왕관을 쓰고 아홉 가닥의 채찍을 들고 몸은 동쪽을 향해 있으면서 서쪽을 향해 고개를 돌려 체인으로 묶인 폴란드를 보고 있다. 러시아 곰의 오른쪽 발가락은 크림 반도를 딛고 있고, 프랑스와 영국 함대는 곰의 발톱을 깎으려 하고 있다. 1856년의 파리조약은 크림전쟁이 끝난 뒤 러시아가 흑해에 함대를 주둔시키는 것을 금지했다.

국 1648년에 베스트팔렌조약으로 스위스와 네덜란드의 독립이 확정되었고 프랑스는 알자스로렌을 차지했으며 프로이센은 확장되었다. 이때 확장된 영토를 배경으로 프로이센은 18세기 초에 왕국이 될 수 있었다.

　　프리드리히 2세 이후 프리드리히 빌헬름 3세Friedrich Wilhelm III 시대에 들어서면서 프로이센은 위기를 맞이하게 되었다. 왕은 무능했고,

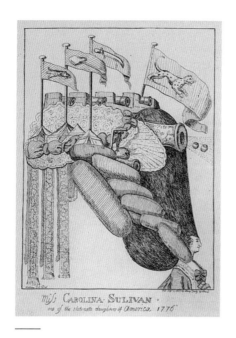

작가 미상, 〈미스 캐럴라이나 설리번〉, 1776.

미국 독립혁명의 중요한 전쟁터였던 설리번 섬을 묘사한 그림이다. 1776년 6월 28일 설리번 요새에서 중요한 전투가 일어났다. 전투의 이름은 등대지기로 이 섬에서 복무했던 설리번 대위에서 따왔다. 이 섬은 영국 노예무역의 가장 큰 입국 항구였는데 당시 노예무역의 40퍼센트 이상이 이곳에서 이루어졌다. 여기에 그려진 여성은 당시 영국의 수상 피트를 닮았다. 그의 머리로 표현된 요새에는 대포와 전쟁 깃발들이 숨겨져 있다.

군대는 나약해져서 나폴레옹군에 저항하기도 힘에 부쳤다. 예나전투와 아우스터리츠전투 등에서 패하고 베를린이 함락당한 후에 뒤늦게 러시아와 동맹을 맺고 지원을 받으려 했으나 프랑스에 패했다. 1807년 틸지트조약을 체결하면서 영토의 반을 잃었다. 그 영토에는 나폴

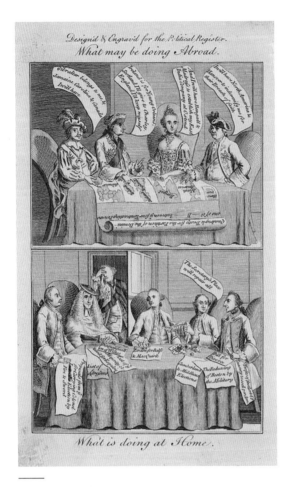

작가 미상, 〈외국에서는 무슨 일이?— 국내에서는 무슨 일이 벌어지고 있나?〉, 1769.

스페인, 프랑스, 프로이센 등 외국 세력들이 영국을 나눠 가질 궁리를 하고 있는 모습을 보여준다. 아래 그림에서는 영국 그래프턴Grafton 공작의 관료들이 아메리카 식민지 처리 문제를 놓고 논쟁을 하는데 조지 3세가 문가에서 훌쩍거리고 있다. 아메리카 식민지를 내놓아야 할 상황에 놓인 영국 측이 서운해하지만 외국 측에서는 영국제국의 식민지를 분할해서 나눌 궁리를 하는 것이다. 이로써 영국의 위세가 꺾이는 것을 보여주는 그림이다.

작가 미상, 〈영국의 몰락〉, 1779.

영국이 궁지에 몰려 있는 상황을 묘사한 그림이다. 미국인은 오른손에 리버티 캡이 얹힌 창을 잡고 왼손에는 칼을 들고 브리타니아를 위협하고 있다. 그 옆의 프랑스인은 겁을 주라며 부추기고 있다. 스페인인은 등을 돌린 채 서 있고 맨 오른쪽에는 네덜란드인이 있다. 이 그림은 1770년부터 1780년까지 영국의 국제관계 속 위상을 말해준다.

레옹이 라인연방이라는 꼭두각시 정부를 만들었다. 결국 프로이센은 많은 배상금을 지불하고, 대륙봉쇄령에 따라 영국과의 무역을 금지당한데다 프랑스군을 주둔시키겠다는 협박을 받는 등 사실상 프랑스의 지배를 받는 속국으로 전락하고 말았다.

프랑스의 지배는 독일인들에게 민족으로서의 자각심을 불어넣어, 이때부터 프랑스로부터 독일을 해방시키는 역할을 프로이센에 맡기

작가 미상, 〈나폴레옹에게 절하는 영국의 애국자들〉, 1802.

거만하게 앉아 있는 나폴레옹에게 영국의 정치인 폭스, 어스킨Erskine, 하비 콤Harvey Combe이 머리가 땅에 닿도록 절을 하고 있다. 나폴레옹은 한 사람씩 거명하며 거들먹거리고 이제 가도 좋다고 말한다. 이에 세 사람은 이구동성으로 최고의 찬사를 나폴레옹한테 보내고 있다.

게 되었다.

　17, 18세기에 유럽 각국은 국가 체제가 확립되고 세력 균형이 이루어지는 가운데 국가 이득이라는 목표 아래 끊임없이 이합집산의 동맹관계와 왕조 간 혼인관계를 맺고 지속적인 전쟁을 벌였다. 중앙집권을 하지 못한 독일의 황제는 자신의 영방국가인 오스트리아 밖에서는 아무런 힘도 발휘하지 못했다. 한 나라가 전쟁을 일으키면 주변국들은 동맹하여 이에 맞서거나 침략자 편에 서기도 했다.

나폴레옹의 몰락

나폴레옹 재임 기간은 프랑스가 유럽을 지배하려는 욕망을 최대화한 시기였다. 프랑스의 팽창 욕심을 주변국들이 달가워했을 리 없다.

프랑스혁명 이후 프랑스가 1793년 영국에 전쟁을 선포했을 때 프랑스를 상대해서 싸울 능력이 되는 나라는 영국밖에 없었다. 첫 번째 동맹은 오스트리아, 프로이센, 스페인 등과 이루어졌는데 1795년에 프로이센과 스페인이 프랑스와 독자적으로 평화협정을 맺음으로써 이 동맹은 깨졌다. 두 번째 동맹이 오스트리아, 프로이센, 오스만 제국 사이에서 맺어졌는데 1800년에 역시 깨졌다.

영국에 대해 늘 편치 않았던 차에 미국에서의 독립혁명은 프랑스에 복수할 기회를 주었다. 프랑스는 아메리카에 출정하면서 미합중국의 독립을 인정했다. 이어서 스페인과 네덜란드의 도움으로 영국과 전쟁에 돌입했다. 1783년 영국과 프랑스가 맺은 베르사유조약은 미합중국의 독립을 승인하고 프랑스가 1763년에 잃었던 세네갈의 해관들과 서인도 제도의 세인트루시아와 토바고를 영국으로부터 돌려받게 해주었다. 그러나 이 전쟁에서 얻은 이익은 보잘것없었다.[12]

조지 3세 치하에서는 1760년에서 1770년의 사이에 수상이 일곱 번 바뀌었을 정도로 정책의 일관성이 없었다. 1768년부터 1779년까지 수상을 지낸 그래프턴 공작은 유능하지 못해 내각은 안으로도 분열되었다.

1799년에 이집트에서 돌아온 나폴레옹은 정부를 전복한 뒤 집정정부를 세우고 첫 번째 집정관이 되었다. 1804년 자신에 대한 암살 기도가 실패한 후 스스로 황제가 된 그는 1805년에 영국을 침공할 계

Promis'd Horrors of the French INVASION, _ or _ Forcible Reasons for nego

제임스 길레이, 〈프랑스의 침략이 가져올 공포〉, 1796.

나폴레옹의 프랑스가 혁명 정신을 보급하겠다며 유럽을 지배하려 할 때 주변국들은 혼란과 무기력이 공포로 변하는 경험을 해야 했다. 이 그림은 프랑스군이 런던으로 들어오자 귀족 클럽은 해이한 모습을 그대로 드러내고, 급진적인 성공회 사제나 불평분자들이 대헌장을 불태우고 새로운 법을 주장하면서 평소 맘에 들지 않던 사람들을 단두대로 끌고 가는 광경을 묘사했다. 프랑스의 침공에 유린당할 영국을 그린 것이다. 버크의 팸플릿 〈국왕 살해로 얻은 평화에 대한 성찰Reflections on a Regicide Peace〉에 대한 반응으로 나온 그림으로, 프랑스와 더 길게 전쟁을 하다가는 영국이 붕괴할 거라는 것을 보여준다. 급진적인 성향의 반대파 지도자 폭스는 자신의 반대파인 피트 수상을 자유의 나무에 매단 불한당으로 그려졌다.

The Great MONSTER REPUBLICAN, having traversed great part of EUROPE and shed his blessings all around, animated by a desire to Enlighten all mankind, deigns now to grant these Blessings to a Nation of Beasts ... But see BRITANIA has raised her LION to give this Monster, a PROPER RECEPTION.

작가 미상, 〈유럽 대륙의 광대한 부분을 짓밟고 영국을 넘보는 괴물에 맞서는 브리타니아와 그녀의 사자〉, 1798.

이미 유럽의 상당 부분을 짓밟은 프랑스의 위협을 영국이 막아서고 있는 모습을 그린 그림이다. 영국을 향해 서 있는 괴물(프랑스)이 "유럽의 모든 나라가 자유(프랑스)를 받아들였다. 우리가 네 나라로 가서 자유의 나무를 심어 자유로운 나라로 만들어주겠다"고 말하지만, 영국의 상징인 사자를 데리고 있는 브리타니아가 이에 맞서 싸울 의지가 있다는 의연함을 보이고 있다.

획을 세웠지만 영국이 러시아, 오스트리아와 동맹을 맺는 바람에 뜻을 이루지 못했다. 영국 함대를 영국 해협으로부터 멀리 끌어내려는 전략은 실패하고 오히려 트라팔가르해전에서 패했다.

프랑스는 1805년 오스트리아와 러시아 연합군에 승리하고 신성로마제국을 와해시켰다. 계속해서 1806년 프로이센을 상대로 승리하고 1807년 6월 러시아를 패배시켰다. 나폴레옹이 프로이센, 러시아와 맺은 틸지트조약은 유럽을 프랑스와 러시아 진영으로 분열시켰다. 프랑스와 러시아 두 나라는 서로 돕기로 비밀협약을 맺었다. 프랑스는 오스만투르크를 러시아가 이기도록 도왔고, 러시아는 당시 산업혁명을 일으켜 경제적으로 부흥하던 영국을 따돌리고 유럽의 무역에서 패권을 잡으려는 프랑스를 위해 대륙봉쇄령에 동참하겠다고 동의했다. 나폴레옹은 러시아가 영국과 전쟁을 벌이도록 설득하고 스웨덴을 대륙회의에 동참하게 하려고 핀란드와의 전쟁을 부추겼다.

대륙봉쇄령은 실질적이지 못했다. 많은 나라가 영국과의 무역이 끊어지자 피해를 보았고 영국이 오히려 프랑스를 상대로 해상봉쇄에 나섰다. 영국처럼 산업화가 되어 있지 못했던 프랑스가 교역을 장악하기란 사실상 불가능했고, 많은 나라가 나폴레옹의 프랑스에 불만을 품을 수밖에 없었다. 1806년 이후의 전쟁은 대륙봉쇄령을 둘러싼 주변 국가들 간의 제휴와 배신으로 점철된 것이라고 볼 수 있다.

영국의 산업혁명, 신대륙으로부터의 자원 유입 등은 농업에서 제조업으로 전환하도록 했고, 이 전환이 유럽 국가들이 유럽 외 지역으로 확장해가는 식민지 제국 시대를 열었다. 영국은 미국 식민지로부터 도전받고 있었고, 프랑스혁명의 정신에 영향을 받은 유럽 대륙은 자유·평등·박애를 모토로 변화하고 있었다. 나폴레옹은 1815년까지 유럽 각국에 정복과 개혁을 강요하고 있었다.

독일의 입장에서 보면, 절대주의 시대(1648~1815)는 영방국가들과 제국의 관계가 강화된 시기이기도 하다. 신성로마제국은 더는 중앙집권적 국가로 발전할 기초를 마련하지 못했고 그나마 지속된 사

장 르나르Jean Renard, 〈공을 굴릴 남자〉, 1870.

비스마르크가 20세기 세계에 미칠 영향을 풍자한 그림이다. 독일을 통일한 비스마르크는 지구본의 프랑스 영토에 발을 딛고 서 있다. 속옷만 입은 그는 제국주의자 같은 면모를 풍기면서도 우스꽝스러운 모습이다.

법권이 제국의 보호막이 되었다. 프랑스와 영국에 비하면 제국은 약해졌지만 오히려 영방국가들은 중앙집권적 정치 체제를 이루어가고 있었다.

18세기에 프로이센은 바야흐로 유럽 열강의 대열에 끼게 되었다. 프로이센의 관료들은 위로부터의 개혁에 확신을 갖기에 이르렀다. 1806년부터 1807년까지 나폴레옹에게 패배하면서 개혁의 필요성을

폴 아돌Paul Hadol, 〈1870년 유럽의 코믹 지도〉, 1870.

1870년 프랑스와 프로이센 사이에 전쟁이 일어났을 때 나온 그림 지도로, 프로이센은 비스마르크, 영국은 늙은 여인, 아일랜드는 강아지로 묘사하여 각국의 관계와 상황을 쉽게 이해할 수 있도록 이미지화했다. 한편 주세페 가리발디Giuseppe Garibaldi로 묘사된 이탈리아는 프로이센의 압박을 견디는 모습이다.

절감하고 1807년 자유주의 농업개혁, 1808년 국가 행정과 도시 자치령을 위한 조직법, 1810~1811년 영업 자유령, 1810년 조세 및 재정개혁을 위한 입법, 1812년 유대인 해방령 등을 단행했다. 각종 개혁의 목적은 신분제에 묶여 있던 신민들을 자유를 누리면서 책임 있게 행동하는 능동적인 시민으로 만들기 위한 것이었다. 이들을 국가의 에너지로 만들어 반反나폴레옹 정신을 고양하려고 했다. 또한 도시와 농촌 사이의 봉건적 차별을 없애고 용병제는 징병제로 바꾸었다. 체

제임스 길레이, 〈게르만의 무관심, 혹은 애타는 꼬마 보니(나폴레옹)〉, 1803.

영국 주재 오스트리아 특명전권공사 슈타렘베르크Starhemberg가 탄 마차가 나폴레옹에게 경의를 표하지 않고 지나치자, 나폴레옹이 그런 무례함과 무관심에 어이없어하는 모습을 묘사했다. 프랑스의 팽창 정책에 넌더리가 난 이웃 나라들의 태도를 보여주는 그림이다.

계를 제대로 갖추어 국가 재정을 확보하려고 한 것이다.

    교육제도는 초등, 김나지움, 대학 교육 체제로 자리를 잡았다. 카를 빌헬름 폰 훔볼트Karl Wilhelm von Humbolt가 세운 베를린대학은 독일 국민교육의 상아탑 이념을 세우는 초석이 되었다. 이 와중에도 나폴레옹에게 점령된 지역에는 프랑스의 제도들이 도입되었고 봉건제가 폐지되었다. 나폴레옹의 러시아 원정 실패는 독일에도 나폴레옹에 대

토머스 롤런드슨, 〈친구와 적〉, 1813.

위 그림에서는 러시아, 프랑스, 스페인, 교황 비오 7세Pius VII, 신성로마제국 황제,
오스트리아 황제 등 주변 국가 대표들이 나폴레옹을 희롱하고 있다.

아래 그림에서는 일곱 명의 여성들이 나폴레옹에게 좀 평화롭게 살자며 정신 차리
라고 담요 위에서 헹가래 치고 있다. 한 여성은 자신의 애인을 전장에 나가게 했다고
원망하고 다른 여성은 평화롭게 살겠느냐고 다그치는 등 한마디씩 하고 있다. 그림
왼쪽 뒤편에서는 네덜란드인과 스페인인이 이 광경을 즐겁게 바라보는 중이다.

작가 미상, 〈왕관을 잡으려 하는 집정관〉, 1803.

나폴레옹의 야망을 풍자한 그림으로, 나폴레옹이 운명의 여신이 가진 왕관을 손에 넣고자 운명의 수레바퀴를 오르는 모습을 그렸다. 여신은 오른손에 풍요의 뿔을 거꾸로 들고 있고, 모래시계와 가위를 들고 있는 '죽음'이 나폴레옹의 명줄을 끊을 가위를 늘어뜨리고 있다. 나폴레옹이 미끄러지면서 바퀴가 돌면 그는 죽음과 왕관을 같이 얻게 되리라는 경고를 담은 것이다.

작가 미상, 〈유럽을 위한 행복한 댄스〉(크룩생크 그림 모방), 1818.

나폴레옹은 지옥으로부터 온 두 마귀에게 이끌려 밀고 당겨지면서 곤욕을 치르고 있다. 악마들이 원을 그리며 춤을 추면서 나폴레옹의 얼굴에 뾰족한 이를 던지고, 괴물이 공중에 떠서 불을 뿜기도 하면서 그를 너덜너덜해진 꼴로 만들고 있다.

제임스 길레이, 〈나폴레옹과 탈레랑〉, 1803.

밖에 있는 가축들을 보면서 도살장 안에서 난리를 피우는 푸줏간 주인 나폴레옹을 탈레랑이 말리고 있다. 푸줏간에는 독일, 이탈리아, 프로이센, 러시아, 영국, 스위스, 스페인, 네덜란드를 나타내는 동물들의 시체가 걸려 있다.

아이작 크룩섕크, 〈노예무역 금지 혹은 킴버 선장이 15세짜리 노예 소녀에게 보여준 비인간성〉,1792.

노예 소녀를 매질한 백인 노예 상인의 잔인함을 고발하면서 노예무역 금지를 요구하는 내용을 담고 있다. 킴버Kimber 선장은 소녀 노예에게 알몸으로 춤을 추도록 강요한 뒤 말을 안 듣는다고 채찍으로 때려서 숨지게 했는데, 이 사건으로 킴버 선장은 고소당했으나 무죄로 풀려났다.

항할 동기를 부여하는 계기가 되었다. 1813년 10월 16일부터 18일까지 나폴레옹군과 러시아, 프로이센, 스웨덴 연합군의 전쟁은 나폴레옹을 폐위시켜 엘바 섬에 유배되게 하는 직접적 원인이 되었다.

유럽 국가들은 나폴레옹의 강권을 달가워하지 않았고, 특히 러시아는 노골적으로 대륙봉쇄령을 무시했다. 이에 화가 난 나폴레옹은 1812년 러시아를 침공했으나 러시아의 겨울 전선을 뚫지 못하고 군사 대부분을 잃은 채 패퇴했다. 영국을 봉쇄하려던 계획은 오히려 동맹국들을 괴롭히는 결과를 초래했다.

러시아 침공 후 나폴레옹의 몰락이 가시화되었다. 1812년 영국, 러시아, 프로이센 간에 라이헨바흐협정이 체결됨으로써 반프랑스 연합전선이 형성되었다. 1814년 1월 동맹국들은 나폴레옹을 축출하기 위해 프랑스를 공격했다. 그해 4월 6일 퇴위한 나폴레옹은 퐁텐블로조약에서 동맹군들이 정한 대로 5월 4일 엘바 섬에 유배되었다. 1814년 5월 30일 제1차 파리조약이 체결되어 프랑스의 재침공을 영구히 봉쇄하는 조치를 내렸다.

근대는 자본주의의 발달로 생산에 필요한 원자재를 얻고 판매를 위한 시장을 개척하기 위해 각 국가들이 제국주의적 야망을 드러내는 시기였다. 국내 시장에서 해결하지 못하는 것들을 국외에서 해결하려는 과정에서 다른 대륙에 대한 유럽, 특히 영국, 프랑스, 독일, 스페인, 네덜란드 등의 인종적·민족적 우월주의가 드러났다. 아시아와 아프리카를 향한 식민지 경쟁은 국제질서의 판도를 바꿀 정도로 큰 흐름이었다.

지금까지 본 것처럼 유럽의 근대에는 강대국들이 종교, 식민지, 왕권, 무역로 등을 둘러싸고 영원한 친구도 적도 없는 불안정하고 복잡한 관계를 형성해갔다. 특히 영국과 프랑스를 중심으로 한 강대국들이 많은 일화와 풍자 이미지를 생산해냈다. 영국과 프랑스는 자국민은 물론 주변 국가들을 대상으로 자신들의 위상을 과시하고자 끊임없이 경쟁했고, 진실과 허세 사이에서 서로 밀고 당기는 관계를 유지했다. 더불어 양국 사이에서 주변 국가들은 각각 이해관계에 따라 태도를 바꾸며 동맹관계와 적대관계 사이를 오갔다. 근대의 유럽은 대내적인 문제들의 돌파구로 시작된 해외 식민지 경쟁에 놓이게 되었다. 이제 강대국들의 이해관계는 해외에서 맞붙었고, 이에 동지와 적의 관계가 편 가르기에 동원되었다. 이러한 영국과 프랑스 중심의 탐욕의 지도가 19세기를 지나 20세기에 접어들면서 변화를 맞이한다. 근대화 과정에서 영국과 프랑스에 비해 뒤쳐졌던 독일이 부상하고 비스마르크가 등장하면서 유럽 국가들의 새로운 관계 지도가 그려진 것이다.

중세의 봉건적인 질서를 뒤로하고 근대의 특징을 형성해가는 과정에서 왕과 귀족은 세습적인 권위를 넘어선 새로운 역할과 책임을 요구받았다. 종교적으로는 신을 평계로 막강해진 교회와 성직자들의 세력을 무너뜨리고 교회가 장악한 신의 영역을 세속화했다. 태어나면서부터 주어진 계급적 속박을 당연히 여겨오던 대중은 빈곤과 종교적 박해로부터 해방되길 꿈꾸었다. 전통귀족에게 독점되었던 사회적 권력은 지식인, 상인, 다양한 전문인 집단 등 새로운 계층의 부상을 수용해야 했다. 이 변화 속에서 여성 역시 불평등한 사회적 관계의 희생물로서 계속 머물러야 할지에 대해 의문을 제기했다. 국가 내부의 변화와 더불어 국제관계에서도 이제까지보다 더욱 복잡한 이해관계가 형성되면서 새로운 지도가 그려졌다.

이러한 과정을 거친 근대는 20세기에 들어오면서 또 다른 진보를 경험하게 되었다. 봉건적 질서를 벗어나 근대국가의 보편적인 조건들을 충족시켜가는 과정에서 점점 더 많은 변화가 더 빠른 속도로 진행되었다. 권력과 권위는 보다 평등한 사회적 관계들로 대체되기를 요구받았다. 복잡해진 관료제가 불가피해졌고 불합리와 부조리도 함께 커졌다. 종교는 정치의 장에서 완전히 사라져야 했지만 자기 집단 논리 속에서 영향력을 끊임없이 가지려 했다. 다양한 종교가 경쟁적으로 정치세력화하여 급기야는 폭력의 철학적 토대를 제공하기에 이른다. 합리적 개인주의가 정치적·사회적 구도 속에서 가장 중요한 가치로 취급받음에 따라, 신민으로서 주어진 환경에 대해 의문을 제기하는 것이 허용되지 않았던 서민들은 시민으로서의 덕성을 습득하면서 대중사회의 구성원으로 자리 잡으며 국가와 자신을 일치시켰다. 그러나 개인은 생각보다 합리적이지 않으며 탐욕스럽고, 자신이 속한 집단의 이익에 집착하며 여기서 생겨나는 사회구조적 모순을 외면하는 이기적인 모습을 보인다. 시민권은 보편적 규범을 중심으로 연대를 형성하기보다 자의적인 해석과 행동으로 불안정한 충돌을 초래하기도 한다. 자본주의의 발달은 빈곤을 해결하고 계급의 벽을 터주었을 뿐만 아니라 국가와 지역을 서로 연결해주었지만 다른 형태의 부의 집중과 빈곤의 심화를 초래하고 말았다. 참신하게 보이던 엘리트의 다양화는 집단 간 과도한 경쟁을 초래하고 또 다른 형태의 계급사회를 만들어내기도 한다. 사회 엘리트들은 더욱 복잡해지고 그 관계 역시 단순하지 않다. 하나 혹은 소수의 지배 집단은 정치·문화·사회·경제 등 모든 영역에서 윗자리를 차지한다. 그리고 국가 간의 관계는 때로는 연대를 향해서 협력하지만 여전히 주권을 우선시하며, 인류에게 닥친 위험과 한계에 공동 작업을 펴지만 국가 이익을 양보하지 않는다.

한마디로 20세기 대중사회는 표면적으로 보이는 것이 제공하는 긍정적 가치 이면에 보이지 않지만 보이는 것보다 더 진실인 것들을 약자와 비판자의 눈에 들킨다. 진실 전체를 보기 위해서는 보이는 것에 비판적인 시선을 던지고 이면을 폭로하며 다른 관점을 제공하는 역할이 다시 요구된다. 다양한 형태의 풍자는 여전히 자유롭고 때로는 억압당하지만, 또 여전히 평론은 엘리트의 손에서 다듬어져 그럴듯하게 나오겠지만 이제 대중은 그 전보다 훨씬 제대로 풍자 능력을 스스로 발휘하고 있다.

주

| 1장 |

1 여기서 대중은 전통적인 위계사회에서 평민을 가리키기도 하지만 엘리트문화에 대안적인 관점을 제공하는 주체이기도 하다. 이 책에서 언급하는 기간의 대중은 근대사회의 특징을 말해주는 의식 있는 평범한 사람들과 그들의 일상적인 문화에 대한 개념을 대표한다. 대중, 민중, 군중, 평민 등에 대한 분명한 개념 정의나 구분을 이 책에서는 지양한다. 그들은 때로는 수동적이고 때로는 능동적이며 때로는 양순하고 때로는 폭력적이다. 부르주아도 때로는 대중이며 때로는 대중과 거리를 두고 싶어 하는 자기들만의 정체성을 가진 존재다.

2 Peter Burke, *Popular Culture in Early Modern Europe*(Aldershot ; Brookfield USA ; Singapore ; Sydney : Ashgate, 1994), 251쪽.

3 Peter Burke, *Popular Culture in Early Modern Europe*, 251쪽.

4 Peter Burke, *Popular Culture in Early Modern Europe*, 251쪽.

5 Peter Burke, *Popular Culture in Early Modern Europe*, 251쪽.

6 Peter Burke, *Popular Culture in Early Modern Europe*, 262쪽.

7 Peter Burke, *Popular Culture in Early Modern Europe*, 262쪽.

8 Peter Matheson, "Breaking the Silence : Women, Censorship, and the Reformation", *The Sixteenth Century Journal*, Vol. 27, No. 1(Spring 1996), 99쪽.

9 Peter Burke, *Popular Culture in Early Modern Europe*, 259쪽.

10 David Andress, *The French Revolution and the People*(London ; New York : The Hambledon Continuum, 2004), xii쪽.

11 David Andress, *The French Revolution and the People*, xiii쪽.

12 김복래, 〈계몽주의 시대의 엘리트문화와 민중문화〉, 《역사문화연구》 제28집(2007), 323~329쪽.

13 W. A. Coupe, "Political and Religious Cartoons of the Thirty Years' War", *Journal of the Warburg and Courtauld Institutes*, Vol. 25, No. 1/2(January–June 1962), 67쪽.

14 Barbara A. Babcock(ed.), *The Reversible World : Symbolic Inversion in Art and Society*(Ithaca and London : Cornell University Press, 1978), 13~36쪽.

15 Lene Dresen-Coenders(ed.), *Saints and She-devils : Images of Women in the Fifteenth and Sixteenth Centuries*(London : The Rubicon Press, 1987), 36쪽.

16 Robert Hariman, "Political Parody and Public Culture", *Quarterly Journal of Speech*, Vol. 94, No. 3 (August 2008), 247~272쪽.

17 Isabel Simeral Johnson, "Cartoons", *The Public Opinion Quarterly*, Vol. 1, No. 3 (July 1937), 21쪽.

18 W. A. Coupe, "Political and Religious Cartoons of the Thirty Years' War", 66쪽.

19 Robert Justin Goldstein, *Censorship of Political Caricature in Nineteenth-Century France* (Kent, Ohio ; London, England : The Kent State University Press, 1989), 87쪽.

20 Robert Justin Goldstein, *Censorship of Political Caricature in Nineteenth-Century France*, 88쪽.

21 Worth Robert Miller, "Educating the Masses : Cartoons from the Populist Press of the 1890s", *American Nineteenth Century History*, Vol. 4, No. 2 (Summer 2003), 105쪽.

22 Lawrence H. Streicher, "On a Theory of Political Caricature", *Comparative Studies in Society and History*, Vol. 9, No. 4 (July 1967), 432쪽.

23 Anatolii Vasil'evich Dmitriev, "Humor and Politics", *Russian Social Science Review*, Vol. 49, No. 1 (January–February 2008), 54쪽.

24 Marcus Wood, *Radical Satire and Print Culture 1790-1822* (Oxford : Clarendon Press, 1994), 3쪽.

25 Worth Robert Miller, "Educating the Masses : Cartoons from the Populist Press of the 1890s", 104쪽.

26 W. A. Coupe, "A Theory of Political Caricature", *Comparative Studies in Society and History*, Vol. 11, No. 1 (January 1969), 81쪽.

27 Marcus Wood, *Radical Satire and Print Culture 1790-1822*, 2쪽.

28 Lawrence H. Streicher, "On a Theory of Political Caricature", 431쪽.

29 W. A. Coupe, "A Theory of Political Caricature", 89쪽.

30 W. A. Coupe, "A Theory of Political Caricature", 92쪽.

31 Anatolii Vasil'evich Dmitriv, "Humor and Politics", 54쪽.

32 Marcus Wood, *Radical Satire and Print Culture 1790-1822*, 2쪽.

33 W. A. Coupe, "A Theory of Political Caricature", 74쪽.

34 《펀치》는 1841년에 창간되어 1940년대 전성기를 누리다가 1992년에 폐간되었다. 그 후 1996년에 다시 발간되었으나 2002년에 폐간되었다.

35 Anatolii Vasil'evich Dmitriev, "Humor and Politics", 53쪽.

36 Isabel Simeral Johnson, "Cartoons", 21쪽.

37 Lora Rempel, "Carnal Satire and Constitutional King : George III in James Gillray's Monstrous

Craws at a New Coalition Feast", *Art History*, Vol. 18, No. 1 (March 1995), 6쪽.

38 W. A. Coupe, "German Cartoon and the Revolution of 1848", *Comparative Studies in Society and History*, Vol. 9, No. 2 (January 1967), 139~140쪽.

39 W. A. Coupe, "German Cartoon and the Revolution of 1848", 138쪽.

40 W. A. Coupe, "German Cartoon and the Revolution of 1848".

41 Robert Justin Goldstein, *Censorship of Political Caricature in Nineteenth-Century France*, 89쪽.

42 Robert Justin Goldstein, *Censorship of Political Caricature in Nineteenth-Century France*, 89쪽.

43 Robert Justin Goldstein, *Censorship of Political Caricature in Nineteenth-Century France*, 90쪽.

44 Robert Justin Goldstein, *Censorship of Political Caricature in Nineteenth-Century France*, vii쪽.

45 Glenn Jordan·Chris Weedon, *Cultural Politics : Class, Gender, Race and the Postmodern World*(Oxford, UK ; Cambridge USA : Blackwell, 1995), 112~124쪽.

46 Glenn Jordan·Chris Weedon, *Cultural Politics*, 119쪽.

| 2장 |

1 Richard Lachmann, "Elite Conflict and State Formation in 16th-and 17th-Century England and France", *American Sociological Review*, Vol. 54, No. 2 (April 1989) ; Karen Barkey, "Rebellious Alliances : The State and Peasant Unrest in Early Seventeenth-Century France and the Ottoman Empire", *American Sociological Review*, Vol. 56, No. 6 (December 1991).

2 박지향, 《영국사 : 보수와 개혁의 드라마》(까치, 1997), 263쪽.

3 Vincent Carretta, *George III and the Satirists from Hogarth to Byron*(Athens and London, the University of Georgia Press, 2007), 1쪽.

4 Vincent Carretta, *George III and the Satirists from Hogarth to Byron*, 251쪽.

5 Daniel Rivière, *Histoire de la France*, 최갑수 옮김, 《그림으로 보는 프랑스의 역사》(까치, 1995), 175쪽.

6 Daniel Rivière, *Histoire de la France*, 최갑수 옮김, 《그림으로 보는 프랑스의 역사》.

7 Daniel Rivière, *Histoire de la France*, 최갑수 옮김, 《그림으로 보는 프랑스의 역사》, 185쪽.

8 Richard Lachmann, "Elite Conflict and State Formation in 16th-and 17th-Century England

and France".

9 Karen Barkey, "Rebellious Alliances : The State and Peasant Unrest in Early Seventeenth-Century France and the Ottoman Empire", *American Sociological Review*, Vol. 56, No. 6(December 1991).

10 이태숙, 〈근대 영국의 엘리트 탐방〉, 《영국연구》 제2호(1998).

11 이태숙, 〈근대 영국의 엘리트 탐방〉.

12 이태숙, 〈근대 영국의 엘리트 탐방〉, 218쪽.

13 Lawrence Stone, *The Crisis of the Aristocracy 1588-1641*(Oxford : Oxford University Press, 1965), 748~749쪽 ; 이태숙, 〈근대 영국의 엘리트 탐방〉, 228쪽에서 재인용.

14 이태숙, 〈근대 영국의 엘리트 탐방〉, 231~234쪽.

15 김현희, 〈17세기 영국 귀족과 결혼 ― 혼인성사 과정을 중심으로〉, 《서양사연구》 제28집(2001), 3쪽.

16 김현희, 〈17세기 영국 귀족과 결혼 ― 혼인성사 과정을 중심으로〉, 19~25쪽.

17 Lawrence Stone, *The Crisis of the Aristocracy 1588-1641*, 502쪽 ; 이태숙, 〈근대 영국의 엘리트 탐방〉, 233쪽에서 재인용.

18 Henry Kamen, *Early Modern European Society*(Oxon ; New York : Routeledge, 2000), 75~76쪽.

19 Henry Kamen, *Early Modern European Society*, 76쪽.

20 Henry Kamen, *Early Modern European Society*, 77~79쪽.

21 임승휘, 〈프랑스 구체제의 '절대' 군주와 엘리트〉, 《서양사학연구》 제18집(2008), 23쪽 ; Richard Lachmann, "Elite Conflict and State Formation in 16th-and 17th-Century England and France", 141~142쪽.

22 Martin Kitchen, *The Cambridge Illustrated History of Germany*, 유정희 옮김, 《사진과 그림으로 보는 케임브리지 독일사》(시공사, 2001), 125쪽.

23 Micheline Ishay, *History of Human Rights : From Ancient to the Globalization Era*, 조효제 옮김, 《세계인권사상사》(도서출판 길, 2005), 179쪽.

24 이영림, 《루이 14세는 없다》(푸른역사, 2009), 180쪽.

25 Diana Donald, *The Age of Caricature : Satirical Prints in the Reign of George III*(New Haven and London : Yale University Press, 1996), 99쪽.

26 Henry Kamen, *Early Modern European Society*, 10쪽.

27 Lachmann, "Elite Conflict and State Formation in 16th-and 17th-Century England and France", 145~147쪽.

28 Henry Kamen, *Early Modern European Society*, 74쪽.

29 이태숙, 〈근대 영국의 엘리트 탐방〉, 246쪽.

30 박지향, 〈영국 시민사회의 형성과 발달〉, 《아시아문화》 제10호(1994), 262쪽.

31 Eric John Ernst Hobsbawm, *The Age of Revolution 1789-1848*, 정도영·차명수 옮김, 《혁명의 시대》(한길사, 2000), 88쪽.

| 3장 |

1 Niccoló Machivelli, *The Discourses*, 강정인·안선재 옮김, 《로마사 논고》(한길사, 2003), I-11, 116~120쪽.

2 Niccoló Machivelli, *The Discourses*, 강정인·안선재 옮김, 《로마사 논고》, I-11, 118~119쪽.

3 박지향, 《영국사, 보수와 개혁의 드라마》(까치, 1997), 296~297쪽.

4 홋타 요시에, 《위대한 교양인 몽테뉴》, 김석희 옮김(한길사, 1999).

5 Daniel Rivière, *Histoire de la France*, 최갑수 옮김, 《그림으로 보는 프랑스의 역사》, 207쪽.

6 J. F. Bosher, "Huguenot Merchants and the Protestant International in the Seventeenth Century", *The William and Mary Quarterly*, Third Series, Vol. 52, No. 1(January 1995), 77~80쪽.

7 J. F. Bosher, "Huguenot Merchants and the Protestant International in the Seventeenth Century", 84쪽.

8 Charles Debbasch·Jean-Marie Pontier, *La Société Française*, 김형길·박균성·김재협 옮김, 《프랑스 사회와 문화 II》(서울대학교 출판부, 2004), 121~122쪽.

9 John Locke, "Christian Liberty, and the Predicament of Liberal Toleration", *Political Theory*, Vol. 36, No. 4(August 2008), 523~549쪽. 이를 근거로 로크는 《관용에 관한 편지》에서 비유럽·비기독교 지역에서는 기독교적 렌즈로 보는 것을 보편적이라고 말하는 위험을 이야기하기도 한다.

10 Mary Fulbrook, *A Concise History of Germany*, 김학이 옮김, 《분열과 통일의 독일사》(도서출판 개마고원, 2003), 68쪽.

11 Brian Pullan, "Catholics, Protestants, and the Poor in Early Modern Europe", *The Journal of Interdisciplinary History*, Vol. 35, No. 3(Winter 2005), 449쪽.

12 Mary Fulbrook, *A Concise History of Germany*, 김학이 옮김, 《분열과 통일의 독일사》, 71쪽.

13 Peter Burke, *Popular Culture in Early Modern Europe*(Aldershot ; Brookfield USA ; Singapore ; Sydney : Ashgate, 1994), 260쪽.

14 Peter Burke, *Popular Culture in Early Modern Europe*.

15 Jennifer Spinks, *Monstrous Births and Visual Culture in Sixteenth-Century Germany*

(London : Brookfield, Vt : Pickering & Chatto, 2009).

16 David Kunzle, *The Early Comic Strip : Narrative Strips and Picture Stories in the Euro-pean Broadsheet from c.1450 to 1825*(History of the Comic Strip, Volume 1)(Berkeley ; Los Angeles ; London : University of California Press, 1973), 175쪽.

17 The Seventh Cologne Edition of 1520. 이 이미지는 시드니대학 도서관 스페셜컬렉션에서 사용을 허락하고 제공했다(Images reproduced by the kind permission of Rare Books and Special Collections, Fishjer Liberary, University of Sydney). University of Sydney Library. http://www.library.usyd.edu.au/libraries/rare/treasures

18 *The Malleus Maleficarum*, translated by Montague Summers in 1928. http://www.sacred-texts.com/pag/mm/

19 *The Malleus Maleficarum*, Question I.

20 유명한 마녀사냥꾼 매슈 흡킨스Matthew Hopkins의 *The Discovery of Witches*(1647) 참조.

21 백인호, 〈근대 초 유럽의 마녀사냥 : 사바트Sabbat를 중심으로〉, 《서강인문논총》 제20집(2006), 68~80쪽. 필자는 역사학자들 사이에서도 이 야간 집회의 실재 여부가 논란의 대상이 되고 있는 것을 여러 학자의 견해를 통해 설명하고 있다.

22 김복래, 〈근대 프랑스의 민중문화와 엘리트문화(15~18세기)〉 서평, 《서양사론》 제50호(1996), 261쪽.

23 David Andress, *The French Revolution and the People*, 21쪽.

24 David Andress, *The French Revolution and the People*, 140쪽.

25 Micheline Ishay, *History of Human Rights*, 조효제 옮김, 《세계인권사상사》, 156쪽.

26 Micheline Ishay, *History of Human Rights*, 조효제 옮김, 《세계인권사상사》.

27 David Andress, *The French Revolution and the People*, 142쪽.

28 Carl J. Friedrich, *The Age of the Baroque 1610-1660*(New York : Harper & Brothers Pub-lishers, 1952), 162쪽.

29 Daniel Philpott, "The Religious Roots of Modern International Relations", *World Politics*, Vol. 52, No. 2(January 2000), 206~245쪽.

30 김준석, 〈17세기 중반 유럽 국제관계의 변화에 관한 연구〉, 《국제정치논총》 제52집 3호(2012), 119쪽.

31 Daniel Philpott, "The Religious Roots of Modern International Relations", 209~210쪽 ; 김준석, 〈17세기 중반 유럽 국제관계의 변화에 관한 연구〉, 112~116쪽.

| 4장 |

1 Henry Kamen, *Early Modern European Society*(Oxon ; New York : Routledge, 2000), 18쪽.

2 Henry Kamen, *Early Modern European Society*, 19쪽.

3 Henry Kamen, *Early Modern European Society*, 25쪽.

4 Henry Kamen, *Early Modern European Society*, 28쪽.

5 Elias Canetti, *Masse und Macht*, 강두식·박명덕 옮김,《군중과 권력》(바다출판사, 2002).

6 이 판화는 1556년에 헤이든Heyden이 새긴 것으로 되어 있는데, 왼쪽 구석을 보면 1516년에 죽은 히에로니무스 보스Hieronymus Bosch의 이름으로 서명되어 있다. 출판업자가 당시 더 유명하여 잘 팔릴 것으로 보고 브뤼헐에게 막대한 영향을 미쳤던 보스의 이름을 브뤼헐 이름 대신 쓴 것으로 보인다. The British Museum 설명 참조. http:www.britishmuseum.org/explore/highlights 2011년 10월 21일 검색.

7 Philip T. Hoffman·David S. Jacks·Patricia A. Levin·Peter H. Lindert, "Real Inequality in Europe Since 1500", *The Journal of Economic History*, Vol. 62, No. 2(June 2002), 322~333쪽.

8 Bronislaw Geremek, *La Potence ou la Pitié*, 이성재 옮김,《빈곤의 역사 : 교수대인가 연민인가》(도서출판 길, 2010), 139쪽.

9 Andrew Charlesworth·Adrian Randall, *Markets, Market Culture and Popular Protest in Eighteenth-Century Britain and Ireland*(Liverpool : Liverpool University Press, 1996), 46~68쪽.

10 Daniel Rivière, *Histoire de la France*, 최갑수 옮김,《그림으로 보는 프랑스의 역사》, 185쪽.

11 김복래,〈계몽주의 시대의 엘리트문화와 민중문화〉, 322쪽.

12 Simon Schama, *Citizens : A Chronicle of the French Revolution*(New York : Knopf : Distributed by Random House, 1989. First Vintage Books Edition, March 1990. New York : Random House, 1989), 305~322쪽.

13 Wolfgang J. Mommsen, *1848, Die Ungewollte Revolution*, 최호근 옮김,《원치 않은 혁명, 1848》(푸른역사, 2006), 9쪽.

14 Eric John Ernst Hobsbawm, *The Age of Revolution 1789-1848*, 정도영·차명수 옮김,《혁명의 시대》, 105~109쪽.

15 Bronislaw Geremek, *La Potence ou la Pitié*, 이성재 옮김,《빈곤의 역사 : 교수대인가 연민인가》, 143쪽.

16 Philip T. Hoffman, et al., "Real Inequality in Europe Since 1500", 325쪽.

17 Andrew Charlesworth·Adrian Randall, *Markets, Market Culture and Popular Protest in Eighteenth-Century Britain and Ireland*, 55쪽.

18 Eric John Ernst Hobsbawm, *The Age of Revolution 1789-1848*, 정도영·차명수 옮김,《혁명의 시대》, 106~109쪽.

19 Charles Tilly, "Flows of Capital and Forms of Industry in Europe, 1500-1900", *Theory and Society*, Vol. 12, No. 2(March 1983), 126쪽.

20 Charles Tilly, "Flows of Capital and Forms of Industry in Europe, 1500-1900", 133쪽.

21 박지향,《영국사 : 보수와 개혁의 드라마》(까치, 1997), 143~147쪽.

22 박지향,《영국사 : 보수와 개혁의 드라마》, 144쪽.

23 박지향,《영국사 : 보수와 개혁의 드라마》, 146쪽.

24 Brian Pullan, "Catholics, Protestants, and the Poor in Early Modern Europe", *The Journal of Interdisciplinary History*, Vol. 35, No. 3(Winter 2005), 447쪽.

25 Bronislaw Geremek, *La Potence ou la Pitié*, 이성재 옮김,《빈곤의 역사 : 교수대인가 연민인가》, 183쪽.

26 Bronislaw Geremek, *La Potence ou la Pitié*, 이성재 옮김,《빈곤의 역사 : 교수대인가 연민인가》, 188쪽.

27 Bronislaw Geremek, *La Potence ou la Pitié*, 이성재 옮김,《빈곤의 역사 : 교수대인가 연민인가》, 202~203쪽.

28 Charles Debbasch·Jean-Marie Pontier, *La Société Française*, 김형길·박균성·김재협 옮김,《프랑스 사회와 문화 II》(서울대학교 출판부, 2004), 235쪽.

29 Charles Debbasch·Jean-Marie Pontier, *La Société Française*, 김형길·박균성·김재협 옮김,《프랑스 사회와 문화 II》, 221쪽.

30 Elias Canetti, *Masse und Macht*, 강두식·박명덕 옮김,《군중과 권력》(바다출판사, 2002), 27쪽.

31 Elias Canetti, *Masse und Macht*, 강두식·박명덕 옮김,《군중과 권력》, 27쪽.

32 Simon Schama, *Citizens : A Chronicle of the French Revolution*, 311쪽.

33 David Andress, *The French Revolution and the People*, 3쪽.

34 David Andress, *The French Revolution and the People*, 3쪽.

35 David Andress, *The French Revolution and the People*, 26쪽.

36 David Andress, *The French Revolution and the People*, 26쪽.

37 Brian Pullan, "Catholics, Protestants, and the Poor in Early Modern Europe", 168~169쪽.

38 Brian Pullan, "Catholics, Protestants, and the Poor in Early Modern Europe", 169쪽.

39 Brian Pullan, "Catholics, Protestants, and the Poor in Early Modern Europe", 170쪽.

40 Robert Jütte, *Poverty and Deviance in Early Modern Europe*(Cambridge : Cambridge University Press, 1994), 23쪽.

41 Elias Canetti, *Masse und Macht*, 강두식·박명덕 옮김,《군중과 권력》, 224쪽.

42 David Bindman, *Hogarth*, 장승원 옮김,《윌리엄 호가스》(시공사, 1998), 13쪽.

43 Sheila O'Connell, *The Popular Print in England*(London : British Museum Press, 1999), 124~128쪽.

44 이 그림은 미국에서 나중에 '필리너Pilliner'라고만 사인한 사람이 거칠고 단순하게 다시 판화 작업을 했다고 한다.

45 PhilipT. Hoffman, et al., "Real Inequality in Europe since 1500", 322~355쪽.

46 E. P. Thompson, "Patrician Society, Plebeian Culture", *Journal of Social History*, Vol. 7, No. 4(Summer 1974), 382~405쪽.

| 5장 |

1 Ulrich Ufer, "Urban and Rural Articulations of an Early Modern Bourgeois Civilizing Process and Its Discontents", *Articulo-Journal of Urban Research*, Special Issue 3(2010). on-line http://articulo.revues.org/1583, 2쪽, 2011년 5월 29일 검색.

2 John Shovlin, "The Cultural Politics of Luxury in Eighteenth-Century France", *French Historical Studies*, Vol. 23, No. 4(Autumn 2000), 577~606쪽.

3 Daron Acemoglu·James A. Robinson, "Economic Backwardness in Political Perspective", *American Political Science Review*, Vol. 100, No. 1(February 2006), 115~131쪽.

4 Mark William Konnert, *Early Modern Europe : the Age of Religious War, 1559-1715*(Toronto : Higher Education University of Toronto Press Incorporated, 2008), 32쪽.

5 성백용,〈'부르주아'의 개념과 제도의 역사 : 중세에서 근대까지〉,《한국프랑스사학회 2005년도 추계공동학술회》(2005), 8~10쪽.

6 성백용,〈'부르주아'의 개념과 제도의 역사 : 중세에서 근대까지〉, 15쪽.

7 Jurgen Kocka, "The Middle Classes in Europe", *The Journal of Modern History*, Vol. 67, No. 4(December 1995), 786쪽.

8 Ulrich Ufer, "Urban and Rural Articulations of an Early Modern Bourgeois Civilizing Process and Its Discontents", 7쪽.

9 박지향,〈영국 시민사회의 형성과 발달〉,《아시아문화》제10호(1994), 262쪽.

10 Eric John Ernst Hobsbawm, *The Age of Revolution 1789-1848*, 정도영·차명수 옮김,《혁명의 시대》, 88쪽.

11 Lawrence Stone, *The Crisis of the Aristocracy 1588-1641*(Oxford : Oxford University Press, 1965), 502쪽 ; 이태숙,〈근대 영국의 엘리트 탐방〉, 233쪽에서 재인용.

12 이태숙, 〈근대 영국의 엘리트 탐방〉, 246쪽.

13 H. R. French, "The Search for the 'Middle Sort of People' in England, 1600–1800", *The Historical Journal*, Vol. 43, No. 1 (March 2000), 277~298쪽 ; 박지향, 《영국사 : 보수와 개혁의 드라마》, 147~151쪽.

14 박지향, 《영국사 : 보수와 개혁의 드라마》, 148쪽.

15 Mark William Konnert, *Early Modern Europe : the Age of Religious War, 1559-1715*(Toronto : Higher Education University of Toronto Press Incorporated, 2008), 39쪽.

16 Diana Donald, *The Age of Caricature*, 120쪽.

17 Eric John Ernst Hobsbawm, *The Age of Revolution 1789-1848*, 정도영·차명수 옮김, 《혁명의 시대》, 354쪽.

18 Henri Sée, *La France Économique et Sociale Au XVIIIe Siècle*, 1927, Edwin H. Zeydel(Trans.), *Economic and Social Conditions in France During the Eighteenth Century*(Kitchener : Batoche Books, 2004), 108쪽.

19 Thomas Brennan, "Peasants and Debt in Eighteenth–Century Champagne", *The Journal of Interdisciplinary History*, Vol. 37, No. 2 (Autumn 2006), 175쪽.

20 Diana Donald, *The Age of Caricature*, 78쪽.

21 Thomas A. Brady Jr., "German Burghers and Peasants in the Reformation and the Peasants' War : Partners or Competitors?", in Charles H. Parker·Jerry H. Bentley(eds.), *Between the Middle Ages and Modernity : Individual and Community in the Early Modern World*(Lanham, Maryland : Rowman & Littlefield publishers, Inc., 2007), 33쪽.

22 Thomas A. Brady Jr., *Between the Middle Ages and Modernity*, 34~35쪽.

23 Thomas A. Brady Jr., *Between the Middle Ages and Modernity*, 37쪽.

24 Thomas A. Brady Jr., *Between the Middle Ages and Modernity*, 40쪽.

25 Eric John Ernst Hobsbawm, *The Age of Revolution 1789-1848*, 정도영·차명수 옮김, 《혁명의 시대》, 55쪽.

26 Jurgen Kocka, "The Middle Classes in Europe", 791쪽.

27 김복래, 〈계몽주의 시대의 엘리트문화와 민중문화〉, 318쪽.

28 김복래, 〈계몽주의 시대의 엘리트문화와 민중문화〉, 319쪽.

29 Dena Goodman, *The Republic of Letters : a Cultural History of the French Enlightenment*(Ithaca and London : Cornell University Press, 1996), 74쪽.

30 김복래, 〈계몽주의 시대의 엘리트문화와 민중문화〉, 88쪽.

31 Timothy Tackett, "Conspiracy Obsession in a Time of Revolution : French Elites and the Origins of the Terror, 1789–1792", *The American Historical Review*, Vol. 105, No. 3 (June

2000), 692쪽.

32 Marisa Linton, "'The Tartuffes of Patriotism' : Fears of Conspiracy in the Political Lan-
guage of Revolutionary Government, France 1793–1794", in Barry Coward·Julian
Swann(eds.), Conspiracies and Conspiracy Theory in Early Modern Europe : from the
Waldensians to the French Revolution(Hampshire, England ; Burlingron, USA : Ashgate,
2004), 236쪽.

| 6장 |

1 Niccoló Machiavelli, The Prince, 강정인 옮김,《군주론》(까치, 1994), 172쪽.

2 Dante Alighieri, Divina Commedia, 1302-1320, 박상진 옮김,《신곡》(민음사, 2007), 지옥편 7
장.

3 Carole Pateman, The Disorder of Women(Stanford, CA. : Stanford University Press,
1989) ; Lynda Lange, "Women and Rousseau's Democratic Theory : Philosopher Mon-
sters and Authoritarian Equality", in Bar On, Bat-Ami(ed.), Modern Engendering : Critical
Feminist Readings In Modern Western Philosophy(Albany : State University of New York
Press, 1994), 95~116쪽.

4 Barbara A. Babcock(ed.), The Reversible World : Symbolic Inversion in Art and
Society(Ithaca and London : Cornell University Press, 1978).

5 Peter Matheson, "Breaking the Silence : Women, Censorship, and the Reformation", The
Sixteenth Century Journal, Vol. 27, No. 1(Spring 1996), 98~99쪽.

6 Sharon L. Jansen, Debating Women, Politics, and Power in Early Modern Europe (Hound-
mills, Basingstoke, Hampshire, England ; New York, USA : Palgrave Macmillan, 2008),
155쪽.

7 Cissie Fairchilds, Women in Early Modern Europe, 1500 -1700(Harlow, England ; London
; New York ; Boston ; San Francisco ; Toronto : Perason Educaton, 2007), 20~21쪽 ; Sha-
ron L. Jansen, Debating Women, Politics, and Power in Early Modern Europe, 115~131쪽.

8 Sarah Knott·Barbara Taylor(eds.), Women, Gender and Enlightenment(Houndmills, Bas-
ingstoke, Hampshire, England ; New York, USA : Palgrave Macmillan, 2007), 117쪽.

9 Sharon L. Jansen, Debating Women, Politics, and Power in Early Modern Europe, 121쪽.

10 Carole Pateman, The Disorder of Women, 17쪽.

11 Carole Pateman, "Sublimation and Reification : Locke, Wolin and the Liberal Democratic
Conception of the Political", Politics and Society, 5:4(1975) ; Helen Crowley, "Women

and the Domestic Sphere", in Stuart Hall, et al.(eds.), *Modernity : An Introduction to Modern Societies*(Cambridge ; Oxford : Blackwell, 1996) ; Susan Moller Okin, *Women in Western Political Thought*(Princeton, NJ : Princeton University Press, 1979).

12 Barbara L. Marshall, *Engendering Modernity : Feminism, Social Theory and Social Change*(Boston : Northeastern University Press, 1994).

13 Maryanne Cline Horowitz, "Aristotle and Woman", *Journal of the History of Biology*, Vol. 9, No. 2(Autumn 1976), 189쪽.

14 Aristoteles, *Politics*, 천병희 옮김, 《정치학》(도서출판 숲, 2009) ; Susan Moller Okin, *Women in Western Political Thought*, 74~96쪽 ; Arlene W. Saxonhouse, *Fear of Diversity : The Birth of Political Science in Ancient Greek Thought*(Chicago : University of Chicago Press, 1992), 189~232쪽.

15 Maryanne Cline Horowitz, "Aristotle and Woman" ; Arlene W. Saxonhouse, *Fear of Diversity : The Birth of Political Science in Ancient Greek Thought*(Chicago : University of Chicago Press, 1992), 189~232쪽.

16 Lene Dresen-Coenders(eds.), *Saints and She-Devils : Images of Women in the 15th and 16th Centuries*(London : The Rubicon Press, 1987), 51쪽.

17 Diane Willen, "Women in the Public Sphere in Early Modern England : The Case of the Urban Working Poor", *The Sixteenth Century Journal*, Vol. 19, No. 4(Winter 1988), 562쪽.

18 Norma Broude · Mary D. Garrard, *Feminism and Art History : Questioning the Litany*(New York : Harper and Row Publishers, 1982), 227~228쪽.

19 New York Public Library, "길레이 카탈로그", No. 86.

20 Mitra C. Emad, "Reading Wonder Woman's Body : Mythologies of Gender and Nation", *The Journal of Popular Culture*, Vol. 39, No. 6(2006).

21 Susan S. Morrison, "The Feminization of the German Democratic Republic in Political Cartoons 1989-1990", *Journal of Popular Culture*, Vol. 25, No. 4(Spring 1992).

22 Susan S. Morrison, "The Feminization of the German Democratic Republic in Political Cartoons 1989-1990", 49쪽.

23 Cissie Fairchilds, *Women in Early Modern Europe, 1500-1700*, 26쪽 ; Sharon L. Jansen, *Debating Women, Politics, and Power in Early Modern Europe*, 11~33쪽.

24 Sharon L. Jansen, *Debating Women, Politics, and Power in Early Modern Europe*, 38~40쪽.

25 Chalus Elaine, "Elite Women, Social Politics, and the Political World of Late Eighteenth-Century England", *The Historical Journal*, Vol. 43, No. 3(September 2000).

26 Chalus Elaine, "Elite Women, Social Politics, and the Political World of Late Eighteenth-Century England", 682쪽.

27 Marjorie Keniston McIntosh, *Working Women in English Society, 1300-1620*(Cambridge ; New York ; Melbourne : Cambridge University Press, 2005).

28 Diane Willen, "Women in the Public Sphere in Early Modern England".

29 Diane Willen, "Women in the Public Sphere in Early Modern England", 567쪽.

30 Whaley Leigh, *Women and the Practice of Medical Care in Early Modern Europe, 1400-1800*(Houndmills, Basingstoke, Hampshire, England ; New York, USA : Palgrave Macmillan, 2011).

31 Diane Willen, "Women in the Public Sphere in Early Modern England", 562쪽.

32 Diane Willen, "Women in the Public Sphere in Early Modern England", 563~564쪽.

33 Sandra Clark, *Women and Crime in the Street Literature of Early Modern England* (Houndmills ; New York : Palgrave Macmillan, 2003), 33~40쪽.

34 Sandra Clark, *Women and Crime in the Street Literature of Early Modern England*, 32~37쪽.

35 Jane Sharp, *The Midwives Book : or The Whole Art of Midwifery Discovered*, 1671. http://sciencemuseum.org.uk/broughttolife/people/janesharp.aspx에서 참조.

36 Sandra Clark, *Women and Crime in the Street Literature of Early Modern England*, 41쪽.

37 Mary Fulbrook, *A Concise History of Germany*, 김학이 옮김, 《분열과 통일의 독일사》(도서출판 개마고원, 2003), 88쪽.

38 David Kunzle, *The Early Comic Strip : Narrative Strips and Picture Stories in the European Broadsheet from c.1450 to 1825*(Berkeley ; Los Angeles ; London : University of California Press, 1973), 175쪽.

39 David Kunzle, *The Early Comic Strip*, 176쪽.

40 Cissie Fairchilds, *Women in Early Modern Europe, 1500-1700*, 257쪽.

| 7장 |

1 주경철, 《대항해시대》(서울대학교 출판문화원, 2008), 113~116쪽.

2 주경철, 《대항해시대》, 5~112쪽.

3 Eric John Ernst Hobsbawm, *The Age of Revolution 1789-1848*, 정도영·차명수 옮김, 《혁명의 시대》, 49쪽.

4 Daniel Rivière, *Histoire de la France*, 최갑수 옮김, 《그림으로 보는 프랑스의 역사》, 133쪽.

5 이영림·주경철·최갑수,《근대 유럽의 형성 : 16-18세기》(까치, 2011), 461쪽.

6 이영림·주경철·최갑수,《근대 유럽의 형성 : 16-18세기》, 474쪽.

7 New York Public Library, "길레이 카탈로그", No. 86.

8 이영림·주경철·최갑수,《근대 유럽의 형성 : 16-18세기》, 450쪽.

9 이규하,〈크롬웰 치하의 영국의 대외정책 : 네덜란드 및 스페인 전쟁을 중심으로〉,《전북사학》제1
집(1977), 282쪽.

10 송승원,〈19세기 영국의 동남아 식민지화 원인 연구 : "전략적 논의론"과 "시사자본론"을 중심으
로〉,《아태연구》제16권 제2호(2009), 87~104쪽.

11 송승원,〈19세기 영국의 동남아 식민지화 원인 연구 : "전략적 논의론"과 "시사자본론"을 중심으
로〉, 98~100쪽.

12 Daniel Rivière, *Histoire de la France*, 최갑수 옮김,《그림으로 보는 프랑스의 역사》, 241쪽.

참고문헌

| 1장 |

김복래, 〈계몽주의 시대의 엘리트문화와 민중문화〉, 《역사문화연구》 제28집(2007), 323~329쪽.

Andress, David, *The French Revolution and the People*(London, New York : The Hambledon Continuum, 2004).

Babcock, Barbara A.(ed.), *The Reversible World : Symbolic Inversion in Art and Society*(Ithaca and London : Cornell University Press, 1978).

Burke, Peter, *Popular Culture in Early Modern Europe*(Aldershot ; Brookfield USA ; Singapore ; Sydney : Ashgate, 1994).

Coupe, W. A., "Political and Religious Cartoons of the Thirty Years' War", *Journal of the Warburg and Courtauld Institutes*, Vol. 25, No. 1/2(Jan.-June 1962), 65~85쪽.

_____ , "German Cartoon and the Revolution of 1848", *Comparative Studies in Society and History*, Vol. 9, No. 2(January 1967), 137~167쪽.

_____ , "A Theory of Political Caricature", *Comparative Studies in Society and History*, Vol. 11, No. 1(January 1969), 79~95쪽.

Dmitriev, Anatolii Vasil'evich, "Humor and Politics", *Russian Social Science Review*, Vol. 49, No. 1(January-February 2008), 53~89쪽.

Dresen-Coenders, Lene(ed.), *Saints and She-devils : Images of Women in the Fifteenth and Sixteenth Centuries*(London : The Rubicon Press, 1987).

Goldstein, Robert Justin, *Censorship of Political Caricature in Nineteenth-Century France*(Kent, Ohio ; London, England : The Kent State University Press, 1989).

Hariman, Robert, "Political Parody and Public Culture", *Quarterly Journal of Speech*, Vol. 94, No. 3(August 2008), 247~272쪽.

Johnson, Isabel Simeral, "Cartoons", *The Public Opinion Quarterly*, Vol. 1, No. 3(July 1937), 21~44쪽.

Jordan, Glenn · Weedon, Chris, *Cultural Politics : Class, Gender, Race and the Postmodern World*(Oxford, UK ; Cambridge USA : Blackwell, 1995).

Matheson, Peter, "Breaking the Silence : Women, Censorship, and the Reformation", *The Sixteenth Century Journal*, Vol. 27, No. 1(Spring 1996), 97~109쪽.

Miller, Worth Robert, "Educating the Masses : Cartoons from the Populist Press of the 1890s", *American Nineteenth Century History*, Vol. 4, No. 2(Summer 2003), 104~118쪽.

Rempel, Lora, "Carnal Satire and Constitutional King : George III in James Gillray's Monstrous Craws at a New Coalition Feast", *Art History*, Vol. 18, No. 1(March 1995), 4~23쪽.

Streicher, Lawrence H., "On a Theory of Political Caricature", *Comparative Studies in Society and History*, Vol. 9, No. 4(July 1967), 427~445쪽.

Wood, Marcus, *Radical Satire and Print Culture 1790-1822*(Oxford : Clarendon Press, 1994).

| 2장 |

김현희, 〈17세기 영국 귀족과 결혼 — 혼인성사 과정을 중심으로〉, 《서양사연구》 제28집(2001), 1~35쪽.

박지향, 《영국사 : 보수와 개혁의 드라마》(까치, 1997).

박지향, 〈영국 시민사회의 형성과 발달〉, 《아시아문화》 제10호(1994).

이영림, 《루이 14세는 없다》(푸른역사, 2009).

이태숙, 〈근대 영국의 엘리트 탐방〉, 《영국연구》 제2호(1998).

임승휘, 〈프랑스 구체제의 '절대' 군주와 엘리트〉, 《서양사학연구》 제18권(2008), 21~50쪽.

Barkey, Karen, "Rebellious Alliances : The State and Peasant Unrest in Early Seventeenth-Century France and the Ottoman Empire", *American Sociological Re-*

view, Vol. 56, No. 6(December 1991), 699~715쪽.

Carretta, Vincent, *George III and the satirists from Hogarth to Byron*(Athens and London : the University of Georgia Press, 2007).

Donald, Diana, *The Age of Caricature : Satirical Prints in the Reign of George III*(New Haven and London : Yale University Press, 1996).

Hobsbawm, Eric John Ernst, *The Age of Revolution 1789-1848*, 정도영 · 차명수 옮김, 《혁명의 시대》(한길사, 2000).

Ishay, Micheline, *History of Human Rights : From Ancient to the Globalization Era*, 조효제 옮김, 《세계인권사상사》(도서출판 길, 2005).

Kamen, Henry, *Early Modern European Society*(Oxon ; New York : Routledge, 2000).

Kitchen, Martin, *The Cambridge Illustrated History of Germany*, 유정희 옮김, 《사진과 그림으로 보는 케임브리지 독일사》(시공사, 2001).

Lachmann, Richard, "Elite Conflict and State Formation in 16th‐and 17th‐Century England and France", *American Sociological Review*, Vol. 54(April 1989), 141~162쪽.

Rivière, Daniel, *Histoire de la France*, 최갑수 옮김, 《그림으로 보는 프랑스의 역사》(까치, 1995).

| 3장 |

김복래, 〈근대 프랑스의 민중문화와 엘리트문화(15~18세기)〉 서평, 《서양사론》 제50 호(1996), 239~268쪽.

김준석, 〈17세기 중반 유럽 국제관계의 변화에 관한 연구〉, 《국제정치논총》 제52집 3 호(2012), 111~139쪽.

박지향, 《영국사 : 보수와 개혁의 드라마》(까치, 1997).

백인호, 〈근대 초 유럽의 마녀사냥 : 사바트Sabbat를 중심으로〉, 《서강인문논총》 제20 집(1996), 68~80쪽.

홋타 요시에, 《위대한 교양인 몽테뉴》, 김석희 옮김(한길사, 1999).

Andress, David, *The French Revolution and the People*(London ; New York : The Hambledon Continuum, 2004).

Bosher, J. F., "Huguenot Merchants and the Protestant International in the Seventeenth Century", *The William and Mary Quarterly*, Third Series, Vol. 52, No. 1(January 1995), 77~102쪽.

Burke, Peter, *Popular Culture in Early Modern Europe*(Aldershot ; Brookfield USA ; Singapore ; Sydney : Ashgate, 1994).

Debbasch, Charles · Pontier, Jean-Marie, *La Société Française*, 김형길 · 박균성 · 김재협 옮김,《프랑스 사회와 문화 II》(서울대학교 출판부, 2004).

Friedrich, Carl J., *The Age of the Baroque 1610-1660*(New York : Harper & Brothers Publishers, 1952).

Fulbrook, Mary, *A Concise History of Germany*, 김학이 옮김,《분열과 통일의 독일사》(도서출판 개마고원, 2003).

Hopkins, Mathew, *The Discovery of Witches, 1647.* http://resobscura.blogspot.com/2010/08/witches-famil.

Ishay, Micheline, *History of Human Rights : From Ancient to the Globalization Era*, 조효제 옮김,《세계인권사상사》(도서출판 길, 2004).

Kunzle, David, *The Early Comic Strip : Narrative Strips and Picture Stories in the European Broadsheet from c.1450 to 1825*(History of the Comic Strip, Volume 1) (Berkeley ; Los Angeles ; London : University of California Press, 1973).

Locke, John, "Christian Liberty, and the Predicament of Liberal Toleration", *Political Theory*, Vol. 36, No. 4(August 2008), 523~549쪽.

Machivelli, Niccoló, *The Discourses*, 강정인 · 안선재 옮김, 《로마사 논고》(한길사, 2003).

The Malleus Maleficarum. translated by Montague Summers in 1928. http://www.sacred-texts.com/pag/mm/

Philpott, Daniel, "The Religious Roots of Modern International Relations", *World Politics*, Vol. 52, No. 2(January 2000), 205~245쪽.

Pullan, Brian, "Catholics, Protestants, and the Poor in Early Modern Europe", *The Jour-*

nal of Interdisciplinary History, Vol. 35, No. 3 (Winter 2005), 441~456쪽.

Rivière, Daniel, *Histoire de la France*, 최갑수 옮김, 《그림으로 보는 프랑스의 역사》 (까치, 1995).

Spinks, Jennifer, *Monstrous Births and Visual Culture in Sixteenth-Century Germany* (London : Brookfield, Vt : Pickering & Chatto, 2009).

http://www.aloha.net/~mikesch/dragon.htm

http://www.library.usyd.edu.au/libraries/rare/treasures

| 4장 |

김복래, 〈계몽주의 시대의 엘리트문화와 민중문화〉,《역사문화연구》제28집(2007), 317~350쪽.

박지향,《영국사 : 보수와 개혁의 드라마》(까치, 1997).

Andress, David, *The French Revolution and the People*(London ; New York : The Hambledon Continuum, 2004).

Bindman, David, *Hogarth*,《윌리엄 호가스》, 장승원 옮김(시공사, 1998).

Canetti, Elias, *Masse und Macht*, 강두식 · 박명덕 옮김,《군중과 권력》(바다출판사, 2002).

Charlesworth, Andrew · Randall, Adrian, *Markets, Market Culture and Popular Protest in Eighteenth-Century Britain and Ireland*(Liverpool : Liverpool University Press, 1996).

Debbasch, Charles · Pontier, Jean-Marie, *La Société Française*, 김형길 · 박균성 · 김재협 옮김,《프랑스 사회와 문화 II》(서울대학교 출판부, 2004).

Geremek, Bronislaw, *La Potence ou la Pitié*, 이성재 옮김,《빈곤의 역사 : 교수대인가 연민인가》(도서출판 길, 2010).

Hobsbawm, Eric John Ernst, *The Age of Revolution 1789-1848*, 정도영 · 차명수 옮김,《혁명의 시대》(한길사, 2000).

Hoffman, Philip T. · Jacks, David S. · Levin, Patricia A. · Lindert, Peter H., "Real Inequality in Europe since 1500", *The Journal of Economic History*, Vol. 62, No.

2(June 2002), 322~355쪽.

Jütte, Robert, *Poverty and Deviance in Early Modern Europe*(Cambridge : Cambridge University Press, 1994).

Kamen, Henry, *Early Modern European Society*(Oxon ; New York : Routledge, 2000).

Mommsen, Wolfgang J., *1848, Die Ungewollte Revolution*, 최호근 옮김,《원치 않은 혁명, 1848》(푸른역사, 2006).

O'Connell, Sheila, *The Popular Print in England*(London : British Museum Press, 1999).

Pullan, Brian, "Catholics, Protestants, and the Poor in Early Modern Europe", *The Journal of Interdisciplinary History*, Vol. 35, No. 3(Winter 2005), 441~456쪽.

Rivière, Daniel, *Histoire de la France*, 최갑수 옮김,《그림으로 보는 프랑스의 역사》(까치, 1995).

Schama, Simon, *Citizens : A Chronicle of the French Revolution*(New York : Knopf : Distributed by Random House, 1989. First Vintage Books Edition, March 1990. New York : Random House, 1989), 305~322쪽.

Thompson, E. P., "Patrician Society, Plebeian Culture", *Journal of Social History*, Vol. 7, No. 4(Summer 1974), 382~405쪽.

Tilly, Charles, "Flows of Capital and Forms of Industry in Europe, 1500~1900", *Theory and Society*, Vol. 12, No. 2(March 1983).

| 5장 |

김복래, 〈계몽주의 시대의 엘리트문화와 민중문화〉,《역사문화연구》제28집(2007), 317~350쪽.

박지향, 〈영국 시민사회의 형성과 발달〉,《아시아문화》제10호(1994), 261~290쪽.

박지향,《영국사 : 보수와 개혁의 드라마》(까치, 1997).

성백용, 〈'부르주아'의 개념과 제도의 역사 : 중세에서 근대까지〉,《한국프랑스사학회 2005년도 추계공동학술회》(2005), 7~16쪽.

이태숙, 〈근대 영국의 엘리트 탐방〉,《영국연구》제2호(1998).

Acemoglu, Daron · Robinson, James A., "Economic Backwardness in Political Perspective", *American Political Science Review*, Vol. 100, No. 1(February 2006), 115~131쪽.

Brady, Thomas A. Jr., "German Burghers and Peasants in the Reformation and the Peasants' War : Partners or Competitors?", in Charles H. Parker · Jerry H. Bentley(eds.), *Between the Middle Ages and Modernity : Individual and Community in the Early Modern World*(Lanham, Maryland : Rowman & Littlefield publishers, Inc., 2007).

Brennan, Thomas, "Peasants and Debt in Eighteenth-Century Champagne", *The Journal of Interdisciplinary History*, Vol. 37, No. 2(Autumn 2006), 175~200쪽.

Donald, Diana, *The Age of Caricature : Satirical Prints in the Reign of George III*(New Haven ; London : Yale University Press, 1996).

French, H. R., "The Search for the 'Middle Sort of People' in England, 1600-1800", *The Historical Journal*, Vol. 43, No. 1(March 2000), 277~293쪽.

Goodman, Dena, *The Republic of Letters : a Cultural History of the French Enlightenment*(Ithaca and London : Cornell University Press, 1996).

Hobsbawm, Eric John Ernst, *The Age of Revolution 1789-1848*, 정도영 · 차명수 옮김, 《혁명의 시대》(한길사, 2000).

Kocka, Jurgen, "The Middle Classes in Europe", *The Journal of Modern History*, Vol. 67, No. 4(December 1995), 783~806쪽.

Konnert, Mark William, *Early Modern Europe : the Age of Religious War, 1559-1715* (Toronto : Higher Education University of Toronto Press Incorporated, 2008).

Linton, Marisa, "'The Tartuffes of Patriotism' : Fears of Conspiracy in the Political Language of Revolutionary Government, France 1793-1794", in Barry Coward · Julian Swann(eds.), *Conspiracies and Conspiracy Theory in Early Modern Europe : from the Waldensians to the French Revolution*(Hampshire, England ; Burlingron, USA : Ashgate, 2004).

Sée, Henri, La France Économique et Sociale Au XVIIIe Siècle, 1927, Edwin H. Zeydel(Trans.), *Economic and Social Conditions in France During the Eighteenth Century*(Kitchener : Batoche Books, 2004).

Shovlin, John, "The Cultural Politics of Luxury in Eighteenth-Century France", *French Historical Studies*, Vol. 23, No. 4(Autumn 2000), 577~606쪽.

Stone, Lawrence, *The Crisis of the Aristocracy 1588-1641*(Oxford : Oxford University Press, 1965).

Tackett, Timothy, "Conspiracy Obsession in a Time of Revolution : French Elites and the Origins of the Terror, 1789-1792", *The American Historical Review*, Vol. 105, No. 3(June 2000), 691~713쪽.

Ufer, Ulrich, "Urban and Rural Articulations of an Early Modern Bourgeois Civilizing Process and Its Discontents", *Articulo-Journal of Urban Research*, Special issue 3(2010) on-line http://articulo.revues.org/1583, 2011. 5. 29, 1~13.

| 6장 |

Aristoteles, *Politics*, 천병희 옮김, 《정치학》(도서출판 숲, 2009).

Babcock, Barbara A.(ed.), *The Reversible World : Symbolic Inversion in Art and Society* (Ithaca and London : Cornell University Press, 1978).

Broude, Norma and Mary D. Garrard, *Feminism and Art History : Questioning the Litany*(New York : Harper and Row Publishers, 1982).

Clark, Sandra, *Women and Crime in the Street Literature of Early Modern England* (Houndmills, England ; New York, USA : Palgrave Macmillan, 2003), 33~40쪽.

Crowley, Helen, "Women and the Domestic Sphere", in Stuart Hall, et al.(eds.), *Modernity : An Introduction to Modern Societies*(Cambridge ; Oxford : Blackwell, 1996).

Dante, Alighieri, *Divina Commedia*, 1302-1320, 박상진 옮김, 《신곡》(민음사, 2007).

Dresen-Coenders, Lene(ed.), *Saints and She-Devils : Images of Women in the 15th and*

16th Centuries(London : The Rubicon Press, 1987).

Elaine, Chalus, "Elite Women, Social Politics, and the Political World of Late Eighteenth-Century England", *The Historical Journal*, Vol. 43, No. 3(September 2000).

Emad, Mitra C., "Reading Wonder Woman's Body : Mythologies of Gender and Nation", *The Journal of Popular Culture*, Vol. 39, No. 6(2006).

Fairchilds, Cissie, *Women in Early Modern Europe, 1500-1700*(Harlow, England ; London ; New York ; Boston ; San Francisco ; Toronto : Perason Educaton, 2007).

Fulbrook, Mary, *A Concise History of Germany*, 김학이 옮김,《분열과 통일의 독일사》(도서출판 개마고원, 2003).

Horowitz, Maryanne Cline, "Aristotle and Woman", *Journal of the History of Biology*, Vol. 9, No. 2(Autumn 1976), 183~213쪽.

Jansen, Sharon L., *Debating Women, Politics, and Power in Early Modern Europe* (Houndmills, Basingstoke, Hampshire, England ; New York, USA : Palgrave Macmillan, 2008).

Knott, Sarah · Taylor, Barbara(eds.), *Women, Gender and Enlightenment*(Houndmills, Basingstoke, Hampshire, England ; New York, USA : Palgrave Macmillan, 2007).

Kunzle, David, *The Early Comic Strip : Narrative Strips and Picture Stories in the European Broadsheet from c.1450 to 1825*(Berkeley ; Los Angeles ; London : University of California Press, 1973).

Leigh, Whaley, *Women and the Practice of Medical Care in Early Modern Europe, 1400-1800*(Houndmills, Basingstoke, Hampshire, England ; New York, USA : Palgrave Macmillan, 2011).

Machiavelli, Niccoló, *The Prince*, 강정인 옮김,《군주론》(까치, 1994).

Marshall, Barbara L., *Engendering Modernity : Feminism, Social Theory and Social Change*(Boston : Northeastern University Press, 1994).

Matheson Peter, "Breaking the Silence : Women, Censorship, and the Reformation",

The Sixteenth Century Journal, Vol. 27, No. 1 (Spring 1996), 97~109쪽.

McIntosh, Marjorie Keniston, *Working Women in English Society, 1300-1620*(Cambridge ; New York ; Melbourne : Cambridge University Press, 2005).

Morrison, Susan S., "The Feminization of the German Democratic Republic in Political Cartoons 1989-1990", *Journal of Popular Culture*, Vol. 25, No. 4 (Spring 1992), 35~52쪽.

Okin, Susan Moller, *Women in Western Political Thought*(Princeton, NJ : Princeton University Press, 1979).

Pateman, Carole, "Sublimation and Reification : Locke, Wolin and the Liberal Democratic Conception of the Political", *Politics and Society*, 5 : 4(1975), 441~467 쪽.

_____ , *The Disorder of Women*(Stanford, CA. : Stanford University Press, 1989).

Saxonhouse, Arlene W., *Fear of Diversity : The Birth of Political Science in Ancient Greek Thought*(Chicago : University of Chicago Press, 1992).

_____ , *Women in the History of Political Thought : Ancient Greece to Machiavelli*(Westport, CT : Praeger Publishers, 1985).

Sharp, Jane, *The Midwives Book ; or, The Whole Art of Midwifery Discovered*, 1671. http://sciencemuseum.org.uk/broughttolife/people/janesharp.aspx에서 2011년 10월 23일 검색.

Willen, Diane, "Women in the Public Sphere in Early Modern England : The Case of the Urban Working Poor", *The Sixteenth Century Journal*, Vol. 19, No. 4(Winter 1988), 559~575쪽.

| 7장 |

송승원, 〈19세기 영국의 동남아 식민지화 원인 연구 : "전략적 논의론"과 "시사자본론"을 중심으로〉, 《아태연구》 제16권 제2호(2009), 87~104쪽.

이규하, 〈크롬웰 치하의 영국의 대외정책 : 네덜란드 및 스페인 전쟁을 중심으로〉, 《전북사학》 제1집(1977), 277~294쪽.

이영림 · 주경철 · 최갑수,《근대 유럽의 형성 : 16~18세기》(까치, 2011).

주경철,《대항해시대》(서울대학교 출판문화원, 2008).

Hobsbawm, Eric John Ernst, *The Age of Revolution*, 정도영 · 차명수 옮김,《혁명의 시대》(한길사, 2000).

New York Public Library, "길레이 카탈로그", No. 86.

Rivière, Daniel, *Histoire de La France*, 최갑수 옮김,《그림으로 보는 프랑스의 역사》(까치, 2000), 미주.

도판 목록

* '쪽수-작가명-작품명-연도-출처'의 순서로 표기했다.
* 작품명 번역에서, 직역으로 뜻이 잘 통하지 않는 경우에는 의역을 했다.

* 주요 출처
  영국 박물관 Trustees of the British Museum
  프랑스 국립도서관 Bibliothèque nationale de France(BnF)
  미국 의회도서관 Library of Congress(LOC)

18쪽 루이스 막스Lewis Marks, 〈커닝엄 경, 자기 부인에 대한 풍자만화를 보고 놀라다Cuckold
    Cunning**m. Frighten'd at his W-f-'s caricature〉, 1820. ⓒ Trustees of the British Mu-
    seum. 1948,0214.818.
37쪽 토머스 모어의 《유토피아》에 실린 삽화, 1518. ⓒ Trustees of the British Museum.
    1874,0711.1805.
39쪽 앙투안 클로드 프랑수아 빌레이Antoine Claude François Villerey가 그린 《캉디드》 속 삽화. ⓒ
    Trustees of the British Museum. 1900,1231.5177.
44쪽 《걸리버 여행기》의 삽화. ⓒ Trustees of the British Museum. 1849,0512.375.
46쪽 자일스 그리나겐Giles Grinagain, 〈만화가의 사과The caricaturist's apology〉, 1802. LOC,
    LC-USZC4-4187.
49쪽 존 리치John Leech, 〈여성 의원The Parliamentary Female〉, 1853. 《펀치의 연감Punch's
    Almanack》 수록.
50쪽 작가 미상, 〈섭정The Paddy's at Dinner with Puddinghead(the Regent)〉, 1789. LOC,
    LC-DIG-ppmsca-04312.
51쪽 작가 미상, 〈왕과 왕비Les deux ne font qu'un〉, 1791. LOC, LC-USZC2-3603.
52쪽 작가 미상, 〈새들의 공격을 받는 전하His Highness Hoo, Hoo, Hoo 1659〉, 1899. 윌리엄 클
    라크William Clarke 컬렉션의 부분.
53쪽 윌리엄 찰스William Charles, 〈존 불과 알렉산드리아 주민들JOHNNY BULL and the ALEX-
    ANDRIANS〉, 1814. LOC, LC-USZ62-349.
55쪽 작가 미상, 〈연애와 결혼Courtship and Marriage〉, 1770~1800. ⓒ Trustees of the British
    Museum. 1988,0514.17.
56쪽 작가 미상, 〈행복한 결혼과 불행한 결혼The Happy Marriage and The Unhappy Mar-
    riage〉,1690. ⓒ Trustees of the British Museum. 1906,0823.4.

58쪽 조지 우드워드George Moutand Woodward, 〈호기심Caricature curiosity〉, 1806. LOC, LC-USZ62-102302.

59쪽 작가 미상, 〈프린트 숍Caricature des caricatures〉, 1814. ⓒ Trustees of the British Museum. 2011,7027.1.

60쪽 작가 미상, 〈평화에 대한 정보Intelligence on the Peace〉, 1783. Sheila O'Connell, *The Popular Print in England*(London : British Museum Press, 1999).

61쪽 작가 미상, 〈사기꾼 의사The Doctor Degraded ; or the Reward of Deceit〉, 1685. ⓒ Trustees of the British Museum. 1868,0808.3304.

62쪽 작가 미상, 〈스웨덴 구스타브 국왕의 업적 도판Kurtze Beschreibung, vnd ins Kupffer gebrachte Contrafacturn, der furnembsten Stadt……〉, 1632. ⓒ Trustees of the British Museum. 1849,1003.128.

63쪽 작가 미상, 〈영국 군주들을 그린 궁정 게임The Royal Game of the British Sovereigns〉, 1833~1837. ⓒ Trustees of the British Museum. 1893,0331.126.

64쪽 E&G 골드 스미드E&G Goldsmid, 〈게임카드Print/playing-card〉, 1886. ⓒ Trustees of the British Museum. 1900.0406.7.1.-52.

65쪽 제임스 길레이James Gillray, 〈브리타니아Britannia〉, 1791. ⓒ Trustees of the British Museum. 1851,0901.529.

66쪽 《펀치》의 표지. ⓒ Trustees of the British Museum. 1866,1013.136.

68쪽 제이 제이 그랑빌J. J. Grandville, 〈검열의 부활Résurrection de la Censure〉, 1831. ⓒ Trustees of the British Museum. 1886,1012.412.

71쪽 샤를 필리퐁, 〈배Croquades faites à l'audience du 14 nov. (Cour d'Assises)〉, 1831. ⓒ Trustees of the British Museum. 1886,1012.343.

72쪽 작가 미상, 〈가르강튀아Le ci devant grand couvert de Gargantua moderne en famille〉, 1792. ⓒ Trustees of the British Museum. 1925,0701.32.

73쪽 작가 미상, 〈마담 가르강튀아Mme Gargantua à son grand couvert〉, 1805~1815. ⓒ Trustees of the British Museum. 1999,0926.3.

74쪽 독일의 풍자만화잡지《플리겐드 블라터》1459호의 표지. http://digi.ub.uni-heidelberg.dédigit/fb59

78쪽 윌리엄 덴트William Dent, 〈지옥이 열리다 혹은 왕의 살해Hell broke loose, or, The murder of Louis, vide, the account of that unfortunate monarch's execution〉, 1793. LOC, LC-DIG-ppmsca-10742.

86쪽 작가 미상, 〈영국에서 진정한 종교의 회복Herstelling der waere godsdienst……in G. Brittanien〉, 1688. ⓒ Trustees of the British Museum. 1885,1114.254.

87쪽 작가 미상, 〈제임스 2세의 망명James II flight〉. ⓒ Trustees of the British Museum. 1982,U.4641.1-47.

89쪽 제임스 길레이, 〈국가의 땜장이The State Tinkers〉, 1780. LOC, LC-DIG-ppmsca-10750.

90쪽 제임스 길레이, 〈국가의 빚을 청산하는 새로운 방식A New way to pay the National-debt〉,

1786. LOC, LC-USZC4-10675.

91쪽 작가 미상, 〈부차적인 조약 혹은 사자가 당나귀로 변하다Subsidiary treaty, or the lion turned ass〉, 1787. LOC, LC-USZ62-132980.

92쪽 제임스 길레이, 〈공화주의자들의 공격The Republican Attack〉, 1795. ⓒ Trustees of the British Museum. 1868,0808.6466.

93쪽 조지 크룩섕크, 〈떠들썩한 섭정의 시작Merry making on the regents birth day〉, 1812. LOC, LC-DIG-ppmsca-04317.

94쪽 존 마셜 주니어John Marshall Junior, 〈극장에서 공연 중인 새 작품의 극중 인물들Characters in the new piece now performing [sic] at the Theatre Royal Cotten Garden〉, 1820. ⓒ Trustees of the British Museum. 1990,1109.32.

95쪽 루이스 마크스Lewis Marks, 〈조지 4세The coronation of King PUNCH!!!〉, 1821. ⓒ Trustees of the British Museum .1865,111.803.

99쪽 작가 미상, 〈태양의 운행을 가리키는 왕의 달력Calendrier royal indiquant le cours du soleil〉, 1706. LOC, LC-DIG-ppmsca-06705.

100쪽 작가 미상, 〈태양과 세상에 대해 이야기하는 프톨레마이오스, 코페르니쿠스, 머큐리Pto-lomeus, Copernicus, en Merkuur op de Parnas over de Zon en de Waereld〉, 1701. ⓒ Trustees of the British Museum. 1854,0513.522.20.

105쪽 작가 미상, 〈제임스 2세를 둘러싼 혐의와 소문을 내용으로 한 게임카드Print/playing-card〉, 1688. ⓒ Trustees of the British Museum. 1982,U.4641.1-47.

111쪽 작가 미상, 〈국왕의 거대한 칼갈이La grande aiguiserie royale de poignards Anglais〉, 1794. LOC, LC-DIG-ppmsca-13632.

112~113쪽 윌리엄 덴트, 〈의회 혹은 세 신분의 회합The National Assembly or Meeting of the Three Estates〉, 1790. ⓒ Trustees of the British Museum. 1868,0808.5907.

114쪽 제임스 길레이, 〈유럽을 분할하는 윌리엄 피트와 나폴레옹William Pitt and Napoleon Bonaparte 'carving up Europe'〉, 1805. ⓒ Trustees of the British Museum. 1935,0522.4.103.

117쪽 제임스 길레이, 〈죽음과 의사들 사이의 브리타니아Britannia between Death and the Doctor's〉, 1804. LOC, LC-USZC4-8794.

118쪽 제임스 길레이, 〈묵은 술을 따다Uncorking Old Sherry〉, 1805. LOC, LC-USZC4-8783.

119쪽 제임스 길레이, 〈혼수상태의 브리타니아Physical Aid,-or-Britannia recover'd from a trance ; -also, the patriotic courage of Sherry Andrew ; &a peep thro' the fog〉, 1803. LOC, LC-USZ62-111313.

120쪽 윌리엄 덴트, 〈세금에 대해 영국 노예가 제기한 질문Excise inquisition erecting by English slaves under the scourge of their task-masters the excise officers〉, 1790. LOC, LC-DIG-ppmsca-07651.

121쪽 리처드 뉴턴Richard Newton, 〈반역Treason〉, 1798. LOC, LC-USZC4-8788.

122쪽 작가 미상, 〈국가의 허수아비Epouventail de la nation〉, 1792. LOC, LC-DIG-ppmsca-15891.

127쪽 작가 미상, 〈몬머스 반란 카드Monmouth Rebellion playing card〉, 1685. ⓒ Trustees of the British Museum. 1896,0501.919.

128쪽 찰스 로버트 레슬리Charles Robert Leslie, 〈부르주아 장티옴Le Bourgeois Gentilhomme〉, 1864. ⓒ Trustees of the British Museum. 1872,1012.6195.

131쪽 작가 미상, 〈루이 16세의 처형The Near blood, the nearer bloody〉, 1793. ⓒ Trustees of the British Museum. 1868,0808.6274.

132쪽 작가 미상, 〈화상La Brûlure〉, 1791. ⓒ Trustees of the British Museum. 2009,7065.3.

135쪽 제임스 길레이, 〈포식으로 힘겨운 남자A Voluptuary under the horrors of Digestion〉, 1792. LOC, LC-USZC4-3142.

136쪽 작가 미상, 〈미래 전망Future Prospects or symptoms of love in high life〉, 1796. ⓒ Trustees of the British Museum. 1868,0808.6540.

137쪽 작가 미상, 〈새벽 다섯 시의 상류 생활High life at five in the morning〉, 1769. LOC, USZ62-132013.

139쪽 작가 미상, 〈제3신분의 깨어남Réveil du tiers état〉, 1789. LOC, LC-USZC2-3595.

140쪽 작가 미상, 〈황소 발목 잡기—세 가지를 해야 합니다Je tient mon pied de bœuf—Il faut faire trois choses Le calculateur patriote〉, 1789. LOC, LC-DIG-ppmsca-07712.

141쪽 작가 미상, 〈바스티유 습격Prise de la Bastille〉·〈이리하여 우리는 배신자들을 처벌한다C'est ainsi que l'on punit les traîtres〉, 1789. LOC, LC-USZC2-3565.

142쪽 작가 미상, 〈굿바이 바스티유Adieu Bastille〉, 1789. LOC, LC-DIG-ppmsca-07187.

143쪽 작가 미상, 〈혁명 혹은 프랑스에 온 존 불Revolution, or Johnny Bull in France〉, 1789. LOC, LC-USZ62-132986.

144쪽 작가 미상, 〈외줄 타는 귀족Danse aristocrate Il ne sçait sur quel pied danser〉, 1790. LOC, LC-DIG-ppmsca-15900.

145쪽 작가 미상, 〈조제프 풀롱, 또 '귀족 만세'라고 말할 건가요?Eh bien, J-- F--, dira-tu encore vive la noblesse?〉, 1790. LOC, LC-DIG-ppmsca-07718.

146쪽 작가 미상, 〈황금 당나귀Herzuo jr Kkauffer all zuo sammn〉, 1590. Herausgegeben von Wolfgang Harms, Deutsche Illustrierte Flugblatter Des 16. Und 17. Jahrhunderts (Tübingen : Mas Niemeyer Verlag, 1985).

147쪽 작가 미상, 〈기뻐하며 떠나는 사람Der Jauhtzende Bothé〉·〈절뚝거리며 돌아온 사람Der Hinckende Bothé〉, 1632. Herausgegeben von Wolfgang Harms, Deutsche Illustrierte Flugblatter Des 16. Und 17. Jahrhunderts(Tübingen : Mas Niemeyer Verlag, 1985).

152쪽 자크 칼로Jacques Callot, 〈교수형La Pendaison〉('전쟁의 불행과 불운Les Misères et les Malheurs de la Guerre' 연작 중 11번째 작품), 1633. ⓒ Trustees of the British Museum. 1861,0713.788.

159쪽 작가 미상, 〈카르투지오회 수사들의 순교The Martyrdom of the Carthusian Monks〉, 1860. ⓒ Trustees of the British Museum. 1872,1214.441.

161쪽 윌리엄 홀랜드William Holland, 〈개선된 노아의 방주 혹은 살을 에는 바람 속에서의 상륙 시도 Noah's Ark improved, or an attempt to land in the teeth of the Wind〉, 1790. LOC, LC-DIG-ppmsca-07653.

162쪽 작가 미상, 〈화약 음모와 포크스의 처형Eigentliche Abbildung wie ettlich englische Edelleut einen Raht schließen den König sampt dem gantzen Parlament mit Pulfer zuvertilgen〉, 1606. © Trustees of the British Museum. 1848,0911.451.

163쪽 작가 미상, 〈가톨릭의 음모 두 번째 부분A True Narrative of the Horrid Hellish Popish-Plot. To the tune of Packington's Pound. The second part〉, 1682. © Trustees of the British Museum. 1849,0315.80.

166쪽 리처드 버스테간Richard Verstegan, 〈프랑스에서 위그노들이 행한 만행Horribles cruautés des Huguenots en France〉, 1587. Jacques Seville, *Histoire de la Marine*. ; Richard Verstegan, *Theatrum Crudelitatum Haereticorum nostri temporis*, 55쪽.

168쪽 작가 미상, 〈파리의 위그노 학살Masacro sucedido also Hugenotes en Paris〉, 1670. © Trustees of the British Museum. 1868,0208.7.

169쪽 그레고리우스 13세가 주조를 명하여 1572년 발행된, 성 바르톨로메오 축일의 대학살을 기념하는 동메달Bronze medal(31mm) commemorating the slaughter of 3,000 Hugenots in Paris on St. Bartholomew's Day. http://www.aloha.net/~mikesch/dragon.htm

170쪽 작가 미상, 〈용 전도사Le Dragon missionnaire〉, 17세기. Bnf, ark:/12148/btvib8431520p.

175쪽 작가 미상, 〈루터교와 가톨릭교Martinus Lutherus ss. theologiæ······antitypus orthodoxae religionis······〉, 1617. LOC, LC-USZ62-90417.

176쪽 루카스 크라나흐Lucas Cranach the Elder, 〈면죄부에 서명하고 판매하는 적그리스도 교황 The Pope as the Antichrist, signing and selling indulgences〉, 1521. Martin Luther, "Passional Christi und Antichristi"(1521).

178쪽 작가 미상, 〈기사를 둘러싼 반란 농군Rebellious peasants surrounding a knight〉, 1539. http://www.wikipedia.com

181쪽 작가 미상, 〈'12대 강령'의 표지tapa del los "12 articulos de los camesinos"〉, 1525.

184쪽 작가 미상, 〈촛불은 밝혀졌고 우리는 이것을 끌 수 없다The candle is lighted, we cannot blow it out〉, 1640~1719. © Trustees of the British Museum. 1877,1208.325.

185쪽 작가 미상, 〈루터를 백파이프로 연주하는 악마Devil playing the bagpipes〉, 1535. http://www.badnewsaboutchristianity.com/gbd_schismatics.htm

186쪽 작가 미상, 〈머리 일곱 달린 교황권The seven-headed papacy〉, 1530. http://germanhistorydocs.ghi-dc.org/print_document.cfm?document_id=3314.

188쪽 (위) 필리프 멜란히톤Philip Melanchthon, 〈교황-당나귀 Pope-Ass〉, 1523. http://danakrehn.com/2013/05/18/themonstrous-births-of-martin-luthers-protestantpropaganda/ (아래) 작가 미상, 〈괴물 송아지a deformed calf foetus〉, 1522~1523.

189쪽 작가 미상, 〈희화화한 루터의 적대자들Luther's opponents ridiculed〉, 1520~1530. http://ww.danieltomberlin.net/avoiding-toxic-leadership-integrity-and-ac\-countabiliy

190쪽 《악마가 내세운 로마 교황에 대항하다Wider das Papstum zu Rom vom Teuffel gestifft》의
　　　표지. http://streetsofsalem.com/2011/10/14/cutting-cartoons/
191쪽 작가 미상, 〈로마의 바보(교황)에 대한 악마의 승리The Devill's Tryumph over Romes Idoll〉,
　　　1680. http://streetsofsalem.com/2011/10/14/cutting-cartoons/
197쪽 작가 미상, 〈마녀 아나 에벨러The Witch Anna Ebeler〉, 1669. David Kunzle, "Anna Ebeler
　　　exrcuted for witchcraft March 23, 1669", The Early Comic Strip : Narrative Strips and
　　　Picture Stories in the European Broadsheet from c.1450 to 1825(Berkeley ; Los An-
　　　geles ; London : University of California Press, 1973), 175쪽.
198쪽 1487년경 출간된 《마녀의 망치》 표지. http://www.library.usyd.edu.au/libraries/raré-
　　　treasures/t-spreng.html
199쪽 작가 미상, 〈마녀 처벌Punishing-witches〉, 1508. http://en.wikipedia.org/wiki/
　　　File:Punishing-witches-Laienspiegel.jpg
200쪽 (위) 작가 미상, 〈트리어의 마녀들의 댄스장Trier Hexentanzplatz〉, 1594. Rainer Decker,
　　　Hexen : Magie, Mythen und die Wahrheit(Darmstadt : Primus Verlag, 2004), 56쪽. (아
　　　래) 작가 미상, 〈마녀의 발견The Discovery of Witches〉, 1647. ⓒ Trustees of the British
　　　Museum. 1868,0808.3233.
203쪽 작가 미상, 〈더 이상 소리가 나지 않으므로 죽어야 한다Il faut donc mourir puis qu'il n'i a
　　　plus de son〉, 1789. LOC, LC-DIG-ppmsca-07714.
204쪽 작가 미상, 〈혁명을 저주하는 귀족/반혁명을 믿는 귀족Aristocrate Maudissant la Ré-
　　　volution/Aristocrate croyant a la Counter-Révolution〉, 1790. BnF, ark:/12148/bt-
　　　v1b6947511n.
205쪽 작가 미상, 〈오늘은 면도하고 내일은 결혼할 거야On me raze aujourd'hui je me marie de-
　　　main〉, 1790. BnF, ark:/12148/btv1b6944465x.
206쪽 작가 미상, 〈1789년 8월 11일의 십일조 및 여러 봉건 조세에 대한 개혁Réforme de différents
　　　droits feodaux et de la dime le 11 aoust 1789〉, 1789. LOC, LC-DIG-ppmsca-05899.
207쪽 작가 미상, 〈벌목La Coupe des Bois〉, 1790. BnF, ark:/12148/btv1b69443074.
209쪽 작가 미상, 〈1791년 교황의 교서Bréf. du. pape. en. 1791〉, 1791.
211쪽 작가 미상, 〈프랑스혁명/교황 화형Révolution/Burning Pious〉, 1791. https://www.mtho-
　　　lyoke.edu/courses/rschwart/hist151/French%20Revolution%20II/album/slides/burn-
　　　ing%20of%20Pious.html
215쪽 한스 그림멜스하우젠Hans Jakob Christoffel von Grimmelshausen의 소설 《심플리키우스
　　　혹은 짐플리치시무스》(1669)의 초판 속표지.
217쪽 작가 미상, 〈평화를 기대하다Das von süsser Friedens-Ruh schlaffend, und über
　　　heuntigen Welt-und Kriegs-Lauff Träumende Teutschland〉, 1650. LOC, LC-
　　　USZ62-133278.
218~219쪽 마테우스 메리안Matthäus Merian the Elder, 〈1618년 프라하에서 창밖으로 던지다
　　　Fenstersturz zu Prag 1618〉, 1635~1662. http://commons.wikimedia.org/wiki/

File:Prager.Fenstersturz.1618.

220쪽 자크 칼로, 〈농부들의 복수La revanche des paysans〉('전쟁의 불행과 불운' 연작 중 17번째
작품), 1633. ⓒTrustees of the British Museum. 1861,0713.803.

224쪽 윌리엄 히스William Heath, 〈큰 범죄엔 큰 자비, 작은 범죄엔 작은 자비Great mercy for
the great, Little mercy for the little〉, 1831. ⓒTrustees of the British Museum.
1868,0808.9330.

230쪽 피테르 브뤼헐, 〈큰 물고기가 작은 물고기를 먹는다Grandibus exigui sunt pisces piscibus
esca〉, 1557. ⓒTrustees of the British Museum. PD 1866-4-7-12.

235쪽 작가 미상, 〈영국 아틀라스 혹은 평화의 실상The British Atlas, or John Bull supporting the
Peace Establishment〉, 1816. LOC, BM1-12786.

236쪽 작가 미상, 〈이 게임이 곧 끝나기를 바라자A faut espérer qu'eu se jeu la finira bentôt〉,
1789. LOC, LC-DIG-ppmsca-05897.

237쪽 작가 미상, 〈국왕 만세! 국민 만세! 내 차례가 올 줄 알았어Vive le roi, vive la nation J'savois
ben qu'jaurions not tour〉, 1789. LOC, LC-USZC2-3575.

241쪽 작가 미상, 〈무정부주의자, 나는 두 사람을 모두 속인다L'Anarchiste, Je les trompe tous
deux〉, 1797. LOC, LC-USZ62-95472.

253쪽 존 리치, 〈여성 정치인Sketches of Female Politicians No.1〉, 1842.《펀치》1842년 11월 5
일자 수록.

257쪽 작가 미상, 〈아주 힘든 시절Dreadful hard times〉, 1801. LOC, LC-USZ62-77408.

258쪽 조지 크룩섕크, 〈블랙번의 여성 개혁자들The Belle-alliance, or the female reformers of
Blackburn!!!〉, 1819. ⓒTrustees of the British Museum. 1868,0808.8462.

260쪽 조지 크룩섕크, 〈피터루 대학살The Massacre at St. Peter's or "Britons strike home"!!!〉,
1819. ⓒTrustees of the British Museum. 1876,0510.980.

265쪽 작가 미상, 〈러다이트의 지도자The Leader of the Luddites〉, 1812. ⓒTrustees of the
British Museum. 1990,1109.86.

268쪽 작가 미상, 〈1789년 10월 5일의 베르사유 행진À Versailles, à Versailles du 5 Octobre
1789〉,1789. BnF, ark:/12148/btv1b8410839z/

269쪽 프랜시스 워커Francis S. Walker, 〈파리 주변의 페허The ruin around Paris : home〉, 1871.
ⓒTrustees of the British Museum. 1915,0913.1.

275쪽 케니 메도우Kenny Meadows · 에반자 랜델Ebeneezer Landells, 〈구빈법의 실상The
"Milk" of Poor-law "Kindness"〉, 1843. http://punchproject.blogspot.kr/2009/09/jan-
june-1843-p47-milkof-poor-law.html

283쪽 리처드 얼롬Richard Earlom, 〈왕의 포도주 저장소 약탈The Plundering of the King's cellar,
Paris, 10th August, 1793(i.e., 1792)〉, 1795. LOC, LC-DIG-ppmsc-04802.

287쪽 작가 미상, 〈일부다처주의자The Polygamist-No more wives(or Mercury) dear doctor〉,
1784. LOC, LC-USZ62-59605.

288쪽 작가 미상, 〈1665년 런던의 대역병Great plague of London 1665〉, 1665. ⓒTrustees of the British Museum. 2006,U.1174.

290쪽 윌리엄 호가스, 〈남해의 포말South Sea Scheme〉, 1721. ⓒ Trustees of the British Museum. Cc.2.9.

292쪽 윌리엄 호가스, 〈괴로운 시인The Distressed Poet〉, 1737. ⓒ Trustees of the British Museum. S.2.55.

293쪽 윌리엄 호가스, 〈베 짜는 견습공The Fellow Prentices at their Looms〉, 1747. ⓒ Trustees of the British Museum. 1868,0822.1572.

295쪽 제임스 길레이, 〈두건을 쓰고 있는 숙녀 A Lady putting on her Cap〉, 1795. ⓒ Trustees of the British Museum. 1868,0808.6452.

296쪽 리처드 뉴턴Richard Newton, 〈1796년의 과도함Tippies of 1796〉, 1796. LOC, LC-USZ62-59603.

297쪽 윌리엄 호가스, 〈잔인함의 첫 단계 : 동물을 괴롭히는 아이들First Stage of cruelty : Children Torturing Animals〉, 1751. ⓒ Trustees of the British Museum. S.2.123.

298쪽 작가 미상, 〈세금의 영향을 받지 않는 소매상인Retail traders not affected by the shop tax〉, 1787. LOC, LC-USZ62-132976.

299쪽 윌리엄 호가스, 〈매춘부의 일대기 1A Harlot's Progress, plate 1〉, 1732. ⓒ Trustees of the British Museum. 1868,0822.1518.

301쪽 윌리엄 호가스, 〈맥주 거리Beer Street〉, 1759. ⓒ Trustees of the British Museum. Cc,2.165.

302쪽 윌리엄 호가스, 〈진 거리Gin Lane〉, 1751. ⓒ Trustees of the British Museum. 1868,0822.1595.

304쪽 작가 미상, 〈골칫거리를 짊어진 가엾은 남자 혹은 결혼생활A poor man loaded with mischief, or matrimony〉, 1770~1789. ⓒ Trustees of the British Museum. 1861,0518.938.

305쪽 (위) 조지 크룩생크, 〈술병The Bottle〉, 1847. ⓒ Trustees of the British Museum. 1978,U.327.2. (아래) 조지 크룩생크, 〈술병The Bottle〉, 1847. ⓒ Trustees of the British Museum. 1978,U.325.

306쪽 작가 미상, 〈자크 로스비프의 방문Jacques Rosbif rendant...sa visite〉, 1815. ⓒ Trustees of the British Museum. 1992,0516.42.

307쪽 (위) 작가 미상, 〈알코올은 적이다L'Alcool, voilà l'ennemi〉, 1900. BnF, ark:/12148/btv1b530195083. (아래) 작가 미상, 〈주정뱅이의 일대기The drunkard's progress〉, 1846. LOC, LC-DIG-ppmsca-32720.

308쪽 작가 미상, 〈알코올의 결과A Grand View of the Times, Seen Through the Worm of a Still〉, 1833. ⓒ Trustees of the British Museum. 1993,1212.42.

309쪽 존 바버John Warner Barber, 〈주정뱅이의 일대기 혹은 가난과 파산으로 가는 길The drunkard's progress, or the direct road to poverty, wretchedness&ruin〉, 1826. LOC, LC-DIG-ppmsca-32721.

310쪽 작가 미상, 〈게으름Der Lentz nimbt knecht an〉, 1596(이전). ⓒ Trustees of the British

Museum. 1880,0710.816.

311쪽 한스 만나서Hans Jorg Mannasser, 〈뒤집힌 세상Klag vber die verkerte Welt, zweyer Alter Philosophi〉, 1619. ⓒ Trustees of the British Museum. 1880,0710.939.

312쪽 작가 미상, 〈인간의 어리석음 혹은 거꾸로 된 세상The Folly's of Mankind Expos'd or the World Upside Down〉, 1790. ⓒ Trustees of the British Museum. 1992,0620.3.8.

316쪽 작가 미상, 〈열을 올리는 철학 혹은 인간 지혜의 거대한 기념비Philosophy run mad or A stupendous monument of human wisdom〉, 1792년경. LOC, LC-USZC2-3601.

328쪽 작가 미상, 〈자정의 상류 생활High Life at Midnight〉, 1769. ⓒ Trustees of the British Museum. 1860,0623.4.

329쪽 윌리엄 호가스, 〈한밤중의 친교Midnight Modern Conversation〉, 1732~1733. ⓒ Trustees of the British Museum. 1860,0623.80.

330쪽 작가 미상, 〈돈으로 유권자를 매수하는 선거Ready Mony the prevailing Candidate or the Humours of an Election〉, 1727. ⓒ Trustees of the British Museum. 1868,0808.3520.

332쪽 스트리트베크Stridbek, 〈짐수레로 부르주아를 떠미는 남자Un homme poussant un chariot bouscule un bourgeois〉, 1835. BnF, ark:/12148/btv1b10228149n.

333쪽 작가 미상, 〈신문Les journaux〉 ⓒ Trustees of the British Museum. 1861,1012.299.

337쪽 (왼쪽) 작가 미상, 〈톰, 이게 웬일이냐What is this my son Tom〉, 1774. LOC, LC-USZ 62-115003. (오른쪽) 작가 미상, 〈미인의 운명Beautys lot〉, 1760~1810. LOC, LC-USZ 62-115001.

338쪽 존 코즈John Cawse, 〈1800년 겨울 드레스를 입은 파리의 숙녀들Parisian Ladies in their Winter Dress for 1800〉, 1799. ⓒ Trustees of the British Museum. 1867,0713.411.

344쪽 에이브러햄 보스Abraham Bosse가 그린 《리바이어던》(London : Andrew Cooke, 1651)의 표지 그림, 1651. ⓒ Trustees of the British Museum. 1867,1012.510.

349쪽 샤를 니콜라 코생Charles-Nicolas Cochin, 〈백과전서의 표제화Frontispice de l'Encyclopédie〉, 1772. BnF, ark:/12148/btv1b84357493.

353쪽 장 위베르Jean Huber, 〈철학자들의 저녁 식사Le Souper des philosophes〉, 18세기.

354쪽 루이 조제프 마스켈리에Louis Joseph Masquelier, 〈샹젤리제에 도착한 미라보Mirabeau arrive aux Champs Élisées〉, 1792. BnF, ark:/12148/btv1b84113295.

365쪽 작가 미상, 〈1779년 6월 의회의 마지막 회기와 폐막 풍경The political raree-show : or a picture of parties and politics, during and at the close of the last session of Parliament, June 1779〉, 1779. ⓒ Trustees of the British Museum. 1956,0814.5.

366쪽 제임스 길레이, 〈개에게 물린 존 불John Bull, baited by the dogs of excise〉, 1790. LOC, LC-DIG-ppmsca-07654.

367쪽 제임스 길레이, 〈고발 혹은 '왕의 증거가 된 갱의 대부'The impeachment, or "The father of the gang turned Kings evidence"〉, 1791. LOC, LC-DIG-ppmsca-05526.

368쪽 작가 미상, 《《프랑스혁명에 관한 고찰》의 표제화Frontispiece to Reflections on the French revolution〉, 1790. LOC, LC-DIG-ppmsca-05425.

369쪽 작가 미상, 〈왕관을 사이에 두고 서로 당기고 있는 토리당과 휘그당The Tories and the Whigs pulling for a crown〉, 1789. LOC, LC-DIG-ppmsca-04313.

370쪽 윌리엄 덴트, 〈정치적 케르베로스The Political Cerberus〉, 1784. LOC, LC-USZ62-86563.

371쪽 작가 미상, 〈브렌트퍼드에서의 선거 향연Election entertainment at Brentford〉, 1768. LOC, LC-USZC4-3648.

372~373쪽 윌리엄 호가스, 〈선거 향연An Election Entertainment〉, 1775. 존 손 경 박물관Sir John Soane's Museum.

374쪽 윌리엄 호가스, 〈투표를 권유하다Canvassing for Votes〉, 1757. ⓒ Trustees of the British Museum. 1858,0417.574.

375쪽 윌리엄 호가스, 〈투표The Polling〉, 1754. ⓒ Trustees of the British Museum. 1858, 0417.575.

376쪽 윌리엄 호가스, 〈의원의 개선 행진Chairing the Member〉,1758. 존 손 경 박물관Sir John Soane's Museum.

377쪽 작가 미상, 〈정치적 거울 혹은 1782년 4월의 각료들의 전시The political mirror or an exhibition of ministers for April 1782〉, 1782. LOC, LC-USZ62-45457.

378쪽 제임스 길레이, 〈가발 받침대―혹은 새 국가의 회전목마A Block for the Wigs—or, the new State Whirligig〉, 1783. LOC, LC-USZC4-6861.

379쪽 제임스 길레이, 〈휘그당의 바람The Hopes of the Party, prior to July 14th〉, 1791. LOC, LC-USZC4-3136.

380쪽 (위) 윌리엄 덴트, 〈업무, 달콤한 우리의 뒷모습 혹은 건물 밖Affairs, The sweet prospect behind us, or The outs in office〉, 1789. LOC, LC-DIG-ppmsca-10746. (아래) 조지 크룩섕크, 〈급진적 개혁가A Radical Reformer〉, 1819. ⓒ Trustees of the British Museum. 1868,0808.12906.

382쪽 작가 미상, 〈가면을 벗은 귀족L'Aristocratie démasquée : défiez vous de ses caresses, Ses mille bras armés, sont prêts à nous fraper〉, 1789~1792. BnF, ark:/12148/bt-v1b6947710x.

384쪽 작가 미상, 〈멍멍…… 잘 안 돼? 아! 잘될 거야…… 잘될 거야. 귀족들은 이성을 가졌거든 Oup... oup... Ça n'ira pas. Ah! ça ira... ça ira. Les Aristocrates a la raison〉, 1794. LOC, LC-USZC2-3587.

388쪽 마스터 엠지Master MZ, 〈아리스토텔레스와 필리스Aristotle and Phyllis〉, 1500~1503. ⓒ Trustees of the British Museum. 1895,0915.232.

393쪽 코에티비 마스터Coëtivy Master, 〈명사들의 운명On the Fates of famous men〉, 1467. http://special.lib.gla.ac.uk/exhibns/chaucer/influences.html

395쪽 한스 부르크마이어Hans Burgkmair the Elder, 〈운명의 수레바퀴The Wheel of Fortune〉, 1515. ⓒ Trustees of the British Museum. 1895,1031.1068.

396쪽 제발트 베함Sebald Beham, 〈운명의 여신Fortune〉, 1541. ⓒ Trustees of the British Museum. 1922,0610.34.

404쪽 게오르크 펜츠Georg Pencz, 〈아리스토텔레스와 필리스Aristotle and Phyllis〉, 1530~1562. ⓒTrustees of the British Museum. 1853,0709.138.

406쪽 (위) 한스 발둥 그린Hans Baldung Grien, 〈네발로 걷는 아리스토텔레스의 등에 올라앉은 필리스Phyllis assise sur le dos d'Aristote qui march à quatre pattes〉, 1503. 루브르 박물관Musée du Louvre. (아래) 루카스 판 레이든Lucas van Leyden, 〈필리스와 아리스토텔레스Phyllis and Aristotle〉, 1515. 펜실베이니아 대학University of Pennsylvania.

407쪽 작가 미상, 〈아리스토텔레스와 필리스Aristotle and Phyllis〉, 1485. 암스테르담 국립미술관 Rijksmuseum Amsterdam.

408쪽 한스 발둥 그린, 〈아리스토텔레스와 필리스Aristotle and Phyllis〉, 1915. ⓒ Trustees of the British Museum. 1872,1012.903.

409쪽 (왼쪽) 한스 부르크마이어, 〈여성의 농간Weiberlisten〉, 1519. ⓒ Trustees of the British Museum. E,7.42. (오른쪽) 벤젤 폰 올뮈츠Wenzel von Olmütz, 〈아리스토텔레스와 필리스 Aristotle and Phyllis〉, 1485~1500. ⓒ Trustees of the British Museum. 1917,0714.4.

410쪽 얀 더 베이르Jan de Beer, 〈아리스토텔레스와 필리스Aristotle and Phyllis〉. ⓒ Trustees of the British Museum. 1929,0416.1.

412쪽 마르턴 판 헤임스커르크, 〈덕망 있는 부인Praise of the virtuous wife〉, 1555. ⓒ Trustees of the British Museum. D,5.87.

413쪽 피터 플뢰트너Peter Flötner, 〈남편을 매질하는 부인〉(독일의 게임카드 중 하나), 1540. http://www.carte-a-jouer.com/Jeu-de-Peter-Flotner-1540-47.html

414쪽 작가 미상, 〈결혼의 안락함The Comforts of Matrimony—A Smoky House&Scolding Wife〉, 1790. ⓒ Trustees of the British Museum. 1985,0119.116.

415쪽 작가 미상, 〈그를 잡는 법 혹은 리치몬드 극장에서 정신적 사랑을 한다는 남자에 대한 여성의 매질The way to keep him, or the female flagellants attacking the platonic hero at the Richmond Theatre〉, 1782. LOC, LC-USZ62-132981.

416쪽 작가 미상, 〈비누 거품 속의 노스 경Lord North in the Suds〉, 1782. LOC, LC-USZ62-34858.

417쪽 (위) 작가 미상, 〈여자의 진짜 모습The True Woman〉, 17세기. Georges Duby·Michelle Perrot·Natalie Zemon Davis·Pauline Schmitt Pantel·Arlette Farge(eds), A History of Women : Renaissance and Enlightenment Paradoxes(Cambridge, MA : The Belknap Press of Harvard University Press, 1993). (아래) 자코브 루시우스Jakob Lucius, 〈젊은 여자와 늙은 남자Ⅲ-matched love〉, 1545~1600. ⓒ Trustees of the British Museum. 1931,0618.20.

418쪽 루카스 크라나흐Lucas Cranach the Elder, 〈늙은 여자와 젊은 남자An old Woman and a Young Man〉. 메트로폴리탄 박물관Metropolitan Museum of Art. Acc no. 50.512.87.

420쪽 에드몽 기욤Edmond Guillaume, 〈처벌Châtiment(No. 4)〉, 1870~1871. ⓒ Trustees of the British Museum. 1871,0708.280.

422쪽 아이작 크룩섕크, 〈전제군주를 몰아내는 프랑스의 마리안The genius of France extirpating despotism, tyranny&oppression from the face of the earth Or the royal warriors defeated〉, 1792. LOC, LC-USZC4-6752.

423쪽 오노레 도미에,〈결코 꺼뜨리지 못할 것이다Soufflez, soufflez, vous ne l'eteindrez jamais〉, 1834. ⓒ Trustees of the British Museum. 1989,0930.23.

425쪽 제임스 길레이,〈스킬라와 카리브디스 사이의 브리타니아Britannia between Scylla&Charybdis. or—The Vessel of the Constitution steered clear of the Rock of Democracy, and the Whirlpool of Arbitrary-Power〉, 1793. ⓒ Trustees of the British Museum. 1851,0901.649.

426쪽 제임스 길레이,〈브리타니아와 시민 프랑수아The first Kiss this Ten Years!-or-the meeting of Britannia&Citizen François〉, 1803. ⓒ Trustees of the British Museum. 1851,0901.1102.

428쪽 오이겐 에두아르트 샤퍼Eugen Eduard Schäffer,〈게르마니아Germania〉, 1841. ⓒ Trustees of the British Museum. 1853,0312.517.

429쪽 찰스 테일러Charles Jay Taylor,〈국가들의 파티The nations' holiday feast〉, 1896. LOC, LC-DIG-ppmsca-28973.

430쪽 우도 케플러Udo J. Keppler,〈정복자 영웅이 온다!"See, the conquering hero comes!"〉, 1895. LOC, LC-DIG-ppmsca-28939.

434~435쪽 조지 크룩섕크,〈여성으로 채워진 법정A New Court of Queen's Bench, As it Ought to Be-Or-The Ladies Trying a Contemptible Scoundrel for a "Breach of Promise"〉, 1849. ⓒ Trustees of the British Museum. 1863,0214.22.

436쪽 (왼쪽) 작가 미상,〈친애하는 로진! 당신을 정말 사랑하오"Rosine! Rosine! Ma chère Rosine! Je jure que je t'adore"〉, 1789. LOC, LC-DIG-ppmsca-07711. (오른쪽) 작가 미상,〈멋쟁이 숙녀의 옷을 입었을 때와 벗었을 때의 다른 모습Fashionable lady in Dress&Undress〉, 1807. LOC, LC-USZC2-534.

437쪽 토머스 롤런드슨Thomas Rowlandson,〈화장의 여섯 단계Six stages of mending a face〉, 1792. ⓒ Trustees of the British Museum. 1876,1014.10.

438쪽 작가 미상,〈유쾌한 사고 혹은 숙녀를 위한 의자The merry accident, or a print in the morning a chair, a chair, for the lady〉, 1756~1767. LOC, LC-USZ62-132018.

439쪽 제임스 길레이,〈벨을 당기려 일어난 숙녀에게 놀란 일행Company shocked at a lady getting up to ring the bell〉, 1805. LOC, LC-USZC4-8784.

443쪽 의술을 행하는 여성이 그려진, 리 왈리Leigh Whaley의《근대 초기 여성과 의료 1400-1800》 표지. http://us.macmillan.com/womenandthepracticeofmedicalcareinearlymoderneurope14001800/LeighWhaley

444쪽 아이작 크룩섕크,〈남성 조산원, 조산술을 행하는 남성과 여성A man-mid-wife, Men and Women in Midwifery〉, 1793. ⓒ Trustees of the British Museum. 1868,0808.6299.

446쪽 자크 칼로,〈어머니와 세 아이Mère et ses trois enfants〉, 1622~1623. Bnf, ark:/12148/btv1b8495721p.

452쪽 작가 미상, 〈1626년 림부르크 사건〉, 1626. David Kunzle, *The Early Comic Strip : Narrative Strips and Picture Stories in the European Broadsheet from c.1450 to 1825*(Berkeley ; Los Angeles ; London : University of California Press, 1973), 176쪽.

454쪽 한스 발둥 그린, 〈악마의 연회The Witches' Sabbath〉, 1516. ⓒ Trustees of the British Museum. 1834,0712.73.

458쪽 제임스 길레이, 〈프랑스의 자유—영국의 노예 상태French Liberty—British Slavery〉, 1792. LOC, LC-USZC4-6088.

471쪽 작가 미상, 〈프랑스의 침략으로 점령당하는 네덜란드의 도시들Satirical print/print〉, 1674. ⓒ Trustees of the British Museum. 1868,0808.3285.

483쪽 로버트 다이턴Robert Dighton, 〈대조The Contrast〉, 1788. LOC, LCUSZC4-3868.

484쪽 제임스 길레이, 〈악마가 존 불을 유혹하는 자유의 나무The Tree of Liberty, with the Devil tempting John Bull〉, 1798. ⓒ Trustees of the British Museum. 1868,0808.6739.

486쪽 제임스 길레이, 〈프랑스, 자유, 영국, 노예 상태France, Freedom, Britain, Slavery〉, 1789. LOC, LC-USZC2-3583.

487쪽 아이작 크룩생크, 〈프랑스의 행복—영국의 불행French Happiness—English Misery〉, 1793. LOC, LC-DIG-ppmsca-05421.

488쪽 작가 미상, 〈영광스러운 존 불John Bull in his Glory〉, 18세기. LOC, LC-USZC4-2898.

489쪽 토머스 롤런드슨, 〈대조 1792The Contrast 1792〉, 1793. ⓒ Trustees of the British Museum. J,4.50.

490쪽 제임스 길레이, 〈평화와 전쟁The Blessings of Peace, The Curses of War〉, 1795. ⓒ Trustees of the British Museum. 1868,0808.13650.

491쪽 제임스 길레이, 〈영국과 프랑스의 새 지도 : 프랑스의 침공 혹은 오물 보트를 싸대는 존 불A new map of England&France : The French Invasion ;-or-John Bull bombanling the Bum-Boats〉, 1793. ⓒ Trustees of the British Museum. 1851,0901.666.

492쪽 작가 미상, 〈프랑스 : 영국France : England〉, 1791. LOC, LC-USZ62-96440.

493쪽 작가 미상, 〈대조적인 국가 혹은 살찐 사람과 바짝 마른 사람National contrasts or Bulky and Boney〉, 1805. LOC, LC-DIG-ppmsca-04309.

494쪽 장 루이 아고 드 바즈Jean Louis argaud de Barges, 〈영국의 원정, 임무 수행과 퇴각Expedition Anglaise, La Charge, La Retraite〉, 1801. ⓒ Trustees of the British Museum. 1868,0808.7893.

495쪽 작가 미상, 〈영국 숙녀들의 재회Réunion des dames Anglaises. Ladi Arrhé. Ladi Gestion. Ladi Minution. Ladi Mension. Ladi Ssection. Ladi Vulguée. Ladi Ssimulée〉, 1815. ⓒ Trustees of the British Museum. 1989,1104.27.

496쪽 작가 미상, 〈해설. No. 1 영국 정부 / No. 2 자유 없는 영국인Explication. No. 1 Gouvernement Anglais, No. 2 l'Anglois né libre〉, 1794. ⓒ Trustees of the British Museum. 1882,0812.471.

497쪽 찰스 윌리엄스Charles Williams, 〈어린 공주와 걸리버The little Princess and Gulliver〉,

1803. ⓒ Trustees of the British Museum. 1868,0808.7206.

498~499쪽 작가 미상, 〈영국 왕실에서 가장 기억할 만한 일The Royal Game of British Sovereigns exhibiting the most memorable events in each reign from Egbert to George III〉, 1811. ⓒ Trustees of the British Museum. 1893,0725.1.

500쪽 제임스 길레이, 〈점심 식사를 하는 존 불John Bull taking a Luncheon :−or− British Cooks, cramming Old Grumble−Gizzard, with Bonne−Chère〉, 1789. ⓒ Trustees of the British Museum. 1868,0808.6778.

501쪽 작가 미상, 〈힘의 균형The Balance of Power〉, 1781. ⓒ Trustees of the British Museum. 1868,0808.4745.

502쪽 작가 미상, 〈조약에 대한 신의 혹은 진실한 친구가 아니었던 이들에게 존 불(영국)이 보여주는 마지막 노력The faith of treaties exemplified or John Bull's last effort to oblige his false friends〉, 1794. LOC, LC−USZC4−6849.

503쪽 (위) 윌리엄 홀랜드William Holland, 〈원숭이 장군과 늑대 장군General Monkey and General Wolfe!!〉, 1803. LOC, LC−DIG−ppmsca−07201. (아래) 작가 미상, 〈보나파르트에 대한 존 불의 도전Johnny Bull's Defiance to Bonaparte!〉, 1803. LOC, LC−USZC2−543.

504쪽 작가 미상, 〈한 손으로 프랑스와 싸우는 존 불John Bull fighting the French Single Handed〉, 1800~1815. LOC, LC−DIG−ppmsca−10749.

505쪽 제임스 길레이, 〈존 불의 옷을 재단하는 프랑스 양복사French Taylor fitting a John Bull with Jean de Bry〉, 1799. ⓒ Trustees of the British Museum. 1851,0901.1002.

506~507쪽 제임스 길레이, 〈예산의 개봉Opening of the Budget ;−or−John Bull giving his Breeches to save his Bacon〉, 1796. ⓒ Trustees of the British Museum. 1851,0901.831.

511쪽 작가 미상, 〈루이 14세Louis d'Or au soleil〉, 1705. LOC, LC−DIG−ppmsca−11664.

513쪽 작가 미상, 〈브라운슈바이크 공작의 선언문Cas du manifeste du Duc de Brunswick〉, 1792. LOC, LC−DIG−ppmsca−15892.

514쪽 헨리 윌리엄 번버리Henry William Bunbury, 〈불가능한 재산La Chose Impossible, ou la commission des finances telle qu'il la faudroit pour le bien restaurer〉, 1797. LOC, LC−DIG−ppmsca−07694.

515쪽 작가 미상, 〈유럽의 모든 왕권에 대한 폭격Bombardement de tous les trônes de l'Europe〉, 1792. ⓒ Trustees of the British Museum. 1989,1104.7.

516쪽 작가 미상, 〈크림전쟁에 대한 익살스러운 지도Komische Karte des Kriegsschauplatzes〉, 1854. LOC, LC−DIG−pga−01430.

517쪽 작가 미상, 〈미스 캐럴라이나 설리번Miss Carolina Sulivan, one of the obstinate daughters of America〉, 1776. LOC, LC−USZC4−5284.

518쪽 작가 미상, 〈외국에서는 무슨 일이?—국내에서는 무슨 일이 벌어지고 있나?What may be doing abroad—What is doing at home〉, 1769. LOC, LC−DIG−ds−00040.

519쪽 작가 미상, 〈영국의 몰락Britannias ruin〉, 1779. LOC, LC−DIG−ppmsca−10737.

520쪽 작가 미상, 〈나폴레옹에게 절하는 영국의 애국자들English patriots bowing at shrine of despotism〉, 1802. ⓒ Trustees of the British Museum. 1868,0808.7057.

522~523쪽 제임스 길레이, 〈프랑스의 침략이 가져올 공포Promis'd Horrors of the French Invasion,-or-Forcible Reasons for Negotiating, of a Regicide Peace. Vide, The Authority of Edmund Burke〉, 1796. ⓒ Trustees of the British Museum. 1868-8-8-6554.

524쪽 작가 미상, 〈유럽 대륙의 광대한 부분을 짓밟고 영국을 넘보는 괴물에 맞서는 브리타니아와 그녀의 사자The Great monster, Republican, having traversed great part of Europe—but see Britania [sic] and roused her lion to give this monster, a proper reception〉, 1798. LOC, LC-USZC4-2799.

526쪽 장 르나르Jean Renard, 〈공을 굴릴 남자L'Homme a la Boule par Draner〉, 1870. LOC, LC-USZ62-21823.

527쪽 폴 아돌Paul Hadol, 〈1870년 유럽의 코믹 지도Carte drôlatique d'Europe pour 1870〉, 1870.

528쪽 제임스 길레이, 〈게르만의 무관심, 혹은 애타는 꼬마 보니(나폴레옹)German Nonchalence ;-or-, the Vexation of Little-Boney〉, 1803. LOC, LC-USZ62-111312.

529쪽 토머스 롤런드슨, 〈친구와 적Friends and Foes-up he goes-sending the Corsican Munchausen to St Cloud's〉, 1813. ⓒ Trustees of the British Museum. 1868,0808.8102.

530쪽 작가 미상, 〈왕관을 잡으려 하는 집정관A consular attempt at a Crown〉, 1803. ⓒ Trustees of the British Museum. 1985,0119.391.

531쪽 (위) 작가 미상, 〈유럽을 위한 행복한 댄스A Happy Dance for Europe〉(크룩생크 그림 모방), 1818. LOC, LC-USZ62-85555. (아래) 제임스 길레이, 〈나폴레옹과 탈레랑Boney and Talley. The Corsican carcase-butcher's reckoning day〉, 1803. LOC, LC-USZ62-112150.

532쪽 아이작 크룩생크, 〈노예무역 금지 혹은 킴버 선장이 15세짜리 노예 소녀에게 보여준 비인간성 The abolition of the slave trade or the inhumanity of dealers in human flesh exemplified in Captain. Kimber's treatment of a young Negro girl of 15 for er virjen (sic) modesty〉,1792. LOC, LC-USZC4-6204.

ㄱ

가르강튀아 72~73

가부장제 53

가톨릭 13, 42, 48, 61, 69, 83~86,
88~89, 93, 96~97, 115, 122,
125~126, 154, 156, 158~161,
163~164, 171~175, 177, 182~183,
187~189, 192~193, 195~196,
198, 202, 204~206, 209, 211~214,
216, 219~221, 240, 345, 371, 450,
462~463, 465~466, 468~470,
472~473, 477

갈릴레이, 갈릴레오 194~195

개인주의 150, 261, 266, 326, 348, 356,
360, 455, 476, 535

《걸리버 여행기》 29, 38, 44~45

검열 42, 56~57, 63, 68~70, 72~73,
399, 423

게르마니아 421, 427~430

게으름 40, 250, 263, 270, 291~294,
310, 489

게임 보드 63, 499

결혼 54~56, 83, 93, 95, 108~109, 136,
172, 182, 205, 293~294, 304, 370,
398~399, 405, 414, 432, 440, 462

계몽주의 23, 38, 155, 158, 209, 343,

347~348, 350, 352, 354, 356~358,
450

공리주의 266, 358, 360

구빈법 84, 226, 271~275, 359

구스타브 2세 62, 214

국민의회 133, 144, 208, 239, 245, 381,
476, 481

《군주론》 79

그랑빌, 제이 제이 68

근대화 22, 26, 125, 262, 358, 391, 461,
467, 534

기독교 36, 41, 154, 157, 172, 189,
192, 198, 226, 242~243, 356, 431,
449~450, 456, 541

기사들의 항거 117

기조, 프랑수아 335

길레이, 제임스 50, 65, 89~90, 92, 114,
116~119, 135, 295, 366~367,
378~379, 425~426, 439, 458, 484,
486, 490~491, 500, 505, 507, 523,
528, 531

ㄴ

나폴레옹 35, 41, 64, 104, 114~117,
119, 235, 240~241, 259, 264, 274,
352, 426~427, 475, 478~480, 482,

492~493, 497, 503, 505, 510, 517,
520~521, 523, 525~533
낭트칙령 69~70, 96, 169, 171, 466,
480
네케르, 자크 239, 285, 486
노동계급 268, 280
노스, 프레더릭 88~89, 364~365, 370,
377~378, 380, 416
농민 봉기 107, 179~180
농민전쟁 177~178, 180, 182, 242~
243, 451, 467~468
닥터 슈나벨 287

ㄷ

대검귀족 126, 150
대공포 143
대중문화 12~13, 21~23, 28, 33, 35,
263, 334~335, 348
대중사회 21~22, 26, 29, 227, 237, 300
덴트, 윌리엄 78, 113, 120, 370, 380
도미에, 오노레 49, 67, 72~73, 423
도시 노동자 26, 227, 229, 294, 313,
341
도시화 21, 27~28, 227, 238, 246, 248,
256, 261, 263, 273, 282, 289, 294,
317, 334, 336, 391, 440
동인도회사 124, 459

ㄹ

《라 카리카튀르》 66~67, 70

라퓨타 38, 45
러다이트 264~265
레오 10세 97, 124, 174, 185, 463
로베스피에르, 막시밀리앙 드 138, 210,
240, 352, 381, 383~384, 489
로크, 존 84, 173, 346~347, 356, 397,
541
롤런드슨, 토머스 437, 489, 539
루소, 장 자크 138, 351, 354~357,
397~398, 400, 437~438
루이 14세 69~70, 85~86, 98~101,
110, 124, 128~130, 134, 171,
226, 335, 352, 385, 443, 470, 480,
510~513
루이 15세 70, 101~102, 280, 436, 510
루이 16세 51, 72, 78, 102, 118, 130~
131, 143~145, 205, 239~240, 285,
368, 381, 422, 478, 486, 513, 515
루이 필리프 66~67, 70, 72, 245
루터, 마르틴 41~42, 124~125, 155,
174~177, 179~187, 189~191, 242~
243, 399, 467~468, 480
《르 샤리바리》 66~67
르네상스 21, 26, 36, 41, 154, 320, 399,
410, 413, 453, 467
《리바이어던》 344~346
리버티 캡 91, 519
리치, 존 49, 253

ㅁ

마녀사냥 147, 193, 196, 201, 282, 288~289, 449~451, 453
《마녀의 망치》 196, 198, 449
마르실리우스 154
마리안 420~423, 429
마법재판 195, 201
마자랭, 쥘 114, 118, 124, 129~130, 470
마키아벨리, 니콜로 79, 155, 392
면죄부 124, 174~176, 186, 467
명예혁명 80, 84~85, 109, 159, 202, 238, 256, 346, 364, 469, 482
모어, 토머스 29, 35, 37~38, 232
몬머스 125~127
문자해득률 21, 24
민주주의 20, 22, 29, 32, 347, 358, 381, 484

ㅂ

바스티유 118, 120, 139, 141~142, 239, 267, 476
버크, 에드먼드 364, 366~370, 377~378, 380, 485, 507, 523
법복귀족 103, 126, 133
베스트팔렌조약 124, 214, 216, 220, 472, 516
베이컨, 프랜시스 29, 36, 38
벤살렘 36
볼테르 29, 38, 138, 352~355

부르주아 14, 21, 28, 67, 103, 107, 111, 121, 124, 128, 132, 134, 138, 148, 227~228, 238~239, 245, 249~250, 259~262, 266, 279, 313, 319~321, 323, 325~328, 331~332, 334~336, 339~340, 342~343, 347~348, 351, 353, 356, 383, 464, 475, 483, 509, 537
브라운슈바이크의 선언문 513
브뤼헐, 피테르 230, 543
브리타니아 65, 116~117, 119, 370, 375, 421, 424~426, 501, 519, 524
비오 5세 194
비오 6세 132, 209, 211
빈곤 26, 28, 35, 42, 72, 110, 135~136, 147~148, 225~227, 234, 244, 246, 248, 261~264, 267, 270, 272, 274, 278~279, 282, 284, 294, 298, 313, 323, 343, 348, 358~359, 361, 403, 445, 447~448, 453, 458, 464, 483, 534~535
빈민 13, 178~179, 226, 249~253, 260, 262~264, 266, 269~274, 279, 286, 313, 334, 342, 359, 445, 464, 473
빌헬름 1세 104

ㅅ

사회계약 208, 345~347
산업혁명 21~22, 42, 233, 242, 246~248, 250~251, 253~256, 259~260,

280~281, 386, 390, 525

산업화 15, 21~22, 42, 148~149, 225, 228, 233, 246~248, 255~256, 261, 263, 266, 270, 278, 281~282, 289, 294~295, 317, 323~324, 331, 334, 336, 358, 391, 402, 447, 460, 468, 474, 525

삼부회 96~98, 103, 118, 133, 141, 171, 208, 239, 285, 381

선거 31, 42, 141, 251, 278, 330~331, 368, 371, 373~376, 492

선대제 339

선전 15, 23, 33, 35, 45, 59, 61, 75, 167, 183, 187, 226, 241, 266, 270, 391, 485, 487

섭정 50, 70, 93, 97, 101~102, 115, 118, 124, 129, 167, 216, 219, 369, 464~465, 470

성 바르톨로메오 축일의 대학살 168~169, 463

성공회 83, 85, 116, 122, 158, 160~161, 432, 523

성직자의 공민헌장 132~133, 208~209, 381

셰리든, 리처드 116~119, 367, 379~380, 425

소 피트 88~89, 116

소금세 98

스위프트, 조너선 29, 38, 46

스탠호프, 찰스 161

스핀햄랜드제도 253

시사만화 33, 40~41, 57, 424

신성로마제국 103~104, 119, 133, 177, 208, 212~216, 340, 385, 428, 430, 467, 475, 477, 525, 529

《신아틀란티스》 29, 36

신정치 엘리트 134, 318, 320, 363~364

신흥 귀족 14, 109, 128~129, 325, 328

신흥 엘리트 28, 147

《심플리키우스 혹은 짐플리치시무스》 215

o

아리스토텔레스 31, 388, 403~410

아우크스부르크화의 174, 211~212, 214, 243, 472~473

안드레스, 데이비드 27

알코올 300, 303, 307~308, 362

앙리 4세 96~97, 123, 141, 167, 169, 171, 466

앙투아네트, 마리 27~28, 51, 102, 131, 143, 172, 240, 285, 368, 384, 424, 436~437, 513

《에밀》 397

엘리자베스 1세 83~84, 108~109, 158, 272, 432~433, 462~463, 469

엘리트문화 23, 348

엘리트주의 25, 28

역병 286, 288

오츠, 티투스 61, 162~164

오컴, 윌리엄 154
우드워드, 조지 58
워커, 프랜시스 269
위그노 164~169, 171~172, 472, 480
윌리엄 3세 84, 86, 109
《유토피아》 29, 35, 37, 79, 232
이미지 11~13, 23, 29, 31, 34~35,
　41~42, 45, 50~51, 54, 59, 75, 81,
　101, 203, 284, 388~390, 392, 394,
　402~403, 405~407, 410~411, 413,
　417, 419, 421, 424, 427, 429~432,
　445, 449, 453, 455~456, 463, 482,
　527, 533
이상향 29, 38
《인간 불평등 기원론》 356
인노켄티우스 8세 196
인문주의 153~154, 177, 320, 399~
　400, 453
인클로저 231~232, 234, 272~273

ㅈ
자코뱅 138, 172, 210, 241, 277, 280,
　381, 383
재커바이트 238
정주법 271
정치 엘리트 14~15, 22, 41, 81~82,
　107, 136, 148, 320, 346, 356~357,
　363~364, 366, 381, 383, 385, 439,
　485
정치사상 10~11, 13, 22, 76, 154,

　345~346, 355~356, 364, 392, 397,
　400, 402, 440, 455, 475
정치풍자 13, 20, 28, 31, 35, 40~43,
　45~48, 56~57, 63, 69~70, 75, 100,
　423
제3신분 103, 126, 133, 138~142, 144~
　145, 203, 206~209, 237, 336, 474
제임스 1세 84, 160, 469
제임스 2세 61, 84~87, 105~106, 108,
　125~126, 159, 238, 346, 469
젠트리 14, 104, 106~109, 111~112,
　148, 150, 179, 227~228, 232, 245,
　313, 318, 324~327, 329, 342
조산술 443~444, 449
조지 3세 50, 85, 88~93, 95, 111,
　113~115, 121, 137, 364, 369, 371,
　373, 378~379, 426, 491, 496, 499,
　518, 521
조지 4세 93~95, 115, 135~136, 369~
　370, 380
종교개혁 13, 21~22, 24~25, 35,
　41~42, 67, 85, 103, 124, 153~157,
　160, 164, 167, 173~176, 178~179,
　183, 187, 189, 192~193, 195, 202,
　205, 208, 212~213, 216, 219, 221,
　242~243, 284, 303, 325, 339, 341,
　355, 360, 399~400, 449, 453, 455,
　462, 465, 467~469
종교재판 158, 192~196, 450, 469
종교전쟁 42, 67, 69, 96, 154, 165, 167,

211~212, 216, 220, 284, 318, 346,
355, 465~466, 470
종교풍자 48
주정뱅이 307, 309
중간계급 31, 57, 134, 228, 238, 266,
281, 291, 295~296, 303, 319, 321,
323, 326~329, 331, 341, 343, 368
지배문화 45, 47
지식 엘리트 14, 134, 320, 342, 352,
362, 364, 367

ㅊ
차티스트운동 48, 238, 244, 249, 251,
275, 277
찰스 1세 84~85, 109, 346, 469, 482
찰스 2세 61, 85, 105, 109, 125~126,
162, 424, 469
찰스, 윌리엄 53
참여 10, 14, 22, 25~26, 30, 32, 48~49,
54, 64, 80, 104, 110, 130, 178,
215~216, 226~227, 237, 252, 274,
278~279, 291, 294, 320, 331, 335,
348, 350~351, 357, 363, 381, 383,
390~391, 398~399, 421, 440, 442,
460, 469, 473, 476
청교도혁명 80, 84~85, 109, 364, 470,
482

ㅋ
카드게임 85, 375

카르투지오회 159
카를 5세 183, 191, 467
칼로, 자크 64, 152, 220, 446
칼뱅, 장 165, 187
캄파넬라, 톰마소 29, 36, 38
《캉디드》 29, 38, 40, 57
케르베로스 370
케트 232
케트의 반란 232, 272
콜베르, 장 바티스트 98, 124, 134
크롬웰, 리처드 52
크롬웰, 올리버 52, 109, 364, 509
크롬웰, 토머스 157
크룩섕크, 아이작 422, 444, 487, 532
크룩섕크, 조지 47, 93, 258, 260, 303,
305, 380, 432, 434

ㅌ
타유세 98, 102
태양왕 98, 100
《태양의 나라》 29, 36
테르미도르 383~384
토리당 113~115, 120, 364, 369, 371,
373~376, 469
토지귀족 79, 148~149, 256, 319, 324,
327, 364, 509
《통치론》 346
트리엔트공의회 189, 193

ㅍ

페르디난트 2세 213~214, 472
펠리페 2세 466
《펀치》 48~49, 63, 66, 253, 275
포르투나 392
포크스, 가이 160~162
풍자만화 11~14, 18, 30, 33, 36, 40~41,
　43, 46~47, 56~57, 63~64, 67, 70,
　73~74, 261, 422, 424
프랑스혁명 21~22, 25, 27, 35, 115,
　120, 122, 131~132, 138, 143, 172,
　202, 208~211, 236, 240~242,
　244, 254, 259, 268, 276, 291, 326,
　335~336, 339, 342, 348, 350, 352,
　358, 364, 366~368, 371, 379~380,
　382~384, 419, 421~422, 424, 427,
　475~476, 478, 482~483, 485~487,
　491, 513~514, 521, 525
프로테스탄트 48, 69, 83, 85, 96, 103,
　105, 160, 164~165, 167~168,
　171~172, 174, 183~184, 192~195,
　212~214, 219, 266, 345, 432, 450,
　465~466, 468~470, 472, 477
프롱드의 난 80, 117, 129~130, 154,
　470
플뢰리 101~102
《플리겐드 블라터》 73~74
피트, 윌리엄 88~90, 92, 111, 114~115,
　120~121, 364, 366, 371, 379, 425,
　486, 507, 517

필리스 31, 388, 403~410
필리퐁, 샤를 64, 66~67, 70~72

ㅎ

헨리 8세 35, 83, 110, 122, 157~159,
　325, 461~462
호가스, 윌리엄 283, 290, 292~293,
　297~302, 313, 329, 343, 368,
　373~376
혼, 윌리엄 47
홀랜드, 윌리엄 161, 503
홉스, 토머스 84, 345~347, 355~356,
　397
화약 음모 160~162
휘그당 50, 89, 114, 116, 346, 364, 369,
　371, 373~376, 379
흑사병 96, 286~287
히스, 윌리엄 224

12대 강령 179~181, 243
1848년 혁명 22, 67, 70, 72, 133,
　244~245, 249, 279, 335, 478
30년전쟁 24, 64, 67, 97~98, 103~104,
　120, 125, 152, 154~156, 183, 193,
　211~219, 267, 280, 345, 470, 473,
　476~477, 515
7월 왕정 70, 335

풍자, 자유의 언어 웃음의 정치
풍자 이미지로 본 근대 유럽의 역사

펴낸날   초판 1쇄   2015년 3월 10일
초판 2쇄   2016년 7월 10일

지은이   전경옥
펴낸이   김현태

펴낸곳   책세상
주소   서울시 종로구 경희궁길 33 내자빌딩 3층(03176)
전화   02-704-1251(영업부), 02-3273-1333(편집부)
팩스   02-719-1258
이메일   bkworld11@gmail.com
홈페이지   www.bkworld.co.kr
등록   1975. 5. 21. 제1-517호

ISBN   978-89-7013-918-0 93920

* 잘못된 책은 바꾸어드립니다.
* 책값은 뒤표지에 있습니다.

이 도서의 국립중앙도서관 출판시도서목록(CIP)은 서지정보유통지원시스템 홈페이지
(http://seoji.nl.go.kr)와 국가자료공동목록시스템(http://www.nl.go.kr/kolisnet)에서
이용하실 수 있습니다.(CIP제어번호 : CIP2015007043)

이 저서는 2007년 정부(교육부)의 재원으로 한국연구재단의 지원을 받아 수행된 연구임
(과제명 : 풍자의 정치학. 과제번호 : KRF-2007-812-B00003).